正确民族观实践

典型案例汇编

《正确民族观实践典型案例汇编》编写组　编

民族出版社

编写说明

　　做好民族工作，事关祖国统一和边疆巩固，事关民族团结和社会稳定，事关国家长治久安和中华民族伟大复兴。党的十八大以来，以习近平同志为核心的党中央站在实现中华民族伟大复兴的战略高度，把马克思主义基本原理同中国具体实际相结合、同中华优秀传统文化相结合，提出了以铸牢中华民族共同体意识为标志的一系列重大原创性论断，形成了习近平总书记关于加强和改进民族工作的重要思想，科学回答了新时代党的民族工作举什么旗、走什么路等重大问题，对新时代正确民族观作出了深刻阐述。

　　2023年，习近平总书记在内蒙古自治区考察时指出："铸牢中华民族共同体意识是新时代党的民族工作的主线，也是民族地区各项工作的主线。"2024年，习近平总书记在新时代推动西部大开发座谈会上强调："民族地区要把铸牢中华民族共同体意识贯彻到发展的全过程和各方面。"2024年，习近平总书记在全国民族团结进步表彰大会上强调："健全铸牢中华民族共同体意识制度机制，发挥先进典型的示范引领作用，在全社会营造关心支持民族工作的良好氛围。"这一系列的思想和阐述为我们做好新时代党的民族工作和民族地区各项工作指明了前进方向、提供了根本遵循。

铸牢中华民族共同体意识、推进新时代党的民族工作高质量发展，是全党全国各族人民的共同任务，是一项系统工程，将伴随中华民族伟大复兴全过程。在党中央集中统一领导下，全国各地紧紧围绕铸牢中华民族共同体意识主线谋划推进民族工作，民族地区积极探索将铸牢中华民族共同体意识贯穿于经济建设、政治建设、文化建设、社会建设、生态文明建设和党的建设全过程各方面，涌现出一批特色鲜明、成效明显的典型经验做法。

为深入总结各地实践经验，加强相互学习交流，国家民委组织工作专班，面向全国各地特别是 5 个自治区、30 个自治州和 120 个自治县（旗），围绕铸牢中华民族共同体意识主线和践行正确民族观，征集典型案例材料，按照可借鉴、可复制、可推广的原则进行梳理提炼，形成践行正确民族观的典型案例 100 个。这些典型案例是各地严守党的纪律、落实正确政绩观要求的实践探索和创新做法，突出了经济上共富共享、政治上团结统一、文化上美美与共、社会上互嵌共融、生态上和谐共生、党建上引领保障，对于有形有感有效开展铸牢中华民族共同体意识工作、践行正确民族观有积极的参考价值。现将这 100 个典型案例汇编成册，形成《正确民族观实践典型案例汇编》一书，以期为不同地区和部门提供借鉴。

铸牢中华民族共同体意识是一个理论上不断丰富、实践上不断开拓的过程。在这个过程中，全国各地开展铸牢中华民族共同体意识、践行正确民族观的实践探索也将随着相关理论的日益丰富而不断拓展，呈现出更加鲜活、更加多样的表现形式。

编　者
2024 年 10 月

目 录 CONTENTS

第三部分　文化建设

3

第四部分　社会建设

第六部分　党的建设

第一部分　经济建设

　　习近平总书记强调，要牢牢把握新时代新征程党的中心任务，牢牢把握中国式现代化的科学内涵和本质要求，牢牢把握高质量发展这个首要任务，把贯彻新发展理念、构建新发展格局、促进共同富裕贯穿经济社会发展各方面全过程，深入推进发展方式、发展动力、发展领域、发展质量变革，开创我国高质量发展新局面。经济建设是建设现代物质文明、发展富强中国的基础。不平衡不充分是民族地区发展面临的最突出问题。工作中，要坚持中国特色社会主义基本经济制度，以经济建设为中心，着眼于高质量发展，完整准确全面贯彻新发展理念，加快发展新质生产力。要通过深化经济建设，引领各族群众在经济层面共建全国统一大市场，共推产业经济一体化，共撑"双循环"发展新格局，共享改革发展成果，共同形成相互依存的经济有机体，为建设经济共富共享的中华民族共同体奠定物质基础。

交通是经济的脉络和文明的纽带。纵观世界历史，从古丝绸之路的驼铃帆影，到航海时代的劈波斩浪，再到现代交通网络的四通八达，交通推动经济融通、人文交流，使世界成了紧密相连的"地球村"。

——2021年10月14日，习近平在第二届联合国全球可持续交通大会开幕式上的讲话

万桥飞架　民心相通

——贵州打造"中国桥梁省"服务各族群众

多年来，贵州在126万个山头间建造近3万座公路桥梁，实现悬索、斜拉、拱式、梁式桥梁类型全覆盖，打造了桥梁数量多、类型全、技术复杂、难度极大的"中国桥梁省"，让"地无三里平"的贵州有了"世界桥梁博物馆"之美誉，交通运输发展实现历史性跨越，在服务各族群众中推动民族地区政策沟通、设施连通、贸易畅通、民心相通。

一、背景情况

贵州是多民族聚居省份，有汉族、苗族、布依族、侗族、土家族等18个世居民族，地处我国西南地区云贵高原东部，东邻湖南，东南毗邻广西，西南、西北分别紧邻云南、四川，北接重庆市。地貌可分为高原山地、丘陵和盆地3种基本类型，其中92.5%的面积为山地和丘陵，是全国唯一没有平原的省份。"八山一水一分田"是贵

3

州特殊地理环境的真实写照，境内重峦叠嶂、沟壑纵横。历史上，贵州与山外的信息交换、物资流通等十分不畅，群众出行极为困难，交通不便、交往不多、交流较少，"一山不同族、十里不同风、百里不同俗"。因此，交通建设在贵州经济社会发展中占有举足轻重的地位，而著名的葛镜桥、风雨桥及其建筑文化以及民间祭桥习俗在各民族交往交流交融中发挥着重要作用。党的十八大以来，贵州发扬"愚公移山"精神，逢山开路、遇水架桥，在西部地区率先实现"市市通高铁""县县通高速""村村通沥青（水泥）路"和"村村通客运""组组通硬化路"，在山地丘陵间架起一马平川、四通八达的"高速平原"，结束了千百年来"对山喊得应，走路要半天"的出行历史，一举改变了贵州农货出山依靠摩托车、种再多也只能烂在地里的不利局面，拉近了贵州与长三角、珠三角、粤港澳大湾区、成渝双城地区经济圈时空距离，有力促进了各民族广泛交往交流交融。

二、主要做法

（一）聚焦科技创新，架起贵州沟通世界之桥。通过科技创新和数字化转型等，不断提升桥梁设计、建造、维护等全寿命周期的生产和运营质效，攻克一系列科学技术难题。金烽乌江大桥是贵州首座采用预制平行钢丝索股施工的六车道钢桁梁悬索桥，两岸均采用重力式锚碇，为解决锚碇预应力管道和型钢支架"打架"的问题，技术人员创新运用 BIM 技术提前定位，全桥两个锚碇加起来节约近 200 吨型钢支架。杭瑞高速公路北盘江大桥首次采用主梁纵移悬拼新工艺，为此组织 50 余名经验丰富的专家学者组成智囊团，针对北盘江大桥开展关键技术研究，为西部高山峡谷地区大跨度桥梁建设提供借鉴和指导。平罗高速公路平塘特大桥采用的叠合梁斜拉桥整节段上行式安装工法属国内首创，该桥为三塔斜拉桥，净高 332 米的主桥塔是世界最高钢筋混凝土桥塔，桥梁设计将力与美相结合，形成极具动感的桥梁整体造型。2015 年建成的贵瓮高速公路清水河大桥，主跨 1130 米，全桥仅用两年半时间建成，创造大型悬索桥的施工奇迹。2016 年，贵州再次刷新自己创造的斜拉桥纪录，建成了世界上跨径最大的钢桁梁斜拉桥——贵黔高速公路鸭池河大桥。2021 年建成通车的 320 国道花鱼洞大桥，是首个完全由贵州本土企业设计施工、监理、检测，并获"古斯塔夫·林德撒尔奖"的项目。造价仅 1.1 亿元的花鱼洞大桥，在全国首创"旧桥建新拱，新拱拆旧桥"的改建方式，对红枫湖保护区没有任何污染，成为山区桥梁改建项目的典范。过去 10 年，贵州在桥梁建设方面发布技术指南 20 项、地方标准 7 项，申请专利 13

项，填补了多项国内技术空白，创造数十个世界第一。截至 2023 年底，全省有公路桥梁 2.95 万座，其中世界前 100 座高桥有近一半在贵州、前 10 座高桥有 4 座在贵州，15 座桥梁共计获 25 项国际国内大奖，4 座桥梁获有桥梁界诺贝尔奖之称的国际桥梁大会（IBC）"古斯塔夫·林德撒尔奖"（全国仅 9 座桥梁获此奖项）。

（二）聚焦民生福祉，筑就各族群众富裕之桥。牢记习近平总书记"改一条溜索、修一段公路就能给群众打开一扇脱贫致富大门"的殷切嘱托，以民生冷暖为"温度计"，以群众期盼为"信号灯"，大力实施溜索改桥、渡改桥、危桥改造等民生工程，着力解决群众出行难题。全省各式各样的桥梁一应俱全、恢宏壮美，贯通形成了 21 万公里公路，城乡出行更加便捷，近 20 万个村寨 1700 万农村人口直接受益，老百姓实现"走平安路、过放心桥"。2023 年实施 200 座危桥改造，完成普通公路危桥改造工程 112 座，一座座便民桥、爱心桥、幸福桥、致富桥相继建成，在为各族群众提供便捷出行条件的同时，打通了农产品进城、工业品下乡"双通道"，助力 66 个贫困县全部摘帽，923 万贫困人口全部脱贫，192 万群众搬出大山，迈上乡村振兴新征程。近年来，随着路网不断完善，农资下乡更便捷，长顺绿壳鸡蛋及都匀毛刺梨、茶叶、猕猴桃等特色农产品远销海内外，特色农产品物流、仓储、加工跟着发展起来了。黔货出山，行销天下，推动 12 个农业特色优势产业提质增效，辣椒、刺梨、蓝莓等种植面积领跑全国，农产品加工转化率达到 59%，从根本上改变了贵州农业发展条件，推动农业生产从单一种养业转变为三产融合发展，农业经济增长从要素驱动转变为创新驱动，民族地区经济活力得到不断增强，各族群众获得感、幸福感、安全感得到显著提升。

（三）聚焦桥旅融合，搭建发展成果共享之桥。依托世界级桥梁的独特优势和交通基础设施优势，厚植旅游发展要素，加快推进桥旅、路旅、航旅、交邮、交产"五大融合"，点线面结合推进交旅融合业态升级。举办留学生走进"世界桥梁博物馆"社会实践活动，在中国 24 所高校留学的 40 名留学生组成 2023 年"邂逅中国乡村·美丽贵州行"实践团，身临其境感受贵州桥梁的雄伟秀美奇特。召开工作专题会，启动花江峡谷大桥、坝陵河大桥、天空之桥 3 个桥旅融合项目工作方案编制，高质量推动桥旅融合发展，充分发挥交通在围绕"四新"主攻"四化"主战略和"四区一高地"主定位的优势与作用。借助平塘大桥优势，着力打造贵州首个桥旅融合观光服务区——天空之桥服务区，其成功申报国家 3A 级旅游景区后，已成为贵州交通"快旅慢游"新地标，国内外游客纷纷"打卡刷圈"，2023 年"五一"期间人流量比往年同期环比增长 70.89%。依托坝陵河大桥，推出高空蹦极、低空跳伞、高空秋千、急速滑降、太空漫步等多项桥旅融合项目，先后有超 3 万人前来体验，并与周边民宿、峡谷风光有效联动，在蛮寨村催生了匠庐·阅山、文凡·峤山等多家高端精品民宿，形成了民宿产业集群，成为贵州桥旅融合又一张特色名片。扩大坝陵河旅游业态，投入近 2000 万元改造提升桥梁科技馆、桥梁文创店、上桥观光电梯等，开发高空蹦极、低空跳伞等多项极限运动项目，打造高端精品民宿，丰富高桥旅游体验，与 100 余家国内学校签订合作协议，与 106 家旅行社建立研学游渠道。推进平塘大桥旅游业态升级，完善房车营地、露营基地等硬件设施，同步推进主题线路优化升级，提升"网红"效应。首次提出"桥梁观光＋桥梁运动体验＋旅游服务"为一体的桥旅融合综合体理念，以"中国脊梁＋鱼龙故里"为主题建设花江峡谷大桥桥旅融合示范项目，规划布局峡谷水上游乐、村寨民俗风情等拓展景区，努力把桥打造成贵州世界级旅游标识，助推民族地区旅游产业高质量发展。

万桥飞架拉近贵州与邻近省份、与全国主要经济圈的时空距离，成为贵州打造内陆开放高地的显著标志，推动高质量跨越式发展。一座座世界级桥梁不断刷新世界纪录，实现从"地无三尺平"到"桥梁博物馆"的华丽转身，让贵州走向世界，让世界拥抱贵州。"雄关漫道真如铁，而今迈步从头越。"如今，交通、文化、资源等优势正源源不断地转化为胜势、汇聚成发展强势，把握时代大势、符合发展规律、体现贵州特色、服务国家全局的中国式现代化贵州实践，正稳步推进。

经验启示

贵州聚焦科技创新，把桥梁单一的出行功能整合为集文旅、观光、研学、消费为一体的复合功能，打造世界级桥梁旅游标识，在解决各族百姓翻山过河的难题中，拓宽了民族之间相互沟通、共同发展的通道，形成了"你中有我、我中有你"的局面和特征，有力促进了民族地区高质量发展。

（一）坚持人民至上是根本立场。贵州在脱贫攻坚和乡村振兴中，紧紧围绕国家战略和地方经济社会发展需要，坚守人民交通为人民的初心使命，在打通"主动脉"、畅通"微循环"的同时，深入推进渡改桥、渡改路、溜索改桥、危桥改造等民生工程，着力建设人民满意交通，有效打通各族群众致富"最后一公里"。

（二）坚持规划先行是基本策略。贵州坚持交通优先发展、规划引领，出台一系

贵阳至黔西高速公路鸭池河大桥主跨 800 米、全长 1450 米，建成时是世界上最大跨径的钢桁斜拉桥，2018 年在第 35 届国际桥梁大会上获"古斯塔夫·林德撒尔奖"

列重大支持政策，推出一系列重大改革举措，推进一系列重大工程，绵绵发力，久久为功，以逢山开路、遇水架桥的精气神，坚持一张蓝图绘到底，一茬接着一茬干，全力以赴把发展蓝图一步步变成美好现实。

（三）坚持科技赋能是重要抓手。贵州集众多建设者的智慧，勇于创新，因地制宜选择了不同桥梁桥型方案，创造性地提出了多种桥梁结构形式，填补国际国内空白，搭建起各民族共同进步的通道，强化各族群众之间的情感，加快多元一体、融合发展的历史进程。

总书记的话

　　我们中国是搞社会主义的，社会主义就是要让人民过上幸福美好的生活。我们人民的美好生活，一个民族、一个家庭、一个人都不能少。

——2018 年 2 月 11 日，习近平在四川凉山州考察调研时的讲话

地方实践

告别贫困"摘穷帽"　全面小康奔振兴
——四川凉山州脱贫攻坚、乡村振兴一仗接着一仗打

　　近年来，四川省凉山彝族自治州（以下简称"凉山州"）认真贯彻落实习近平总书记视察重要指示精神，坚持以铸牢中华民族共同体意识为主线，坚决打赢脱贫攻坚战，接续推进乡村振兴战略，实现了从深度贫困到全面小康的又一历史巨变，交出了集中连片深度贫困地区与全国同步全面小康的凉山答卷，写就了我国脱贫史上"一步跨千年"的凉山篇章。

一、背景情况

　　凉山州地处四川西南部。这里山高谷深，自然条件较差，发展相对不足，曾是全国最大的集中连片深度贫困地区之一，全州 17 个县市中有 11 个是国家深度贫困县，属于贫中之贫、困中之困、坚中之坚、难中之难，是四川乃至全国夺取脱贫攻坚全面胜利的最难啃的硬骨头。2015 年脱贫攻坚战正式打响，凉山州坚决把脱贫攻坚作为最大的政治责任、最大的民生工程、最大的发展机遇，全州上下尽锐出战、全员上阵，埋头苦干、拼尽全力，坚持"谋"在点上，全力推进"七个一批"扶贫攻坚行动，推

动实施 23 个扶贫专项，坚持"干"到实处，制定"一村一策、一户一法、精准到人"的帮扶措施，"看得见"的贫困与"看不见"的贫困一起抓，解决绝对贫困和区域性整体贫困问题取得历史性成就。2020 年底，凉山州攻克深度贫困的最后堡垒，兑现了"决不让一个民族掉队，决不让一个民族地区落伍"的庄严承诺，夺取了脱贫攻坚全面胜利，创造了载入史册的辉煌业绩。2021 年，凉山扶贫人转变为凉山乡村振兴人，继续发扬伟大脱贫攻坚精神，严格落实"四个不摘"要求，"一盘棋、一体化"推进产业、人才、文化、生态、组织"五大振兴"，牢牢守住了不发生规模性返贫的底线，开启了巩固拓展脱贫攻坚成果同乡村振兴有效衔接的新征程，奋力打造巩固拓展脱贫攻坚成果同乡村振兴有效衔接示范区，推动全州高质量发展和现代化建设，努力践行"全面建设社会主义现代化国家，一个民族都不能少"的新使命。

二、主要做法

（一）苦干实干，打好精准脱贫攻坚战。凉山州按照《关于精准施策综合帮扶凉山州全面打赢脱贫攻坚战的意见》，研究制定《关于深入学习贯彻习近平总书记重要指示精神，全面打赢脱贫攻坚战，推动凉山高质量发展的决定》《凉山州贯彻落实省〈关于精准施策综合帮扶凉山州全面打赢脱贫攻坚战的意见〉实施方案》并不断细化内容，从"12 个扶贫专项方案"到"23＋1 个扶贫专项方案"，越来越精准的扶贫专项方案，覆盖了脱贫攻坚的每一个领域。四川举全省之力，全力帮助支持凉山州打赢这场深度贫困地区脱贫攻坚硬仗，政策支持力度之大前所未有、综合帮扶力量之强前所未有、覆盖范围和涉及领域之广前所未有。建立落实"州负总责、县抓落实、乡村抓点"工作机制，各级干部尽锐出战、全员上阵，1.3 万名各级各类帮扶干部扎根一线，各级帮扶单位和广大帮扶干部坚持动真心、动真情、动真格，真扶贫、扶真贫，先后有 23 名同志以身殉职、151 名同志因公受伤。输出建档立卡贫困户务工 33.87 万人次，实现收入 48.79 亿元，纳入农村低保建档立卡户贫困人口 27.77 万人。新增生态林业、瓜果蔬菜、中药材等种植 1849 万亩，申报 150 多家农业主体、10 个类别 420 多种"大凉山"农特产品为"四川扶贫集体公益商标"，销售额超 30 亿元，惠及贫困人口 30 万人。累计建成彝家新寨、藏族聚居区新居、易地扶贫搬迁安全住房 1067 个村 14.82 万套，35.32 万各族群众搬入新居，安全住房得到根本解决。新改建农村公路 2.02 万公里，集中供水工程 5599 处，解决 8.3 万户 38 万人安全用电、44 万人安全饮水，所有乡镇和建制村实现通硬化路、通光纤和 4G 网络覆盖。建成乡镇标准中心校 667 个，2.2 万名贫困失辍学儿童全部复学，131.6 万名农村义务教育阶段学生享受书本费减免和生活补助，全覆盖实施"一村一幼"计划和"学前学会普通话"行动，惠及 50 余万学龄前儿童。新建、改扩建疾控中心 18 家、乡镇卫生院 158 个、村卫生室 1294 个，组建家庭医生签约服务团队 1925 个，常住贫困人口签约服务 100%。从产业培育到基础设施改善，从安全住房建设到集中安置点定居，从移风易俗到教育发展……脱贫攻坚覆盖了凉山州发展的每一个领域，各族群众在齐心协力打赢脱贫攻坚战的过程中开启了新的生活。

（二）久久为功，打好乡村振兴接力赛。凉山州坚持摘帽不摘责任、摘帽不摘政策、摘帽不摘帮扶、摘帽不摘监管"四个不摘"不打折扣，以最强力量、最实举措、最严要求推动责任落实，确保政策连续性、稳定性、实效性。创新网格化、信息化、精准化、常态化"四化一体"监测帮扶机制。发挥覆盖全州农村的 3.2 万名监测队伍"网格化"作用和"三农"大数据平台"信息化"功能，"常态化"开展防止返贫"漏测失帮"行动，"精准化"落实产业、综合保障等帮扶措施，切实做到"应排尽排、应纳尽纳、应帮尽帮"。瞄准促进脱贫群众稳定增收这一核心指标，结合实际制定出台"一个方案、十条措施"，创新开展"精培计划"，着力从产业帮扶、就业帮扶、消费帮扶、托底帮扶和移风易俗等多个方面持续发力，让脱贫群众增加收入、积累财富，全州脱贫人口人均纯收入从 2020 年的 8884 元增长到 2023 年的 13220 元，增幅达 48.8%。紧盯产业兴旺、生态宜居、乡风文明、治理有效、生活富裕目标，全力推进"五大振兴"。累计创建省州县三级现代农业园区 238 个，粮食种植面积达 800.3 万亩，粮食产量 252.7 万吨；培养基层农技骨干人才、产业发展带头人 2000 余人；全面推行河（湖）长、林长、田长制，深入推进"美丽乡村"行动，生活垃圾收转运处置体系覆盖率达 97.86%；着眼乡村两级班子机构优化和推进乡村振兴战略需求，率先探索走出民族地区实用型村干部系统培养之路，先后分 3 批次组织 4920 名村干部参加中专及以上在职学历提升教育，学历提升教育设置畜牧兽医、现代农业技术、电子商务等 43 个专业，采取校内集中教学、校外实践教学、网上指导学习和学员自行学习相结合的教学手段，共 1878 名村干部取得中专学历，1553 名村干部取得专科、本科学历。通过换届和村级干部学历提升计划，1.7 万余名村"两委"成员平均年龄 36.6 岁，高中（中专）及以上学历占比达 83.1%。把建设脱贫地区乡村振兴示范区作为缩小区域发展差距的重要抓手，制定实施《凉山州建设脱贫地区乡村振兴示范区规划》，分步骤分梯次推进全州脱贫地区乡村振兴示范区建设；每年安排 1.5 亿元资金，支持 10 个欠发达县域加快发展；搬迁群众"稳得住、能融入、逐步能致富"目标加快实现，连续两年落实 3 亿元衔接资金推动自发搬迁群众加快发展，确保乡村振兴道路上"不落一户一人"。

（三）同心协力，打好多方帮扶组合拳。到 2020 年凉山州脱贫摘帽，中央纪委国家监委机关在凉山州帮扶已有 16 个年头，他们转战凉山州甘洛、雷波等县，在凉山州脱贫攻坚路上留下了一个个坚实的足印。2016 年，"国企入凉"启动，中央在川企业和省属国有企业进入凉山州脱贫攻坚主战场；"万企帮万村"精准扶贫行动启动，523 家民营企业和商（协）会参与到凉山州脱贫攻坚最后冲锋队伍中。一支支队伍不断加入，汇聚成了我国脱贫攻坚主战场向深度贫困堡垒冲锋的巨大力量。坚持多方支持助脱贫，充分利用中央出台《关于支持深度贫困地区脱贫攻坚的实施意见》，国家发展改革委、国家民委《关于支持四川省凉山彝族自治州云南省怒江傈僳族自治州甘肃省临夏回族自治州加快建设小康社会进程的若干意见》等政策利好，扎实抓好东西部扶贫协作、省内"一对一"和州内"6＋9"对口帮扶，9 个中央国家机关、107 个省级单位、142 个州级单位参与定点扶贫，2016 年以来各级各界累计投入帮扶资金 88.6 亿元，以物折资 8.19 亿元，有力助推凉山州脱贫攻坚进程。坚持东西协作促振兴，2016 年 8 月，广东佛山市接棒珠海市，启动对口帮扶凉山州脱贫攻坚。数百名佛山市帮扶干部、技术人员一批又一批来到了千里之外的凉山州，他们迅速扎根山寨村组，让凉山州乡村的路越来越宽、住房越来越多、产业园越来越红火。2021 年 4 月，浙江宁波市从佛山市手里接过"接力棒"，甬（宁波）凉两地以产业协作为牵引，以劳务协作为主导，以消费协作为突破，宁波市累计安排协作资金 19.5 亿元，援助协作项目 557 个；宁波市及东部地区 148 家企业落户凉山州，实际到位投资 97.9 亿元；宁波市爱心企业、公益组织等累计向凉山州捐款捐物达 2.44 亿元。凉山州组织劳务专项输出宁波 222 批次 1.67 万人，带动务工人员赴浙江 6.8 万人，其中赴宁波就业超 2.8 万人，形成"木里消防员""北越港运"等一批劳务协作品牌。建设帮扶车间 78 个，提供公益性岗位和就近就业岗位 6500 余个。累计销售凉山农特产品 22.21 亿元，带动凉山州 40 余万人增收；吸引近 4 万名宁波游客来凉山旅游，直接带动旅游消费超 2.1 亿元，携手打造新时代东西部协作新标杆。甬凉两地通过强化东西部经济联系，逐步消除东西部区域发展不平衡问题，助力民族地区与全国同步实现中国式现代化，促进各民族共同团结奋斗、共同繁荣发展，充分彰显了中国特色社会主义制度和党的民族政策的优越性。

脱贫摘帽不是终点，而是新生活、新奋斗的起点。凉山州在巩固拓展脱贫攻坚成果的基础上，做好乡村振兴大文章，做好巩固拓展脱贫攻坚成果同乡村振兴有效衔接，接续推进脱贫地区发展和群众生活改善，让各族群众的获得感成色更足、幸福感更可持续、安全感更有保障。如今的大凉山早已脱胎换骨，"产业兴旺、生态宜居、乡风文明、治理有效、生活富裕"的美好愿景正在逐一成为现实，大凉山正在乡村振兴的辉煌篇章中不断书写新的精彩。

经验启示

凉山州始终将守住"不发生规模性返贫底线"作为不容有任何闪失的政治任务，紧紧围绕接续推进乡村振兴、同步实现共同富裕总目标，以保障民生、服务发展为己任，全力巩固拓展脱贫成果，持续增进民生福祉，全面推进乡村振兴行稳致远。

（一）建立健全长效机制。凉山州大力弘扬脱贫攻坚精神，念兹在兹、久久为功，做好巩固拓展脱贫攻坚成果同乡村振兴有效衔接，将建立防止返贫长效机制纳入实施乡村振兴战略统筹安排、一体推进、常态实施，通过乡村全面振兴巩固拓展脱贫攻坚成果，增强了脱贫地区内生发展能力，让脱贫群众过上更加美好的生活，逐步走上共同富裕道路，让"五个认同"更加深入人心。

2021 年 5 月，凉山州美姑县乐美鞋厂宽敞整洁的车间一片繁忙，
工人们正在加班加点赶制订单

（二）坚持改善民生福祉。凉山州始终把改善民生福祉作为出发点和落脚点，举全州之力，苦干实干、真抓真干，让各族群众过上更加美好的生活，实现了从基本温饱到吃穿不愁，从居无定所到住有安居，从交通闭塞到内联外畅，从严重落后到均衡发展，从缺医少药到全面保障，从陈规陋习到现代文明，各族群众的获得感幸福感安全感更加充实、更有保障、更可持续，彰显了党的根本宗旨和我国社会主义制度优势。

（三）紧抓多方帮扶机遇。凉山州始终抢抓对口帮扶、援建机制等国家各项帮扶政策，在基础设施建设、招商引资、产业协作、劳务输出、旅游文化等方面取得了长足进步，得到了快速发展，提升了凉山州脱贫地区整体发展水平，增强了民族地区整体发展能力，极好地诠释了"中华民族一家亲、同心共筑中国梦"的手足之情。

总书记的话

我国幅员辽阔、人口众多，各地区自然资源禀赋差别之大在世界上是少有的，统筹区域发展从来都是一个重大问题。

——2019 年 8 月 26 日，习近平在中央财经委员会第五次会议上的讲话

地方实践

龙凤呈祥　比翼齐飞
——武陵山龙山来凤经济协作示范区谱写长江中游跨省协作篇章

自 2011 年武陵山龙山来凤经济协作示范区（以下简称"龙凤示范区"）设立以来，湖北省恩施土家族苗族自治州（以下简称"恩施州"）来凤县与湖南省湘西土家族苗族自治州（以下简称"湘西州"）龙山县立足全国县城毗邻最近的区位特点，积极推进"融合化、协同化、一体化、同城化"发展战略，共同打造国家级经济协作示范区，形成"1＋1＞2"聚合效应，为民族地区高质量发展提供了可借鉴的经验。

一、背景情况

来凤县位于湖北西南部，南邻湘西，西接渝东，总人口 33.31 万人，生活有汉族、土家族、苗族等 27 个民族；龙山县位于湖南西北部，处于湘、鄂、渝三省（市）交界之地，总人口 61 万人，生活有汉族、土家族、苗族等 17 个民族。两县隔酉水河相望，县城距离仅 7 公里，山同脉、水同源、人同宗、民同俗。2011 年，经国务院批复，龙凤示范区成为继成渝、北部湾后国家规划的第 3 个省际经济协作示范区，也是全国 14 个集中连片特困地区中唯一设立的跨省经济协作示范区。13 年来，两县紧

紧围绕"规划一张图、建设一盘棋、管理一条线",深化跨省区域协作,深入推动龙凤示范区一体化建设,加强民族地区间的经济合作,促进区域间的经济协调发展,在推动长江经济带发展和长江中游三省协同发展上作出了有益探索。两县连续 6 次被国务院表彰为民族团结进步模范集体,2 次同时被国家民委命名为民族团结进步示范县。

二、主要做法

(一)守望相助探索协作共赢路径。两县积极融入省、州"十四五"发展规划,建立常态化联席会商机制,围绕渝东南、渝东北、长株潭、宜荆荆都市圈和恩施州西翼、湘西州北部连片发展谋篇布局,完成龙凤示范区发展战略规划、城市空间布局规划、旅游发展规划"一总两规"以及城区建设、基础设施、产业发展、人才发展、平安创建、生态环境等 10 个一体化专项规划,描绘出以"一水双城、十个一体化"为重点的跨省一体化发展体系建设蓝图。着力将龙凤示范区建设成为武陵山区重要城市,按照"一水、双城、三区、四片"总体布局,全面推进龙凤核心区、龙凤新区和龙凤经济开发区建设,投资近 6 亿元改造升级龙凤老城区主街道等基础设施;龙凤示范区累计投资 300 亿元,共建成占地 10 平方公里的龙凤新区,先后建成湘鄂情大桥、龙凤体育中心、龙凤科教示范园等 30 多个基础设施项目。两城合二为一,面积扩至 30 平方公里,城区人口突破 40 万人,一座中等规模城市正在武陵山区腹地崛起。如今,龙凤示范区不分你我,共同争取项目、资金、政策,实现"抱团发展"。

(二)优势互补提升区域示范能级。制定《龙凤经济协作示范区交通一体化方案》,优化完善公交线路设置和站点建设,推动实施公交线路、车辆标志外型、运营时间及收费、营运管理"四统一",全面实现公交一体化,有效打破省际交通地域壁垒;团结桥、龙凤大桥、湘鄂情大桥、酉水河大桥横跨酉水,成为来凤、龙山两县融城发展"友谊桥、经济桥、幸福桥";恩吉高速、黔张常铁路、鹤来高速、咸来高速建成通车,龙凤示范区到张家界、吉首、恩施、黔江 1.5 小时交通圈和到长沙、重庆 3 小时交通圈加快成型,以龙凤示范区为核心的武陵山腹地新交通枢纽不断完善。规划共建 30 平方公里"龙凤百亿产业园",入驻规模以上工业企业 94 家。共同打造藤茶、百合、生姜、烤烟、中药材等主导产业,建成特色产业基地 108.3 万亩,成功培育"来凤金丝桐油""龙山百合""来凤藤茶""龙山黄柏""来凤凤头姜""龙山厚朴"等国家地理标志农业品牌。2023 年 9 月 1 日,首届国际藤茶大会在来凤县举办,集中签约 9 个招商引资项目、5 个采购协议、1 个产业合作协议,签约总金额达 22.55 亿元。2023 年 12 月 19 日,龙山产业开发区与来凤经济开发区签订跨省合作共建伙伴园区合作协议,围绕龙山"一主一特多辅"和来凤"三主一特"产业定位,在招商资源共享、人才交流共育、产业协同共兴、区域发展共融等方面达成深度合作。

(三)平台共建推动资源共育共享。依托两省政务服务一体化平台,建立"跨省通办"窗口,30 多家单位 1400 余项事项可在两县异地办理。2013 年发行全国首张以城市命名的跨省金融 IC 卡——龙凤卡,两县实现"支付同城化、结算低成本"。实施住房公积金跨省异地贷款,2018 年以来,两县累计为 300 余户居民发放异地公积金贷款 9412 万余元。来凤的天然气管道铺到龙山,龙山的电力接入来凤……两县各族群众生活越来越便利。探索"文体旅融合+民族团结"新路径,联合举办酉水龙舟赛、湘鄂龙凤双城马拉松赛、大美里耶·云端上的骑行、土家摆手舞文化和旅游节等系列活动,建立"品牌共创、市场共建、信息互通、游客互送、利益共享"区域旅游合作交流机制。携手实施人才强县战略,共同举办"龙凤经济发展暨土家文化论坛""龙山来凤全民创业就业培训",召开"龙凤人才一体化座谈会",签订龙凤人才区域协作规划、2023 年度龙凤人才区域协作协议,建立龙凤示范区"人才事务共商、信息共享、资源共用"三项协作机制,实施龙凤示范区人才市场互融、资源共享、素质提升、服务一体等 8 项工程,有效推动平台共建共用、资源共育共享。

来凤、龙山两县历来在民间联姻、经贸合作和人文交流方面都十分活跃。设立龙凤示范区以前,两县行政层面各取所需,缺乏沟通协作,没有真正实现同城化、一体化发展。建立龙凤示范区以后,两县大胆探索、积极合作,各族群众幸福指数节节攀升,谱写出新时代"龙凤呈祥、比翼齐飞"的新篇章。

经验启示

来凤、龙山两县共同打造国家级经济协作示范区,实现两地空间、文化、经济、社会、心理等方面的全方位嵌入,促进各族群众广泛交往、全面交流、深度交融,为民族地区高质量发展作出积极贡献,"龙凤示范、龙凤呈祥"已成为武陵山区一张亮丽名片。

(一)区域共融才能发展突围。来凤、龙山两县摒弃狭隘的地方保护主义和本位思想,相互扶持、彼此协助、优势互补、统筹布局,稳步推进龙凤示范区生态共同体和利益共同体建设,在全国率先走出跨省协作新路子,推动民族地区区域协调发展,

2023 年 4 月，湘鄂龙凤双城马拉松隆重开赛

促进各族群众共同富裕。

（二）规划引领才能协作有序。来凤、龙山两县围绕国家武陵山片区规划对龙凤示范区建设的要求，建立完善政府协商、经贸合作、协同治理、资源共享机制，破除行政管理、政策差异等方面的发展障碍，共同编制发展战略规划，全面贯彻落实新发展理念和高质量发展要求，为龙凤示范区创造新时代高质量发展标杆指明了方向和路径。

（三）错位发展才能互补共赢。来凤、龙山两县打破以邻为壑的封闭思维，加强地区间的协调互动和优势互补，坚定不移走分工合作、优势互补、抱团发展的道路，强化两县产业协作，形成横向错位发展、纵向分工协作的发展格局，消除同质化竞争，让经济资源在一定空间范围内形成相对有效的空间结构，释放出两地双赢的聚合效应。

充分发挥海量数据和丰富应用场景优势，促进数字技术和实体经济深度融合，赋能传统产业转型升级，催生新产业新业态新模式，不断做强做优做大我国数字经济。

——2021 年 10 月 18 日，习近平在中共中央政治局第三十四次集体学习时的讲话

打造"西部数谷" 推进融合发展
——宁夏以"东数西算"赋能数字经济高质量发展

近年来，宁夏回族自治区立足算力资源禀赋，积极融入国家"东数西算"战略布局，紧抓国家算力枢纽节点建设历史机遇，强化统筹协调、顶层设计、数字赋能、项目支撑、东西协作，擘画"东数西算"新蓝图，高标准打造"西部数谷"，走出一条具有民族地区特色的数字经济高质量发展之路。

一、背景情况

宁夏是我国五个民族自治区之一，位于西北内陆地区，下辖 5 个地级市，总面积 6.64 万平方公里，常住人口 728 万人。宁夏地处我国版图几何中心，东连市场、西靠资源，距离各大城市都在 2000 公里以内，且与全国 90% 以上地区光纤直连传输时延在 8—20ms 之间，是光纤网络覆盖全国最优路径选择点。2022 年 2 月 17 日，国家同意在京津冀、长三角、粤港澳大湾区、成渝、内蒙古、贵州、甘肃、宁夏 8 地启动建设国家算力枢纽节点，中卫市成为全国十大数据中心集群之一，标志着宁夏进入国家数据中心重大生产力布局。2020 年 12 月，中卫市获批国家新型互联网交换中心，与杭州、深圳、上海同为"互联网直辖市"，宁夏成为全国唯一"枢纽节点＋交换中心"双中心省区。宁夏充分彰显"东数西算"国家重大战略下的使命担当，大力推动算力产业加快发展、创新突破，为宁夏乃至东部省份各行业数字化升级和产业数字化转型提供重要支撑，助力东西部融合发展，推动民族地区各族群众经济上实现共富共享。据 2023 年中国信息通信研究院报告，宁夏算力质效位居全国第四，算力环境分指数位居全国第二、西部第一，算力资源环境指数位居全国第一。

二、主要做法

（一）强化统筹协调，担当"东数西算"宁夏使命。将宁夏枢纽纳入自治区二十大重点工程，设立宁夏枢纽建设领导小组，组建工作专班，成立数字宁夏公司，自治区主要领导包抓推进，分管领导双周调度，部门和地方各负其责、协作配合、共同推进，形成了上下联动、齐抓共管的工作格局。聚焦宁夏枢纽建设重大项目和工作，构建职责清晰、各负其责、合力推进的枢纽建设责任体系。各地各部门高效协同、凝聚合力，银川市全力打造数字经济创新总部核心，中卫市加快推进大数据产业中心市建设，石嘴山市数字制造联动区、吴忠市农业联动区、固原市数字生态联动区成效初显，区内"数据循环生态"加快构建，坚持把数字经济作为决定未来竞争的关键，促进民族地区经济高质量发展。

（二）强化顶层设计，推动立柱架梁落地生根。系统性、整体性、协调性谋划和推进宁夏枢纽建设。出台《全国一体化算力网络国家枢纽节点宁夏枢纽建设方案》，提出了高质量建设"西部数谷"的发展目标，明确了"1357"的总体建设思路。出台《数字宁夏"1244 ＋ N"行动计划实施方案》《关于支持中卫大数据产业中心市高质量发展的实施方案》，明确了数字宁夏、中卫数据中心集群的建设重点任务和主要措施。印发《中卫数据中心集群建设规划（2023—2030 年）》《宁夏数据中心建设指南》，统筹数据中心合理布局、有序发展。制定了宁夏枢纽建设"32 条"，人工智能创新发展"18 条"，从要素保障各方面提出了含金量高、操作性强、带动效应好的优惠政策。

（三）强化数字赋能，培育壮大算力产业生态。加快推进数字产业化、产业数字化，积极培育从数据存储到算力服务的产业生态体系。数据中心建设规模显著扩大，加快中卫数据中心集群建设，已建成大型、超大型数据中心 8 个，标准机架数量从 2021 年底的 3.1 万架增长到 7.6 万架，上架率达到 82.6%，在建数据中心 10 个，预计建成后标准机架可以达到 10 万架，西部领先、全国一流的数据中心底座正在加快形成。宁夏节点至各主要城市单向网络最低延时大幅降低，至全国网络延时 20ms 内。数字应用服务能力加快提升，建成西部最大的 GPU 智算基地、亚马逊在中国最大云基地和中国移动云"西部节点"等。宁夏联通闽宁云等宁夏"云品牌"在全国产生一定影响力，"互联网＋教育""互联网＋医疗健康"示范区建设走在全国前列，率先在全国实现电子商务进农村综合示范省域全覆盖。数智产业生态格局初步形成，建成全国首个"万卡＋"智算基地，建立了 GPU 服务器集群，上线全国首个大数据和算力交易服务平台。上游服务器生产制造、中游数据中心建设和网络安全、下游算力应用和数据交易的全产业链形成共同体，聚焦打造数字经济新优势，促进民族地区算力产业高质量发展。

（四）强化项目支撑，夯实枢纽建设发展基础。把项目建设作为宁夏枢纽建设的关键和核心，建立重大项目推进工作机制，建设运营宁夏枢纽重大项目线上调度管理服务平台，实行"一对一""保姆式"服务，全力保障企业项目建设，中国广电、中国能建等 40 个宁夏枢纽重点项目落地。创新平台载体，认定银川阅海湾中央商务区等 11 家数字经济示范园区，建成长三角、京津冀、粤港澳 3 个"飞地园区"，提升资源整合、要素集聚、辐射带动能力。吸引美团、并行科技、金山等 218 家互联网及云计算大数据生态企业落地中卫，规上企业达到 12 家，为 4000 余家企事业单位提供海量存储和大数据计算服务，带动解决就业 4000 人以上。2023 年，宁夏数字产业实现产值 764.2 亿元，对经济增长的贡献率为 11.9%，增速位于全国前列。

（五）强化东西协作，推进区域经济融合发展。建立宁夏枢纽招商引资工作机制，面向京津冀、长三角、粤港澳地区开展大规模招商引资活动，对接大型央企、数字经济企业近千家，组织数字经济各类招商活动超过 400 场次。举办 2023 中国算力大会、第二届"西部数谷"算力产业大会，进一步提升了宁夏枢纽的吸引力和竞争力，为加速释放算力赋能千行百业潜能、打造数字经济新引擎注入了强劲动力。引入亚马逊 AWS、创客超算等多个大型数据中心落地；服务美团、小红书等 4700 多个企业数据落地，国家电子政务云、亚马逊公有云、超算云等上线运营，百度、阿里等 20 家企业 CDN 节点投入运营；通至北京、上海、广州、成都等 10 个国内重要城市的长途传输链路，满足面向东部、南部、西南部的云存储备份、数据加工处理等非实时算力需求。强化平台创新，推动组建数字经济产业基金，成立宁夏"东数西算"人工智能与信息安全重点实验室，成立数字宁夏专家委员会，为宁夏枢纽建设提供强大智力支撑。

宁夏服务国家"东数西算"战略，坚持国家所需、宁夏所能，以"东数"为本，"西算"为要，着力构建服务全国的算力网络体系，奋力打造"西部数谷"，让数据、算力等新质生产力逐渐成为民族地区数字经济增长新引擎，助力民族地区实现产业转型升级、新动能培育和高质量发展，强化各民族经济联系，使各民族凝聚为一个情感相依、团结奋进、成果共享的发展共同体和命运共同体，推动各民族共同走向社会主义现代化。

经验启示

宁夏依托全国"一体化算力网络国家枢纽节点、国家新型互联网交换中心"建设，大力提升综合算力水平，带动算力相关产业创新融合发展，促进东西部协同联动、融合发展，让"算力"更好地赋能民族地区经济社会发展，大力促进各民族共同团结奋斗，全面实现各民族共同繁荣发展。

（一）"东数西算"是民族地区数字经济高质量发展的强力引擎。宁夏依托区位、交通、自然资源优势，全面打造"西部数谷"，将先天优势转化为后发动能，以数字技术赋能经济社会高质量发展，数字技术创新不断取得突破，数字经济规模快速增长，数字经济治理水平不断提高，数字经济成为民族地区稳增长促转型的重要引擎。

鸟瞰中卫市数据中心集群

21

（二）"东数西算"是促进各族群众交往交流交融的联结纽带。宁夏以"东数西算"高速发展为基，推动数据产业集群发展、集约发展、集聚发展，以数据链带动创新链、资金链、产业链融合发展，以技术和成本优势突破地域限制，使不同地区、不同企业、不同群体突破地理空间所限从事同一生产活动，增加了各族群众的共同利益，强化了各族群众的利益共享，促进了各民族广泛交往、全面交流、深度交融。

（三）"东数西算"是促进东西部数字经济融合发展的重要支撑。"东数西算"宁夏枢纽高起点谋划、高水平布局、高标准建设，发挥西部算力优势，支撑东部数据运算，努力打造大数据产业中心，高质量建成面向全国的算力保障基地，把算力转化为促进经济社会发展的新动能，促进东西部数据流通、价值传递；利用数字技术运输的快速及便捷性，打破时空限制，推动东西部数字经济产业融合发展，实现各族群众在经济上共富共享。

总书记的话

要大力发展特色文化旅游。把发展冰雪经济作为新增长点，推动冰雪运动、冰雪文化、冰雪装备、冰雪旅游全产业链发展。

——2023年9月6日至8日，习近平在黑龙江考察时的讲话

地方实践

"冷资源"就是"热经济" "冰天雪地"就是"金山银山"
——黑龙江哈尔滨市各民族大联欢助推冰雪经济蓬勃发展

2023 年的冬天，黑龙江省哈尔滨市在"冰天雪地也是金山银山"的发展理念指引下，将资源优势转化为经济优势、竞争优势，为各民族广泛交往、全面交流、深度交融创造条件。全国各民族同胞用热情豪迈的舞姿、心花怒放的笑容、情同手足的友谊，尽情展示中华文化的风采，在极寒之地诠释着中华民族共同体的温暖、爱和希望，齐声唱响"中华民族一家亲、同心共筑中国梦"的团结乐章。

一、背景情况

哈尔滨市有 55 个民族，是一座各民族共居的特大型城市，欧陆风情、民族文化和天然禀赋相得益彰。在中华文明的深深滋养下，金源文化、音乐文化、冰雪文化、红色文化等优秀文化交汇在此，呈现出多元文化交融共生的景象。中温带大陆性气候使哈尔滨四季分明，夏季短暂凉爽，而冬季漫长寒冷，生活在哈尔滨的各民族同胞在冰雪生活中用智慧和力量，让越来越多的优秀文化在雪花和冰晶中次第绽放，冰雕雪雕、狗拉爬犁、滑冰滑雪……哈尔滨向全国乃至全世界展现着具有独特魅力的"冰雪

文化家底"。以冰雪为桥梁、用文化搭舞台,打造"冰雪旅游＋民族团结""冰雪旅游＋红色研学"精品路线,2023 年哈尔滨市接待游客总量 1.35 亿人次,旅游总收入超 1692 亿元,同比增长 239.03%,2024 年春节假期达到冰雪旅游高峰。当前,哈尔滨市正振翅迎接冰雪经济高速发展的"黄金机遇期",白色冰雪已成为冰城经济发展新的增长极。

二、主要做法

(一)以各族群众需求为导向,增强"自家人"的体验感。哈尔滨市牢固树立"以人民为中心"的发展理念,坚持以需求牵引供给、供给创造需求为原则,积极向全国各民族同胞提供可触可感、可见可及的优质服务,以"人人都是服务员"的姿态,用真诚的待客之道将来自天南地北的各民族同胞凝聚成"一家人"。哈尔滨市民宗局以邀请湖北省恩施土家族苗族自治州民宗局开展旅游促"三交"活动为示范,打造跨区域文化交流样板,以"跨越 14 个纬度·鸽子花相遇丁香花"为主题,组织湖北 10 名土家族幺妹儿与哈尔滨市回族、朝鲜族、满族等各民族同胞百余人,共同举办围炉煮茶、歌曲对唱、歌舞展演、冰雪体验等交流活动 7 场,全面展示祖国北疆民族文化,呈现了一场南北民族文化大交融的视听盛宴,成功签订全国首个南北跨区域交流合作框架协议,为更广泛、更持久、更深入地开展黑鄂两地交往交流交融活动创造有利条件。

首次跨省交流活动成功举办后,哈尔滨市立即组织满族、朝鲜族、蒙古族、达斡尔族、鄂温克族、鄂伦春族等世居民族,拍摄"中华民族一家亲"视频宣传片,通过抖音、快手、文旅龙江公众号、哈尔滨文旅公众号等媒体,向全国发出"'尔滨'没有本地人和外地人,没有东北人和南方人,来的都是自己人"的邀请,以"我们都是一家人"的名义撬动更大范围的跨省交往交流交融。

(二)以打造精品线路为核心,增强"互动式"的趣味感。为进一步提升"冰雪旅游＋民族团结""冰雪旅游＋红色研学"旅游品牌的参与度和影响力,哈尔滨市将冰雪旅游热度作为借势营销乡村旅游路线的"发动机",将冰雪旅游热门地、红色教育基地、特色村寨等资源连珠成串、同步推介,激活乡村旅游新动能。按照哈尔滨市委市政府打造"冰雪文化之都"的决策部署,哈尔滨市民宗局以全市"约会哈尔滨·冰雪暖世界""龙年游冰城·一起迎亚冬"等主题活动为依托,大力宣传各民族书法绘画摄影手工艺品展、金上京历史博物馆、特色村寨冬泳体验等具有传统文化特色项目。打造民族特色村寨"冰雪＋露营"、雪地越野、冰雪嘉年华、冰雪画廊和亲子冰雪乐园等多种娱乐项目，纳入全市冰雪旅游活动布局和板块中，同冰雪大世界万人蹦迪、索菲亚教堂旅拍等热门景点同步宣传推广，丰富旅游产品和业态，有效带动乡村旅游业消费繁荣。尚志市开通全国首个冰雪主题旅游专列，"亚布力雪国列车"日均为当地带去游客 2000 人，旅游综合收入达 2200 万元，在促进各民族交往交流交融的同时，成为乡村冰雪旅游发展的新增长点。

广西南宁的 11 名"小砂糖橘"勇闯"尔滨"的故事在全国燃爆后，哈尔滨市民宗局立即联合教育部门、哈尔滨市第七十三中学、哈尔滨市第十四中学、哈尔滨市兆麟小学等部门，研究谋划"冰雪旅游＋红色研学"的经典路线，借鉴"小砂糖橘"打卡冰雪大世界、向边防战士敬礼、在哈尔滨工业大学看机器人跳舞、到博物馆里"摘星星"的路线，创新研发涵盖黑龙江省博物馆、哈尔滨市冰雪文化博物馆、冰雪嘉年华、哈尔滨工业大学航天博物馆、东北烈士纪念馆、伏尔加庄园等为地标的跨界深度旅游路线，从自然景观到爱国主义教育，从感受东北民俗、体验冰雪运动到领略祖国北疆地大物博，极尽所能满足全国小朋友的兴趣爱好，为全国各族青少年创造冰雪研学之旅。在伏尔加庄园，哈尔滨市民宗局、哈尔滨市第七十三中学组织内地新疆高中班学生和"天津小蹦豆""滨州小冬枣"冬令营团队 500 多人，开展各族青少年赏冰乐学交流活动。孩子们在城堡雪圈中，沿着高高的滑道飞驰而下；在雪地拔河比赛中，脚踏冰雪，手拉大绳，团结一心，因为冰雪的凝聚像石榴籽一样紧紧抱在一起。

2023 年入冬以来，哈尔滨累计接待江苏"小悟空"、上海"小魔豆"、广西"小螺蛳粉"、北京"小烤鸭"、三亚"小神鹿"、广东"小醒狮"等研学团队近千人，带动全国多地纷纷开启萌娃"大串门"。黑龙江漠河"小蓝莓"到达云南西双版纳、哈尔滨"小东北虎"奔赴桂林，全国小朋友在双向奔赴中成为相亲相爱的一家人，推动各族青少年交往交流交融计划实现质的飞跃。

（三）以冰雪旅游热度为助推，增强"火出圈"的顶流感。2023 年冬，哈尔滨成功化身"冬天里的一把火"，"出圈"的"尔滨"犹如"鲶鱼效应"中的那条"鲶鱼"，推动了全国各地文旅部门的花式营销，带动全国各民族同胞对冰雪游相关话题的高度参与和"全民造梗"，哈尔滨成了世界秀场顶流，中央大街成为世界最大的露天 T 台。从西藏昌都千里奔赴"尔滨"的藏族同胞、穿着蕴含千年积淀的民族服饰的四川大凉山越西县彝族同胞、跳起国家级非遗黄泥鼓舞的广西金秀县瑶族同胞、来自大兴安岭深处的鄂伦春族非遗传承人，还有鄂温克族、蒙古族、达斡尔族、朝鲜族、满族、土家族等各族群众齐聚哈尔滨，热情洋溢地在中央大街载歌载舞，带来了一场全国各民族大联欢大展演，以"滚雪球"式的曝光度和关注度，吸引了全国乃至世界的目光，中华民族大团结在"尔滨"被瞬间具象化，实现了不同地域文化间的大交流，全国各地纷纷借势弘扬民族文化，展现了一种前所未有的奇观。为切实将"流量"变为"留量"，将"短期流量"做出"长红效应"，哈尔滨市民宗局加强与文旅等部门沟通协作，在"南宁老友与东北老铁交换冬天"的南宁文化旅游专场推介会上，签订《南宁—哈尔滨文化旅游交流合作战略框架协议》，开通了哈尔滨与南宁各民族同胞交往交流交融的南北走廊，在双向奔赴中实现彼此成就。

冰雪经济承载着各族群众对美好生活的新期待和新向往，在全国各民族同胞的宣传带动下，哈尔滨市场主体增长保持活跃态势。2024年1月上半月，哈尔滨市新登记旅游、住宿和餐饮等行业经营主体同比增长161.86%，持续激发旅游市场活力。作为回礼广西的蔓越莓，冷冻蔓越莓销售额同比增长超600%，鲜蔓越莓同比增长超1000%，蔓越莓果干的搜索量同比增长180%，销售额同比增长120%，出现了供不应求的情况。马迭尔冰淇淋、哈尔滨红肠、东北大酱、格瓦斯饮料、大列巴面包、哈尔滨啤酒等特产销售额同比增长65%。其中，作为地标美食代表的哈尔滨红肠，元旦以来日均寄递单量比去年12月增长近4倍，冰天雪地成为各族群众致富的"金山银山"。

冰封雪飘、冰魂雪魄、冰情雪韵，冷天气带来热期待，冷资源迸发热效应。冰雪名城哈尔滨大力推动冰雪经济全产业链发展，举一城之力激活全国各地文旅产业的蓬勃发展，激发各民族的爱国情怀，成为营造"中华民族一家亲"浓厚氛围的标杆。与此同时，哈尔滨在促进各民族广泛交往交流交融中，为全国各地将优势资源转化为金山银山提供了冰城方案，彰显以中华民族大团结促进中国式现代化的冰城担当，为铸牢中华民族共同体意识奠定坚实的精神、文化、经济基础。

经验启示

更深层次的产业融合、更多的产品创新、更高的品质分享、更广泛的大众参与、更有温度的人文关怀，正在成为哈尔滨冰雪旅游的新体验，全国各民族同胞以冰雪之约相聚哈尔滨，所迸发出的民族凝聚力和民族向心力，是中华民族共同体的生动诠释，更是哈尔滨民族文化底蕴的厚积薄发。中华优秀传统文化的同台展示，为哈尔滨

2024 年 1 月，哈尔滨市第七十三中学开展各族青少年交流活动

爆火"出圈"起到了积极助推作用，不仅为游客提供了独特而丰富的旅游体验，更有力地促进了各民族广泛交往交流交融。

（一）发挥优势资源是推动冰雪经济高质量发展的关键因素。哈尔滨市围绕优势旅游资源，发展冰雪旅游产业集群，推动旅游业高质量发展，增强经济发展内生动力，为各民族群众提供更多就业、创业机会，让冰天雪地成为群众致富的"金山银山"，进一步增进民生福祉，形成各民族共同团结奋斗、共同繁荣发展的良好态势，让冰雪经济成为新的增长点。

（二）推进文旅融合发展是讲好中华民族共同体故事的重要抓手。哈尔滨市充分挖掘中华优秀传统文化资源，讲好中华民族共同体故事，厚植冰雪优势，释放冰雪红利，推动"冰雪旅游＋文旅＋""＋文旅＋冰雪旅游"跨界融合发展，采用多元化、精准化、创意化、共情化的文旅传播方式，让优秀传统文化借助冰雪旅游热度"活起来"，让历史与现实产生连接，展现历史上各民族交往交流交融产生的磅礴伟力，推动中华优秀传统文化创造性转化、创新性发展。

（三）加强区域协调联动是促进各民族交往交流交融的核心举措。哈尔滨市加速构建以点连线、构面、建体的南北联动网络，与全国各地进行交互式的输出与循环，开辟了一条带动一二三产业融合发展的"致富路"，在全国范围内促进各族群众在空间、文化、经济、社会、心理等方面的全方位嵌入，带动全国各民族广泛交往、全面交流、深度交融，真正实现中华民族一家亲、同心共筑中国梦的美好愿景。

总书记的话

发展特色产业是地方做实做强做优实体经济的一大实招，要结合自身条件和优势，推动高质量发展。要把住质量安全关，推进标准化、品牌化。要帮助民营企业解决实际困难，鼓励、支持、引导民营企业发展壮大。

——2021 年 4 月 26 日，习近平在广西柳州螺蛳粉生产集聚区考察时的讲话

从"小米粉"中"嗦"出了"大产业"

——广西柳州市为全国各族人民带来舌尖上的"好滋味"

螺蛳粉是广西壮族自治区柳州市的一道传统美食，以其独特的口感和独特的味道深受广西各族群众喜爱。近年来，柳州市以工业化理念为引领，大力发展螺蛳粉产业，使这一小小的粉条在柳州市迅速崛起，从路边摊变成了"网红"食品，火爆国内外，成为一道别具特色的中华美食，为全国各族人民带来舌尖上的"好滋味"。

一、背景情况

柳州市，常住人口 415.35 万人，辖 5 个市辖区、3 个县、2 个自治县，是国家历史文化名城，有汉族、壮族、侗族、苗族、瑶族、回族、仫佬族、水族 8 个世居民族。柳州市是多民族聚居地区，多民族文化在此交相融合，螺蛳粉便是各民族饮食文化交融互鉴的产物。柳州螺蛳粉制作技艺是国家级非物质文化遗产代表性项目，嗦螺和米粉在柳州传承悠久。截至 2023 年，柳州螺蛳粉全产业链销售收入 669.9 亿元，增

长 11.5%，年寄递量突破 1 亿件；出口方面，2023 年柳州螺蛳粉出口值突破 1.01 亿元。从"小米粉"中"嗦"出了"大产业"，强化了各民族交往交流交融的历史记忆，推动各民族奔向共同富裕的美好生活，进一步推进了文化自信自强。

二、主要做法

（一）"聚"文化，各族饮食文化交融互鉴成美食。带着历史记忆现身于 20 世纪七八十年代夜市的地方小吃螺蛳粉，如今是柳州最亮眼的新名片之一。在螺蛳粉的"基因"里，既有侗族、苗族的酸食文化，也有壮族的稻作文化，还有柳州先民"柳江人"的食螺文化，更有现代的饮食文化，一碗螺蛳粉正是由各族饮食文化"聚"成的，承载着各民族文化记忆。柳州市为讲好螺蛳粉的故事，深入挖掘食螺的历史渊源，持续加强白莲洞遗址、鲤鱼嘴遗址的保护力度，充分做好螺文化的展示工作，精心策划史前文化研学体验活动，建设螺蛳粉饮食文化博物馆，创新民族文化传承方式，不断提升中华优秀传统文化的生命力和影响力。努力挖掘螺蛳粉的起源，讲述柳宗元的"救命粉"、谷埠有夜市、无巧不成书等故事，开展一系列与螺蛳粉有关的文化活动，推出展示民族团结和铸牢中华民族共同体意识专版预包装螺蛳粉，通过设置话题、发布主题文章、直播带货等方式，让螺蛳粉效应持续发酵，引起各族群众共鸣，勾起浓浓的"螺蛳情结"和"米粉情结"。充分利用丰富的民族饮食文化资源，推出螺蛳粉主题线路，打造"柳州螺蛳粉＋旅游"深度融合的景区、景点，提升民族饮食文化影响力。如今，由各民族饮食文化"聚"出来的名小吃，不再只是一种满足人们饮食需求的物质形态，更体现了民族的融合与社会的进步。小小一碗螺蛳粉，让各族群众的生活更加"有滋有味"。

（二）"聚"三产，构建民族地区现代化产业体系。扶持柳州螺蛳粉产业园、生产集聚区和粮油米粉产业园等建设，鼓励龙头企业建设原材料供应基地、分销中心、研发中心，推动企业跨区域发展，螺蛳粉产业园日产袋装螺蛳粉 300 万袋，被人们熟知的"李子柒""好欢螺"等品牌螺蛳粉都出自这里。建设原材料示范基地，创新"龙头企业＋专业合作社＋农户"模式，引导周边县区大力发展竹笋、豆角、螺蛳等螺蛳粉配菜的种植养殖。目前已培育生产企业 135 家，规上企业达 66 家，建成螺蛳粉原材料种植养殖基地 68 万亩。建设螺蛳街、螺蛳粉小镇等文娱园区，丰富文创产品、开发螺蛳粉文化体验主题游，推动形成集现代农业、餐饮服务、文化旅游等于一体的产业链条，构建完整产业生态体系。发布一系列螺蛳粉生产标准和发展规划，成立螺蛳粉产业标准化技术委员会，建立螺蛳粉产品质量检测中心，申请"柳州螺蛳粉"国家地理标志产品，出台政策规范行业发展，实现由"小作坊"向现代化产业集群的跨越式发展，不断推进柳州螺蛳粉品牌化、标准化、规模化发展。小小螺蛳粉"聚"成了大产业，带动各族群众共同创造财富。如今，柳州螺蛳粉全国开设实体店约3.3万家。

（三）"聚"人心，各族同胞携手同心圆梦"三百亿"。各族同胞人心齐，螺蛳粉产业才能蒸蒸日上。诸多螺蛳粉生产企业积极吸纳各民族职工就业，营造团结共事的良好环境，搭建职工成长平台。如位于柳州螺蛳粉产业园内的广西中柳食品科技有限公司安排553名员工就业，其中少数民族员工362名。广西螺霸王食品有限公司壮族员工韦春丽由于工作出色，晋升为人事主管。为了提升各族干部职工的文化水平，公司组织一线员工与基层管理人员集体培训，帮助他们提升专业知识，适应社会发展。聚焦柳州螺蛳粉食品生产重点龙头企业，"零距离""一站式"指导3个产业集聚区110多家生产及配套企业全覆盖成立党组织，成立柳州螺蛳粉上下游产业链联合党委，整合螺蛳粉上下游、物流、电商等产业链党组织，成立柳州螺蛳粉产业发展党建联盟，为企业送服务、送政策、解难题，坚定企业发展信心。创建全国首家螺蛳粉产业学院，开设7个高水平特色专业，并制定课程标准及培训教材、打造师资团队，采取学徒制或订单班模式，培养各民族螺蛳粉生产经营复合应用型人才5000多名。柳州还将部分原材料加工车间搬到融水、三江等民族地区，解决当地贫困劳动力就业难题。各族员工和谐共处、互帮互助、不分彼此，为打造一个团结向上、富有创造活力的企业而努力。如今，柳州螺蛳粉由街头小吃"聚"成大产业，实现了"袋装螺蛳粉销售收入破百亿元、配套及衍生产业销售收入破百亿元、实体门店销售收入破百亿元"的"三百亿"目标，成为了各民族在经济上相互依存、文化上兼收并蓄的生动见证。

在"一碗粉"风靡全国的背后，它不是简单的"一碗粉"带火了"一座城"，而是"一座城"走出了一条螺蛳粉的全产业之路，是"一座城"用产业化理念做驱动，让地方美食变成了百亿产业，不仅让柳州走出了一条特色的乡村振兴之路，推动民族地区特色产业发展，带动各族群众增收致富，还为全国各族人民带来了一道别有特色的中华美食。各族群众紧紧团结在一起，脱贫致富奔小康由梦想变为现实，一碗螺蛳粉，成就大事业，一碗"团结"粉，正在创造柳州各族群众更美好的未来。

经验启示

　　在柳州螺蛳粉成为"网红食品"的今天，当全国各族群众打开食品包装袋"嗦粉"时，不仅为中国民族产业的兴起和壮大注入了一腔热忱，更是在潜移默化中铸牢中华民族共同体意识。小小螺蛳粉见证了各民族经济互相依存、携手发展的历程，书写了民族团结孵化的柳州"惊奇"，也为民族地区特色食品产业化发展提供了新的思路和标杆。

　　（一）文化保护传承创新是促进交融互鉴的有效抓手。柳州市在讲好螺蛳粉故事的过程中，深入挖掘历史渊源，加大对螺蛳粉蕴含的优秀文化的保护力度，提高其文化内涵，创新宣传推广形式，推动饮食文化走进各族群众生活，在交融互鉴中不断发展壮大，让各族群众感受民族团结和谐之美，在服务和融入新发展格局上展现新作为，推动中华文化更好走向世界。

　　（二）规模化经营是民族地区产业升级的强力引擎。螺蛳粉产业发展被柳州市纳入国民经济与社会发展规划，鼓励和支持"螺蛳粉产业＋"融合发展，有力促进螺蛳粉产业健康有序发展，实现规模化、产业化、标准化发展，让螺蛳粉成为各族群众增收的法宝、提供就业岗位的幸福产业，让丰富多彩的中华优秀饮食文化成为增进民族团结的重要平台，促进各民族广泛交往交流交融。

柳州市佳味螺企业袋装螺蛳粉生产线

（三）共同参与是全产业链优化升级的内生动力。柳州市把发展富民产业的过程作为铸牢中华民族共同体意识的实践，为各族群众共居共学、共事共乐创造机会和条件，提升各族群众发展产业的积极性，吸纳各族群众参与到产业中来，在产业链各个环节共享产业增值收益，在各族群众收入得以提高的同时，有形有感有效促进各民族交往交流交融。

> 种子是我国粮食安全的关键。只有用自己的手攥紧中国种子，才能端稳中国饭碗，才能实现粮食安全。种源要做到自主可控，种业科技就要自立自强。这是一件具有战略意义的大事。要弘扬袁隆平等老一辈科技工作者的精神，十年磨一剑，久久为功，把这件大事抓好。
>
> ——2022 年 4 月 10 日，习近平在海南省三亚市崖州湾种子实验室考察调研时的讲话

地方实践

"一粒种子"改变世界

——湖南怀化市发扬"种子精神" 实现"富口袋""富脑袋"

近年来，湖南省怀化市深入挖掘"一粒种子改变世界"的精神内涵和时代价值，引领全市各族干部群众学习袁隆平院士高贵品质和崇高风范，立志成为中华民族伟大复兴的"好种子"，实现各族人民既"富口袋"又"富脑袋"，真正让中国饭碗端得牢、各族群众吃得好，让各族人民共享强国建设、民族复兴的伟大荣光。

一、背景情况

怀化市地处湖南西南部，毗邻鄂渝黔桂四省区，全市辖 13 个县市区（其中有 5 个自治县），常住人口 452 万人，有汉族、侗族、苗族、土家族、瑶族等 51 个民族。千百年来，中华民族共同体意识在这里深深扎根，屈原在这里留下了亘古不朽的诗

篇；长征通道转兵红色故事成为照亮各族群众前进的永恒明灯；芷江受降标志着日本侵华战争结束，是近代中国首次以战胜国姿态受降，见证了各族人民团结一致、共御外敌的最终胜利；安江农校是世界杂交水稻发源地，以袁隆平院士为首的中国科研团队，在世界上首次成功培育出籼型杂交水稻，演绎了"一粒种子改变世界"的现代传奇，彰显了中华民族创新发展的时代精神。1970 年，三亚南红农场技术员冯克珊带着袁隆平的助手李必湖发现了一株有 3 个扬花的稻穗、花药细瘦、色泽浅黄的野生稻，袁隆平院士给这株神奇的野生稻命名为"野败"，为籼型杂交稻"三系"配套打开了突破口，我国杂交水稻事业由此开启崭新篇章。近年来，怀化市因地制宜，充分发挥"杂交水稻发源地"这个世界品牌的核心引领作用，大力弘扬种子的"向阳、传承、开拓、包容、共生"精神，各族群众厚植善梦之心、彰显追梦之志、践行圆梦之举，让"一粒种子"从怀化洒满中国，从中国走向世界，也改变了世界。

二、主要做法

（一）深挖"一粒种子"的精神内涵和时代价值，凝聚各族群众共同认可的"种子精神"。袁隆平院士曾说："我是一名无党派人士，我的心深深地向着中国共产党。"怀化市以袁隆平院士一辈子潜心研究的杂交水稻为切口，以"杂交水稻发源地"安江农校为起点，重走袁隆平院士及其团队在杂交水稻研究过程中的奋斗足迹，深入挖掘袁隆平院士一生爱党爱国的高贵品质，凝聚"种子"的向阳精神，浇筑铸牢中华民族共同体意识的政治基础；深挖"种子"的传承精神，深入开展"学习袁隆平　做一粒好种子"主题宣传教育活动，用撒进各族群众心中的种子全方位构筑中华民族共有精神家园，推动"四个与共""五个认同"理念根植各族群众心中，浇筑铸牢中华民族共同体意识的思想基础；深挖"种子"的开拓精神，开拓进取、善作善成，赋予所有改革发展以改善民生、凝聚人心的意义，推动各民族共同走向社会主义现代化迈出坚实步伐，各族群众感党恩、听党话、跟党走的信念更加坚定，浇筑铸牢中华民族共同体意识的物质基础；深挖"种子"的包容精神，充分运用"种子"兼收并蓄、取长补短的包容精神，发扬中华文明蕴含的包容特性，不断增进共同性，尊重和包容差异性，开展跨省市"联创"行动，携手广西柳州市、贵州黔东南苗族侗族自治州共建湘桂黔环"三省坡"区域铸牢中华民族共同体意识示范带，丰富了省际毗邻地区交往交流交融新内涵，推动各民族在空间、文化、经济、社会、心理等方面的全方位嵌入，浇筑铸牢中华民族共同体意识的社会基础；深挖"种子"的共生精神，秉持种子多元共生、和谐共生的理念，扎实推进平安怀化、法治怀化建设，依法治理民族事务，切实保障各族群众合法权益，浇筑铸牢中华民族共同体意识的法治基础，让各族群众牢固树立共同追求"禾下乘凉梦""杂交水稻覆盖全球梦"的理想信念。

（二）坚持高质量发展推进中国式现代化怀化实践，让各族群众在产业兴旺中"富口袋"。编制《"国际种业之都"建设规划（2023—2033年）》《种业振兴行动实施方案》《推进种业及粮食加工产业链建设三年行动计划》等一系列文件，为全面优化种业市场环境提供政策支持。坚决扛起国家粮食安全的主体责任，全面推进种业振兴，发挥杂交水稻发源地优势，加快实施"引进来"和"走出去"行动。打造国际种业之都，推动怀化国家农科园、岳麓山种业创新中心大湘西区域中心高效运营，杂交水稻制种面积新增2万亩，达到14.35万亩，年产优质种子2200万公斤以上，约占全国产量的1/10。种子生产基地产业集群和优势区域达到5个，深圳兆农、中朗种业等种业企业落户怀化，签约总投资8亿元、种业项目6个，着力把中国人的饭碗牢牢端在自己手中。依托国家农科园安江核心区，全力推进怀化种业创新中心建设，瞄准农业"芯片"，开展新品种、新技术实验示范，种子科研机构与种业市场主体强强联手、密切合作。怀化职业技术学院、怀化市农业科学研究院、湖南奥谱隆科技股份有限公司、湖南绿丰种业有限公司、湖南新高登种业科技有限公司等科研机构、高等院校、种业企业形成资源共享、联合攻关机制。全市拥有国家级农业创新平台5个，安江杂交水稻研究所的科研成果在全国16个省（区）推广，累计种植面积4.2亿亩，增产粮食400多亿公斤，同时，杂交水稻已远播全球近70个国家。"种子"品牌效应不断凸显，怀化市培育出国家地理标志产品15个、全国名优特新农产品9个，形成黔阳冰糖橙、麻阳柑橘、靖州杨梅等一大批区域特色品牌。深化对外合作，成功举办首届湖南（怀化）RCEP经贸博览会，积极拓展海外市场，全力推广杂交水稻，组织经贸代表团出访东盟，开展招商推介活动28场次，签署项目合作协议12个，与老挝占巴塞省、马拉维农业部签订合作备忘录。老挝万亩水稻基地项目建设有序推进，老挝塔纳伦国际陆港、柬埔寨西港等在怀化设立内陆港，湘鄂赣"三省合作协议"中老铁路国际货运班列首发，邵阳—怀化—东盟、娄底—怀化—东盟接续班列正式开行，形成"东盟资源—怀化制造—RCEP市场"的格局。怀化推进各族群众共同富裕步伐铿锵有力，奋力书写种业振兴的新答卷，为全人类解决饥饿问题、构建人类命运共同体贡献"种子"力量。

（三）薪火相传助力构筑中华民族共有精神家园，让各族群众在精神浸润中"富脑袋"。挖掘"通道转兵""芷江受降"等重大历史事件时代意义,创作出电影《通道转兵》和红军长征过怀化——辰州剪纸红色文化系列作品等红色精品,推动各族群众厚植红色基因。在"干壮"工程上坚持社会主义核心价值观引领,抓好中华优秀传统文化传承发展、中华文化符号和中华民族形象宣传、国家通用语言文字推广普及等工作,《侗山红》等 5 个作品获湖南省精神文明建设"五个一工程"奖。在"枝繁"工程上做好各民族优秀文化保护传承,侗锦等 16 项非遗项目列入国家级名录;与怀化学院共建民族博物馆,不断丰富中华文化基因库,绘就中华文化与各民族文化"根深干壮、枝繁叶茂"美丽画卷。立足得天独厚、古朴深远的历史底蕴、时代定位,深挖红色文化、和平文化、种子文化,创新打造通道转兵纪念馆、芷江抗日战争胜利受降纪念馆、安江农校纪念园三张"金字招牌",走出"基地＋铸牢中华民族共同体意识"的社会教育新路子。作为全国爱国主义教育基地,通道转兵纪念馆把红色文化资源优势转化为品牌优势,持续擦亮"通道转兵"金字招牌,以长征精神、通道转兵精神为引领,将保护利用红色资源与铸牢中华民族共同体意识紧密结合。倾力打造芷江抗日战争胜利受降纪念馆以及和平湖大型水上声光影铸牢中华民族共同体意识教育实践基地,通过馆内珍贵的文物、精美的展览,结合灯光、造景、多媒体投影、音乐等表现手法,将怀化的和平文化、红色文化、民族文化以及各民族交往交流交融历史等生动呈现,传承和弘扬中华民族伟大抗战精神,有形有感有效引导各族群众树立正确的国家观、历史观、民族观、文化观、宗教观。充分发挥世界杂交水稻发源地品牌优势,以"稻"为媒全情打造安江农校纪念园,设立民族团结好种子展厅,引领各族儿女争当"好种子",在中华民族伟大复兴的征程中书写精彩人生。发挥通道转兵纪念馆、芷江受降旧址等全国爱国主义教育基地作用,辐射引领全国各族群众 2000 余万人次接受红色文化洗礼;创新"行走的红色场馆",赴上海、江苏等地开展红色大篷车巡展巡演巡讲 110 场次、受众近 10 万人次,用红色铸魂、文化传承、宣教创新"软实力"为铸牢中华民族共同体意识提供了"硬支撑"。

"一粒种子",从安江农校走向世界,也改变了世界。站在第二个百年奋斗目标的新起点,怀化市紧扣铸牢中华民族共同体意识这条新时代党的民族工作的主线,不断增强各族群众对中华民族的认同感和自豪感,不断振奋各族人民奋进新征程、建功新时代的精气神,引领各族儿女传承和发扬"种子"精神,始终与祖国共奋进、与民族共命运、与时代共发展,"愿天下人都有饱饭吃"这一朴实而伟大的愿望已被镌刻在历史丰碑之上。

经验启示

怀化市大力弘扬袁隆平院士勇于创新的高贵品质和躬耕田野的崇高风范，从凝聚种子精神和推进各族群众"富口袋""富脑袋"多点发力，正确处理"富口袋"和"富脑袋"的关系，实现物质富裕和精神富足的有机统一，不断增强各族群众对伟大祖国、中华民族、中华文化、中国共产党、中国特色社会主义的认同。

（一）提炼"种子精神"，汇聚强大精神力量。怀化市不断追寻袁隆平院士"榜样光芒"，在各族群众心中播撒下心怀人民、爱党爱国的"种子"，让"一粒种子"成为各族群众共有的精神记忆和家国情怀，汇聚不断朝着实现人民对美好生活向往的目标前进的磅礴力量，引导各族群众增进对中国共产党的政治认同、思想认同、理论认同、情感认同。

（二）落实"种子精神"，打造新质生产力发展新路径。怀化市大力推进现代种业发展，积极探索因地制宜发展新质生产力的新路径，不断提升"国际种业之都"国内国际影响力，为国家粮食安全作出怀化贡献，为解决全球吃饭问题提供"中国方案"，促进各族群众共同富裕，推动各民族共同走向社会主义现代化，各族群众感党恩、听党话、跟党走的信念愈发坚定。

怀化市安江农校——世界杂交水稻发源地

（三）发扬"种子精神"，在各族群众心中播下"金种子"。怀化市让"种子精神"发挥引领服务各族群众的双重作用，以袁隆平院士研究杂交水稻的生动故事和艰苦创业、科研报国的奋斗精神，在各族群众心中种下了一粒粒勇攀高峰、为国为民的"种子"，激励和鼓舞各族群众怀揣梦想、奋力前行，人心归聚、精神相依，争当一粒爱党、爱国、爱人民的"好种子"。

总书记的话

展形象，就是要推进国际传播能力建设，讲好中国故事、传播好中国声音，向世界展现真实、立体、全面的中国，提高国家文化软实力和中华文化影响力。

——2018年8月21日，习近平在全国宣传思想工作会议上的讲话

"洞见"乡村振兴之路　讲好中国减贫故事

——湖南湘西州十八洞村为世界减贫事业提供"中国样本"

近年来，湖南省湘西土家族苗族自治州（以下简称"湘西州"）十八洞村始终把以人民为中心的发展思想落实到书写精准扶贫首倡地山乡巨变的全过程之中，着力做好首倡地文章，放大自然生态和产业优势，拓宽增收致富渠道，传承民族传统文化激发内生动力，加强品牌共建共享示范引领片区协调发展，成为引领全国9899万农村贫困人口全部脱贫的时代窗口，为世界减贫事业提供了鲜活、有力的"中国样本"。

一、背景情况

十八洞村位于湖南西部，武陵山脉中段，湘黔渝交界处，隶属于湘西州花垣县双龙镇，平均海拔700米，有梨子、竹子、飞虫、当戎4个自然寨6个村民小组，共249户990人。2013年，十八洞村人均纯收入1668元，仅为全国平均水平的18.8%，贫困人口占全村总人口的56.8%。2013年11月3日，习近平总书记亲临十八洞村考察时，首次提出"精准扶贫"重要理念，作出"实事求是、因地制宜、分类指导、精

准扶贫"的重要指示。在习近平总书记和党中央的亲切关怀下，十八洞村以感恩奋进的姿态，书写了战贫斗困、勇毅前行的壮丽诗篇，创造了中国脱贫攻坚的鲜活样本，成为新时代红色地标。2016 年，十八洞村村民人均纯收入增至 8313 元，成为全省第一批退出贫困村行列的村，同年被列入第四批中国传统村落名录。2021 年 2 月，十八洞村被评为"全国脱贫攻坚楷模"，同年被中宣部命名为全国爱国主义教育示范基地。2023 年，十八洞村人均纯收入跃升至 25456 元，村集体经济收入突破了 500 万元，同年 3 月，《向世界讲好湘西十八洞村故事》成功入选中国外文局发布的"2022 年度对外传播十大优秀案例"。

二、主要做法

（一）从"借帮扶之力"到"造内生动力"。在科学用好政府扶持和社会支持的基础上，充分调动村民积极性、主动性和创造性，提升技能拓展致富"门路"、发展教育集聚人才"后劲"、开发红色旅游壮大村集体经济"实力"，努力实现从依靠政策"输血式"民生兜底向自主聚力"造血式"产业致富转变。实施"一人一技"培养计划，鼓励引导村民学习蜜蜂养殖、苗绣加工、焊工等特色种养及务工技能，235 名村民凭借技能提升实现收入增长。村民龙先兰原在外务工，回乡学习养蜂技术，迅速将养殖规模壮大至 300 多箱，年收入 50 多万元，并带领 18 户脱贫户组建合作社。推进"一户一大"农民大学生培养计划，通过高考选录培养、开放大学培养、函授教育培养、园区订单培训等方式，提升农村退役军人、村干部、致富带头人和普通村民的文化水平，10 年来共培养研究生 3 名、大学生 46 名、农民大学生 18 名，8 名返乡大学生创办电商工作室。按照项目产业化、产业市场化的思路，大力发展乡村旅游、苗绣、山泉水、特色种植、劳务等 5 大产业，先后成立十八洞旅游公司、苗绣合作社、蜂蜜合作社、山泉水厂，有效增强村集体经济产业"造血"能力，切实增强了民族地区和各族贫困群众的内生发展动力。

（二）从"深山苗寨"到"红色地标"。十八洞村作为精准扶贫首倡地，在脱贫后立足新的历史起点，围绕"红色、绿色、古色"下功夫，实现从精准扶贫"红"起来到乡村振兴"火"起来。以精准扶贫、精准脱贫故事为主线，围绕"全国脱贫攻坚楷模""全国爱国主义教育示范基地""建党百年红色旅游百条精品线路"等红色资源，通过布置精准扶贫展览、打造红色旅游线路、开设红色党课等方式讲好脱贫故事，高质量打造新时代红色地标。2023 年，13 万人次党员干部到十八洞村参观学习，各地党政、企事业团体在十八洞村开展党性教育活动累计达 3120 余团次。建成十八洞村铸牢中华民族共同体意识教育基地，讲好民族团结进步故事，进一步擦亮红色底色。坚持经济发展与保护环境相结合，保护原生态的村庄风貌，因地制宜做好生态保护和资源开发文章，陆续建成星级旅游厕所、特色苗绣体验店、3000 米游步道、4 个停车场、十八洞·地球仓悬崖酒店等旅游服务设施，2023 年十八洞村接待游客达83.8 万人次，实现旅游收入 1974.5 万元，切实让绿水青山成为金山银山。大力实施微景观、微菜园、微庭院、微森林、微墙绘和创建美丽农家"五微一创"活动，先后获评"中国美丽乡村""全国生态文化村"等。将民族元素全面融入乡村旅游，深度挖掘古代蚩尤文化和苗族文化元素，开发特色文旅产品，开展民俗文化体验活动，打造"11·3"吉客节、"十八洞相亲会"等系列民俗活动品牌，吸引了大量各地游客。目前，全村共有民宿、农家乐 14 家，398 人实现在家门口就业，极大地保障了脱贫家庭稳定增收，增进了各族群众民生福祉。

（三）从"首倡之为"到"携手前行"。自觉履行首倡之地应有首倡之为的使命担当，充分发挥"以点带面"示范引领作用，走好乡村振兴共同富裕之路。以梨子寨为核心景区大力发展旅游产业，在当戎寨修建年均可接待党员干部培训 5 万人次和青少年研学 20 万人次的十八洞培训中心，在飞虫寨建设村文化活动广场、综合日间照料中心，在竹子寨开发蜡染、酿酒、农耕文化等项目，推动全村旅游综合承载能力拓展，实现"一村四寨"均衡发展。发挥十八洞村产业致富示范引领作用，引导、带动周边相邻 7 个村抱团发展特色产业，目前已联营发展茶叶 1000 余亩、油茶 1110 亩、美人椒 400 亩、烟叶 320 亩。发挥十八洞村"旅游＋""电商带货"辐射作用，带动周边 300 余名村民参与旅游服务、200 余名群众发展特色种养产业，十八洞蜂蜜合作社帮助周边 118 户村民养蜂增收致富。成立全国第一家县级乡村发展基金——湖南省花垣县十八洞乡村发展基金会，累计募集资金 6611.85 万元，帮助全县 180 余个村开展务工技能培训、基础设施建设等工作，受益人群达 3 万余人次，直接带动 1.2 万人增收。成立十八洞集团公司，在长沙建立飞地产业园，合理开发和保护"十八洞"系列公共品牌，"十八洞村"区域公共品牌保护案例入选国务院知识产权强国建设典型案例，带动全县发展壮大村集体经济，全县村集体经济经营性收入达 5210 万元，所有村均超过 10 万元。与新疆吐鲁番西门村携手结成"姊妹村"，共同探索创建民族团结和乡村振兴示范村。2022 年 11 月 3 日，邀请习近平总书记考察过的 24 个村的村党支部书记、驻村第一书记齐聚十八洞村，共同发布《乡村振兴十八洞倡议》。发挥十八洞村展示中国脱贫攻坚伟大成就"标志性窗口"作用，全方位展现"大政出于小村"胜利脱贫迈向共同富裕的生动实践，先后接待老挝人民革命党中央总书记、西班牙共产党主席等外国党政领导、驻华使节等考察学习 68 批次、860 余人次。开设"中国·十八洞"中英文网站，向世界讲述中国脱贫攻坚和乡村振兴的精彩故事。2023 年 11 月 3 日，成功举办"首届十八洞减贫与发展论坛"，30 多个国家大使、200 余名中外嘉宾走进十八洞村，实地感受精准扶贫首倡地的辉煌巨变，全球近 6.7 亿人次关注活动盛况，备受国际社会关注。"精准扶贫"从十八洞村走向全国、走向世界，被写入中国共产党史和联合国大会决议。讲好中国故事，传播中国声音，展示中国脱贫攻坚与乡村振兴伟大成就，为促进各国人民民心相通、增进各国人民福祉发挥作用。

十八洞村之变是中国摆脱贫困的生动缩影，十八洞村的发展是中国推动乡村振兴的生动缩影，彰显的是习近平总书记"精准扶贫"重要理念的真理伟力，体现的是中国共产党领导和中国特色社会主义制度的巨大优越性。以十八洞村为代表的减贫和乡村振兴经验根植于中国，正走向世界，讲好十八洞脱贫发展故事，充分展示"湖南之为""中国之治"，为人类减贫事业贡献中国样本、中国智慧。展望未来，在中国共产党领导下的中国，也必定为共建一个没有贫困、共同发展的人类命运共同体作出新的更大贡献。

经验启示

消除贫困事关人类文明的进步和发展，是世界性难题。十八洞村牢记嘱托，以"首倡之地"行"首倡之为"，走出了一条"可复制、可推广"的精准脱贫好路子，向世界讲好湘西十八洞村故事、脱贫攻坚中国故事，向世界分享中国减贫经验，让中国减贫经验看得见、摸得着、用得上，推进人类的反贫困进程，充分展示中国共产党的人民性、中国制度的优越性、中国道路的正确性，提升中国减贫方案的国际影响力。

（一）传播中国声音，展示大国形象。十八洞村开启了脱贫攻坚事业的序幕，10 年来，全国农村贫困人口全部脱贫，这场上升到国家战略地位的脱贫攻坚战，在讲好脱贫攻坚的中国故事中立体展现中国形象，各族群众守望相助、手足情深，用共同发展、共同富裕的事实回击美西方鼓吹的"中国威胁论"，提升中国话语在国际舆论场的传播力、影响力，体现了一个有实力、负责任的东方古老大国的道义担当，维护了国际公平正义。

俯瞰湘西州十八洞村

（二）讲好减贫故事，彰显制度优势。以十八洞村为首倡地实施的精准扶贫政策，坚持以人民为中心的发展思想，把脱贫攻坚摆在治国理政的突出位置，消除贫困、改善民生，各民族在逐步实现共同富裕的道路上，创造了人类有史以来规模最大、持续时间最长、惠及人口最多的减贫奇迹。这一伟大奇迹彰显了中国共产党领导和中国特色社会主义制度的优势。

（三）讲好中国故事，提升文化影响力。十八洞村在实施精准扶贫政策中，注重将中华文化保护利用与乡村振兴、全域旅游等工作相结合，实现了中华优秀传统文化创造性转化、创新性发展，在巩固拓展脱贫攻坚成果同乡村振兴有效衔接的新动能中，向世界展示中华文化的独特魅力，促进世界文化交流互鉴，进一步彰显文化自信自强。

> 流通体系在国民经济中发挥着基础性作用，构建新发展格局，必须把建设现代流通体系作为一项重要战略任务来抓。
>
> ——2020年9月9日，习近平在中央财经委员会第八次会议上的讲话

承东启西　联疆络藏　打造现代物流枢纽产业基地
——青海以"三个转变"努力打造青藏高原现代化物流体系

近年来，青海立足承东启西、联疆络藏的区位优势，着力做大流量、做优流向、做出流效，努力打造立足高原、辐射西部、畅联全国、对接国际的青藏高原现代物流体系，发展迅速，在现代综合物流中心建设、打造绿色生态走廊、开创全方位对外开放等方面不断取得发展成就。

一、背景情况

青海，位于我国西北内陆，地处青藏高原东北部，北部和东部同甘肃相接，西北部与新疆相邻，南部和西南部与西藏毗连，东南部与四川接壤，曾是古丝绸之路的重要通道，现在也是我国西北地区重要的交通枢纽，连接着西北地区各大城市。青海拥有完善的铁路、公路和航空网络，西宁入围准全国性综合交通枢纽，格尔木入围全国性综合交通枢纽，兰新高铁、青藏铁路等铁路干线在此交汇，京藏高速、连霍高速等高速公路穿境而过，西宁曹家堡机场是青藏高原重要的航空枢纽。青海在推进西部大开发重大机遇下，不断推动物流基础由"量"向"质"转变、物流服务由"有"向

"好"转变、物流管理由"弱"向"强"转变，为青藏高原架起"连心桥"、铺上"黄金路"、绘就"同心圆"，促进各民族广泛交往、全面交流、深度交融。

二、主要做法

（一）推动物流基础由"量"向"质"转变。青海加快物流通道外联内畅，建设与本省物流流量规模相适应的公路路网基础，建成扁门高速门源至峨堡段、西海至察汗诺、黄瓜梁至茫崖（青新界）等高速，加快加定至西海、大河家至清水等公路项目实施，打通综合运输大通道"堵点"。加快省境内国家高速公路待贯通路段和国省道低等级路段建设，建成茶卡至察汗诺、西宁至互助等高等级公路，持续推进湟源至西宁、尖扎至共和、G109小峡（王家庄至昆仑路）等公路建设，有序推进海东干线公路重要节点系统优化工程和倒淌河至大水段公路改造升级等重要省际通道建设，推动多向联通、立体综合、物畅其流的通道体系加快形成。推进一体化、智能化、绿色化的综合交通枢纽系统建设，打造建设一批辐射范围广、设施设备先进、集疏运系统完善、服务优质、与产业衔接紧密的综合交通枢纽，加快建设格尔木陆港型、西宁商贸服务型国家物流枢纽及西宁国家骨干冷链物流基地，加速推进物流枢纽提档升级，相继建成青海丝绸之路国际物流城、西宁综合保税物流园、青藏高原农副产品集散中心二期等物流园区，启动实施兰州—西宁国家综合货运枢纽补链强链三年行动，加快推进格尔木市国家综合货运枢纽补链强链建设，促进青藏高原物流体系不断发展完善，提高各族群众物流服务体验感和满意度，吸纳省内外各族群众就业，在带动各族群众实现增收致富的同时不断凝聚中华民族一家亲的思想共识，促进各族群众共同富裕。

（二）推动物流服务由"有"向"好"转变。统筹发展多方式联运，注重公路与铁路、航空等运输方式的有效衔接，推进大宗货物及中长途货物"公转铁"，实施公铁航联运示范工程，现有共用专用线95条，共用单位170家。2023年完成普通国省干线公路服务区（站）123个充电基础设施建设，发布《青海省网络平台道路货物运输经营管理实施细则（暂行）》，进一步完善符合青海网络货运长期健康发展的平台评审标准和专家库组成机制。开启青藏高原进出口贸易新通道，2023年上半年国际联运货物运输154列、378车、2万吨，主要出口产品包括纯碱、聚氯乙烯、石棉、日用百货等。构建"全链条、网络化、严标准、可追溯、高效率"的冷链物流体系，让青海冷链物流"热"起来，新鲜产品不掉"链"，全省开展冷链物流业务企业已有140家，冷库总规模达到41万吨，冷库总容量105万立方米，冷藏车225辆，冷藏车吨位 0.13 万吨，标准托盘数量达到 4.8 万个。如今，青海优质的牛羊肉、乳制品通过冷链物流走向全国各地，从湛江鲜虾到赣南脐橙，丰富多样的高品质生鲜食品也正通过冷链物流直达青海各族群众的餐桌。充分发挥邮政普遍服务网络基础支撑作用，持续深化邮快合作、快快合作、农村客货邮融合等多种模式，带动全省农村快递业务量和投递量分别同比增长 38% 和 49%，"青字号"特色农畜产品销售额突破 10 亿元。2023 年，全省邮政行业寄递业务量和邮政行业业务收入分别完成 1.7 亿件和 18.8 亿元，全省共建成县级统仓共配中心 29 个、村级寄递物流综合服务站 2275 个，努力打通快递进村"最后一公里"和农产品出村进城"最先一公里"，有效服务打造绿色有机农畜产品输出地，有力支撑民族地区实现全面乡村振兴。

（三）推动物流管理由"弱"向"强"转变。落实各项减税降费事项，持续提高办税效率，在进出口环节深入推进"两步申报"业务改革。成立全省邮政快递行业碳达峰碳中和工作领导小组，加快推进快递包装绿色转型，推广应用可循环快递箱。制定印发行业生态环保工作要点、塑料污染治理三年行动实施方案。深入开展过度包装和塑料污染两项治理，电商不再二次包装比例达 98%，可循环快递包装应用达 11.56 万个，回收复用瓦楞纸箱累计达 809 万个，可循环中转袋流转使用基本实现省内全覆盖，快递非标塑料包装物基本淘汰，快递包装材料减量化、标准化、循环化和快递进村覆盖率达到 85%，无害化水平不断提升，行业生态环保意识和绿色经营、绿色治理能力稳步增强。持续落实差异化收费及执行"绿色通道"政策，累计优惠减免车辆通行费 8.7 亿元，有效促进了物流业降本增效，降低了民族地区企业经营成本。加强货运车辆超限超载治理及信用联合惩戒，查处超限车辆 21761 辆，年平均超限率保持在 0.01% 左右。累计将一年内违法超限超载运输 3 次以上的 13 辆货运车辆、3 名货运车辆驾驶人、违法超标装载并放行超限运输车辆的 22 家货运源头企业及 1 名当事人纳入青海和全国信用治超平台黑名单，货运车辆强行冲卡行为基本杜绝。对全省危险化学品道路运输环节安全生产风险进行集中整治，排查整治安全隐患 191 处，行政处罚 22 起。不断通过完善制度和有力措施保障民族地区经济高质量发展，持续优化交通通行环境，确保各族群众出行安全，为巩固推动各民族间融合发展搭建起"安全连心桥"。

青海推进现代物流体系硬件和软件建设，培育引进一批物流企业，相继出台了一系列推动物流高质量发展的政策文件，加快构建"一轴双核四环六通道八节点"综合交通网络布局和"一核一心多节点"现代物流空间布局，形成集"商流、物流、资金流、信息流"于一体的物流供应链生态圈，促进各民族形成相互依存的经济有机体。

"青海海东—西藏日喀则—尼泊尔"公铁联运南亚国际贸易班列在
海东市平安驿站货场开行

经验启示

　　青海打通"大动脉"、畅通"微循环"，营造低成本、高效率的物流环境，促进物流业与制造业深度融合、创新发展，为增强区域优势和产业竞争力提供有力的支撑，着力促进各民族共同繁荣发展。

　　（一）以现代化物流打通各族群众生产生活的供给线。青海将现代化物流贯穿生产、分配、流通、消费各个领域，全力推进物流通道外联内畅，有效补齐农村物流设施和服务短板，支撑扩大优质消费品供给，形成多向联通、立体综合、物畅其流的通道体系，为各族群众获取生产生活物资提供有效供给，切实满足各族群众对美好生活的向往。

　　（二）以现代化物流构建东西部各民族经济的连接线。青海积极构建青藏高原重要物流枢纽，全力推动西部地区物流网络转型升级，以高效的区域互动促进更好融入国内市场，助推民族地区产品出山出海，以国内大循环促进民族地区经济良性循环，为建设国内统一大市场和畅通国内大循环贡献力量。

　　（三）以现代化物流建立与三次产业之间的融合线。青海依托"一带一路"特殊区位优势，真正把交通优势转化为经济发展优势，不断强化物流与三次产业之间的融合联动，整合物流业跨行业、跨区域的资源能力，促进物流业新业态、新模式发展，提升物流业对三次产业的供给结构、供给质量、供给效率，推进民族地区经济高质量发展。

总书记的话

　　企业既有经济责任、法律责任，也有社会责任、道德责任。任何企业存在于社会之中，都是社会的企业。

　　　　　　　　——2020 年 7 月 21 日，习近平在企业家座谈会上的讲话

世纪公益"慢火车"　开出振兴"加速路"
——中国铁路成都局集团有限公司慢火车真情服务大凉山

　　半个世纪以来，中国铁路成都局集团有限公司（以下简称"成都局集团公司"）坚持履行铁路社会责任、强化国铁企业使命担当，勇当服务和支撑中国式现代化的"火车头"，全力以赴开好 5633/5634 次公益性"慢火车"，为服务民族地区人民出行、促进地方经济、助力乡村振兴贡献延绵不断的铁路力量，让各族群众以铁路为纽带广泛交往交流交融，助力民族地区摆脱贫困实现中国式现代化。

一、背景情况

　　"慢火车"通常指铁路部门在出行不便的革命老区、民族地区、边远山区、贫困地区，开行的票价低、站站停、速度慢的公益性旅客列车。四川省凉山彝族自治州（以下简称"凉山州"）17 个县市中一度有 11 个县是深度贫困县，贫困人口达 97 万人，州内地形条件复杂、山高谷深，交通出行条件差、成本高，严重影响各族群众的生产生活。1970 年，起于四川成都市、止于云南昆明市的成昆铁路建成通车，作为我国铁路主要干线之一，凉山州大片区域位于成昆铁路沿线。其中，5633/5634 次公益性"慢火车"，穿越大凉山腹地、往返于越西县普雄镇和攀枝花之间，串联起国家级

贫困县最为集中的地区之一，平均时速只有 40 多公里，途经 26 站，站站停靠，车票最高 26.5 元、最低 2 元，数十年如一日服务沿线各族群众出行。从 1970 年至今，在 50 多年的悠长岁月里，"慢火车"安全运送旅客超过千万人次，未发生一起安全事故，无数人搭乘"慢火车"去读书、赶集、打工、嫁娶……"慢火车"成了彝族老乡们改变命运的"梦想车"、美好生活的"致富车"、开进心窝的"连心车"，给曾经边远贫困的民族地区注入了幸福生活的美好希望与强劲动能，让山区群众的出行交往更加便利，让山区农特产品运输更加便捷、市场更加广阔，为连接大山内外的世界搭起了桥梁，真正践行了"人民铁路为人民"的宗旨。走过半个世纪的"慢火车"，是铁路强国为民的历史见证，车轮滚滚之间、各族乘客的欢声笑语之间、琳琅满目的土特产品之间，时刻充盈着彰显中华民族共同体意识的意义，维护统一、反对分裂的意义以及改善民生、凝聚人心的意义，在助力凉山州发展中，扎扎实实地提升着民族地区各族群众的获得感、幸福感、安全感。

二、主要做法

（一）发扬优良传统，铁路人薪火相传赓续"人情味"。半个世纪的持续运行，硬件在提升，不变的是"慢火车"浓浓的人情味，"慢火车"慢出时代温度。50 多年来，伴随"哐当哐当"的列车声，孩童们一个又一个长大，列车工作人员换了一茬又一茬，但服务的"温度"代代传递、不断升华。阿西阿呷在"慢火车"上工作 27 年，以"一辈子一趟车"的真情守护大凉山人民出行，被各族群众亲切称为"美丽的索玛花""阿呷车长"，她润物细无声的真情服务和助力乡亲脱贫致富的真挚努力，受到中央、省市主流媒体的广泛宣传报道，先后获得全国民族团结进步模范个人、四川省"五一劳动奖章"和各级党组织"优秀共产党员"等荣誉称号。成都局集团公司还针对彝族乘客多的实际情况，招聘 6 名彝族高职生，推行双语服务，打造"彝乡情"列车服务品牌，创建"情、亲、真、引"四字工作法。配备行李小拖车、胶带、绳子等备品，设置了含针线、胶带、孕妇产包等用品的"百宝箱"，满足各族群众出行需求。在阿西阿呷等老一辈客运工作人员言传身教下，新入职的铁路员工，通过交朋友、话家常等方式，为小学生讲授铁路安全知识，为乡亲们提供城市用工、各地农副产品价格等信息，彼此建立了深厚友谊，一代代铁路员工成长为各族群众充分信任的"铁路伙伴"。

（二）提升服务品质，多功能列车成为流动"风景线"。"慢火车"紧盯各族人民的需求，不断丰富列车功能，以文化赋能提升服务品质，把列车建设成为成昆线上的流动"风景线"，让各族群众在中华优秀传统文化的浸润下，不断增进文化认同，体会中华民族一家亲。成都局集团公司坚持守正创新、文化引领的思路，充分运用"慢火车"这一载体，联合四川省图书馆在"慢火车"上打造了"彝乡情·慢火车·悦读新空间"，将图书馆搬上了移动的车厢，让学子们在书香氤氲的列车上开启阅读学习之旅；与四川省文化馆举办"欢歌彝乡情·阅庆彝族年"文化推广活动，定期开展巴蜀文化艺术普及，将木偶戏、剪纸等非遗文化带上列车，为各族乘客带来不一样的文化体验。融入彝族文化元素，列车广播用双语播报，在列车外部涂装"彝乡情"服务品牌主题图标，设计推出独具特色的引导标识，持续巩固服务品牌建设；车厢内分区打造健康驿站、成昆风采、文旅时光、流动集市、慢车牧歌等功能性车厢，全面满足各族群众的个性化需求。安装标准课桌椅和书柜的学习车厢阅读角，建设长期配备成都大学附属医院两名医生的健康驿站，建设在列车上就能完成交易的流动集市等多元化功能车厢，受到各族旅客交口称赞。公益性"慢火车"已不单是交通工具，还是促进各民族文化交融的重要平台，搭建起民族团结的"连心桥"。

（三）助力乡村振兴，"适农化"改造跑出振兴加速度。受当地乡村公路运输的制约，加之经济成本等因素，"赶着猪羊、背着鸡鸭、担着青菜土豆"坐火车，就成了成昆铁路"慢火车"的一道独特风景线。成都局集团公司想群众之所想、急群众之所急，从 2016 年起，不间断对车厢进行"适农化"改造，拆除 6 节车厢三分之一的座位，留出专属空间，方便放置农副产品、农耕机具等大宗货物。在列车尾部加挂"大棚车厢"，专门运送活牲畜、活家禽，通过使用硬杂木骨架、不锈钢板加固、增设通风天窗以及焊接拴固拉杆、设置排泄物流槽等一系列改造，既确保了牲畜家禽运输安全，也保障了列车卫生整洁和旅客健康，让 5633/5634 次"慢火车"成为全国唯一一趟可以运输牛马等大型牲畜的火车。成群的猪马牛羊乘火车穿行在大山的画面被不断刷屏，众多网友点赞留言，感叹"这就是人间烟火气"。59 岁的沙马伍支莫从 38 岁开始乘坐"慢火车"经营农副产品生意，他说："共产党瓦吉瓦（彝语，意为'非常好'），这趟车每站都要停，我做小生意的，方便又实惠。"60 岁的吉克木各平日里在乡间收购牲畜，通过"慢火车"运到山外贩卖，在"慢火车"上跑了 36 年买卖，不仅摆脱了过去的贫困，几年前还买了新房、搬了新家。真金白银的收入让铁路沿线各族群众体验到更深层次的获得感和幸福感，在"慢火车"驶出的好生活中，进一步增强了各族群众对伟大祖国、中华民族、中华文化、中国共产党、中国特色社会主义的认同。

　　铁路建设，丈量着大国前行的脚步，也承载着人民群众对美好生活的向往。大凉山深处、半个多世纪不停不变的 5633/5634 次公益性"慢火车"，延续着半个世纪的承诺和坚守，承载着沿线各族群众奔向幸福的希望，传递着我国经济社会高速发展中的脉脉温情，更包含着幸福路上"一个都不能少"的浓浓温情，是中国式现代化道路上不落下任何一个角落，一个民族、一个人都不能少的现实表达。"慢火车"跑出了乡村振兴加速度，奏响推动民族地区融入新发展格局、实现高质量发展的时代华章，凝聚起强国建设、民族复兴伟业的磅礴力量。

经验启示

　　"慢火车"逢站就停、票价低廉，彰显以人为本的理念，架起城乡联系的桥梁，助力增进民生福祉。在这路遥马急的时代，缓缓行驶在大凉山深处、不以盈利为目的的公益性"慢火车"，不仅是拉动沿线经济社会发展的重要引擎，还是促进各民族交往交流交融的重要平台，搭建了民族团结的"连心桥"，演绎着今日中国之温情。

　　（一）"慢火车"彰显为民初心使命。"慢火车"不算"经济小账"，而算"民生大账"，深入到更边远的地区、停靠更多的站点，构建起民族地区、边远地区各族群众与外界沟通联系的重要纽带，成为服务沿途群众、联系各族人民情感、增强"五个认同"的重要载体，生动诠释了以人民为中心的发展理念，彰显了铁路部门的爱心和温情，展现了大国铁路的温度与气度，彰显了社会主义制度的优越性。

2023 年 3 月，成昆线上沿途老乡携带家禽乘"慢火车"到集市上售卖

（二）"慢火车"促进民族交往交流交融。"慢火车"开行半个多世纪，促进凉山地区与外界交往交流交融不断密切，各族群众在火车上相识相知、和美共融，相互欣赏尊重、学习进步，结成心灵相通、命运与共的挚友，结成风雨同舟、休戚与共的好兄弟、好姐妹。"慢火车"成为各民族广泛交往、全面交流、深度交融的重要场域，各族儿女深刻体会到中华民族是一个具有伟大创造力、强大凝聚力、旺盛生命力的共同体。

（三）"慢火车"助力实现共同富裕。铁路人几十年坚持不懈，努力奉献，提升改造"慢火车"，让"慢火车"成为服务当地乡村振兴、致富增收、增进民生福祉的重要帮手，公益性"慢火车"已不单是交通工具，更生动践行着"不让一个人掉队"的时代承诺，奔向共同富裕的"慢火车"，给各族群众带来信心和希望，助力民族地区加快与全国同步实现中国式现代化。

要做好品牌、提升品质，延长产业链，增强产业市场竞争力和综合效益，带动更多乡亲共同致富。

——2023 年 9 月 24 日，习近平在山东省枣庄市考察时的讲话

地方实践

让"菜篮子"成为百姓致富"钱袋子"
——山东寿光市"打包式""蔬"写各民族共融共富新篇章

多年来，山东省寿光市以贯彻新发展理念、促进共同富裕为切入点和发力点，在"打包式"输出现代农业新技术、新标准、新模式中，与各族群众共享"致富密码"，以现代化农业技术为全国各族群众搭建起共同富裕"连心桥"，铺就共融共富之路。

一、背景情况

寿光市位于山东中北部，潍坊市西北部，总人口 110 多万人，共有 45 个民族，是著名的"中国蔬菜之乡"。寿光市资源丰富、物产富饶，南部、中部土质肥沃，盛产蔬菜、粮食和果品，北部地下卤水资源丰富，是全国三大重点原盐产区之一，有"中国海盐之都"之称。20 世纪 80 年代末，冬暖式蔬菜大棚在寿光市三元朱村试验成功，引爆了影响寿光乃至全国蔬菜的"绿色革命"，解决了北方冬季吃不上新鲜蔬菜的问题。在逐步推进蔬菜生产产业化的过程中，以"打包式"输出最前沿的蔬菜品种、种植技术和种植模式等方式，带动全国蔬菜产业发展。先后与贵州遵义、江西井冈山、重庆开州、西藏白朗、新疆喀什等 30 多个地区合作共建"飞地园区"，常年有 500 多家服务商、8000 多名农民技术员在全国各地指导蔬菜种植，全国新建蔬菜大棚一半以上有"寿光元素"。如今，寿光蔬菜拥有 15.7 万个蔬菜大棚，标准化种植面积达到 60 万亩，年产蔬菜 450 万吨，蔬菜总产值达 110 亿元，销往全国各省区市的 200 多个大中城市，成为全国最大的蔬菜标准制定中心、物流集散中心和价格形成中心，产品远销日本、韩国、俄罗斯、美国、委内瑞拉等国家和地区，深受世界各国消费者的喜爱。2020 年 5 月，农业农村部、财政部公布 50 个优势特色产业集群建设名单，寿光蔬菜赫然在列。

二、主要做法

（一）以菜为媒，推动民营企业进边疆。寿光市发挥现代农业产业优势，积极引导民营企业到新疆、西藏、青海等地区因地制宜发展蔬菜产业，从初期输出蔬菜和技术到现在输出标准、输出机制、输出体系，并在模式输出过程中坚持把园区建设作为推动民族地区发展现代农业的重要抓手，通过合作共建的形式，打造全链条一体化的现代化农业产业示范园区，帮助民族地区构建从蔬菜园区设计、建设、运营到蔬菜种植、管理、销售的全流程体系，确保蔬菜产业在当地"能嫁接、能落地"，助推农牧业转型升级。截至目前，仅寿光市纪台镇就有 36 家企业、合作社在民族地区建设大型蔬菜大棚园区 50 余个，辐射带动蔬菜生产标准化面积 10 万亩，为各族群众持续增收提供强有力的产业支撑。如寿光市华耕农业承建运营的山东潍坊—新疆建设兵团第八师石河子市民族共建华耕现代农业示范园区项目，占地 750 亩，总投资 6100 万元，是潍坊市推动各族群众互嵌式发展计划落地的重点项目；蔬菜产业集团投资 1.5 亿元在西藏白朗县建设供港蔬菜基地，根据当地土壤贫瘠板结问题研发"沙培"种植新模式，以全县 1.28% 的可耕地产出了占农牧业总量 41% 的收益；中农圣域公司在白朗县运营建设日喀则珠峰现代农业科技创新博览园，成为西藏首个田园综合体类国家4A 级景区；九丰集团按照"农业园区化、园区景区化、农旅一体化"思路，在贵州铜仁建成西南地区最大的蔬菜集散中心和国内一流现代化农业博览园，年生产优质蔬菜 6000 万公斤、蔬菜种苗 1600 万株以上。

（二）以人为本，推动各族群众共同富裕。将稳就业、惠民生、促团结作为蔬菜产业高质量发展的出发点和落脚点，采取"园区＋龙头企业＋合作社＋基地＋农户"模式建设园区，创新"基地化、网络化、数字化"对外培训模式，以人才输出、产业共富促进各民族交往交流交融。整合教学资源，高标准打造潍坊农村干部教育实践中心，选聘 265 名兼职教师，设计 83 个情景教学点，推出"进门是课堂，出门是现场"

的培训模式，先后为 30 个省（自治区、直辖市）举办各类培训 494 期，培训学员 5.2 万人次。设立三元朱村"中国（寿光）大棚蔬菜种植技术培训基地"，先后无偿培训各族群众 135 万余人次。整合农业技术人才，实施"贾思勰·新农人"行动，建立 3100 多人的专家库，常年有 8000 多名农民技术员在全国各地帮助发展蔬菜产业，北到黑龙江、西到西藏和新疆、南到海南都有寿光菜农的身影。在西藏日喀则等地建立"贾思勰·新农人"蔬菜专家工作站 12 个，连续 3 年承办日喀则市村党组织书记示范培训班，组织优秀村党支部书记到寿光市乡村振兴示范村挂职锻炼，提升自我发展能力。发挥党员先锋模范作用，设立在外流动党员党支部，把在外党员技术员组织起来，作出"不教会不撤离，不丰产不脱钩"的承诺，带领各族群众共同致富。2023 年 3 月，寿光市承办国家民委青年科技工作者参观考察项目，围绕"乡村振兴齐鲁样板实践经验""感受中华优秀传统文化魅力""现代农业发展科技创新"等主题，搭建"公共课＋专题课＋特色课"参观考察课程体系，通过开展现场研学、红色教育、研讨交流等形式，切实增强各民族青年科技工作者在推进共同富裕中的责任担当。在蔬菜产业带动下，寿光居民存款超过 1100 亿元，户均存款 30 余万元，实现农业的持续增效、农民的稳定增收，吸引越来越多的年轻人回村创业，70 后、80 后、90 后占到菜农数量的 54.8%，常年有 1 万余名西部地区各族群众在寿光就业创业，有力积蓄人才振兴力量。

（三）以文为魂，推动蔬菜产业融合发展。寿光市通过将全球优质蔬菜、种子种苗、现代农机与"寿光制造"对接，在提升"中国蔬菜之乡"和"寿光蔬菜"品牌优势的同时，持续示范推广最先进、最前沿的蔬菜品种、种植技术和种植模式，将传统的农事活动、农耕文化与农业科普相结合，集中展示中华优秀传统文化。连续举办 24 届中国（寿光）国际蔬菜科技博览会，先后有海内外 3000 多万人次参展参会，每年接待各族群众超过 200 万人次，实现贸易额 2000 多亿元。依托蔬菜博物馆、农圣文化展馆、仓颉书院、仓颉汉字艺术馆、丹河设施蔬菜标准化生产示范园、番茄小镇、现代农业高新技术集成示范区等文化展馆和现代农业基地，打造"道中华·鸢都行·菜乡游"中华民族共同体体验行精品线路，连续举办 4 届农民丰收节，全景呈现齐鲁大地各族群众共庆丰收景象，构建立体化的各民族交往交流交融矩阵，融合蔬菜文化、廉政文化、地域文化等的寿光市蔬菜高科技示范园，精心设计打造"奋进新时代""希望的田野""圣地廉韵""菜乡巨变"等蔬菜文化景观 200 多处，用蔬菜创制文化景观，用文化景观来展示蔬菜，引导各族群众在领略青蔬绿韵中，品读中华传统文化，不断增强民族自豪感。2023 年 9 月 24 日，"宜居宜业和美乡村"国际网红打卡山东网络传播活动走进潍坊寿光，来自俄罗斯、泰国、越南等国家和地区的网络大 V 以及中央广播电视总台多语种工作室主播走进示范园，参观蔬菜盛会，感受科技魅力，在传播山东农业发展成就中，充分展现蔬菜与文化的融合魅力。

田野孕育丰收的希望，农业走出铿锵的步伐。历经 30 多年的发展，寿光蔬菜成长为千亿级产业，开始走向国际舞台，自信与世界对话，这背后就是蔬菜产业的核心带动能力。寿光努力擦亮"中国蔬菜之乡"金字招牌，持续拓展创新"寿光模式"，将蔬菜产业打造成为更有影响力、带动力、竞争力的现代农业优势产业，在推进乡村全面振兴中，为实现农村更富裕、生活更幸福、家园更美丽作出寿光新贡献。

经验启示

寿光市突出"做强两端、提升中间、数字赋能"全产业链路径，全力打造全国蔬菜产业综合服务基地，充分发挥产业带动优势，推动蔬菜园区全链条标准加速向外输出，助推全国蔬菜产业高质量发展，先富带后富，助力民族地区实现乡村振兴和共同富裕，为推动各民族共同走向社会主义现代化提供可复制、可借鉴的寿光经验。

2023 年 9 月，潍坊市与石河子市共建华耕现代农业示范园区

（一）在探索壮大集体经济的有效路径中推进共同富裕。寿光蔬菜立足资源禀赋，用好协作优势，创新提升集蔬菜、科技、文化融合为一体的"寿光模式"，让各族群众看到土地带来的切切实实的财富，充分调动各族群众的积极性、主动性、创造性，在脱贫攻坚与乡村振兴有效衔接中，带动各民族走向中国式现代化。

（二）共享发展成果是促进各民族交往交流交融的重要手段。寿光蔬菜产业在技术交流、产品推介、园区建设、项目运营等方面与全国各地进行交互式的输出与循环，有效提升区域间各族群众交流往来频率，各族群众在追求美好生活的奋斗中相互认识了解、相互学习借鉴、相互理解尊重，实现空间、文化、经济、社会、心理等方面的全方位嵌入。

（三）实现各民族共同富裕中需要发挥"模式"示范作用。寿光市立足加快蔬菜产业由传统生产销售基地向综合服务基地转型，摸索出"从一粒种子到一盘好菜"的全链条发展路径，探索推行基地示范带动、社员参与互动、院所服务联动、政府扶持推动的农业发展新模式，发挥产业援助优势，助力各族人民共享发展成果。

总书记的话

> 要发挥新疆独特的区位优势，积极服务和融入新发展格局，从实际出发抓好对外开放工作，加快"一带一路"核心区建设，使新疆成为我国向西开放的桥头堡。
>
> ——2023 年 8 月 26 日，习近平在听取新疆维吾尔自治区党委和政府、新疆生产建设兵团工作汇报时的讲话

地方实践

建好向西开放桥头堡
——新疆博尔塔拉州以"口岸强州"促进民族地区高质量发展

多年来，新疆维吾尔自治区博尔塔拉蒙古自治州（以下简称"博州"）发挥政策优势、区位优势、通道优势，深入实施"口岸强州"战略，积极服务和融入新发展格局，从实际出发扩大高水平对内对外开放，深度参与丝绸之路经济带核心区建设，成为了"一带一路"上拓路的先行者、创新的实践者、开放的合作者、成果的收获者，全力推动民族地区高质量发展。

一、背景情况

博州，总人口 50 万人，有汉族、蒙古族、维吾尔族、哈萨克族等 35 个民族，地处祖国西部边陲，与哈萨克斯坦接壤，边境线长 372 公里，第二座亚欧大陆桥纵贯全境，是两大交通动脉、两大口岸交汇处。阿拉山口口岸位于博州境内，地处新亚欧大陆桥经济走廊中心位置，背靠国际国内两个 13 亿人口的大市场，辐射超过世界 60%

的领土面积、50% 的经济总量，是我国西部地区过货量最多、发展速度最快、效益最好的口岸。2013 年以来，博州深入贯彻落实习近平总书记关于共建"一带一路"的要求，通过实施"口岸强州"战略，让阿拉山口口岸站在国家向西开放的最前沿，这座昔日古丝绸之路新北道上的枢纽要冲已发展成为丝绸之路经济带"中通道"的重要连接点和进出口过货关键节点，成为我国西北地区唯一的铁路、公路、航空、管道并举的"黄金口岸"。

二、主要做法

（一）找准开放发展定位，积极融入国内国际"双循环"。阿拉山口处于丝绸之路经济带核心区物流枢纽节点位置，经阿拉山口抵达欧洲，较疆内其他口岸运距缩短近 1000 公里，公路距离缩短 400 公里，是中欧班列"黄金通道"，具有运距短、用时少、运费低等优势。博州充分发挥区位优势，实施"口岸强州"战略，将区域性开放战略纳入国家向西开放的总体布局中，推动阿拉山口口岸开发建设，累计投资 100 余亿元谋划和实施了一批铁路公路基础性、关键性提升项目。创新开放型经济发展路径，推出宽轨发车模式，宽轨装车进入常态化和规模化。目前，经阿拉山口口岸出境的中欧班列线路达 113 条，连接国内 26 个省区市，覆盖欧洲全境，口岸班列通行规模从 2012 年的每月通行 3.5 列增长至目前的日均 20 列、最高达 27 列。建成公路口岸多式联运监管中心，日均服务进出境车辆 400 余辆次，为博州对外开放发展提供了有效载体、有力支撑；货物种类突破 200 种，为沿线国家送去了更多中国制造，也捎回了众多欧洲产品，如从浙江义乌始发的班列，大多经阿拉山口口岸进出境，运输货物品类也由小商品扩展到汽车配件、光伏配件、智能设备等。2023 年口岸通行中欧班列数量 6635 列，进出口货运量 2665 万吨。博州利用好国内国际两个市场、两种资源，加快建设对外开放大通道，畅通国内国际"双循环"，积极服务和融入新发展格局，进一步激发经济社会发展的内生动力，促进民族地区实现高水平开放、高质量发展。

（二）汇集内外资源优势，积极构建对外合作新格局。坚持以平台聚产业、以开放促发展、以综保区为引领、以各类园区为支撑，探索建立协作共建、产业共育、利益共享机制，加快建设功能互补、物流互通、多点支撑、联动发展的"口岸强州"经济圈，深挖与中亚国家供求互补的资源产业和协同发展潜力。目前，阿拉山口市依托拥有的综合保税区、边民互市贸易区等 7 大开放平台和整车、粮食、国际邮件交换站等 10 大口岸资质，探索出"坚持口岸为产业服务，突出错位发展"的差异化发展模式。加强各类开放平台建设，用活用好口岸区位、资源禀赋、开放平台、政策叠加等优势，吸引 2648 家企业在阿拉山口落户，以哈萨克斯坦丰富的金属矿产品资源为基础，形成进口金属矿产品加工产业集群；以综保区"两头在外"的政策优势，形成装备制造产业集群，2023 年进出口总值达 365.5 亿元……加速实现由"通道经济"向"产业经济"转型，促进民族地区特色产业同区内外、国内外广泛交流合作，构建起优势互补、联动发展的区域合作新格局，为进一步提升对外开放水平、推进民族地区经济高质量发展开拓更大的空间。

（三）提升对外开放水平，积极培育经济一体化发展新动能。立足阿拉山口口岸枢纽定位，推动口岸、综保税政策功能向博乐市、精河县延伸，加大精河县物流仓储设施建设力度，与阿拉山口企业口岸仓形成货物梯次集结仓储、梯次出口分拨，不断增加口岸公路、铁路过货量。坚持全州一盘棋，统筹阿拉山口市与博乐市、精河县的产业联动关系，强化阿拉山口口岸和综保区核心功能，丰富对外开放载体，提升对外开放层次，集中精力做优做强做大对外开放平台。积极复制推广综合保税区、边民互市贸易落地加工等优惠政策，持续延伸产业链条，拓展国内外市场，鼓励贸易企业以保税贸易形式委托综保区内企业代加工，降低企业经营成本，更好地服务民族地区经济发展、带动就业增收。着力推动跨境电商"六体系两平台"功能拓展，跨境电商产业园跨境直购、"跨境 B2B 直接出口"、跨境出口海外仓、保税备货实现常态化运营，2023 年实现跨境电商进出口额 30.02 亿元。推动"博—阿—精"新型工业金三角一体化联动发展，着力推进"大口岸、大物流、大贸易、大产业"建设，全面疏解非口岸功能，实现资源要素有序高效流动，把口岸优势转变成经济优势，通道经济转变为枢纽经济、落地经济、产业经济，开创大通道引导大物流、大物流拉动大贸易、大贸易刺激大产业格局，注入高质量新动能，更好增强各族人民福祉，改善各族群众生产生活条件，提高各族群众生活水平，谱写民族地区口岸城市经济高质量发展新篇章。

博州实施"口岸强州"战略，让口岸这个铸牢中华民族共同体意识的"第一线"连通国内国际两个市场、融入国内国际"双循环"，构建起亚欧黄金通道，使口岸真正成为我国内陆和沿边开放的新高地、向西开放的桥头堡。将口岸经济建设成果赋予彰显中华民族共同体意识的意义，维护统一、反对分裂的意义，改善民生、凝聚人心的意义，有助于我国加速向西开放，打造国际经贸合作新平台，构建高水平开放新窗口，加快区域经济的融合和互通，进一步拓展我国在国际舞台上的合作空间。

博州阿拉山口铁路换装场鸟瞰图

经验启示

依托阿拉山口口岸区位优势和综保区政策叠加优势，博州以推进丝绸之路经济带核心区建设为驱动，持续在"口岸强州"战略上聚焦发力，锚定打造亚欧黄金通道和向西开放桥头堡，扎实做好培育壮大特色优势产业、全面提升民族地区对外开放水平的大文章，以高水平开放、高质量发展新成效，为民族地区高质量发展增光添彩。

（一）扩大对外开放是促进边境地区经济发展的必然选择。博州发挥区位优势，抢抓重大历史机遇，积极服务和融入共建"一带一路"，发展深加工集群产业，探索优势互补、联动发展的区域合作新模式，全力打造亚欧"黄金通道"，构建国内国际"双循环"新发展格局，助力民族地区融入新发展格局、实现高质量发展，各族群众的获得感、幸福感、安全感显著提升。

（二）扩大对外开放是促进各民族交往交流交融的有效途径。博州利用连通国内国际两个市场的巨大优势，将全国各地的商品汇聚口岸，成为商业交流的大载体，进出口企业吸引到来自全国各地的资金和技术，企业吸纳来自全国各地的各族群众越来越多，无形中拉近了边疆与祖国各地的距离，拓展了各民族交往交流交融的广度和深度。

（三）扩大对外开放是展示中国发展成就惠及世界的重要窗口。博州充分认识到口岸经济建设是完整准确贯彻新时代党的治疆方略的有力举措，把通道经济转变为枢纽经济、落地经济、产业经济，让口岸成为展现新疆开放自信新面貌、展示中国发展成就的一个窗口，树立了国家的良好形象，成为"由交通末端变对外开放前沿"无可替代的龙头口岸。

总书记的话

东西部扶贫协作和对口支援，是推动区域协调发展、协同发展、共同发展的大战略，是加强区域合作、优化产业布局、拓展对内对外开放新空间的大布局，是实现先富带后富、最终实现共同富裕目标的大举措。

——2016 年 7 月 20 日，习近平在宁夏银川东西部扶贫协作座谈会上的讲话

地方实践

深化闽宁协作　共叙山海情深
——宁夏银川市永宁县闽宁镇创造东西扶贫协作"闽宁模式"

闽宁镇是习近平总书记在福建工作期间亲自部署、亲自命名、亲自推动的闽宁协作样板镇。闽宁协作 27 年来，闽宁镇深化东西协作，共建帮扶机制日益健全，特色产业实现高质量发展，人才双向交流成效显著，闽宁镇从昔日"干沙滩"变成今日"金沙滩"，从一个几千人的小村落发展成为拥有 6.6 万移民的现代化乡镇，实现了历史性巨变，成为东西协作、脱贫攻坚和对口扶贫协作走向全面小康的典范形象，彰显了中国共产党领导和中国特色社会主义制度的显著优势。

一、背景情况

闽宁镇是一个移民乡镇，位于宁夏回族自治区首府银川市南端、贺兰山东麓、永宁县西部，区域总面积 419.87 平方公里，下辖武河村、园艺村、木兰村、福宁村、原隆村、玉海村 6 个村民委员会和福宁社区，共 90 个村民小组。闽宁镇人口多为西海固

移民，西海固位于宁夏中南部，地处干旱、半干旱地区，水土流失严重，荒漠化形势严峻，水资源极度缺乏，素有"苦瘠甲天下"之称，1972年被联合国粮食开发署确认为不适宜人类生存的地区之一。27年前的宁夏西海固地区，可以用"苦""穷""难"三个字来形容，"三年两头旱，中间风沙愁，人畜辛劳苦，十种九不收"。干旱、冰雹等自然灾害频繁，百姓锅里没粮、锅底没柴、缸里没水、身上没衣，生活非常困难。1996年5月，党中央、国务院决定实施东西对口扶贫协作，由东南沿海10个较发达的省市，协作帮扶西部10个较为贫困的省区，以达到"先富带动后富，实现共同富裕"，拉开了福建对口帮扶宁夏的序幕。1997年4月，时任福建省委副书记、福建对口帮扶宁夏领导小组组长的习近平同志第一次来到宁夏，就被当时西海固的贫穷状况深深震撼，提议建设以闽、宁两省区命名的"闽宁村"，让生活在"一方水土养活不了一方人"的西海固群众搬迁到贺兰山脚下的黄河灌区，开启了闽宁东西协作的壮阔篇章。在福建的倾力帮扶下，闽宁镇发展前景越来越好，昔日的"天上无飞鸟、地上不长草、十里无人烟、风吹沙粒跑"的"干沙滩"，变成现在绿树成荫、良田万顷、经济繁荣、百姓富裕的"金沙滩"。先后荣获"全国脱贫攻坚楷模""全国民族团结进步模范集体"等荣誉称号，创造了东西扶贫协作的"闽宁模式"。

二、主要做法

（一）山海携手，探索"干沙滩"变"金沙滩"的共赢之路。闽宁镇的发展历经易地搬迁（1990年10月—2000年9月）、搬迁安置（2000年9月—2013年5月）、开发建设（2013年5月至今）三个阶段。从20世纪80年代开始，宁夏着手组织实施移民搬迁，1990年10月，宁夏将西吉、海原两县1000多户贫困群众搬迁到川区，建立了玉泉营和玉海经济开发区两处吊庄移民点。1991年至1995年宁夏通过实施"以川济山，山川共济"的生态移民政策，将困难群众易地搬迁安置到川区县，并在玉泉营成立经济开发区。1996年10月，福建成立了由省委副书记习近平同志担任组长的对口帮扶宁夏领导小组，1997年7月15日举行闽宁村奠基仪式，正式开启闽宁对口扶贫协作之路。2000年9月，玉泉营经济开发区和闽宁村整体移交永宁县管理。2001年12月7日，正式成立闽宁镇；2012年5月，固原市原州区、隆德县13个乡镇8批移民搬迁安置到闽宁镇，成立了原隆村。2013年以来，闽宁镇迈入快速发展阶段，宁夏提出把闽宁镇打造成"闽宁协作移民扶贫示范镇"。2021年2月25日举行的全国脱贫攻坚总结表彰大会上，习近平总书记亲自为闽宁镇颁发"全国脱贫攻坚楷模"荣誉牌匾，并作出"一以贯之，刮目相看"的殷切嘱托。同年，厦门市思明区、湖里区与闽宁镇接续山海情缘，闽宁镇从福建引才引智，支援当地医疗、教育等各类民生事业发展；引资金、引项目，培育发展特色产业；引企业、育产业、建园区，以产业支撑来带动脱贫致富；建立劳务协作机制，组织就业技能培训，解决当地群众外出务工、就近就业难题。昔日黄沙漫天的戈壁滩旧貌换新颜，逐步成为接收生态移民、助力贫困群众脱贫致富的"金沙滩"。

（二）共建帮扶，坚定互嵌融合的发展之路。修编完善《闽宁镇总体规划》《闽宁镇经济社会发展规划纲要》《闽宁镇新镇区规划》和6个行政村的美丽乡村、富民产业规划，形成了从镇到村、从基础设施到产业发展、从公共服务到生态保护等全方位、全领域、全系统的规划体系，引领闽宁镇可持续发展。深化帮扶机制。两地围绕民政事业发展情况和各自特色优势，签订《湖里区社会组织结对帮扶闽宁镇社区协议书》《永宁县、湖里区慈善合作框架协议》，不断在产城融合发展、民生改善等方面夯基础、抓重点、补短板、求创新。拓宽协作渠道。搭建厦银两地招商新平台，两地出台惠企政策39条，成功举办闽宁产业投资发展推介会等投资推介活动，推动新东湖数字小镇等28个项目签约落地。深入开展"宁品出塞、闽品西行""闽宁特产线上行"等活动，带动闽宁农产品消费3.8亿元，持续擦亮闽宁名片，让各族群众共享改革发展红利，优化惠民举措。2016年10月，福建漳州台商投资区与闽宁镇各村签订结对帮扶协议，建立了县镇村三级结对、互帮互助、共同发展的"3＋1"对口合作新模式。厦门国企与闽宁镇村实施一对一结对帮扶，立足结对村所需，福建投入资金、技术、人才等建设村卫生室，打造乡村综合广场，投建水泵房"思源井"，提升村集体公共服务水平，丰富群众精神文化生活，助力村集体经济繁荣发展。厦门44所中小学幼儿园、3家医院、10个社区与闽宁实现结对帮扶全覆盖，全力改善民生福祉，更好满足各族群众的民生"共需"。

（三）人才引育，践行团结协作的奋斗之路。闽宁两地建立长效对接机制，闽宁镇通过"引进来"示范带动、"定向育"增强本领、"双交流"互促提升等方式，持续开展跨区域规模人才交流，以人才赋能共同富裕。强化人才引进，先后引入福建10名党政挂职干部、67名专业技术人才到闽宁镇工作，包括市政、商务、医疗、教育等领域，各类人才在推动共同富裕的路上大施所能、大展才华、大显身手，为促进民族地区经济社会发展提供了坚实的人才支撑和智力保障。20多年来，一批又一批援宁干部接续努力，推动着闽宁镇的巨变。这些人里有先后40多次来宁夏，一直牵挂宁夏脱贫事业的"闽宁使者"林月婵；有带着习近平总书记重托，用菌草技术带领宁夏群众告别贫困的"最美奋斗者"林占熺；有在无水区奋战 80 天打出第一口井的援宁干部马国林，有在弥留之际还在牵挂她所资助的贫困山区孩子的援宁教师李丹……"闽宁对口扶贫协作援宁群体"真情奉献、久久为功，2020 年 7 月 3 日，被中宣部授予"时代楷模"称号。强化定向培育，协调落实闽宁协作资金 140 万元，不断将东部地区优质资源转化为人才学习培训的实践课堂。实施"领雁导师制"乡村振兴人才交流学习计划、"乡村振兴·专业技术人才育鹰计划""乡村振兴·两个带头人培育提升计划""乡村振兴·党政人才强基计划"4 个计划，在全县范围内先后选派 131 名乡村振兴人才，通过短期培训、跟班研学等方式，深入学习厦门市在人才、资金、管理等方面的经验，全面推进闽宁镇乡村振兴工作向纵深发展。强化双向交流，永宁县深入落实"才聚宁夏 1134 行动""人才兴市战略"，强化专技人才交流培养，两地乡村振兴部门、村（社区）开展联合交流。

（四）产业兴旺，拓宽各族群众的共富之路。闽宁两省区把改善民生、凝聚人心作为民族地区经济社会发展的出发点和落脚点，闽宁镇逐步培育形成特色种植养殖、文化旅游、光伏发电、商贸物流、劳务输出五大支柱产业，可持续发展的路子越走越宽。农业发展更加高效，实行"企业引领、大户带动、出户入园、庭院养殖"四种养殖模式，建成规模化养殖基地 10 个，晓鸣农牧成为全区首家创业板上市企业。酿酒葡萄种植面积达 8 万亩，建成酒庄 13 家，葡萄酒年产量 2.6 万吨，实现年收入约 3.26 亿元；建成设施温棚园区 8 个，年产值达 5460 万元。各族群众尝到了甜头、看到了奔头，共同迈向现代化的步伐更加坚实有力。文旅融合彰显特色，打造贺兰山自然生态文化、红酒文旅非遗产业等多张名片，"闽宁新貌"成功入选"宁夏二十一景"，举办中国（宁夏）国际葡萄酒文化旅游博览会等活动，聚商气、引人气、促增收，精心挖掘阐释"闽宁新貌"蕴含的丰富文化内涵及时代价值，游客在潜移默化中加深了对这段光辉岁月的了解，感受闽宁协作为闽宁镇各族群众带来的翻天覆地变化，人心归聚、精神相依。项目建设稳步推进，打造光伏农业科技大棚，引进多家光伏龙头企业，采用"村集体＋企业＋帮扶户"的帮扶模式，累计装机容量超过 205 兆瓦，覆盖原隆村 2040 户群众。全额购买中科嘉业光伏电力公司股份，村集体入股分红，年均总收入达 600 万元以上。永宁县和厦门市湖里、思明两区共同开发建设闽宁产业园二期，总规划面积 1439.40 亩，总投资 15 亿元，目前企业有序进驻，为闽宁镇加快推进产业高质量发展注入了新动能。就业增收更加便捷，建设闽宁镇电商扶贫示范街，手工制品、葡萄酒等企业 23 个产品进入国家消费扶贫目录，形成"一网三专两平台"消费扶贫销售模式，实现闽宁地区年配送量 100 万件，解决当地就业 100 余人。培育本地劳务派遣公司和劳务经纪人 21 家 126 人，年转移输出劳动力 1.5 万人，创收 2.2 亿元，周边产业吸纳近 2400 余名群众稳定就业增收，就近解决本地农户季节性务工 8 万余人次，各族群众共同创业发展，团结奋斗创造美好新生活的劲头更足了。

　　闽宁两省区沿着习近平总书记指引的方向坚定前行，用 27 年的坚守与践行，走出了一条先富带后富、东部援西部、共赴现代化的康庄大道，建设了一天比一天好、芝麻开花节节高的"幸福路"，步入了优势互补促双赢、携手并肩共发展的"快车道"，架起了山海相连永不分、双向奔赴见真情的"连心桥"，开创了中华民族一家亲、一起走向现代化的"大棋局"，是东西部协作的光辉典范，丰富了以中华民族大团结促进中国式现代化的实践路径。

经验启示

　　27 年来，闽宁两省区人民用真情和汗水，浇灌出闽宁协作的累累硕果。闽宁镇从无到有、从穷到富，从易地搬迁到全面脱贫，与全国同步进入全面小康社会，成为我国扶贫攻坚伟大工程的一个缩影，是我国经济腾飞的生动注脚与有力佐证，是东西部扶贫协作的成功案例，是中国特色扶贫开发道路的有益探索，是中国共产党执政为民的生动体现。

银川市永宁县闽宁镇俯瞰图

（一）深入协作，谱写民族团结。闽宁协作是东西部协作框架下的重要举措，闽宁两地通过建立多层次、宽领域、全方位协作机制，有效推动了福建与宁夏两省区之间的跨地区、跨部门协作，坚定了各族群众坚定不移听党话、感党恩、跟党走的信心和决心，促进了各族群众大交流、大团结与大融合，绘就了各族群众共同团结奋斗、共同繁荣发展的新画面，赋予了闽宁协作彰显中华民族共同体意识的时代意义。

（二）久久为功，确保协作成效。闽宁两地发扬"滴水穿石"的韧劲和默默奉献的艰苦创业精神，坚持"一张蓝图绘到底""一茬接着一茬干"，经过 27 年的不懈努力，以"不破楼兰终不还"的气概和决心，保持"咬定青山不放松"的激情和韧劲，带领闽宁镇各族贫困群众奔向全面小康，在乡村振兴的新征程中续写华章，有力推动民族地区高质量发展。

（三）优势互补，实现共同富裕。闽宁两省区发挥福建资金、技术、产业和管理等优势，依托宁夏能源、土地、特色农产品和劳动力资源，打破地域限制，不断扩大"融"的领域、丰富"扶"的形式、拓展"合"的平台，推动闽宁协作从单向扶贫解困发展为经济合作、产业对接、商贸往来、互利共赢，先富带后富，各民族实现共同富裕，推动民族地区与全国同步实现中国式现代化。

随着人民生活水平不断提高，葡萄酒产业大有前景。宁夏要把发展葡萄酒产业同加强黄河滩区治理、加强生态恢复结合起来，提高技术水平，增加文化内涵，加强宣传推介，打造自己的知名品牌，提高附加值和综合效益。宁夏葡萄酒产业是中国葡萄酒产业发展的一个缩影，假以时日，可能 10 年、20 年后，中国葡萄酒"当惊世界殊"。

——2020 年 6 月 8 日至 10 日，习近平在宁夏考察时的讲话

地方实践

小葡萄串起富民"紫色梦想"

——宁夏推动中国葡萄酒走向世界

近年来，宁夏回族自治区立足贺兰山东麓区位优势和资源禀赋，发挥比较优势，突出特色发展，提升葡萄酒产业的含绿量、含金量、含新量，着力抓人均水平有质量的增长，提升发展的内生动力，不但产生了可观的经济效益，更托起贺兰山东麓各族群众共同富裕的"紫色梦想"，让各族干部群众看到奔头、增强信心，加快建设黄河流域生态保护和高质量发展先行区、铸牢中华民族共同体意识示范区，推动民族地区融入新发展格局，实现高质量发展。

一、背景情况

宁夏贺兰山东麓拥有得天独厚的自然环境，核心葡萄酒产区位于北纬37°43′至39°23′、东经105°45′至106°47′之间，这里的日照、土壤、降水等自然条件为生产高品质葡萄酒奠定了坚实基础，成为世界公认的种植酿酒葡萄的黄金地带，2003年荣获"中国葡萄酒国家地理标志产品"保护区认证，2020年荣膺"世界十大最具潜力葡萄酒旅游产区"，"贺兰山东麓葡萄酒"列入中欧地理标志协定，2023年品牌价值达320.22亿元，位列全国地理标志产品区域品牌榜第8位，在全国葡萄酒类中排名第一。"宁夏贺兰山东麓产区"在100个国际葡萄酒产区品牌榜位列第4位，8个本土葡萄酒品牌入选国际前100名葡萄酒产品品牌榜。

二、主要做法

（一）内外联动促进"紫色产业"发展。印发《宁夏贺兰山东麓葡萄酒产业高质量发展"十四五"规划和2035年远景目标》《创新财政支农方式加快葡萄产业发展的扶持政策暨实施办法》等政策性文件，构建由主导产业、衍生产业和配套产业构成的多业融合的产业结构体系，"贺兰山东麓酿酒葡萄"入选第四批中国特色农产品优势区。深化国内合作，开展"2023贺兰山东麓葡萄酒非遗文创展暨对话论坛"活动，面向全社会组织征集以葡萄酒为主题，以刺绣、剪纸、贺兰砚、皮艺、编织等为创作方式的作品50余件，长期在非物质文化遗产中心展出。山海牵手、闽宁协作，以"优势互补、互惠互利、长期协作、共同发展"为指导原则，共同打造高标准、高品质、高质量的国货品牌。福建海晟连锁依托连锁零售终端网络资源，建立宁夏名优特色产品销售平台，西产东销推动宁夏葡萄酒产业高质量发展。深化国际合作，举办国际葡萄与葡萄酒产业大会、第三届中国（宁夏）国际葡萄酒文化旅游博览会，来自42个国家和国际组织的嘉宾参会，助力贺兰山东麓葡萄酒走向世界，同时搭建线上"云展览"平台，采用"会、展、销三位一体，相互打通"的模式，访问量破300万人次，产区葡萄酒在品醇客、布鲁塞尔、巴黎等国际葡萄酒大赛中荣获上千个奖项，占全国获奖总数的60%以上。宁夏葡萄酒远销40多个国家和地区，向全世界展示了民族地区企业的发展成果和良好形象。

（二）全力打造品牌科研技术人才体系。发布贺兰山东麓葡萄酒技术标准体系，制定30多项技术标准，实施优新品种选育、栽培关键技术研究、酿造工艺关键技术研发、产区风土条件与葡萄酒特异性研究、葡萄酒质量监测指标体系及技术平台构建等一批科技研发项目，组建 6 个自治区创新平台、2 个自治区农业科技示范展示区和 30 家试验示范酒庄。建设自治区葡萄酒产业人才高地，不断深化与国内外院校人才培训合作，建立葡萄酒学历教育、职业技能教育和社会化教育培训三级体系。以宁夏贺兰山东麓葡萄酒产业技术协同创新中心建设为契机，与中国农业大学、农业农村部葡萄酒加工重点实验室、中国农业科学院等高校院所建立深度合作关系，联合培养产业紧缺人才。引导宁夏大学、宁夏农垦酒业公司与上海交通大学共建宁夏大学葡萄与葡萄酒现代产业学院，实现葡萄酒产业校校、校企协同育人，将人才培养、教师专业化发展、实训实习实践等有机结合，打造集产、学、研、转、创、用于一体，互补、互利、互动、多赢的实体性葡萄酒产业人才培养创新平台。先后投入 60 多亿元，配套建设水、电、路、林等产区基础设施，建成"旱能灌、园成方、林成网、路相连、网覆盖"的产区配套设施体系。初步形成贺兰县金山、西夏区镇北堡、永宁县玉泉营、青铜峡市甘城子及鸽子山、红寺堡区肖家窑等酒庄集群。目前宁夏贺兰山东麓已建成全国最大的酿酒葡萄集中连片产区，种植面积达 58.3 万亩，占全国种植面积的 35%，产区现有酒庄和种植企业实体 228 家，其中已建成酒庄 116 家，年产葡萄酒 1.38 亿瓶，占国产酒庄酒酿造总量近 40%，综合产值达 342.7 亿元。

（三）文旅融合致力各族群众共同富裕。宁夏各部门各地区通力合作、全力以赴打造"世界葡萄酒之都"紫色梦想，2023 年前三季度，宁夏有 13 家银行机构、4 家保险机构为葡萄酒产业提供相关金融服务，银行机构累计发放贷款 75.16 亿元，保险机构累计承保葡萄 14.6 万亩，保障额度 2.35 亿元，参保农户 519 户次，最大限度保障葡萄种植及葡萄酒产业健康向上发展。充分挖掘贺兰山东麓葡萄酒产区历史文化、风土方物，以葡萄酒主题节日、音乐会、影视剧、马拉松，集成葡萄酒诗词歌赋等形式，传播葡萄酒文化，展示葡萄酒独特魅力，以文化赋能贺兰山东麓葡萄酒产业高质量发展，让"葡萄酒＋"这张"紫色名片"成为贺兰山东麓产区的"流量密码"。打造贺兰山东麓葡萄酒文化旅游长廊，从亲子采摘、自酿体验、品鉴休闲，到研学观摩、追风打卡、观星露营，长廊先后荣膺"世界十大最具潜力葡萄酒旅游产区""全球葡萄酒旅游目的地"称号，宁夏 116 家已建成酒庄中三分之一以上具备旅游接待功能，获评 2A 级以上旅游景区的酒庄有 13 家，年接待游客超过 135 万人次，由旅游带动的葡萄酒销售额占比达 50%，走出了一条以"绿"生"金"的酿酒葡萄发展之路。最大的移民搬迁安置区红寺堡区和闽宁镇积极融入宁夏国家葡萄及葡萄酒产业开放发展综合试验区，倾力打造葡萄酒产业，通过"劳务外包、企业自主招用、灵活用工"

等方式，为生态移民及产区周边农户提供季节性和固定用工岗位 13 万个，两地酒庄（企业）年支付工资性收入约 10 亿元，当地农民收入的三分之一来自葡萄酒产业，年生产葡萄酒 1500 余万瓶，产值达 7 亿元，有力带动了各族群众增收致富。

宁夏深耕国内和国际两个葡萄酒消费市场，持续在品牌打造、品质维护和形象塑造上不懈努力，充分发挥市场机制作用，建立多载体、多层次、多渠道营销网络体系，以品质塑品牌、提价值，以品牌闯市场、打天下。宁夏始终坚持葡萄酒、文化、旅游融合发展，让更多的人了解葡萄酒、接受葡萄酒、享受葡萄酒，以"紫色名片"为宁夏经济社会发展作出积极贡献。

经验启示

葡萄酒既是物质产品，又是文化产品。宁夏全面做好"葡萄酒＋文旅＋生态＋产业"这篇大文章，打造贺兰山东麓葡萄酒文化"紫色名片"，努力将贺兰山东麓打造成为与世界接轨、同全球对话的国际葡萄酒文化之都，让葡萄酒产业成为支撑宁夏高质量发展的"新引擎"、带动各民族共同富裕的"新动力"。

（一）善谋善作善成促进民族地区产业高质量发展。长期以来，葡萄酒领域的话语权始终掌握在西方，宁夏通过学习借鉴西方国家葡萄酒产业发展经验，博采众长，

宁夏贺兰山东麓葡萄长廊

建立起具有中国特色的葡萄酒产业体系、生产体系和经营体系，带动我国葡萄酒产业全产业链优化升级，在服务和融入新发展格局上展现作为，同时将中华优秀传统文化融入葡萄酒这张"紫色名片"推向世界。

（二）文旅深度融合推动各民族交融互鉴。宁夏推进葡萄酒产业链延伸，与文旅产业跨界融合，使葡萄酒产业充分发挥出产业链条长、牵引功能强、综合价值高的作用，赋予宁夏现代都市和田园乡村相互交织的鲜活灵魂，打造葡萄酒国际旅游目的地，有效促进乡村振兴、推进城乡融合，促进各民族交往交流交融。

（三）横纵双向联动助推民族地区发展现代化。宁夏不断增进葡萄酒产业"产、销、学、研、教"合作交流，推进葡萄酒一二三产业深度融合，借助山海牵手、闽宁协作渠道，不断扩大"融"的领域、丰富"扶"的形式、扩展"合"的平台，推动东西部经济合作、产业对接、商贸往来互利共赢，带动葡萄酒产业纵深发展，在逐绿前行中为民族地区经济高质量发展作出更大贡献。

> 要坚持不懈推动高质量发展，加快转变经济发展方式，加快产业转型升级，加快新旧动能转换，推动经济发展实现量的合理增长和质的稳步提升。
>
> ——2020 年 6 月 8 日至 10 日，习近平在宁夏考察时的讲话

地方实践

逆势扬帆勇向前　转型追赶争当先

——宁夏石嘴山市探索民族地区老工业基地产业转型之路

近年来，宁夏回族自治区石嘴山市围绕"铸牢中华民族共同体意识促转型发展，转型发展助铸牢中华民族共同体意识"破局解题，紧紧抓住建设黄河流域生态保护和高质量发展先行区重大机遇，准确把握产业转型升级的规律，坚持转型发展聚能、乡村振兴增效、绿色发展提质、改善民生利民，解锁老工业城市低碳发展之路，提升经济发展活力、内生动力和整体竞争力，推动各族群众共筑繁荣路、共奔富裕路、共襄生态路、共享幸福路，闯出了一条民族地区资源枯竭转型城市高质量发展新路。

一、背景情况

石嘴山市位于宁夏北部，东、北、西三面与内蒙古毗邻，南与银川市接壤，因贺兰山与黄河交汇处"山石突出如嘴"而得名，下辖大武口区、惠农区和平罗县，总面积 5310 平方公里，总人口 73.7 万人。石嘴山市是五湖四海、开放包容的移民城市，曾是我国重要的煤炭工业城市，涉煤产业比重一度高达 90%，被誉为"塞上煤城"。因资源而兴，因资源而衰，石嘴山市 2007 年被列入全国首批资源枯竭试点城市，曾

经年产 2000 万吨煤炭的"煤城"如今产煤不到 200 万吨，加快产业转型升级、推动高质量发展、实现老工业基地全面振兴成为全市各族群众的迫切希望。近年来，在探路资源枯竭城市转型的过程中，石嘴山市立足自身产业基础，把产业结构优化升级作为形成转型动力的重中之重，逐步走出一条结构持续优化的转型之路。老工业基地调整改造和推进产业转型升级工作连续 3 年被国家发改委通报表扬，是全国 4 个连续 3 年获得通报表扬的城市之一，是西北地区唯一连续 3 年获得表扬的城市。

二、主要做法

（一）坚持转型发展聚能，推动各族群众共筑繁荣路。打好"腾笼换鸟"、能耗"双控"、数字改造组合拳，实现发展模式由外延粗放向内涵集约转变。开展结构、绿色、技术、智能"四大改造"行动，做好"调、转、控、引、培"五篇文章，新兴产业集聚扩能效果显著。推进科技创新"双倍增"行动计划，建立科技型企业梯次培育机制，2023 年新增国家高新技术企业 26 家、自治区科技型中小企业 84 家。聚焦重点特色产业，深化与京津冀、长三角等地区交流合作，分行业全方位开展精准招商和产业链招商，引进建设一批非资源型产业项目，加快建设"十大工程项目"，引进落地招商项目 203 个、实际到位资金 261 亿元，黄公铁路至惠农专用线等战略性项目取得突破性进展。

（二）坚持绿色发展提质，推动各族群众共襄生态路。有计划分步骤实施碳达峰行动，完善能源消耗总量和强度调控，加强煤炭清洁高效利用，坚决遏制"两高一低"项目盲目发展，加快节能降碳先进技术研发和推广应用，成为全国首批、全区唯一生态环境智慧监测试点城市，入选全国"无废城市"。深入打好蓝天、碧水、净土保卫战，全国典型地区再生水利用配置试点中期评估获优秀试点城市，黄河流域水环境风险预警经验在全国推广。统筹山水林田湖草沙系统治理，深入实施大规模国土绿化行动和贺兰山植绿工程，2023 年完成国土绿化面积 10 万亩，修复湿地和草原 7.9万亩，贺兰山生态治理修复经验在"世界地球日"主场进行交流，林长制工作被国家林长办通报表扬。

（三）坚持改善民生利民，推动各民族共享幸福路。深入实施"六大提升行动"，让改革发展成果更多更公平惠及各族群众，民生领域支出达到一般公共预算收入支出的 80%。扎实开展"就业创业促进年"活动，城镇新增就业、农村转移就业等目标任务超额完成，2023 年城乡居民人均可支配收入分别增长 5.5% 和 8.1%。加强义务教育优质均衡示范区建设，2023 年新建、改扩建中小学、幼儿园 13 所，组建 10 个集团化办学共同体，宁夏卫生健康职业学院建成办学，宁夏闽江应用技术学院开工建设，"优学石嘴山"品牌更加响亮。完善公共卫生体系，建成市传染病救治基地，建设市疾病预防控制中心，推进医疗卫生机构达标工程，加强基层医疗卫生体系特别是农村地区保障能力建设，获批全国安宁疗护试点市。实施城乡居民养老金提标行动，提高困难群众基本生活保障水平，在全区率先实现城乡高龄津贴一体化等额补助，居家和社区养老服务提升行动获民政部通报表扬，各族群众幸福生活更有质感、精神力量更加昂扬。

（四）坚持宜居宜业兴农，推动各族群众共奔富裕路。大力实施乡村振兴战略，学习运用"千万工程"经验，深化特色农业提质计划，优化调整农业种养结构，推动农业产业全链条升级，推进乡村生产生活全方位、系统性重塑，着力建设宜居宜业和美乡村。坚持组织建在产业上、党员聚在产业中、农民富在产业里，投入资金 2.57 亿元，选取 18 个村探索推行"强村带动、产业互助、村企联建、村社联建"新模式，组建产业联农带农促农增收工作小组 9 个，集中力量打造奶产业、优质瓜菜、菌草等优势特色产业集群，农业特色产业产值占农业总产值比重达 60.5%，为乡村产业高质量发展注入源源动力。着力强化产业、就业、社会融入帮扶，巩固提升脱贫成果，脱贫人口人均纯收入增长 14%。坚持规划先行、分步推进，新建改造"中心村" 10 个，集中攻坚 109、110 国道和第三、第五排水沟沿线"脏乱差"整治，惠农区银河村荣获"中国美丽休闲乡村"称号。率先实施高素质农民培育工程，聚焦全面支撑粮食和重要农产品稳定安全供给、机械化生产等重点领域，深入开展"六项专项行动"培训，累计培育高素质农民 4294 人，64 人获评农民专业技术资格，成立 11 个乡村人才振兴创新工作室，创建农民合作示范社 107 家、三星级以上家庭农场 99 家，"田间学校＋示范基地＋创优提升＋政策扶持"农民教育培训案例入选全国典型案例。

石嘴山市统筹发展和安全，聚焦质量和效益，依托现有优势产业、遵循产业升级规律转型，让老产业焕发新活力，让新产业不断结硕果，赋予所有改革发展以彰显中华民族共同体意识的意义。通过 16 年来的埋头苦干，逐渐摸索出依托自身产业优势实施创新发展的新路径，成为全国首批老工业城市和资源型城市产业转型升级示范区，推动各民族共同迈向社会主义现代化、实现共同富裕，中华民族共同体建设的物质基础更加坚实，各族群众在共同进步中看到了奔头、增强了信心、收获了成果。

石嘴山市鸟瞰图

经验启示

　　石嘴山市努力破解经济结构矛盾突出、资源环境约束趋紧、增长动力后劲不足、质量效益仍然偏低等制约发展的瓶颈问题，协同推进产业结构调整、城市更新改造、绿色低碳转型，持续增强产业发展活力、内生动力和竞争力，促进老工业基地全面振兴，曾经的西北重工基地由"重"变"轻"变"新"，助力民族地区实现高质量发展。

　　（一）产业转型发展是推动民族地区实现高质量发展的必要之举。石嘴山市通过主动融入宁夏建设黄河流域生态保护和高质量发展先行区全局，依托产业、资源、区位等比较优势提升自我发展能力，培育发展新动能，促进经济社会高质量发展，产业转型发展成为民族地区高质量发展重要引擎。

　　（二）产业转型发展是促进民族地区团结和谐的进步之基。石嘴山市赋予所有改革发展以"三个意义"，在产业升级中推动发展，在发展中改善民生，在改善民生中凝聚人心，各族群众的获得感幸福感安全感更加充实、更有保障、更可持续，在各民族间形成了人心凝聚、团结奋进的强大精神纽带，产业转型发展成为民族地区高质量发展的一张亮丽名片。

　　（三）增强各族群众民生福祉是产业转型发展的根本目的。石嘴山市通过统筹发展与安全，实施生态优先战略，统筹推进山水林田湖草沙系统治理，实施贺兰山生态修复，打好黄河"几字弯"攻坚战，推动产业绿色低碳发展，培育产业发展新业态，实现了生态惠民、生态利民、生态为民，守护了生态安全，产业转型发展让生态环境成为民族地区各族群众最普惠的民生福祉。

> 无论是国有企业还是民营企业，都是促进共同富裕的重要力量，都必须担负促进共同富裕的社会责任。民营企业要增强家国情怀，自觉践行以人民为中心的发展思想，增强先富带后富、促进共同富裕的责任感和使命感。民营企业要在企业内部积极构建和谐劳动关系，推动构建全体员工利益共同体，让企业发展成果更公平惠及全体员工。
>
> ——2023年3月6日，习近平在看望参加政协会议的民建工商联界委员时的讲话

地方实践

服务大局有力度　关爱员工有温度
——上海耶里夏丽实业有限公司服务中国国际进口博览会的故事

从2018年首届中国国际进口博览会（以下简称"进博会"）开始，上海耶里夏丽实业有限公司（以下简称"耶里夏丽公司"）作为连续六届进入进博会场馆内唯一一家清真餐饮企业，积极探索民营企业服务国家战略和融入地方经济发展路径，全方位展现中华优秀传统文化和民族美食文化的良好形象。

一、背景情况

耶里夏丽公司创建于1998年，其名称意为"地球——人类共同的家园"，是一家民营餐饮企业，创始人是来自新疆的两个汉族小伙子，目前有直营门店17家和物流

加工中心 1 个，员工 1100 多人，大部分来自边疆地区、民族地区、中东部地区的贫困家庭，有汉族、维吾尔族、哈萨克族、回族、东乡族等 22 个民族，是上海规模最大、最具影响力、最受年轻人和国际客群喜爱的清真餐饮企业之一，被评为全国民族团结进步创建活动示范企业、全国民族团结进步模范集体等。从 2018 年首届进博会到 2023 年第六届进博会，耶里夏丽公司在上海市关心指导下，以满足进博会多样化服务需求为宗旨，明确责任、增强信心，调集精兵强将、补充高质量食材、保障优质供应，不仅局限于在国展中心店提供清真食品，而是全企业统一调配，保质保量完成进博会清真餐饮服务保障工作任务，累计对接服务 82 个国家、12 万人次，提供超过 30 万份清真食品，先后接待过马来西亚旅游部部长、伊拉克农业部部长、阿曼王子、土耳其外交部部长等。2010 年上海世博会期间，接待阿曼王子一行后，王子一行对耶里夏丽的服务和菜品非常满意，在留言簿中写道："非常感谢耶里夏丽提供的美妙体验，美食中孕育中国文化！非常期待下一次有缘再聚！"

二、主要做法

（一）创新"家文化"建设，构建和谐劳资关系。耶里夏丽公司充分挖掘和调动各族员工的积极性，催化各族员工内在的创造力，积极参与"家在上海"主题实践活动，开展"家在上海——耶里夏丽"教育实践，深化企业的"家文化"建设。各族员工共同庆祝中华民族传统节日，开展民族特色文化展示体验活动，定期开展民族歌舞、民族服饰展示活动，在丰富各民族员工文化生活的同时，向社会传播中华民族优秀传统文化，潜移默化，久久为功，教育引导各族员工"身在上海、了解上海、适应上海、热爱上海、服务上海、融入上海"。同时，耶里夏丽公司重视各族员工个体的发展需求，为各族员工明确制定发展规划，注重亲情关爱、鼓励积极向上，确保各族员工共同参与企业发展，激发各族员工的归属感，打造出各族员工共建共有共享的美好家园。大力弘扬中华民族美食文化，向全社会传递舌尖上的民族风情，先后举办"全国清真餐饮企业厨艺交流""新疆美食节""喀什美食文化周""哈萨克美食节""乌兹别克美食节"等美食品鉴活动，让各族顾客在探索民族美食的过程中，感悟中华民族丰富多彩的民族文化。2015 年成立党支部，加强党的建设，推动各族员工爱党教育和"红色教育"走深走实。2016 年、2017 年、2019 年分批组织各族员工参观一大会址；2017 年组织部分职工参观二大会址，组织部分干部和骨干到井冈山学习等。强化民族政策法律法规宣传教育，将"学法、知法、懂法、守法、用法"融入企业管理，邀请知名专家学者授课，定期组织学习《宪法》《民族区域自治法》《食品安全法》《城市民族工作条例》《上海市少数民族权益保障条例》《上海市清真食品管理条例》等相关法律法规和重要文件，利用上海民族法治宣传月有利时机，对各族员工开展形式多样的法治政策宣传教育，在逐步深化构建和谐劳动关系中，增强各族员工"五个认同"。

（二）勇担社会责任，精准发力对口援助。耶里夏丽公司积极履行企业主体责任和社会责任，带领各族员工"身在上海、适应上海、服务上海"，帮助各族员工提高技能、增加收入，开阔视野、更新观念，定期举办"文化补习班""技能培训班"、技术大比武，组织员工学习国家通用语言文字，帮助各族员工提高文化水平及业务技能。20多年间先后吸纳各族员工3000多人，其中200多名先后成为企业管理骨干，助力各族员工"一人致富，全家脱贫"。发挥"上海市民族团结进步教育基地""上海市少数民族大学生就业实习基地"和"全国民族团结进步创建活动示范企业"的窗口作用，先后接待新疆、云南、贵州等地的参访交流，接待港澳台青年团、"一带一路"参访团等，耶里夏丽公司已然成为宣传国家民族政策、展示民族团结进步的重要窗口。积极参与对口援助，每年向新疆、内蒙古、宁夏、甘肃等民族地区采购主副食材金额达5000万元，2015年至2018年共捐助34万元资助贵州黎平县民族村寨小学；资助"梦想我飞、圆梦迪斯尼"黄浦—普洱两地一家亲民族学生夏令营活动25万元；连续3年到新疆喀什地区举办"为脱贫献爱，为致富助力"爱心捐助活动；积极协助新疆在上海多次举办"新疆名优特农产品上海交易会"，集中展示新疆特色农产品，为上海各族群众的"果盘子""菜篮子"提供更为丰富优质的选择；协助上海参加在新疆举办的"中国—亚欧博览会"和"中国新疆喀什·中亚南亚商品交易会"；协助上海援疆指挥部举办新疆"喀什美食周"活动，打造有内涵的夜间经济新模式，不断增进东西部各族群众间的经济联系和情感认同，促进民族地区经济高质量发展。

（三）树立品牌形象，服务国家重大战略。耶里夏丽公司坚守"共同团结奋斗，共同繁荣发展"初心，形成"爱党报国、守法依规、地球为家、顾客为上、品质为本、诚信为魂"的企业核心价值观。自创办以来，在中华民族特色菜的基础上，博采众长、海纳百川，经过不断传承和创新，逐步发展出具有国际风味、海派风格、民族特色的时尚清真食品，连续4年被中国烹饪协会评为"中国餐饮业十大品牌""中国清真餐饮业十大品牌"等荣誉，2014年，董事长杨剑被国务院表彰为"全国民族团结进步模范个人"。坚决扛起服务国家战略的使命和责任，连续6届服务进博会，首届进博会接待中外宾客 40580 人次，供应清真套餐 73136 份，收获了人气第一、营收第二的好成绩；2019 年第二届进博会期间，国展中心店接待了中外宾客 26675 人次，供应清真套餐 57368 份，此后 8 天延展期依然保持超高人气接待中外宾客；2020 年第三届进博会期间，接待中外宾客 8786 人次，供应清真套餐 15107 份；2021 年第四届进博会期间，接待中外宾客 2498 人次，供应清真套餐 6727 份；2022 年第五届进博会期间，接待中外宾客 3747 人次，供应清真套餐 7320 份；2023 年第六届进博会期间，接待中外宾客 24730 人次，供应清真套餐 56293 份，受到中外宾客一致好评，有力推动了中国民族美食文化走向世界。

耶里夏丽公司通过中华传统美食主动融入服务国家战略发展格局，积极构建开放包容的嵌入式企业环境，在增进民族地区各族群众民生福祉的过程中，坚持把企业发展和国家民族命运紧密相连、把企业发展和社会进步紧密相连，实现企业发展与国家战略同频共振，努力为实现中华民族伟大复兴作出贡献。在耶里夏丽，各族员工亲如一家，共同团结奋斗，在共同打造舌尖美食、传承中华美食文化的过程中，实现富民增收、企业受惠、地区受益。

经验启示

耶里夏丽公司在服务国家战略的过程中，勇担责任、发挥作用、不辱使命，在促进各族员工融入上海城市发展的过程中，为上海打造国内大循环的重要节点和国内国际双循环的经济发展链接贡献力量，这些成绩的取得是企业大力开展民族团结进步创建活动的成果，是企业不忘初心牢记使命、助力各族员工嵌入式发展的生动实践。

（一）厚植家国情怀，凝聚各族员工向心力。耶里夏丽公司把爱党报国放在企业核心价值观的首要位置，自觉承担服务国家战略的责任和使命，在进博会上呈现出鲜活美味的"舌尖上的丝绸之路"，向世界展示多元立体的中国形象，同时借助进博会平台，积极拓展"朋友圈"，持续夯实企业核心竞争力，放大企业品牌影响力，推动中华优秀传统文化走向世界，形成人心凝聚、团结奋进的强大精神纽带。

（二）秉承团结互助，推进实施互嵌式发展。耶里夏丽公司以营造各族员工互嵌式生产生活的环境和氛围为目标，着力在"融"字上下功夫，维护好平等、团结、互助、和谐的民族关系，引导各族员工树立正确的国家观、历史观、民族观、文化观、宗教观，增强国家意识、公民意识和法治意识，在切实满足各族员工多方面日益增长

2014 年，耶里夏丽公司组织各族职工参加上海国际马拉松活动

的同时，促进各族员工全面发展、更好融入上海城市生活。

（三）坚持同向发力，助力城市高质量发展。耶里夏丽公司紧紧抓住国家改革开放迅猛发展和上海国际化进程加快的黄金机会，在对口援助上相互赋能，推动更多供需联动、产销对接、资源挖掘、品牌拓展，各族员工不惧风雨、守望相助、直面挑战、攻坚克难，在妥善做好应对各种困难复杂局面准备工作的同时，推动民族地区富民增收，为服务中国式现代化作出新的贡献。

要落实产业帮扶政策，做好"土特产"文章，依托农业农村特色资源，向开发农业多种功能、挖掘乡村多元价值要效益，向一二三产业融合发展要效益，强龙头、补链条、兴业态、树品牌，推动乡村产业全链条升级，增强市场竞争力和可持续发展能力。

——2022年12月23日，习近平在中央农村工作会议上的讲话

地方实践

小豆包凝聚大团结

——河北秦皇岛市青龙县推动民族特色食品产业化

近年来，河北省青龙满族自治县（以下简称"青龙县"）立足本地优势资源，以传承民族传统饮食文化为切入点，支持民族特色食品走上产业化发展之路，促进民族地区经济社会高质量发展，让各族群众的日子越过越红火，推动形成"抱团发展"的命运共同体，为助力乡村振兴增添新亮点。

一、背景情况

青龙县成立于1987年，是秦皇岛市辖县，位于河北东北部、燕山东麓，因青龙河自北向南贯穿全境而得名，素有"八山一水一分田"之称。总面积3510平方公里，总人口55.6万人，有满族、汉族、傈僳族、朝鲜族、蒙古族、苗族等31个民族。黏豆包是青龙县传统美食，在东北三省、京津冀等地区具有久远的制作历史，颇受各族

群众欢迎和喜爱。青龙县大力推动黏豆包产业化发展，通过将传统方式和现代加工工艺相结合，促进非物质文化遗产传承与地方经济发展融合，支持企业积极拓展营销渠道，使这一民族饮食文化推广开来，产品畅销京津冀、黑吉辽、江浙沪及深圳等地区，让各族群众通过出租土地、种植相关农作物、进厂务工等方式实现持续稳定增收，为民族地区经济发展注入了新的活力。

二、主要做法

（一）打造各族群众餐桌上的精品美食。秉承"传承历史文化遗产　打造民族特色美食"发展理念，将家家都做的黏饽饽改良为黏豆包，注册"在旗"商标，规模生产以黏豆包为主打的民族特色系列食品。为了确保产品安全、绿色、健康、原生态，成立合作社，种植大黄米，并攻克杂粮多易散难题，保持杂粮含量在 65% 以上。选米、泡米、制馅、和面、醒发、成型、蒸制等每道工序全部严格采用传统古法，质检人员全程严格检验"加把锁"，确保质量万无一失，让软糯爽口、米香四溢的豆包成为不再局限于地域的大众美食。规划的 6 大类 70 余个小类产品成功注册近 200 个商标，逐渐形成相对完整的知识产权保护体系。市场线上线下和渠道布局日趋完善，杂粮主食理念、原味理念及绿色加工理念共同叠加，大大提升了"在旗"品牌价值。通过加强品牌推广、宣传，"在旗"食品更是凭借着高品质的口碑走出河北、走向全国，被列为省级非物质文化遗产，先后获得"中国好食品"推荐产品、第十六届中国国际农产品交易会金奖等荣誉。在满足国内市场大量需求同时，还出口澳大利亚、新加坡、加拿大、美国、英国、韩国等多个国家和地区，让世界品尝到了中国的传统美食。2022 年北京冬奥会，"香喷喷的豆包"成为冬奥美食和运动健儿小故事的主角之一，成为北京冬奥会跨越国际的网红餐品之一，向世界传播了中华优秀传统文化。

（二）助力各族群众持续增收走向共同富裕。生产企业紧紧围绕各族群众稳定增收目标，以土地、劳力等入股为途径，以利益联结为纽带，通过产业化的不断发展，扎实推进资产收益扶贫民生工程，着力提升"造血功能"和持续增收能力，带动各族群众就业。生产企业建设国内先进的全自动化生产车间 3.5 万余平方米，年生产加工杂粮作物 8000 余吨，年销售额 1.5 亿余元。按照股份合作方式，牵头组建杂粮深加工产业联合体，主动吸纳农户、专业合作社及上下游企业，将 1 个国家级合作社、30 余个杂粮相关上下游企业及 3.2 万多名各族群众在杂粮加工的各环节联合在一起，全面开展杂粮种植、贮藏、收购、加工等多环节经营和农资购销、农机耕作等社会化服务，每年补贴基地合作社、农户所需种子、化肥等农资 100 万元。引导合作社和农户扩大杂粮种植，使企业的经营业态拓展到种植、营销、服务、管理等各个领域，形成生产体系和服务体系相结合、一二三产业相融合的发展格局，实现了产业发展、企业增效、农民增收的多重效应。支持企业吸纳扶贫整合资金 8000 多万元入股，每年派发红利 600 多万元，直接带动 1.4 万名贫困群众稳定脱贫。建立杂粮基地 1.6 万亩，先后与 1 万多农户签订订单合同，由企业统一提供大黄米的优良品种，对建档立卡脱贫户的大黄米按高出市场价每公斤 2 元的保护价进行收购，户均增收 1500 元以上。生产企业为进厂工作的"建档立卡"脱贫户就业人员，每人每月增加 300 元工作收入，对其子女升入大学进行差异化奖励，促进民族地区走实各族群众共同富裕之路。

（三）做各族群众交往交流交融的文明使者。黏豆包作为传统美食，蕴含着丰富的传统文化，在经过改良升级后迅速成为市场"新宠"，产品销往全国各地，并远销国际市场，既推动了非遗文化的保护和发展，又高质高效传承和弘扬中华优秀传统文化，各族群众在共同品尝美食的过程中，有效加深了不同地域、民族、文化的交往交流交融。不断拓宽宣传渠道，通过组织学生到企业参加黏豆包制作大赛、"民族故事我来讲"等活动，让各族青少年更多地了解家乡传统文化，定期对养老院、脱贫户、老党员、老退伍军人等群体进行慰问，多次通过河北省扶贫基金会进行捐款，引导各民族群众牢固树立正确的国家观、民族观、历史观、文化观、宗教观。将宣讲与非遗传承相融合，用黏豆包制作演绎浓浓乡情，让传承成为时尚，宣讲更有力量。青龙县龙王庙镇成立"黏豆包"宣讲团，抓住各族群众家家户户做黏豆包的有利时机，各族宣讲员入户宣讲党的二十大精神，讲解黏豆包制作传承与保护的意义，通过学习会、讨论会、交流会、上门宣讲等多种形式，让党的创新理论走进各族群众的家庭和生活，黏豆包已经成为传播中华优秀传统文化的使者和展现民族风采的桥梁。

黏豆包的产业化发展，为走在乡村振兴道路上的青龙县提供了有力支撑，成为推动民族地区经济发展的重要资源。"小豆包"走出青龙，奔向全国各族人民的餐桌，各族群众通过"小豆包"牵手"黏"在一起，"四个与共""五个认同"深深植根于各族群众心中。

经验启示

青龙县黏豆包走出从"深山黏豆包"到"杂粮主食冠军"的创新之路，是秉承中

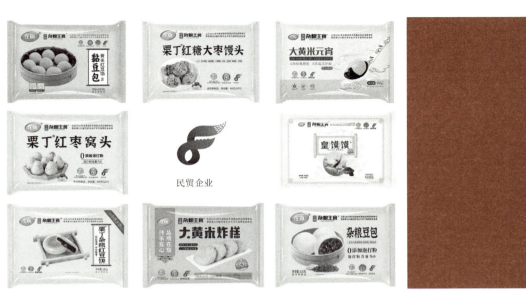

秦皇岛市青龙县黏豆包生产企业将"石榴花开"民族团结进步品牌
标识印制在产品包装上

华优秀传统文化、活化利用非遗传承、推动民族地区特色食品产业化发展的创新之
举。青龙县用小杂粮撑起了大产业，用小豆包带富了一方百姓，蹚出了一条农业龙头
企业通过资产收益项目带农联农益农的新路，是促进民族地区经济社会高质量发展的
一个缩影。

（一）加强文化传承需要与创新发展相融合。青龙县推动传统美食与现代文明交
融，在创新工艺中守护"传统味道"，向全国乃至世界展现出中华民族优秀传统文化
独特的魅力和价值，实现家庭式小作坊向现代化产业发展的转型，让民族传统美食销
往全国、走向世界，促进民族地区高质量发展。

（二）促进共同富裕需要推动产业化发展。青龙县充分利用当地生态资源、人力
资源、杂粮原料丰富的优势，不断革新技术，探索完善生产工艺标准，带动更多青龙
县各族群众走上共同富裕道路，各族群众通过产业发展受益，普遍感受到实实在在的
获得感、幸福感和安全感。

（三）打造民族特色品牌促进各族群众"三交"。青龙县充分挖掘黏豆包背后的历
史文化资源，让古老的文化内核和精髓对照现实焕发出时代生机，赋予黏豆包新的时
代内涵和价值，从中华优秀传统文化中发掘出现代社会人们的消费需求，在产品"走
红"的同时向世界讲好中国故事。

总书记的话

要贯彻以人民为中心的发展思想，完善分配制度，健全社会保障体系，强化基本公共服务，兜牢民生底线，解决好人民群众急难愁盼问题，让现代化建设成果更多更公平惠及全体人民，在推进全体人民共同富裕上不断取得更为明显的实质性进展。

——2023 年 3 月 13 日，习近平在第十四届全国人民代表大会第一次会议上的讲话

地方实践

"小包裹"系大民生　破题农村寄递物流瓶颈

——湖北恩施州宣恩县畅通寄递物流体系拓宽各族群众致富路

近年来，湖北省宣恩县积极探索并加强农村寄递物流体系建设，通过将不同快递企业的快件进行集中配送，优化了农村物流体系，拓宽了农产品销售渠道，提升了农村地区寄递服务水平，有效降低快件运输成本，为民族地区乡村全面振兴注入了新的活力，让各族群众共享改革发展成果。

一、背景情况

宣恩县为湖北省恩施土家族苗族自治州（以下简称"恩施州"）辖县，地处武陵山和齐跃山的交接处，"八山一水一分田"是宣恩地貌的形象写照，海拔 800 米以上的山地占全县面积的 70% 以上，全县户籍人口 35.71 万人，有汉族、土家族、苗族、侗族等 33 个民族。良好的气候环境，复杂多样的地势、地貌，为丰富的生物资源的

生长、栖息与繁衍提供了得天独厚的自然条件，诞生了诸如贡水白柚、黄金梨、伍家台贡茶等多种享誉海外的特色农产品。但是境内物流交通不畅一直是经济增长和农业产业现代化发展的"绊脚石"，小小的一个包裹已变成政府和百姓的操心事、烦心事和揪心事。宣恩县针对农村地区点多、面广、线长的特点，围绕打通快递进村和农产品外销"最后一公里"这个棘手难题，加快建设农村寄递物流体系，推动寄递物流往各村覆盖、向每户延伸。2022 年 7 月，宣恩县被纳入全省打通农村寄递物流"最后一公里"和"最初一公里"试点县。

二、主要做法

（一）多操心，共筑农村寄递物流基石。宣恩县针对原有的各快递公司在乡镇集中进村收集快递后，交由邮政投递员代投和通过收费服务弥补运营成本这两种快递进村模式深入调查研究，制定出台《宣恩县农村寄递物流快递下乡进村和农产品出村进城试点工作实施方案》，将寄递物流作为稳定经济增长、促进产业结构调整、拓宽各民族群众致富路的重要民生工程，高位布局、扎实推进。统筹国家电子商务进农村项目资金、配套 306 万元县级财政资金，为县级寄递物流分拣中心增配采购智能分拣设施设备，打通 9 条乡镇邮路，新建 36 个村级寄递物流综合服务网点，提档升级站点108 个。目前，全县构建了"1 个县级寄递物流分拣中心＋8 个乡镇共配中心＋149个村级综合服务网点"寄递物流服务网络，实现了"县级分拣、直接配送到村"，140个行政村寄递物流站点和"通邮"覆盖率达到 100%，破除了运营成本问题这一横亘在快递进村道路上最大的"拦路虎"。宣恩县进村入户向各族群众发放包含"致全县广大农民朋友的一封信"、快件进出村政策知识解答及各村级综合服务网点详细信息在内的宣传手册 5 万册，让各族群众知悉现行"快递进村"政策及农村基层快件收寄方式方法，实现推进快递进村宣传工作"全覆盖"，引领农村寄递物流风潮，宣恩县农村快递业务得到了迅猛发展。2023 年，全县农村快递总量达 1000 万件以上，同比增长 23%，日均处理快件 3.5 万件以上，增加企业利润 220 万元，各族群众寄递费用平均降低 0.5—1 元每件，切实降低各族群众物流成本，促进寄递物流与民族地区产业发展深度融合，助力民族地区特色产品走出深山、走向全国。

（二）解烦心，驱动农村寄递物流发展。宣恩县组建以邮政公司牵头，中通、圆通、申通、韵达、顺丰、京东等 8 家民营快递企业共同参与的寄递物流协会，规范协会内部各企业间的经营行为与经营手段。由县寄递物流协会统筹协调，构建起"1 ＋

8＋N"（1：邮政公司；8：民营快递企业；N：生鲜电商、公交带货、代购等多种模式）"邮快合作"运营模式，减少中间管理成本、配送成本、时间成本和快件安全风险。将县乡村"三级组网"调整优化为县村"两级组网"，免除乡镇分拣及寄递管理环节，按照就近投递、顺路组网的原则，打造新的环形、直线邮路，通过新设计的邮路干线将快递配送至村级服务网点，并利用下乡进村配送的邮政车辆、民营快递车辆或客运车辆，将需要往外配送的农产品进行统一配送，实行快递直配农村和统一揽收，农村地区各族群众"坐在家里"即可收寄快递，县至乡镇、村派件时效平均时限缩减 1 天以上。目前，9 家企业已共同签订"邮快合作"协议，按照"试点先行（高罗、椒园 2 个乡镇寄递物流推进试点经验）—全县推广"模式，共享场地、设备、车辆、系统等资源，实现"面单信息混扫混派统一、处理场地及流水线集中统一、到村快件派送车辆统一"处理，日均处理快件 3 万件以上，积极配合邮政管理执法部门加强事中事后监管，不断规范农村寄递市场秩序，持续严厉整治未按名址投递、末端违规收费等行为，邮政企业和快递企业共拓农村市场的格局基本形成，成功打通农产品出村进城"最初一公里"和快递进村"最后一公里"，给各族群众带来了看得见、摸得着的幸福感，让各民族群众共享电商及农业产业化等社会发展带来的红利。

（三）少揪心，提升农村寄递物流效能。充分利用三级物流体系优势，以县级物流分拣中心为枢纽，17 条邮路干线为纽带，乡集镇、村级服务站点、产业基地、村仓储中心、各电商和涉农市场主体为服务末梢，引导县域内交通运输企业、快递企业、电商服务企业、直播销售企业等加强合作，建立农村物流共同配送信息平台。建立村种植养殖基地、仓储中心、电商企业等产品动态数据库，依托快递进村独有资源，组建"助农联盟"，通过"入群取包"编织引流网，组建"助农联盟"村级微信群 140个，吸纳群友 4.3 万余人，定期收集各族群众农产品信息，由邮政公司对接到商超、机关食堂、餐馆酒店等会员单位，并依托"832 平台"、抖音、快手等电商平台大力培育乡村本土直播人才，形成农产品由产至销全流程物流服务体系。搭建收、运、投全作业化流程，提升下行配送服务的整体质量和效率，整合全县产地仓、冷链仓、电商群数据，建立消费品进村和农产品进城双向通道信息网络，引导农村电商、产业基地、冷链仓储与快递物流协同发展，提升农产品上行流通效率，不断织密物流运送网络，有效打通农产品进城和消费品下乡双向流通渠道。按照经营时间不少于 6 小时 /天、收寄开包验视及实名登记"三个 100%"模式管理村级服务网点，进出村快件按0.5 元 / 件补贴入驻快递企业，让各族群众寄收快递"次日达""放心存"，在不支付额外费用的情况下做到服务标准不降低。将 149 家综合服务网点作为公共服务末梢，在邮政快递基础上叠加农业农村、交通运输、民政社保、供销等部门服务及金融、通信、保险、电网等企业服务，实现"一点多能"服务，将便民服务送进千家万户、融入田间地头，让城市独有的服务和设施逐步走进农村，让农村地区各族群众就地享受现代文明生活的便利。

宣恩县持续加大对农村寄递物流体系建设的政策、资金支持，以全新举措构建快递进村发展新格局，让快递进村更顺畅、农产品上行更有力，为各族群众提供更好的寄递服务，持续提升各族群众的获得感、幸福感和满意度。

经验启示

宣恩县依托国家级电子商务进农村综合示范县建设时初具形态的县、乡、村三级农村物流体系，采取"政府赋能＋合作共享"的模式，打破邮政、中通、圆通等 9 家快递企业之间的商业壁垒，全面推进快递进村工作，极大便利了各族群众，是帮助民族地区各族群众脱贫致富的务实之举。

（一）激发农村地区发展活力要推进快递行业下沉发展。宣恩县以"政府主导＋协会约束"破除行业壁垒，变快递企业"各自为政"为"同心协作"，切实降低"快

恩施州宣恩县椒园处理中心工作现场

递入村""快递出村"成本，有效推动农村地区快递行业整体服务水平和创新能力提升，有力促进民族地区农村发展。

（二）促进各族群众增收致富要提升快递行业带动能力。宣恩县抢抓新兴产业发展机遇，不断完善三级寄递物流体系，用好抖音等直播带货平台，积极打造"数字宣恩""在线经济"，创造新的消费需求、开辟新的增收和就业渠道，将"快递进村"与农村电商相结合，为各族群众增收注入了强劲动力、打下了良好根基。

（三）扩大普惠各族群众范围要拓展快递站点服务功能。宣恩县在快递基础上拓展多项便民服务，让各族群众在"一个点"办"多件事"，以"多功能"吸引人流量降低快递站点运营成本、补齐服务短板，提高寄递物流服务质量、效率和普惠性，有效满足各族群众寄递需求，推动民族地区相关行业持续健康发展。

> 要从制度和法律上把对国企民企平等对待的要求落下来，从政策和舆论上鼓励支持民营经济和民营企业发展壮大。要依法保护民营企业产权和企业家权益。要全面梳理修订涉企法律法规政策，持续破除影响平等准入的壁垒。要完善公平竞争制度，反对地方保护和行政垄断，为民营企业开辟更多空间。

> ——2022 年 12 月 15 日，习近平在中央经济工作会议上的讲话

地方实践

同走共富路　共编"同心结"
——浙江绍兴市新昌县民营企业互嵌共融新路径探索

近年来，浙江省新昌县紧紧围绕"共同团结奋斗、共同繁荣发展"工作主题，通过"就业联动、产业联盟、文化联结"，探索在空间、文化、经济、社会、心理等方面的全方位互嵌发展新路径，促进民营企业各族员工在理想、信念、情感、文化上的团结统一。

一、背景情况

绍兴市新昌县位于浙江东部，是浙江高质量发展建设共同富裕示范区首批试点地区之一，是中国轴承之乡、全国医药强县、纺机基地、冷配大县和汽车零部件生产基地，是全国科技进步示范县、国家科技兴贸（生物医药）基地、国家火炬计划医药产

业基地县。截至 2023 年，新昌县共有 A 股上市企业 16 家，三花、万丰 2 家企业入围 2023 年度浙江民营企业百强，三花、万丰、新和成 3 家企业入围中国民营企业 500 强，378 家规上企业中有规上工业民营企业 362 家，占比 95.8%，民营企业已成为新昌县社会经济发展的有力支撑。在促进自身发展的同时，新昌民营企业切实履行社会责任，争做共同富裕践行人，形成了一种"先富带后富"循环体系，走上让各族员工、全体人民共同富裕的道路，为民营企业在实现共同富裕中发挥作用提供了行动方向，有力地推动了各族群众互嵌式发展。

二、主要做法

（一）就业联动，以共事共学促互嵌共融。定向定时招工，以共事促互嵌。新昌民营企业积极开展"石榴红"就业行动，深化与民族地区政府的合作，通过专场招聘、自主招工、委托中介机构等途径，面向民族地区定向开展就业招工。丰岛控股集团有限公司每年定时赴民族地区开展专场招聘 5 次以上，提供众多长期就业岗位和季节性岗位，2023 年招聘员工共计 500 余人。借力新昌县英杰人力资源有限公司，与多个民族地区建立合作关系，在贵州德江、四川峨边，云南昭通、文山、威信、宜良，湖南怀化、黑龙江哈尔滨等建立劳务输出基地，稳定用工人数 2000 余人，2022 年入职民族地区员工多达 539 人，带动民族地区富余劳动力就业增收，有力缓解了新昌用工紧张形势，在齐心为企业和社会创造价值过程中，不断拓展各族员工交往交流交融的深度和广度。以老带新，在"传、帮、带"中提升员工整体素质，强化员工队伍建设的精准度；举办岗位相关专题培训班和职工技能比赛，培赛一体，提升各族员工技能水平，提高共事的融入度；在技术和管理岗位中发现和培养各族员工中的优秀骨干，强化主人翁意识，提高参与企业生产管理的主动性。如丰岛控股集团有限公司年均开展培训 12 次，技能比赛 4 次，积极引导各族员工在共事共学中交知心朋友、做和睦同事。精心耐心服务，以真心促共融。各族员工真正把身心融入新昌，是一个漫长的过程，要润物细无声，靠的是平时的点点滴滴，靠的是精心和耐心。为方便外来的各族员工，英杰人力资源有限公司精心组织，充分做好前期工作，在用工需求高峰时段，安排车辆到机场、火车站接送员工，协助解决员工子女的就学问题，消除员工的后顾之忧。安排驻厂人员看望慰问新进员工，了解员工适应情况，耐心解答员工疑虑，协助解决员工在生活中遇到的各类问题。帮员工客观分析，尊重员工意愿，做好与用工单位的对接，尽可能帮员工争取最大化的福利薪酬。用心用情用力解决好各族员工的操心事、烦心事、揪心事，增强各族员工的获得感、幸福感、安全感。

（二）产业联盟，以共生共融促繁荣共富。建产业基地，促行业发展。探索"公司＋合作社＋基地"发展模式，丰岛基地从东部不断向中部的湖北宜都，西部的云南昆明、玉溪、文山、红河（砚山）等地区拓展，通过合作社、劳务公司为农村剩余劳动力在种植、采摘、储存、保鲜等环节提供季节性就业岗位6000多个，促进各族员工工资性收入增长。目前已建成鲜花、果蔬加工等产业基地，在云南昆明、玉溪、易门、开远等地及海南、广西等地建设3500亩现代化设施花卉生产基地，推动了云南等省康乃馨切花、菊花切花生产的技术革新和行业发展。推订单农业，助增收共富。新昌门溪山居等企业与西藏、云南、湖南等地建立合作，围绕菌菇等特色农业以及肉类、腊味等特色农产品，到民族地区开展订单农业，扩大当地农牧产品销路，助推民族地区共同富裕。"授人以鱼不如授人以渔"，丰岛控股集团有限公司结合自身产业优势，在湖北宜都成立湖北丰岛食品有限公司，每年通过劳务公司带动周边2000余名群众实现季节性劳务就业，为各族群众创收3000多万元，促进了当地柑橘产业发展和柑农稳定增收。拓销售渠道，促交流团结。新昌民营企业利用新疆等地区的贸易窗口优势，以边销茶等产品为媒介，以海峡两岸农产品交流会等平台为契机，走访周边潜在客商，发掘意向客户，签订销售订单，拓宽边疆地区的销售市场。新昌民营企业探索"前店后厂"的产销模式，与各民族协作，与当地茶叶工厂建立合作，做好砖茶加工、销售，为当地各族群众提供就业岗位，将民族团结融入企业的生产、生活和其他各项工作的方方面面，充分带动了民族地区经济发展，通过开展经济贸易活动，打响了浙江边销茶品牌，扩宽了各族群众增收渠道，有效促进了沟通和交流。

（三）文化联结，以共建共享构筑共有精神家园。建文化阵地，凝团结共识。企业开辟多个民族团结宣传阵地，不定期开展党的二十大精神和铸牢中华民族共同体意识宣讲，讲述民族团结好故事，传播民族团结好声音，生动呈现中华民族一家亲的浓浓氛围。"促进各民族像石榴籽一样紧紧抱在一起"等标语和不同形式的"石榴"元素在丰岛控股集团有限公司内随处可见。新和成公司在民族团结文化长廊上专题宣传中央、省委民族工作会议精神，让公司各族员工在潜移默化中接受铸牢中华民族共同体意识教育，夯实各族群众互嵌共融思想。江南诚茂砖茶有限公司利用工会活动、职工会议、员工培训等开展形式多样的宣传教育活动，将民族团结进步价值、理念、元素融入企业生产生活中；丰岛控股集团有限公司利用"三月三"、端午节、中秋节等时间节点开展"民族团结一家亲"系列趣味活动，以喜闻乐见的形式丰富各族员工精神文化生活。企业以会议培训、文艺活动为载体，动员各族员工积极参与文化建设，在文化共享中强化各族员工"五个认同"。各族员工同住一幢楼，使各族员工通过空间互嵌实现"相遇并相知"，形成了你中有我，我中有你，继而出现相互组建家庭的现象，推动各族员工在情感上更加亲近。

新昌县实施各族群众互嵌式发展计划，发挥民营企业不可替代的重要作用，积极开展"送服务、送岗位、送政策、送培训、强保障"系列活动，鼓励支持民族地区群众到东中部地区就业创业、居住生活，有利于促进各民族交往交流交融，有利于推动各民族共同走向社会主义现代化，有利于促进各民族紧跟时代步伐，共同团结奋斗、共同繁荣发展。

经验启示

新昌县发挥民营企业在稳就业、促共富中的重要作用，积极探索各族员工在空间、文化、经济、社会、心理等方面的全方位互嵌发展新路径，促进各族员工共同团结奋斗、共同繁荣发展，为更好凝聚各民族、发展各民族、繁荣各民族提供现实路径。

（一）劳务"互嵌"开辟民生新干线。新昌县紧紧抓住就业这一民生之本，搭建就业联动有效载体，多渠道促就业、保民生、聚人才，支持和帮助民族地区各族群众到东中部地区就业创业、居住生活，逐步实现各族群众在经济社会等方面的全方位嵌入，推动各民族广泛交往、全面交流、深度交融。

2017 年 2 月，绍兴市新昌县私营企业定点接送各族务工人员

（二）产业"互嵌"铸强发展新引擎。在东西部协作、对口支援中展现民营企业责任担当，围绕特色农业产业，到民族地区开展订单农业，建设特色产业基地，以产业联盟推动东西部联动发展，优化资源配置效率和产出效果，实现经济互补、利益互嵌，引导各族群众深度互嵌、有机融合、共同发展、共同富裕。

（三）文化"互嵌"打造交融新平台。开辟宣讲阵地，以多种形式丰富各族员工精神文化生活，推动各民族优秀传统文化创新交融，增强中华文化感染力，提升民族自豪感，发挥"以文化人"的重要作用，助力互嵌共融新路径，推动各族员工构筑中华民族共有精神家园。

> 促进全体人民共同富裕是一项长期任务，也是一项现实任务，急不得，也等不得，必须摆在更加重要的位置，脚踏实地，久久为功，向着这个目标作出更加积极有为的努力。

——2021年1月28日，习近平在中共中央政治局第二十七次集体学习时的讲话

地方实践

互嵌融合建设"五同共富·幸福家园"

——浙江湖州市探索各族群众共同富裕新路径

近年来，浙江省湖州市聚焦带动各族群众共同致富，深度融入"在湖州看见美丽中国"实干争先主题实践，创新开展"五同共富·幸福家园"建设行动，推动各族群众同学习、同创业、同乐活、同治理、同关爱——"五同"互嵌式融合发展，带动各族群众共同走向社会主义现代化，各族群众获得感、幸福感、认同感、安全感不断提升。

一、背景情况

湖州市为浙江省辖地级市，地处我国华东地区浙苏皖三省交汇处，东邻嘉兴、苏州，南接杭州，西邻宣城，北与无锡接壤，东北濒太湖，总面积5820平方公里，下辖吴兴、南浔2个区，德清、长兴、安吉3个县和南太湖新区、长三角（湖州）产业合作区，常住人口341.3万人，生活有56个民族。湖州市持续带动各族群众融合互嵌、共同致富，不断缩小城乡差距、改善群众生活质量、创新完善共享发展，走出了一条各族群众携手奔向现代化的新路径。

二、主要做法

（一）"同学习"铸牢共富理念。坚持红色引领，依托长三角地区红色资源，2023年组织 1500 名各族群众开展观展活动 27 场，艾米尼等 20 多名代表加入"石榴红市民观摩团"，在"四季看变化"活动中感受湖州的美丽蝶变，促进各族群众思想认同，推动红色薪火传承。强化融情交流，邀请四川、新疆等对口地区 2511 名学生参加"在湖州看见美丽中国"各族青少年融情夏令营，推出"江南文化探源"石榴红研学路线 5 条，授牌"铸牢中华民族共同体意识教育基地"3 处，促进各族青少年交往交流交融，推动各族群众互学互鉴。深入基层宣讲，拓展"80 90 00"宣讲团 18 个，400 余名学生结合暑期返疆返藏，参与铸牢中华民族共同体意识宣讲，讲故事、学理论，进社区、进厂区、进田园，走进千家万户开展宣讲，向近万名当地各族群众传播党的好声音。

（二）"同创业"激发共富动力。开展技能培训，创新各族群众创业帮扶模式，出台《职业技能提升补贴管理办法》和《职业技能培训实施管理细则（试行）》等，组织各族群众开展家庭教育指导、陶瓷工艺师等职业技能培训 2000 余人次，600 多名民族班学生顺利完成职业技能指导培训，让各族群众"同创业"，从外部"输血"转为内部"造血"。落实送岗帮带，组织各县区赴对口地区建立石榴红劳务合作工作站，赴西藏、新疆、四川等地举办夏季人力资源交流大会、"百校千企　万岗聚才"就业云洽会、爱心送岗等活动 50 场，对口帮带各族新居民就业 750 余人。深化"导师帮带制"，面向各族新居民开展面点、烹饪、初级电工、月嫂等培训活动 43 场，参与帮带 1510 人，从根本上提升创业发展能力。培育创富典型，输送 705 名民族班毕业生返疆就业创业，截至 2024 年 4 月，共有 28 家企业在新疆阿拉尔市、柯坪县投资兴业，如天下牧业（长兴）有限公司参与"湖羊援疆入川"工程，每年选派技术人员到柯坪开展技术帮扶；安吉县推进"白叶 1 号"向三省五县捐赠帮扶提质扩面，带动受捐地村集体增收 20 万元。

（三）"同乐活"营造共富氛围。立足当前各族群众精神文化需求，培育"两山"石榴红艺术团 7 个，安吉县郎村畲族艺术团《响木舞》是浙江唯一参评山花奖的节目，由学生参演的长兴县非遗舞蹈"百叶龙"亮相杭州亚运会开幕式。全民体育互融，连续 3 年举办"石榴红杯"民族趣味运动会，以迎亚运为契机组建"石榴红"篮球队、足球队、健身队，参加"韵动长兴　骑行一夏"全民健身节启动仪式、第三届长三角体育节拔河公开赛等赛事 32 场，形成在全民健身事业发展中促进民族团结的浓厚氛围，在友谊第一、比赛第二为宗旨的体育运动中增强各族群众的"五个认同"。对口旅游互送，依托"石榴红"共富基地，挖掘文旅形象大使、文旅之星 20 名，以"丝源—丝路"为牵引，推出"五同共富·相约四季"旅游推介活动，参与"湖柯一家亲"文化走亲活动，推介柯坪驼奶、黄杏、馕等 80 余种农副产品，联合发放民族团结进步文旅惠民券 1 万余份，通过旅游促进各族群众交往交流交融，让各族群众感受湖州文旅产业发展的独特魅力。文学作品互促，收录 39 个"石榴红"青年创富故事的长篇报告文学《跨越 5000 公里的爱》，由浙江大学出版社出版，在各族群众中产生较大影响，营造出既有帮扶又有督促，既有温度又有力度的创业发展良好氛围。

（四）"同治理"优化共富环境。家园办邻里节，持续举办"德清县第四届新居民节""第六届共富文化节"，协同社区、医院、商户、学校、公益组织等力量，参与"民族团结最美商户""石榴红和美家庭"等选树表彰，强化各族群众的"主人翁"意识，打造邻里相知、守望相助的共同家园。镇街建工作室，建立健全多渠道基层矛盾化解机制，组建"平安大哥（姐）"工作室、政协委员工作室 20 个，吸收 30 名新居民志愿者积极加入"吴兴区平安共富联盟"，参与基层社会治理、社会服务，化解纠纷 590 余起，协助解决烧烤从业人员劳务纠纷、学生入学等各类问题 105 个。夯实村社阵地建设基础，推出"邻里和""邻里乐""邻里学""邻里帮""邻里情"五大系列举措，打造"石榴红示范带"6 条，迭代"石榴红家园"建设 20 个，探索"和融社区"创建，培育党建引领的和融社区 24 个，不断巩固和优化区域内平等、团结、互助、和谐的民族关系，打造各民族共居共学、共建共享、共事共乐湖州新示范。

（五）"同关爱"厚植共富认同。将联系关爱工作纳入公益慈善整体工作统筹部署，在党委政府主导的基础上，有效引入社会统战力量广泛参与，进一步提升关爱工作的专业性和精准度，不断深化民族团结一家亲的浓厚氛围。常态化开展"结对子""认亲戚"活动，如各级人大代表妈妈结对南浔菱湖中学西藏籍学生、政协委员唐昀与新疆籍阿卜力米提家庭结对，坚持每年开展寒暑期研学等公益活动。市人大代表胡毕红结对辖区外来务工人员家庭，帮助解决子女就学困难。已开展"认亲走亲"300 余户，推动实现 630 个微心愿。持续开展民族班师生开学、毕业走访，指导乡镇（街道）和园区开展"春节喜相逢""端午粽关情"等传统节日关爱活动，"小候鸟之家"每年免费托管新居民双职工家庭子女 3000 余人次。整合统战力量开展"送教下乡送书籍""民族和乐一家亲"等走访活动 31 次。培育"石榴红"爱心服务综合驿站 14 处，提供就学就业政策咨询、证件办理、补助申请等服务，免费开展国家通用语言、民族文化艺术交流鉴赏等能力提升培训，让城市更有温度和气质。依托城市书房建石榴红书吧、阅读室，为新居民家庭免费发放借阅卡 9000 余份，阅读热成为新风尚，让"在湖州看见美丽中国"更可感、更有感。

湖州不断深化各族群众"同学习、同创业、同乐活、同治理、同关爱"的"五同"互嵌式发展，切实汇聚起湖州各族群众团结奋斗的磅礴力量，讲好实现共同富裕、促进民族团结的湖州故事，形成了各民族和谐和睦、携手共富的良好局面。

经验启示

湖州市率先开展"五同共富·幸福家园"建设行动，持续打造之江同心·石榴红品牌，不断深化各族群众"同学习、同创业、同乐活、同治理、同关爱"的"五同"互嵌式发展，不断加强各民族间的血肉联系，各族群众休戚与共、荣辱与共、生死与共、命运与共的共同体理念日益牢固。

（一）互学互鉴是夯实"共富"思想根基的重要途径。湖州强化中华优秀传统文化和社会主义先进文化有效供给，合力推进各族群众文化交流、能力培养、感情培育，促进各族群众双向互动、交流互鉴，引导各族群众心往一处想、劲往一处使，形成手足相亲、守望相助的浓厚氛围，进一步提升各族群众对中华文化的认同，厚植各民族走好共同富裕"幸福路"的思想根基。

2023 年 10 月，湖州市在全国农村党组织书记学习"千万工程"
经验培训示范班现场教学中分享"白叶 1 号捐赠帮扶经验"

（二）三位一体是推动"共富"提质加速的有效措施。湖州健全政策扶持、就业培训、创业服务"三位一体"的工作机制，以群众工作为抓手深耕细作服务各族群众，落实一批看得到、抓得住的民生项目，最大程度促进外来各族新居民群体与当地各族居民站在创新创业、工作生活的"同一起跑线"，形成各族群众共同团结奋斗、共同繁荣发展的良好局面，进一步促进各族群众共享经济发展成果，提升经济共富度。

（三）基层善治是创造"共富"幸福生活的关键支撑。湖州广泛调动社会各界参与基层民族事务治理的积极性，发动社会各界力量，进一步密切各类基层组织之间的联系，为各族群众安居乐业创造更加和谐稳定的环境，让各族群众在更大范围、更广领域、更深程度成为融合发展的"一家人"，以高质量的社会平安稳定环境提升各族群众融合向上的幸福指数。

总书记的话

地方实践

奏响民族团结与经济建设"交响乐"
——福建晋江市走出一条具有闽南特色的融合发展之路

近年来，福建省晋江市通过教育引导、优化管理、积极带动，推动从源头上加强文化嵌入，推动各族群众实现社会嵌入，促进各民族参与经济嵌入，将发挥民营经济纽带作用与各民族文化特质相结合，奏响晋江民族团结与经济建设共荣"交响乐"。

一、背景情况

晋江于唐开元六年（718）置县，至今已有1300余年历史，是海上丝绸之路的重要起点城市。现有常住人口206.16万人，生活着51个民族，常住少数民族人口约12.55万人，占全市总人口的6%。晋江现辖13个镇、6个街道以及晋江经济开发区、泉州综合保税区、泉州半导体高新区晋江分园区，被誉为全国县域经济发展典范。当前，在晋江30多万户市场经营主体中，民营企业占比超过98%，民营企业创造的产值、税收、就业岗位占比在90%以上，晋江民营企业为当地经济作出了巨大的贡献。

其中，家喻户晓的民族企业——安踏、特步、361°、中乔等吸引了大量各族群众前来务工经商。2010年至2020年晋江少数民族常住人口由9.3万人增加到12.55万人，平均每年净增3250人。青阳街道少数民族流动人口相对集中，辖区内有汉族、苗族、土家族、维吾尔族等23个民族。在晋江，各民族文化多元交融，形成"你中有我，我中有你"的文化和社会环境，形成了"诚信、恭谦、团结、拼搏"的"晋江精神"。2018年，晋江市获得"全国民族团结进步创建示范区（单位）"称号。

二、主要做法

（一）教育引导，推动源头上加强文化嵌入。晋江高度重视少数民族人才的教育培养，一直致力于办好泉州市唯一的一所民族完全中学——陈埭民族中学和以"西藏班"为特色的晋江华侨职业技术学校。陈埭民族中学创办于1965年，是全国民族中学示范校、福建省民族团结进步重点单位、省一级达标中学，现有学生3300余名，其中回族、畲族、土家族、土族、苗族、侗族、布依族、彝族、壮族等17个少数民族学生共计700余人。以做好少数民族传统体艺项目的传承和创建民俗班等工作为抓手，将南音、民族舞蹈、蹴球等传统文体项目融入日常教学，在各类少数民族传统体育运动会上屡获佳绩。培养了大量践行"晋江经验"的少数民族杰出人才，如安踏、特步、361°、中乔等企业的总裁和副总裁均毕业于该校。自2010年以来，晋江华侨职业技术学校连续13年招收西藏籍少数民族学生，为西藏班开设摩托车维修、汽车维修、办公文秘、影视影像、会计、旅游等专业，为西藏培养了200多名优秀的藏汉双语技术人才。学校坚持"特别"而不"特殊"，既充分尊重不同民族信仰和生活习惯，又在纪律和学习上不搞特殊；"关爱"而不"溺爱"，学校老师既要当好"慈父""慈母"，又要当好"严师"；"逐步"而不"让步"，允许学生有一个逐步转变、进步的过程，但不降低教育要求和培养目标。通过这三个原则推动西藏班学生融入全校一体化管理。西藏班的办学得到社会各界高度认可，实现了各民族在中华民族大家庭中像石榴籽一样紧紧抱在一起，让"三个离不开""五个认同"的思想在各族群众心中深深扎根、开花结果。

（二）优化管理，推动各族群众实现社会嵌入。综合施策，全面提高少数民族流动人口的均等化服务和管理水平。搭建平台，建设全省首个"部门联动、力量融合、功能聚合、服务周全"的"晋榴之家"民族团结进步服务中心，做实各族群众服务管理工作。创建街社两级"党建＋文化宣传"，以"社区＋邻里中心"为依托，以春节、元宵节、端午节、中秋节等传统节庆为契机，融入民族政策宣传、就业就学指导、义诊等服务。邀请各族群众代表参与基层治理、文明实践等活动，将各族群体纳入社区共建共治共享实践，为建设互嵌共融的中华民族共同体汇聚社会合力。强化政策，晋江市各族流动人口可享受 30 项优惠政策，涵盖了义务教育、就业、养老、落户、医疗、购房、生育、选举、法律援助、证件签注、驾驶培训、慈善救助等与老百姓生活息息相关的服务，使得他们能够在日常生活中与晋江本地居民拥有同等待遇，帮助他们更快融入晋江社会。优化服务，创建"民族之家"搭建互动交流的平台，落实同工同酬制度，为各民族员工提供良好的工作环境；在节庆和民俗活动中创造交流空间，通过"走出去"的方式，在"五一""国庆"等节假日期间，组织开展系列文体活动，让各民族员工领略福建人文风貌、闽南风土人情，融入"第二故乡"；开展包含健康体检、职工医疗互助活动、"两节"送温暖等帮扶工作，让各族员工体会"中华民族一家亲"的温暖。

（三）积极带动，推动各族群众参与经济嵌入。畅通各族群众就业渠道，民营企业积极吸纳就业，成为社会就业的蓄水池、稳定器，每年高校秋招季，晋江民营企业都面向全国各地高校招聘人才。2023 年，恒安集团走进广西、江西等地的 27 所院校，提供多个岗位类型，同步开通了线上直播带岗、网申等通道，吸纳更多优秀人才加入，促进了各民族广泛交往交流交融。在政府支持下，鼓励、引导民营企业积极参与对口支援和东西部协作，充分发挥对口支援和东西部协作的纽带作用，有计划引入新疆籍务工人员。作为最早与新疆地区开展劳务协作的晋江民营企业，361° 公司与新疆克孜勒苏柯尔克孜自治州阿合奇县政府自 2011 年签订劳务输出协议以来，先后聘用 3200 余名柯尔克孜族员工，其中 2000 余人从原属贫困户到人均工资 5300 元左右，较高的达 7000—10000 元。许多务工人员实现了"一人劳动全家脱贫致富"，有的员工在晋江缔结良缘，组建家庭共同打拼，有的返乡创业，带动家乡人民共同致富。促进跨区域双向交流，民营企业陆续到西部民族地区投资兴业、开发建设，带动当地经济发展。如美克休闲体育用品有限公司为解决到西部办厂培养管理层和工作团队的困难，与和田技师学院长期合作，每年为和田技师学院学生提供 300 多个实习岗位，同时派遣接受过专业培训的新疆籍职工回到学校从事实操课的教学工作，形成了连接东西部地区的人才资源输送链条，实现了西部地区和东部地区各族群众跨区域双向流动，激发了民族地区的自我发展能力，实现由"输血"向"造血"的转变，为民族地区高质量发展贡献力量。

晋江市发挥自身区域优势，发挥民营经济在促进各民族交往交流交融中的桥梁纽带作用，促进基本公共服务均等化，推动各民族共享发展成果，推动东西区域间资源流动，从精神上和物质上把各民族更加紧密联系在一起，全方位推进互嵌式发展，推动各民族坚定"五个认同"、牢固树立"四个与共"，促进各民族共同团结奋斗、共同繁荣发展。

经验启示

晋江市立足民营经济腾飞发展的实际，有效利用多元民族文化融合的优势，通过文化嵌入、社会嵌入、经济嵌入，涌现出一大批民营企业和民营经济人士维护民族团结的表率，让各族群众成为推动当地经济发展的重要力量，成功打造具有闽南特色的融合发展实践路径。

（一）文化嵌入是增强各族群众归属感的重要抓手。晋江市通过强化民族政策宣传、举办文化活动、开展民族艺术展演等，传承中华优秀传统文化，让各族群众感受中华民族多元文化魅力，营造"中华民族一家亲"的浓厚氛围，促进各族群众间相互了解和彼此尊重，不断增强各族群众的归属感和责任感，实现各族群众在理想、信念、情感、文化上的团结统一。

晋江市五里工业园一角——361°公司

（二）经济嵌入是促进各民族交往交流交融的重要纽带。晋江民营经济的发展壮大，为各族群众提供了广阔的就业机会和创业平台，让民营企业成为铸牢中华民族共同体意识的重要场域，促进各民族群众在经济活动中的全面嵌入，让经济联系成为促进各民族广泛交往、全面交流、深度交融的重要纽带，助力各民族共同形成相互依存的经济共同体。

（三）社会嵌入是创造共建共享社会结构的重要途径。晋江立足少数民族流动人口数量逐年递增的实际，创新方式、优化管理，以务实之举夯实社区公共服务基础、丰富各族群众精神文化生活，创造共居共学、共建共享、共事共乐的社会条件，引导各族群众在守望相助、共同发展中，像石榴籽一样紧紧抱在一起。

第二部分　政治建设

习近平总书记强调，改革发展稳定、内政外交国防、治党治国治军，样样是政治，样样离不开政治。党领导人民治国理政，最重要的就是处理好各种复杂的政治关系，始终保持党和国家事业发展的正确政治方向。政治建设是维护国家政治安全、建设现代政治文明、发展民主中国的基础。在我国，政治关系包括党政关系、政党关系、政企关系、民族关系等。党政军民学、东西南北中，党是领导一切的。工作中，要坚持党的领导、人民当家作主、依法治国有机统一，加强社会主义民主政治建设，推进全过程人民民主，促进民主制度更加健全、民主形式更加丰富、民主渠道更加宽广。进一步完善大统战工作格局，努力促进政党关系、民族关系、宗教关系、阶层关系、海内外同胞关系更加和谐。深化工会、共青团、妇联等群团组织改革和建设，有效发挥桥梁纽带作用。通过深化政治建设引领各族群众共同维护国家统一的最高利益和民族团结的根本利益，共同维护党中央权威，为建设政治团结统一的中华民族共同体强化政治保障。

> 我们要在坚持好、完善好已经建立起来并经过实践检验有效的根本制度、基本制度、重要制度的前提下，聚焦法律制度的空白点和冲突点，统筹谋划和整体推进立改废释各项工作，加快建立健全国家治理急需、满足人民日益增长的美好生活需要必备的法律制度。
>
> ——2020 年 2 月 5 日，习近平在中央全面依法治国委员会第三次会议上的讲话

地方实践

彰显法制力量　守护民族团结
——内蒙古聚焦"铸牢"主线开展立法修法工作

　　近年来，内蒙古自治区全面贯彻落实习近平法治思想和习近平总书记关于加强和改进民族工作的重要思想，把铸牢中华民族共同体意识贯穿于地方性法规"立改废"全过程，健全政策法规前置审核、备案审查工作机制，出台法规规章都以铸牢中华民族共同体意识为基本前提，都着眼于强化中华民族共同性、增强中华民族共同体意识，切实提高民族工作领域立法质量，推动民族事务治理体系和治理能力现代化。

一、背景情况

　　1947 年，内蒙古在党的领导下，成立了我国首个省级民族区域自治地方。党的十八大以来，内蒙古各族各界始终牢记习近平总书记嘱托，深入学习贯彻总书记对内蒙古重要指示精神，不断加强和改进民族工作。内蒙古紧紧围绕铸牢中华民族共同体

意识这条主线，坚定不移在党中央、自治区党委的领导下开展民族工作领域立法修法工作，修订出台一系列民族领域的政策法规，组织开展一系列铸牢中华民族共同体意识宣传教育活动，研究推出一系列促进各民族交往交流交融的务实举措，推动全区民族团结进步大局得到持续巩固。为充分发挥法律"固根本、稳预期、利长远"的保障作用，2021 年以来，内蒙古以铸牢中华民族共同体意识为工作主线，坚持增进共同性、尊重和包容差异性这一民族工作的重要原则，不断加强民族工作领域立法修法工作，对全区 381 部地方性法规、自治条例、单行条例进行梳理评估，稳慎有序修改、废止地方性法规 36 部，制定出台《内蒙古自治区促进民族团结进步条例》等涉民族工作地方性法规。截至 2023 年 12 月底，内蒙古现行有效的地方性法规共有 175 部，自治条例 3 部、单行条例 22 部。

二、主要做法

（一）聚焦主线，紧扣党中央关于民族工作的决策部署。内蒙古坚持以习近平新时代中国特色社会主义思想为指导，把习近平总书记关于加强和改进民族工作的重要思想和对内蒙古的重要指示精神作为民族工作领域立法的根本遵循，整体把握、一体贯彻，不折不扣落实到立法修法工作中。将党中央、自治区党委关于民族工作的方针政策和具体举措有机融入民族工作法律法规全过程，立法修法计划方案的确定、立法修法进程调整、立法修法中的其他重大事项等都及时向自治区党委请示、报告。把铸牢中华民族共同体意识作为制定地方性法规的前置审核条件、备案审查的重要内容。按照依法、积极、稳慎的原则，对自治区本级、各设区的市和 3 个自治旗现行有效的地方性法规、自治条例、单行条例进行全面排查、清理，确保横到边、纵到底，不留死角、盲区。2023 年同步制定、出台《内蒙古自治区全方位建设模范自治区促进条例》《内蒙古自治区建设我国北方重要生态安全屏障促进条例》《内蒙古自治区筑牢祖国北疆安全稳定屏障促进条例》等 6 部重要全局性、综合性法规，为努力完成好习近平总书记交给内蒙古的五大任务和全方位建设模范自治区两件大事提供了坚实的法治保障。从自治区到盟市，2021 年来制修订的所有地方性法规从调研起草到修改完善，直至提请审议表决均着眼于强化中华民族的共同性，推动所有工作都向铸牢中华民族共同体意识这条主线聚焦发力。

（二）立足实际，推动新时代党的民族工作高质量发展。立法修法过程中，坚持目标导向和问题导向，着眼民族地区工作实际，抓住民族工作急需解决、通过立法又可以解决好的问题，有针对性地作出规定，做到方向明确、路径清晰、重点突出。为扎实推进民族团结进步事业，2021 年，内蒙古制定出台促进民族团结进步工作的第一部综合性地方性法规——《内蒙古自治区促进民族团结进步条例》，条例共 8 章 70 条，从历史传统和现实需求等方面对自治区民族团结进步事业进行了规定，为推进新时代内蒙古民族工作高质量发展夯实了法治基础。2023 年，内蒙古从边境地区经济社会发展的实际出发，制定出台《内蒙古自治区促进边境地区高质量发展条例》，条例以铸牢中华民族共同体意识为主线，就建立完善促进民族团结进步工作机制、开展铸牢中华民族共同体意识示范创建、加强边境地区互嵌式社会结构和社区环境建设、加强国家通用语言文字教育、防范化解民族领域风险隐患等方面作出规定，对实现边民团结幸福、边防安全稳固，具有重大而深远的意义。内蒙古立法工作积极回应各族群众对美好生活的新期待，以高质量立法保障新时代党的民族工作高质量发展。

（三）问计于民，积极主动拓宽民主渠道和方式。在立法实践中，内蒙古注意从根本上把握、在实际中践行全过程人民民主，通过相应的制度安排、机制设计和工作创新不断扩大公众参与面、改进公众参与方式，充分吸纳最广泛的民意，尽可能补齐公众参与短板，使立法充分反映民意、广泛集中民智。内蒙古人大常委会实行提前介入、"双组长"立法调研起草的机制，针对民生重点问题召开立法听证会，每件法规草案都向社会公众、人大代表和基层立法联系点征求意见，不断丰富拓展新的民主参与的形式和渠道，把更多的民意"装进法里"，努力让立法更好地察民情、聚民智、惠民生。如自治区教育条例出台前，在新华网平台开展问卷调查，共征集到 9000 余条反馈信息，为法规修改完善提供了科学依据。如《内蒙古自治区促进民族团结进步条例》立法过程中，共征集国家、自治区、盟市等 71 个部门单位以及 103 个旗县市区人大常委会和 525 位自治区人大代表的意见建议 573 条。最终，这部承载着自治区各族群众集体智慧、体现各族群众共同意愿的地方性法规获高票通过。内蒙古立法工作积极回应各族群众对美好生活的呼声和期盼，用法治保障各族人民权益，增进民生福祉。

（四）稳慎推进，做到"法"必须合法，维护国家法治统一。自治区党委和政府全面推广普及国家通用语言文字，全面推行使用国家统编教材，2021 年修订的《内蒙古自治区实施〈中华人民共和国国家通用语言文字法〉办法》规定，自治区全面推广普及国家通用语言文字，深入开展铸牢中华民族共同体意识教育。2021 年制定的《内蒙古自治区教育条例》规定，自治区全面推行使用国家统编教材，全面普及国家通用语言文字教学。2023 年印发的《关于全面贯彻铸牢中华民族共同体意识主线的若干措施》规定，自治区人大常委会及设区的市、自治旗人大常委会要全面梳理现行有效的地方性法规、自治条例和单行条例，对不符合铸牢中华民族共同体意识的及时修改或废止；自治区司法厅要全面梳理现行有效的政府规章，开展四级规范性文件清理工作，以铸牢中华民族共同体意识为主线科学稳慎审查、协调、修改法规规章草案。若干措施的出台将推动法规清理这项工作常态长效抓下去。

内蒙古对标新时代党中央对民族工作的新部署、新要求，以铸牢中华民族共同体意识为主线，明确立法目标、制修订有关法律法规，加强和改进立法工作，有力维护了各族群众合法权益，有力维护了宪法权威和国家法制统一，完善了以宪法为核心的中国特色社会主义法律体系，为建设中国式现代化内蒙古新篇章贡献法制力量，以高质量的法制建设促进新时代党的民族工作高质量发展。

经验启示

长期的民族工作实践充分证明，民族工作领域的法制建设越健全和完善，越有利于祖国统一和边疆巩固，有利于民族团结和社会稳定，有利于国家长治久安和中华民族繁荣昌盛。内蒙古将铸牢中华民族共同体意识作为立法修法工作主线，坚持依法治理民族事务，依法保障各族群众合法权益，进一步促进各民族手足相亲、守望相助，共同守卫祖国边疆，共同创造美好生活。

（一）党的领导是民族工作领域立法修法的根本保证。党的领导是社会主义法治最根本的保证，内蒙古把党的领导贯彻落实到民族工作领域立法修法的全过程和各方面，通过法定程序把党的主张、人民意愿转化为国家意志、转化为法律法规，做到党和国家工作重心在哪里，立法修法工作就跟进到哪里，力量就汇聚到哪里，作用就发挥到哪里，实现党的领导、人民当家作主、依法治国有机统一。

（二）围绕主线是民族地区立法修法的必然要求。内蒙古制定出台、修改、废止的所有地方性法规都紧紧围绕、毫不偏离铸牢中华民族共同体意识主线要求，把铸牢中华民族共同体意识作为制定出台民族工作法律法规的前置审核条件，在立法修法过程中正确把握"四对关系"，特别强调增进共同性、尊重和包容差异性这一民族工作重要原则，加大社会主义核心价值观融入的分量，把实践中广泛认同、较为成熟、操作性强的道德要求上升为法律规范，进一步阐释"四个与共"共同体理念。

内蒙古人大常委会调研组深入部分盟市就《内蒙古自治区奶业振兴
促进条例》《内蒙古自治区肉业振兴促进条例》开展专题调研，召开立
法调研座谈会

（三）高质量立法修法是民族地区经济社会高质量发展的坚强保障。内蒙古始终
践行以人民为中心的发展思想，紧扣如何有形有感有效开展铸牢中华民族共同体意识
宣传教育，如何将民族事务纳入共建共治共享的社会治理格局，如何加强基层民族工
作力量建设，如何推进各族群众共同走向社会主义现代化等实践需求，在立法中进行
明确，对破坏民族团结的禁止性行为和相应法律责任作出规定，为推动民族地区高质
量发展奠定了坚实的法治基础，让广大人民群众享有更直接更实在的获得感、幸福感
和安全感。

总书记的话

地方实践

落实"铸牢"主线　做好"立改废调"

——宁夏率先在全国集中开展民族政策法规调整完善工作

2020年以来，宁夏回族自治区从铸牢中华民族共同体意识的高度思考把握民族工作，在全国率先开展涉民族领域政策法规和规范性文件集中清理整治，同步开展党内法规和规范性文件集中清理整治，调整修订强化差异性的政策法规，积极探索增进共同性的立法修法新方法、新路径，取得了良好的政治效果、法律效果和社会效果。

一、背景情况

宁夏现有汉族、回族、满族、蒙古族等55个民族。截至2022年底，总人口728万人，其中汉族461.3万人，占63.4%；少数民族259.0万人，占35.6%。进入新时代，宁夏民族领域政策法规已不能完全适应铸牢中华民族共同体意识的重大要求，一些法规规章和规范性文件修订完善不及时，部分条款与上位法不相符、不协调、不衔接，法治固根本、稳预期、利长远的重要作用发挥不充分，亟须纠正偏差、修补漏洞。宁夏以习近平法治思想和习近平总书记关于加强和改进民族工作的重要思想为根本遵循，自觉扛起铸牢中华民族共同体意识的政治责任。2020年11月，在全国率先组织开展涉民族领域地方性法规、政府规章和行政规范性文件全面集中清理整治，围绕突出增进共同性、防止固化差异性、坚持维护统一性、严格把握精准性，做好民族政策法规"立、改、废、调"工作，取得了积极成效、达到了预期目标，得到了全国人大和国家民委的充分肯定。

二、主要做法

（一）突出增进共同性，聚焦主线"立"。宁夏把涉民族领域政策法规和规范性文件调整完善作为习近平总书记和党中央交付的重要政治任务全面集中清理整治，做到党中央提倡的坚决响应、党中央决定的坚决照办、党中央禁止的坚决杜绝，确保习近平总书记重要指示批示精神和党中央决策部署落实落地，以实际行动践行"两个维护"。2020年颁布实施《宁夏回族自治区促进民族团结进步工作条例》，将党中央关于民族工作的重大决策部署、最新精神及宁夏促进民族团结进步工作的成功实践经验以法规形式固化下来，为做好新时代民族工作提供法律遵循。2022年，制定出台《宁夏回族自治区建设黄河流域生态保护和高质量发展先行区促进条例》，明确"各级人民政府应当铸牢中华民族共同体意识"，积极探索嵌入式立法新路径。2023年，颁布实施《宁夏回族自治区宗教事务条例》，规定了宗教团体在铸牢中华民族共同体意识方面的职责义务，使铸牢中华民族共同体意识成为宗教界必须遵守的行为规范。

（二）防止固化差异性，对标对表"改"。宁夏坚持以铸牢中华民族共同体意识为衡量标准，以维护公平公正为基本原则，以"坚持正确的、调整过时的"为工作导向，坚决纠治强化差异性、弱化共同性等错误做法。严格对标上位法和中央精神，对现行有效的4000余部地方性法规、政府规章和规范性文件进行全面清理，规范修改涉民族内容的法规规章和规范性文件20余部，坚决纠正强化民族差异、地区特殊的政策规定。先后4次修订《宁夏回族自治区清真食品管理条例》，将清真食品严格限定在动物源性及其衍生物的食品范围之内，有力维护民族领域政治安全。

（三）坚持维护统一性，严格程序"废"。紧扣"与法律、行政法规特别是民法典规定不一致，与党中央、国务院文件规定不一致"两个清理重点，围绕是否与上位法保持一致、是否超越法定权限、是否扩大民族差异、各族群众基本公共服务是否均等化等方面逐一进行充分论证，科学审慎提出清理意见，严格按程序送审报批，及时清理完善与上位法相悖的法规，做到不留死角、不留漏洞、不留尾巴。组织专家学者和有关部门同志逐一论证纳入清理范围的涉民族内容法规规章和规范性文件，对与上位法不一致、主要内容影响社会公平正义、弱化共同性的《宁夏回族自治区人才资源开发条例》《宁夏回族自治区民族教育条例》《宁夏回族自治区人民政府关于进一步繁荣发展少数民族文化事业的意见》《宁夏回族自治区执行〈婚姻法〉补充规定》等 20 余件法规规章和规范性文件予以废止，减少同一地区各民族之间公共服务政策差异。

（四）严格把握精准性，与时俱进"调"。宁夏自觉站位"两个大局"，按照增进共同性的方向，对不适应时代发展要求的政策法规和规范性文件及时进行调整完善，顺应时代变化，切实保障了各族群众合法权益，维护了公正公平。积极回应社会关切，科学评估、动态调整高考加分政策，将普惠照顾逐步转变为精准施策。

依法治国是我们党领导人民治理国家的基本方略。面对新时代党的民族工作的新情况新任务，宁夏把开展涉民族领域法规规章和规范性文件全面集中清理整治，作为贯彻习近平法治思想、维护国家法治统一的重要举措，严格对标主线要求，综合运用"立、改、废、调"四种手段从制度层面补阙挂漏，进一步完善民族工作政策法规体系，推进民族事务治理体系和治理能力现代化，夯实铸牢中华民族共同体意识的法治根基，巩固民族团结社会和谐的良好局面，为实现中华民族伟大复兴的中国梦提供了坚实保障。

经验启示

宁夏通过全面集中清理整治政策法规和规范性文件，有力维护了国家法治统一，充分保障了各民族平等权益，让各族干部群众思想观念得到了转变提升，切实增强了各族干部群众对伟大祖国、中华民族、中华文化、中国共产党、中国特色社会主义的认同，为涉民族领域政策法规和规范性文件调整完善工作提供了可借鉴经验。

（一）坚持党的全面领导是做好民族工作的根本政治保证。宁夏始终坚持党的全面领导，发挥党委总揽全局、协调各方的领导核心作用，坚持以铸牢中华民族共同体意识为主线，着眼全区"一盘棋"，高位统筹、统一组织、整体推进民族政策法规调整完善工作，确保清理整治工作按时高效完成，彰显中国特色社会主义制度的显著优势。

（二）推进民族工作高质量发展必须强化铸牢中华民族共同体意识政治标尺。在集中开展民族政策法规调整完善中，以铸牢中华民族共同体意识为政治标尺，按照增进共同性的方向，坚持正确的，调整过时的，率先在全国集中开展民族政策法规调整完善工作，引导各族人民牢固树立休戚与共、荣辱与共、生死与共、命运与共的共同体理念，进一步树牢各族群众"五个共同"理念和"五个认同"思想。

2023 年 3 月，宁夏人大召开规范性文件备案审查立法调研座谈会

（三）治理民族事务必须坚守法治统一基本原则。法治统一是国家政治统一的基础和保障，全面深入开展涉民族领域政策法规和规范性文件集中清理整治，为各民族共同团结奋斗、共同繁荣发展奠定坚实法治基础，引导各族人民牢固树立正确的国家观、历史观、民族观、文化观、宗教观，构筑起维护国家统一和民族团结的思想基础。

支持革命老区、民族地区加快发展，加强边疆地区建设，推进兴边富民、稳边固边。

——2022 年 10 月 16 日，习近平在中国共产党第二十次全国代表大会上的报告

地方实践

连点成线　串珠成链　绘就边境幸福村美丽画卷
——云南以建设边境村寨筑牢祖国西南边陲安全稳定屏障

近年来，云南省通过科学规划、完善保障、强化治理、强边固防，着力建设和美共居家园、富裕幸福家园、稳定平安家园，边境各族群众团结一心、奋发有为，建设好美丽家园、维护好民族团结、守护好神圣国土，国家认同感、国民荣誉感和国防责任感大幅提升，边境村寨成为富边的样板、稳边的示范、守边的屏障。

一、背景情况

云南边境线长 4060 公里，与越南、老挝、缅甸接壤，全省有近 20% 的县（市）与边境接壤，有 110 个沿边乡镇、374 个沿边行政村（含 3824 个自然村），是祖国西南安全稳定屏障，在维护国家安全大局中具有重要战略地位。特别是 374 个沿边行政村，总人口 98 万人，其中少数民族人口占比 79.4%，16 个少数民族跨境而居，民族问题、宗教问题、边境问题相互交织，巩固脱贫攻坚成果、全面推进乡村振兴、铸牢中华民族共同体意识各项任务明确，是云南固边兴边富民最前沿。2021 年 7 月，云南制定出台《云南省建设现代化边境小康村规划》，同年 11 月召开全省现代化边境小康村建设现场启动会，计划用 3 年时间将 374 个沿边行政村（社区）初步建成"基础

牢、产业兴、环境美、生活好、边疆稳、党建强"的现代化边境小康村，成为富边的样板、稳边的示范、守边的屏障。2022年11月，云南提出推动现代化边境小康村建设向现代化边境幸福村建设迈进，为全面推进乡村振兴、加快边境地区高质量发展提供强有力支撑。两年多来，省级共统筹下达建设资金137.9亿元，6个方面19项指导性指标已全面完成且验收达标，各项工作取得阶段性显著成效。

二、主要做法

（一）科学规划，全面统筹推进。高度重视，强化工作部署，科学制定规划，创新工作机制，全面构建起上下联动、部门协同、齐抓共管的工作格局。省委常委会会议、省政府常务会议多次研究部署，专题召开会议对兴边富民、边境地区产业发展、口岸建设、健全利益联结机制促进边民增收等作出具体安排，统筹省级部门和各边境州（市）县力量，全力推动重点任务落实。因地制宜、科学规划。实施《云南省建设现代化边境幸福村规划》，围绕经济发展、社会事业、基础设施、基层治理体系和治理能力、边境防控、边民思想观念6个现代化目标，制定19项指导性指标，明确30项具体建设任务。按照"多规合一"要求，科学编制了涵盖村庄规划、道路建设、供水保障、产业发展等协同配套的指导性文件，形成了省、州（市）、县（市）分层对接、协同配套的政策体系，储备建设项目15128个，并纳入乡村振兴项目库、财政一体化项目库统筹管理。健全机制、创新模式。省级层面成立由省民族宗教委、省财政厅、省乡村振兴局主要负责人任组长，35家省级部门负责人为成员的协调推进现代化边境幸福村建设工作领导小组，负责统筹调度、全面指导和全程督办；8个边境州（市）、25个边境县（市）、110个沿边乡镇分别成立党政主要负责人担任"双组长"的领导小组，负责组织实施和跟踪落实。全省上下构建起"省级协调推动、州（市）统筹谋划、县（市）具体负责、乡（镇）主抓落实"的工作格局。

（二）完善保障，建设富裕幸福家园。建立多部门多渠道资金统筹投入保障机制，加强调度管理，持续巩固拓展脱贫攻坚成果，切实做强产业，助推边境各族群众持续增收。保障资金投入，省级财政围绕对374个沿边行政村（社区）每村平均支持3000万元的资金保障目标，运用"大统筹"思路，探索建立了"统筹资金、优先安排、明确标注"的多部门多渠道资金统筹投入保障机制。按照"资金跟着项目走"的原则，依托现代化边境幸福村项目资金管理平台，定期开展调度。同时各边境州（市）、县（市）加大对其他资金的统筹力度，积极采取金融融资、吸引社会资金、强化群众参与等方式，不断拓展资金投入渠道。省民族宗教委会同人民银行云南省分行出台《金融支持现代化边境幸福村建设工作方案》，西双版纳傣族自治州（以下简称"西双版纳州"）与农发行西双版纳州分行签署现代化边境幸福村建设合作框架协议，深化政银合作。强化产业支撑，实施农村居民持续增收三年行动和脱贫人口持续增收三年行动计划，通过就业带动、保底分红、股份合作等多种形式，5050 个新型经营主体与 25 个边境县（市）的 31.9 万户农户建立起稳定的利益联结机制。大力推进农村一二三产业融合发展，推行"大产业＋新主体＋新平台"等模式，让农民分享全产业链增值收益，夯实经营性收入。打造"一县一业""一村一品"和特色产业基地，21 个边境村创建为全国"一村一品"示范村、7 个边境镇创建为国家农业产业强镇。如在中缅边境的保山腾冲市滇滩镇联族社区，依托现代化边境幸福村建设，以当地良好的生态环境为载体，将特色饮食文化、服饰文化、歌舞文化等与生态旅游相结合，打造精品村。集体经济年收入连续多年超百万元，肉羊产业被认定为保山市级"一村一品"专业村，腾冲市棋盘石农牧专业合作社、腾冲瑞牧农业服务专业合作社先后成立，并规范运营。2023 年末，当地农村常住居民人均可支配收入 19632 元，超过全市农村常住居民人均可支配收入平均水平。沿边村寨的各族边民富了起来，云岭大地的边境线上呈现出一派民富疆稳的崭新面貌。

（三）强化治理，建设和美共居家园。以绿美乡村建设为抓手，持续加强农村人居环境整治和边境基层治理体制创新，打造出一批重点特色村，以点带面，实现边境乡村环境的整体提升。建设绿美乡村，实施城乡绿化美化以及绿美乡村三年行动，建立"1＋N"工作机制，结合传统村落和历史文化名村名镇保护，推动 8 个边境州（市）建成美丽村庄 680 个、绿美乡镇 56 个。统筹推进山水林田湖草沙一体化保护和修复，共安排 2.1 亿元资金，支持边境州（市）开展石漠化综合治理、水源涵养与生物多样性保护、森林防灭火和保护区建设。接续实施农村人居环境整治提升五年行动，大力推进"两污"治理，扎实推进爱国卫生"7 个专项行动"和农村厕所革命，累计改造农村卫生户厕 227.6 万座，25 个边境县（市）全部达到国家卫生县城（城市）标准。如文山壮族苗族自治州（以下简称"文山州"）42 个沿边行政村（社区）全部按 3A 级以上景区打造，让边境村庄变景区，打造特色重点村。按照重点突破、串点成线、连线成面的建设思路，围绕绿美村庄、红色旅游、民族文化、产业发展、边贸风光等特点要素，打造一批富有亮点、具有看点的特色重点村。位于中老边境一线的西双版纳州勐腊县勐满镇曼烈村小组，与老挝仅约 5 公里距离，是典型的抵边村寨。

走进曼烈村小组，平整宽敞的柏油路延伸到各家各户，崭新的傣楼整齐排列，村民活动室和洗手池、读书亭等公共区域别致精美，家家户户种满了花卉，一个兼具本地传统文化和浓郁自然风光的唯美村庄映入眼帘，吸引了全国各地各族游客，促进了当地经济发展，带动年均增收 380 万元，各族群众获得感、幸福感和安全感进一步提升。

（四）强边固防，建设稳定平安家园。在边境地区推行网格化管理，深化"五户联防""十户联保"邻里守望模式，推进"军警地共建"，形成"一乡一阵地、一村一堡垒、一户一哨所、一人一哨兵"的边境防控格局。充分运用大数据、云计算、地理信息系统 GIS 等技术，打造"一屏知全域、一网管全局"的智能化边境管控和基层治理模式。推行"党群服务和社会治理中心""乡贤＋基层社会治理"等做法，实现自治、法治、德治、智治有机结合，着力打造具有云南特点、边疆特色、时代特征的社会治理模式。如在中越边境的文山州麻栗坡县黄瓜录村，红色基因代代赓续，"老山精神"世世传承，爱国守边的意识早已刻进村民的骨子里，户户是哨所、人人是哨兵，"致富不忘感党恩，再忙必担守边责"，各族群众日子越过越甜蜜，爱国守边情怀越来越浓，他们自发用石头在村口堆砌出祖国图案和"飘扬"的五星红旗，成为入村的第一道风景线。多地自发成立护卫分队，每周参与边境巡逻、乡村治理，将巡逻区域调整到村寨附近、田间地头，积极参与边境管控、地灾巡查、森林防火等急险任务，以高度的责任心，在现代化边境幸福村建设中发挥更大作用。各族干部群众以"时时放心不下"的责任感抓好强边固防，切实做到守土有责、守土担责、守土尽责，不断巩固发展民族团结、社会稳定、边疆安宁的良好局面。

边境兴则边疆稳，边民富则边防固。云南高质量推进现代化边境幸福村建设，深入推进建设促进各民族共同富裕的美好家园，不断提升边疆现代化治理水平，持续筑牢祖国西南边陲安全稳定屏障，呈现出边境兴、边疆稳、边民富、边防固的良好局面，让现代化边境幸福村建设成为边境地区铸牢中华民族共同体意识、推进中国式现代化、维护祖国西南边陲安全稳定的新引擎。

经验启示

美丽村庄入画来、特色产业旺起来、各族群众笑开颜……云南通过现代化边境幸福村建设，不断改善民生，凝聚人心，边境各族群众的获得感、幸福感、安全感不断增强，汇聚起党的光辉照边疆、边疆人民心向党的强大合力。随着现代化边境幸福

2023 年 5 月，西双版纳州勐腊县曼龙勒村全景

村建设的持续推进，云南 4060 公里边境线上，一颗颗 "珍珠" 闪耀在祖国西南边陲，打造出 "富边样板、稳边示范、守边屏障" 的现代化边境幸福村建设新样板。

（一）站稳人民立场，增强民生福祉。云南始终坚持人民至上，秉持 "各民族都是一家人，一家人都要过上好日子" 的信念，注重改善边民生活质量，不断满足各族群众对美好生活的向往，不断夯实民族团结的物质基础，让优美宜居家园成为各族群众共享的民生福祉，各族群众生活在伟大祖国美丽家园的幸福感持续增强，边境各族群众不断坚定 "五个认同"。

（二）共建美好家园，助力民族地区高质量发展。云南聚焦高质量发展首要任务，团结带领边境各族群众共建美丽家园、共创美好生活，不断改善民生、凝聚人心，边境各族群众的获得感不断增强，"五个共同" 理念更加深入人心，"守边有我，请党放心""身在边疆，心向北京" 的信念更加坚定，推动边境地区中国式现代化步伐不断加快，持续助力边疆民族地区高质量发展。

（三）强化边疆治理，保障边境地区安全稳定。云南结合实际探索创新，以陆地边境治理为重心，有力有效探索出边疆治理的好模式、新路子，各族群众的国家意识、国民意识、国门意识和国防意识不断提高，持续增强永远感党恩、听党话、跟党走的信心和决心。

要深入推进我国宗教中国化，引导和支持我国宗教以社会主义核心价值观为引领，增进宗教界人士和信教群众对伟大祖国、中华民族、中华文化、中国共产党、中国特色社会主义的认同。要在宗教界开展爱国主义、集体主义、社会主义教育，有针对性地加强党史、新中国史、改革开放史、社会主义发展史教育，引导宗教界人士和信教群众培育和践行社会主义核心价值观，弘扬中华文化。

——2021年12月3日至4日，习近平在全国宗教工作会议上的讲话

地方实践

提升宗教事务治理水平　巩固宗教和顺良好局面
——宁夏坚持用"五进"活动推进宗教中国化实践

近年来，宁夏回族自治区以铸牢中华民族共同体意识为主线，积极探索推进宗教中国化方向有形有感有效的实践路径，在全国率先开展习近平新时代中国特色社会主义思想、国旗、宪法和法律法规、社会主义核心价值观、中华优秀传统文化进宗教场所活动（以下简称"五进"），团结引领宗教界人士和信教群众不断增强"五个认同"，潜移默化夯实共同思想基础，共同致力于在中国式现代化大局中推进社会主义现代化美丽新宁夏建设。

一、背景情况

宁夏是民族地区、宗教工作重点省区，五大宗教俱全，信教群众比例高、宗教活动场所数量多、伊斯兰教影响大，做好民族宗教工作非常重要。为利用好宗教活动场所这个特殊阵地，在信教群众中培育和践行社会主义核心价值观，弘扬中华优秀传统文化，引导宗教与社会主义社会相适应，2012年，宁夏在全国率先探索开展了国旗、穆斯林书屋、党报党刊、社会主义核心价值观进清真寺的"四进"活动。2016年7月，习近平总书记视察宁夏时对"四进"清真寺活动给予充分肯定。2018年，中央统战部向全国推广宁夏的经验做法，中国伊斯兰教协会等全国性宗教团体发出倡议，在全国启动国旗、宪法和法律法规、社会主义核心价值观、中华优秀传统文化"四进"宗教场所活动。2020年，在"四进"的基础上，增加了"习近平新时代中国特色社会主义思想"，形成"五进"宗教活动场所的实践经验，当年，"五进"宗教活动场所已实现全覆盖。通过广泛宣传教育，宗教界逐步理解支持配合宗教领域突出问题治理，加快推进我国宗教中国化实践，涌现出金凤区新城清真寺等首届全国宗教界先进集体和王金玉等先进个人，宗教界人士和信教群众爱党爱国爱社会主义的热情不断增强，与党同心同向同行的思想基础不断巩固，对伟大祖国、中华民族、中华文化、中国共产党、中国特色社会主义的认同不断加深。

二、主要做法

（一）进"伟大思想"，强化政治引领。指导宗教活动场所利用展板、橱窗、电子屏，广泛宣传党的二十大和中央民族工作会议、全国宗教工作会议精神，开通线上"码上学习"平台，设置"平语近人""传承红色基因"等板块，让党的民族宗教政策及时宣传贯彻到宗教场所。持续组织宗教界开展"牢记总书记嘱托、铸牢中华民族共同体意识"教育和"学习习近平新时代中国特色社会主义思想、学习宪法和法律法规、学习中华优秀传统文化、做合格宗教教职人员""助力新时代、共圆中国梦""爱党爱国爱社会主义""喜迎二十大·坚定跟党走"等主题实践活动，深入学习"五史"，引导宗教界在今昔对比巨变中感党恩、听党话、跟党走，进一步增强对伟大思想的政治、思想、理论和情感认同，坚决拥护中国共产党领导和社会主义制度，坚定不移走中国特色社会主义道路，不断增强"四个与共""五个认同"理念。"黄河水甜、共产党好、总书记亲"认识已深入塞上儿女心中。

（二）进"五星红旗"，激发爱国情怀。坚持自愿自主原则，采取政府投入为主、自筹资金为辅的办法，在宗教场所中间位置设立国旗台，悬挂并定期更换五星红旗。以国旗进宗教活动场所为抓手，定期组织宗教界人士学习《中华人民共和国国旗法》，普及国旗知识，教育引导宗教界人士和信教群众增强尊重国旗、爱护国旗、维护国旗尊严的意识，树立爱国观念，激发爱国热情，强化国家意识、公民意识、法治意识，把自己的梦想融入中华民族伟大复兴的光辉伟业，通过诚实劳动创造幸福生活。每逢传统节日和"七一""八一""十一"等重大节庆，宗教活动场所都自发组织信教群众集中举行升国旗仪式，面对冉冉升起的五星红旗，齐声高唱国歌，"祖国在我心中""我是中国公民""国旗是国家的象征，在宗教活动场所升国旗是爱国的表现"的爱国主旋律越唱越响，升挂国旗、奏唱国歌已成为宁夏信教群众的自觉习惯，爱国主义情怀在宗教界不断厚植。

（三）进"宪法法律"，增强法治意识。制定实施宗教领域"八五"普法规划，坚持把宗教活动场所作为向信教群众开展普法工作的重要阵地，以学习《中华人民共和国宪法》《中华人民共和国爱国主义教育法》《宗教事务条例》及相关规章制度为重点，结合国家宪法日、国家安全教育日、宗教政策法规学习月等活动，广泛开展法治宣传教育。加强以案普法、以案释法、以案促改、以案促治，用鲜活的案例教育引导宗教界人士和信教群众自觉维护宪法和法律权威，正确认识国法与教规的关系，牢固树立国大于教、国法大于教规、教民首先是公民的意识，自觉在法律法规允许范围内开展宗教活动。持续开展"党亲·国好·法大·教正"教育，营造奉法重法、持戒守规、风清气正的教内生态。加强宗教政策法规教育培训，每季度组织宗教界人士开展定时间、定地点、定内容的"三定"学习，每3年全覆盖轮训一次，宗教界人士和信教群众尊法、学法、守法、用法意识不断增强，努力成为社会主义法治的忠实崇尚者、自觉遵守者、坚定捍卫者。

（四）进"核心价值观"，凝聚思想共识。宁夏指导宗教界持续开展培育和践行社会主义核心价值观活动，在宗教活动场所院内显著位置刻印社会主义核心价值观内容，对照张贴宗教经典教义中相对应的内容，加以正确阐释，引导广大信教群众自觉践行。宁夏指导伊斯兰教宗教团体深入挖掘教义教规中与社会主义核心价值观相融通的爱国爱教、坚守中道、团结包容等积极理念，形成《新编卧尔兹演讲集暨社会主义核心价值观专辑》等讲经范本，将其纳入团体培训必读、院校课程必修、内部刊物必印、讲经布道必讲、主要教职考核必考的内容。在潜移默化中让社会主义核心价值观这一当代中华儿女共同的精神信仰，不是简单挂在宗教场所的墙上，而是走进了生活、刻在了心里、融入了思想，成为信教群众自觉追求和行为规范。

（五）进"中华文化"，坚定文化自信。在宗教界实施中华优秀传统文化学习教育工程，鼓励宗教界传承中华文明突出特性，学习源远流长、博大精深的中华文明成果，弘扬中华文化的核心思想理念，在生活习俗、服饰礼仪、建筑风格等方面彰显中国特色、中国风格、中国气派。指导支持宗教活动场所张贴悬挂体现自强不息、厚德载物、讲信修睦、亲仁善邻和讲仁爱、守诚信、崇正义、尚和合等价值观念的经典论述、名言警句、诗词楹联，让广大信教群众在耳濡目染中感受中华优秀传统文化的魅力，提升中华文化素养。集中开展春节慰问活动，广泛开展民族团结月系列活动，持续举办社区邻里节，引导各族群众共同欢度中华民族传统节日。广泛开展专题讲座、演讲比赛、书画展示等文化体验活动，邀请自治区党校、文联、社科院有关专家学者就中华优秀传统文化内涵、传承和现实意义进行解读，不断增强中华文化认同，坚定中华文化自信。

"五进"宗教活动场所是宁夏推进宗教中国化实践的有益探索和重要形式，有利于充分调动发挥宗教界的主动性和能动性，有利于提升宗教事务依法治理水平，有利于增强铸牢中华民族共同体意识的思想基础；提升了宗教事务治理水平，巩固了宗教和顺良好的局面；有力地促进了宗教与社会主义社会相适应，开创了宗教工作的新局面。

经验启示

宁夏"五进"宗教活动场所活动，对于示范引领广大信教群众在尊崇法律权威、保持社会稳定、促进民族团结、维护祖国统一等重大问题上形成牢固共识，夯实铸牢中华民族共同体意识的思想根基具有重要意义。

（一）加强思想政治引领是推进宗教中国化的根本前提。宁夏开展常态化思想政治引领，持续深化"三爱""五史"等教育，引导宗教界人士自觉学习传承党和人民在各个历史时期奋斗中形成的伟大精神谱系，形成人心凝聚、团结奋进的强大精神纽带，不断增强感党恩、听党话、跟党走的坚定信念，不断增强拥护中国特色社会主义的坚定决心，不断增强对党的宗教工作理论方针政策的深刻认同，把爱党、爱国、爱社会主义热情转化为政治自觉、思想自觉和行动自觉，切实维护祖国统一、民族团结、宗教和顺、社会和谐。

（二）加强教义教规阐释是推进宗教中国化的关键举措。宁夏通过"五进"活动，

2019 年 10 月 1 日，中华人民共和国成立 70 周年之际，银川市金凤区
新城清真寺举行升国旗仪式

支持宗教界从教情出发、从实际出发，坚持传承和弘扬、完善和发展、调整和扬弃并重，运用中国语言、中国表达方式，做好教义教规阐释，既重视有形的视觉感染，也注重无形的心灵浸润，做到高水平解经和通俗化讲经相互贯通、有机衔接，逐步推出一批符合社会主义核心价值观、融通中华优秀传统文化核心思想理念、传统美德和人文精神的阐释成果，持续向信教群众传导正确观念，于潜移默化、春风化雨、润物无声中不断增强其中华民族归属感和中华文化认同感，使之符合当代中国发展进步要求。

（三）加强法治建设是推进宗教中国化的重要保障。宁夏不断提高宗教工作法治化水平，把是否有利于强化中华民族的共同性、铸牢中华民族共同体意识，作为制定实施宗教政策法规的首要考虑。持续推动宗教界全面提升法治意识，自觉维护宪法法律权威，及时修订完善内部管理制度，形成政府依法监督、宗教团体按章指导、宗教活动场所自我管理的治理机制，提高自我管理、自我教育、自我约束能力，切实做到依法办教。

总书记的话

　　坚持和完善中国共产党领导的多党合作和政治协商制度，坚持党的领导、统一战线、协商民主有机结合，坚持发扬民主和增进团结相互贯通、建言资政和凝聚共识双向发力，发挥人民政协作为专门协商机构作用，加强制度化、规范化、程序化等功能建设，提高深度协商互动、意见充分表达、广泛凝聚共识水平，完善人民政协民主监督和委员联系界别群众制度机制。

　　——2022 年 10 月 16 日，习近平在中国共产党第二十次全国代表大会上的报告

地方实践

以"协商之能"服务"发展之为"
——广西政协"委员行动"赋能经济社会高质量发展

　　2021 年以来，广西壮族自治区政协把开展"建设铸牢中华民族共同体意识示范区委员行动"（以下简称"委员行动"）作为履职重点，精心谋划组织实施，发挥政协组织"三个优势"和政协委员"三个作用"、推行"七个一"工作模式，扎实、有序、有效开展人民政协协商议政，助力铸牢中华民族共同体意识在八桂大地处处石榴花开，画好最大同心圆。

一、背景情况

广西壮族自治区简称"桂",首府南宁市,多民族聚居区,下辖 12 个自治县、3 个享受自治县待遇县和 59 个民族乡,全区土地总面积 23.76 万平方公里,常住人口 5012.68 万人,其中少数民族人口 2244.16 万人,是全国少数民族人口最多的省区,是革命老区,也是边境地区、民族地区。2022 年 1 月,广西政协发出"委员行动"倡议书,引导各级政协组织和 2 万多名政协委员积极助力铸牢中华民族共同体意识示范区建设工作,形成"以政协委员为主体,自治区、市、县政协三级联动,各族各界群众广泛参与"的良好工作格局,"委员行动"已成为广西政协的履职品牌。2022 年,广西政协在全国政协委员读书群学习宣传贯彻中共二十大精神交流会上作了主题发言;2023 年,全国政协民族和宗教委员会听取广西政协开展"委员行动"的工作汇报,表示"开展'委员行动'对做好新时代政协工作很有启发和借鉴意义";2023 年,新华社、《人民政协报》、《中国政协》杂志等中央媒体对广西政协"委员行动"进行了 12 次深度报道。

二、主要做法

(一)发挥政协组织"三个优势"。发挥同心同向的政治优势,把铸牢中华民族共同体意识纳入政协党组理论学习中心组、党组会议等会议集体学习重要内容,通过全区政协系统座谈会、"同心"讲座等形式,开展学习培训活动。围绕"牢记总书记嘱托　发挥政协优势　在铸牢中华民族共同体意识中实现新作为"这一课题开展深入研究,形成一份比较系统的研究成果;围绕"铸牢中华民族共同体意识""凝心聚力建设新时代中国特色社会主义壮美广西"等主题开展宣讲报告会、"百场宣讲"、演讲比赛以及政协委员履职分享会等活动;统筹各级政协组织委员深入基层和界别群众开展宣讲 3600 多场(次),42.5 万余名各族干部群众参与,更好地凝聚了各界共识。发挥平等协商的民主优势,就充分运用本土红色文化资源、加强区内各民族优秀传统文化保护传承等内容组织委员开展视察调研、协商议政;围绕"保障和推进铸牢中华民族共同体意识示范区建设""促进各民族交往交流交融"等内容组织委员开展视察调研、民主监督;聚焦加快广西产业动能转换、加快北部湾国家产业基地建设等内容召开专题议政性常委会会议;紧扣深入实施向海经济发展战略、深化重点领域金融改革等专题组织委员开展视察调研、协商议政。发挥团结联谊的功能优势,建立自治区政协界别委员工作室 29 个,把开展铸牢中华民族共同体意识宣传教育作为工作室建设重点内容；组织港澳人士举办"港澳委员进东博"、桂港、桂澳青少年交流等活动；鼓励和支持政协委员参与"广西政协文史丛书"编辑工作，讲好中华民族故事，助力夯实铸牢中华民族共同体意识的思想、文化、经济和社会基础，让各族群众更好共居、共学、共事、共乐，促进各民族像石榴籽一样紧紧抱在一起。

（二）发挥政协委员"三个作用"。发挥政协委员在本职工作中的带头作用，鼓励和引导政协委员结合本单位本地区实际，带头发挥自身特长和优势，在铸牢中华民族共同体意识宣传教育、参与民族团结进步创建工作、促进各民族交往交流交融等工作中展现更大作为。发挥政协委员在政协工作中的主体作用，组织委员参加理论学习、政协业务培训等实践活动，引导广大政协委员学深、悟透、笃行习近平新时代中国特色社会主义思想；深入开展调查研究，了解各地民族工作经验；围绕推进铸牢中华民族共同体意识示范区建设，在政协全体会议、专题议政性常委会会议等会议上协商建言；提交提案和参加提案办理协商活动，就推动新时代广西民族工作高质量发展向党委、政府提出意见和建议；积极参加民主监督，助推党委、政府关于民族工作的重要决策部署落地见效。发挥政协委员在界别群众中的代表作用，鼓励和支持委员广泛联系各界群众，通过提交社情民意信息等方式主动向党委、政府反映各族群众所思所想和急难愁盼问题，并提出工作建议；协助党和政府做好宣传政策、协调关系、坚定信心的工作；创新开展委员结对联系界别群众工作，促进各民族交往交流交融。

（三）推行"七个一"工作模式。发出一份行动倡议书，2022年1月广西政协发出倡议书，动员和号召全区各级政协组织和广大政协委员高举中华民族大团结旗帜、自觉践行铸牢中华民族共同体意识理念、争当建设铸牢中华民族共同体意识示范区模范。制定一份年度行动计划，自2022年起每年制定印发实施"委员行动"工作计划，把铸牢中华民族共同体意识工作融入政协各项工作之中，并明确工作内容、责任单位、完成时限，不定期通过简报等形式通报计划执行情况。出台一个行动导则，制定印发委员行动履职导则，引导政协委员依靠政协的重要阵地、平台和渠道发挥作用，明确在"委员行动"中"做什么""怎么做"。开展一次行动学习，举办"铸牢中华民族共同体意识＋行动学习"专题研修班，运用行动学习的方法，组织委员围绕"建设铸牢中华民族共同体意识示范区，委员怎么看、怎么办""如何更好发挥政协委员在铸牢中华民族共同体意识工作中的优势作用"等问题研讨交流、付诸实践。组织一次经验交流，2022年起每年召开全区政协系统"委员行动"工作经验交流会，促进各级政协组织和政协委员互学互鉴、比学赶超。培育一批典型，注重典型引领和示范带动，及时归纳提炼"委员行动"的创新成果和优秀案例；2023 年，在铸牢中华民族共同体意识宣传教育、中华民族共同体理论研究、委员联系服务界别群众和助力乡村振兴、打造文化品牌、促进各民族"三交"等方面积极培育一批先进典型。成立一个工作专班，各级政协成立以分管民族工作的领导为组长的工作专班，推动"委员行动"任务落实，工作专班通过督查调研、组织学习培训和工作交流等方式，加强业务指导。"七个一"工作模式，加强了对"委员行动"工作的组织领导，提升了政协履职实效。

广西政协充分发挥人民政协作为专门协商机构的独特优势，用好"委员行动"履职方式，开展"大协商"、助力"大发展"，坚持发扬民主和增进团结相互贯通、建言资政和凝聚共识双向发力，把各族群众智慧和力量凝聚起来，不断增强协商议政水平，不断提升凝聚共识实效，引导各族群众牢固树立休戚与共、荣辱与共、生死与共、命运与共的共同体理念，以高质量人民政协协商议政服务民族地区高质量发展。

经验启示

广西政协聚焦"委员＋行动"，努力做到"五个坚持"（坚持党的领导，坚持突出工作主线，坚持发挥政协制度优势，坚持强化委员责任担当，坚持联动协作、全员参与），确保"委员行动"行之有效，把协商民主贯穿履行职能全过程，引导和团结各族各界群众，凝聚共识、凝聚智慧、凝聚力量，为凝心聚力建设新时代壮美广西贡献政协智慧和力量。

（一）发挥政协组织优势，夯实各族群众共同奋斗的思想政治基础。广西政协通过开展"委员行动"，充分发挥人民政协同心同向的政治优势、凝心聚力的团结优势、平等协商的民主优势、人才荟萃的智力优势、协调关系的功能优势、联系广泛的界别优势，同社会各界人士广泛协商，巩固和发展了爱国统一战线，引导各族群众增进对贯彻党的民族政策的共识，牢固树立正确的国家观、历史观、民族观、文化观、宗教观，坚定对伟大祖国、中华民族、中华文化、中国共产党、中国特色社会主义的高度认同，夯实各民族共同团结奋斗、共同繁荣发展的共同思想政治基础。

（二）发挥人民政协联系群众优势，助力民族地区高质量发展。广西政协加强自治区、市、县三级政协的联动协作，统筹推进"委员行动"，注重发挥政协组织直接联系群众、与群众关系紧密的优势，发扬民主、强化协商、促进发展，开展各种协商

2023 年 12 月，广西政协委员和嘉宾们通过《桂在协商》全媒体
协商平台，围绕"铸牢中华民族共同体意识、促进各民族交往交流交融"
主题协商发言

议政活动，团结各党派、各团体、各民族、各阶层广泛参与到民族地区经济社会发展
中，助力各族群众共享发展成果，为民族地区高质量发展贡献人民政协智慧和力量。

（三）发挥政协委员"三个作用"，助力画好民族团结同心圆。广西政协强化委员
责任担当，发挥好政协委员带头作用、主体作用和代表作用，了解和反映各族群众的
愿望和要求，运用协商方式帮助解决各族群众需要解决的问题，团结引领各族群众牢
固树立"四个与共"理念、自觉增强"五个认同"，促进大团结，画好同心圆。

既重视国土安全，又重视国民安全，坚持以民为本、以人为本，坚持国家安全一切为了人民、一切依靠人民，真正夯实国家安全的群众基础。

——2014 年 4 月 15 日，习近平在中央国家安全委员会第一次会议上的讲话

"五边工程"筑屏障　守好祖国西大门

——新疆克孜勒苏州弘扬爱国守边精神　维护边境安全稳定

近年来，新疆维吾尔自治区克孜勒苏柯尔克孜自治州（以下简称"克州"）始终以铸牢中华民族共同体意识为主线，传承和发扬"一生只做一件事，我为祖国守边防"的爱国守边精神，深入实施强边、红边、兴边、融边、固边"五边工程"，全力守好祖国西大门，筑牢祖国西部边陲安全稳定屏障。

一、背景情况

克州位于我国新疆西南部，总面积 7.25 万平方公里，第七次全国人口普查时总人口为 62.22 万人，主要由汉族、维吾尔族、柯尔克孜族等 11 个民族组成，北部和西部分别与吉尔吉斯斯坦和塔吉克斯坦两国接壤，边境线长 1133.7 公里，通外山口多达 254 个，是名副其实的"边防大州"，肩负着守护祖国"西大门"及强边稳边富边的神圣职责和光荣使命。克州以"五边工程"凝聚强大的爱国守边精神，增进民族团结，维护社会稳定、边疆稳固和祖国安全，呈现出各民族"共同建设伟大祖国、共同创造美好生活"的精神风貌，长期保持民族团结、社会和谐、边疆安宁的良好局面。

二、主要做法

（一）实施"强边工程"，夯实"守边护边"组织基础。建立"六纳入"工作机制，把守边护边工作纳入党委和政府重要议事日程、"十四五"规划、党的建设和意识形态工作责任制、政治考察、政治巡察、政绩考核中。建立组织领导机制，推进州、县市、乡镇、村四级书记齐抓共管，党政同责、一岗双责；制定年度工作要点，对重点工作任务进行责任分解，推动守边护边工作常态化、制度化、规范化。建立推进保障机制，形成"1＋3＋N"包联指导工作机制，1名四套班子主要领导、3名州级领导和若干名部门主要领导共同包联一个县市，实现包联工作全覆盖，形成横向到边、纵向到底，无死角、全覆盖的工作格局，切实担当起守边护边神圣使命，稳疆兴疆，强边固防，坚决守好祖国西大门。

（二）实施"红边工程"，夯实"守边护边"思想基础。深入挖掘提炼"各民族共同爱国戍边"的历史与传承，州博物馆设立"守边戍边厅"，乌恰县设立戍边馆，阿克陶县设立"守边戍边"教育基地，边境沿线各乡镇、村广泛建设"护边之家""守边爱国馆"等红色教育基地。传承中华优秀传统文化和爱国守边文化，创作歌舞剧《玛纳斯》《永远的界碑》《中国，一生的守护》等优秀作品，向各族群众传递中华民族共同体意识、中华优秀传统文化和爱国守边文化，构筑中华民族共有精神家园。常态化开展爱国戍边教育，涌现出一批发扬爱党爱国、守边护边精神的先进典型，如无怨无悔守护祖国边境线、荣获"人民楷模"国家荣誉称号的布茹玛汗·毛勒朵，亮出党员徽章的牧民大叔阿布都加帕尔·猛得等。充分发挥先进典型的模范带动作用，组织各族干部群众走进布茹玛汗·毛勒朵戍边馆，深入边关哨所、边境一线重走巡边路，感受艰苦生活、艰难环境、艰巨任务，传承红色精神、厚植家国情怀，不断增强各族群众对"守边护边就是本分、职责"的认识，增强各族人民的"五个认同"。发布以"爱国守边"为主题的民族团结进步标识，打造"爱国守边"品牌，用"守边护边"精神凝心铸魂、赓续红色血脉。"一生只做一件事，我为祖国守边防"的"爱国守边"精神已成为克州代代相传的精神基因和最深沉的人文底色。

（三）实施"兴边工程"，夯实"守边护边"物质基础。紧抓高质量发展第一要务，抢抓共建"一带一路"等重大建设机遇，发挥两个国家一类陆路口岸（吐尔尕特、伊尔克什坦）优势，着力构建资源、园区、口岸"三大布局"，发展新能源、新材料、新加工、新业态"四大产业"，实施粮食作物、人工饲草、牲畜增量、特色林果和戈壁农业"四个百万"工程。聚焦产业振兴、人才振兴、文化振兴、生态振兴、组织振兴"五大振兴"任务，以乡村振兴巩固拓展脱贫攻坚成果。建立解决相对贫困的长效机制，累计安排乡村振兴项目306个，投资规模19.86亿元，向实现共同富裕、乡村振兴迈出坚实步伐。全面推进危旧房屋和棚户区改造、城市更新、农业转移人口市民化、城市治理提升"四大行动"，全州各项建设驶入快车道，全面夯实了守边护边物质基础，各族群众的获得感、幸福感、安全感明显增强，实现民生安边。

（四）实施"融边工程"，夯实"守边护边"社会基础。丰富实践载体，进一步促进各民族交往交流交融，厚植爱国情怀，增进价值认同。依托"就业创业"平台，丰富"守边护边"内涵，大力鼓励群众就业创业，实现了增收致富，各族群众获得感和幸福感进一步提升。依托"筑基融情"平台，厚植"守边护边"精神，组织开展与对口援疆省市中小学生"手拉手""结对子"活动，边疆青少年与其他省市青少年相约在南京、南昌等地，厚植爱国情怀，增进价值认同。3.8万名各族少年儿童通过"手拉手"活动与全国少年儿童结下深厚情谊，10.8万人次中学生通过"结对子"活动与全国中学生开展书信往来，各族青少年的"心"更近、"情"更浓、"谊"更深。依托"对口支援"平台，拓展"守边护边"空间，近年来，江西省、江苏省和中国华能集团累计投入援疆资金23.19亿元，483个援州项目落地见效，268名援疆干部扎根边疆、倾情奉献，克州2800余名干部职工和专业技术人才赴援助地学习培训和挂职锻炼。各族干部群众广泛交往交流交融，夯实了边境安全的社会基础，进一步巩固和发展了安定团结的大好局面。

（五）实施"固边工程"，夯实"守边护边"法治基础。牢固树立总体国家安全观，加快国家安全体系和能力现代化建设，多样化、长效化开展国家安全法治宣传教育活动，让各族群众了解国家安全知识、增强国家安全意识，筑牢国家安全人民防线。强化国家安全法治保障，健全依法治州领导机构，建立涵盖15个方面121条法治建设第一责任人职责清单；制定贯彻落实"一规划两纲要"三个责任分解方案，梳理明确333条工作任务，持续推进法治克州、法治政府、法治社会一体建设。系统联动、科学精准强化各领域风险防范处置，持续强化风险管控和重点区域巡逻踏查力度，筑牢边境安全防线；持续深化专项行动，严密口岸协查联控，加大车辆物品的盘查检查力度。坚持和发展新时代"枫桥经验"，强化"家人家书家事"理念，努力将矛盾化解在基层，消除在萌芽状态；培养乡村"法律明白人"2.3万人、"学法用法示范户"1.9万户，全力打造共建共治共享的社会治理格局，打牢"守边护边"的坚固"磐石"。

边境兴则边疆兴，边境治则边疆治，边民富则边防固。克州传承和弘扬"为国守边，无上光荣"的坚定信念，将爱国守边精神融入铸牢中华民族共同体意识，以不足新疆四十分之一的人口守护新疆五分之一的边境线，各族群众争当"神圣国土的守护者、幸福家园的建设者"，构筑起维护祖国统一、维护边疆安全稳定的钢铁长城，在祖国西部边陲大地上生动诠释了各族人民休戚与共、荣辱与共、生死与共、命运与共的共同体理念。

经验启示

克州传承和弘扬爱国戍边精神，依托"五边工程"，不断筑牢国家安全屏障，守护好每一寸神圣国土，实现边境繁荣发展、边民团结幸福、边防安全稳固，为加强边疆地区建设、推进稳边固边提供了有效经验。

（一）组织建设是稳边固边的有力保障。克州立足边防大州实际，根据形势任务和地域人文特点，将守边护边作为事关长治久安的根本性、基础性、长远性工作，强化组织建设，团结带领各族群众共同维护国家安全和社会稳定，筑牢维护国家统一、民族团结、边疆稳固的坚强屏障，边境地区安定和谐局面更加巩固。

2011年4月，全国双拥模范布茹玛汗·毛勒朵（右一）与部队官兵
一起在吉根乡边防线巡边

（二）红脉相承是稳边固边的重要途径。克州强化思想教育筑边，用好用活红色基因培根铸魂，加强爱国守边精神宣传教育，夯实国家统一、民族团结、社会稳定的思想基础，各族群众的国家意识、国民意识、国防意识不断增强，为坚持中国道路、弘扬中国精神、凝聚中国力量提供不竭动力，构建起各族群众合力维护祖国统一、边境安全稳定的"铜墙铁壁"。

（三）全民守边是稳边固边的必然要求。传承和发扬爱国守边精神是克州各族群众坚定的爱国行动，各族群众凝心聚力、自信自强、团结奋斗，人人争做守边护边的践行者，自觉把爱国护边、维护边境安宁融入生产生活，经济社会发展面貌焕然一新，各族群众的获得感、幸福感、安全感空前增强，中华民族的凝聚力和向心力极大提升，在全民守边护边的生动实践中，边疆各族群众以忠诚的爱国之志，守住巍巍中华的神圣大地。

总书记的话

要加强和创新基层社会治理，坚持和完善新时代"枫桥经验"，加强城乡社区建设，强化网格化管理和服务，完善社会矛盾纠纷多元预防调处化解综合机制，切实把矛盾化解在基层，维护好社会稳定。

——2020 年 9 月 17 日，习近平在基层代表座谈会上的讲话

鸡鸣三省"石榴红" 共育民族"团结花"
——四川泸州市叙永县探索民族地区矛盾纠纷"石榴籽"调解模式

近年来，四川省泸州市叙永县通过健全完善诉源治理、多元解纷机制，创新"石榴籽"调解模式，走出了一条适用于民族地区、化解基层矛盾纠纷与民族团结深度融合的特色路径，让新时代"枫桥经验"在基层落地生根，画好民族团结"同心圆"。

一、背景情况

叙永县位于乌蒙山区，素有"川南门户""鸡鸣三省"之称，是革命老区、脱贫地区、民族地区、盆周山区。下辖 23 个乡镇、254 个村（社区），其中少数民族乡镇 5 个，少数民族村寨 242 个，有汉族、苗族、彝族等 34 个民族，有"十里不同风、百里不同俗"的人文景象。考虑到各民族语言差异、风俗习惯不同、发展不均衡等因素，2017 年，叙永县法院以摩尼法庭为试点，通过诉前提前介入、诉讼委托或联合调解，探索出多民族杂散居地区矛盾纠纷多元化解的有效模式——"石榴籽"调解模式，

走出一条乌蒙山区民族大团结的创新之路。2021 年 6 月，四川全面推广"石榴籽"调解矛盾纠纷多元化解模式。2021 年 12 月，四川发布"石榴籽"调解品牌标识。2022 年，"石榴籽"调解被写入了最高人民法院工作报告。

二、主要做法

（一）加强统筹协调，打造调解品牌。叙永县法院以摩尼法庭为试点，立足多民族聚居现状，前移矛盾纠纷化解关口，主动延伸司法服务触角，以诉源治理为抓手，探索健全完善民族地区多元解纷机制，深入推进民族地区矛盾纠纷实质化解，"小事不出村，大事不出镇"，在全国首创"石榴籽"多元解纷品牌，寓意促进各族群众像石榴籽一样紧紧抱在一起。2020 年，叙永县委统战部、县民宗局、县法院进一步总结发扬摩尼法庭经验，在民族村寨率先设立"石榴籽"调解工作室，加强矛盾纠纷的源头治理。同年下半年，在少数民族人口超过 1000 人的乡镇设立"石榴籽"调解工作站，负责协调辖区相关部门及群团、社会组织等多种调解力量参与纠纷化解。2021 年，叙永县成立了"石榴籽"人民调解委员会，作为全县各民族矛盾纠纷调解的中枢机构，负责纠纷收集汇总、分流指派，指导全县"石榴籽"调解工作站（室）和"石榴籽"调解员开展人民调解工作。经过 4 年实践，形成了县、乡镇、村三级"石榴籽"调解工作体系。截至 2023 年底，全县共设立"石榴籽"调解工作室 254 个，实现县域内民族乡镇和村全覆盖。

（二）完善制度机制，提升治理效能。叙永县成立以县委常委、政法委书记任组长，统战部门和政法部门主要负责人任副组长，18 个县级部门和 23 个乡镇为成员的"石榴籽"调解体系工作领导小组，切实加强党委领导、部门指导。强化制度建设，印发《叙永县少数民族区域矛盾纠纷多元化解"石榴籽"调解体系建设的实施方案》，出台《叙永县少数民族区域矛盾纠纷多元化解"石榴籽"调解体系操作规程（试行）》，制定《"石榴籽"调解工作室建设规范》等多项制度。创新"1＋4＋N＋1"民族区域矛盾纠纷多元化解机制，"1"即以人民调解为统领，建立"石榴籽"人民调解委员会；"4"即完善诉调、检调、公调、访调四个对接机制；"N"即联动统战、民政等部门及群团、社会组织等多种调解力量；"1"即完善诉非衔接机制，经"石榴籽"调解达成协议后引导双方当事人向人民法院申请司法确认。经过探索、实践和总结，逐步形成了有完整工作体系、机制制度、特色调解方式的多元解纷模式，"石榴籽"调解逐渐制度化、规范化，基层社会治理水平进一步提升。

（三）组建"三支队伍"，汇聚解纷合力。在化解民族地区矛盾纠纷中，叙永县借乡土文化、用乡音乡情、靠乡土办法，特别组建了三支队伍，即办案队伍、陪审队伍、调解员队伍，汇聚多元解纷合力。建立办案队伍，抽调法律素养高、工作经验丰富、民族情感深厚、具备双语办案能力的少数民族干警组成专业办案队伍，管辖全县涉民族纠纷案件，实施巡回审判。建立陪审队伍，按照"乡镇、民族聚居村'两委'推荐＋政法委、法院、统战部、民宗局考核＋法定程序任命"的形式，任命少数民族代表人士担任人民陪审员，增强各族当事人的心理认同。建立调解员队伍，选聘当地为人正派、做事公道、群众信服的少数民族代表人士、村社干部等乡贤人士担任"石榴籽"调解员，拉近少数民族群众心理距离，促使纠纷顺利调解。建立了"政法干警＋行业力量＋民族乡贤"的队伍联动机制，选派行业力量为"石榴籽"调解工作室提供专业支撑；健全"石榴籽"调解员业务能力提升机制，常态化开展"法律明白人"培训，确保"石榴籽"调解员有能力、靠得住、法律素养高。

（四）坚持依法治理，创新"两法融合"。"石榴籽"调解坚持以国家法律为"纲"，将少数民族"习惯法"作为化解纠纷"参照物"，集聚解纷准力，将国家法律和少数民族"习惯法"作为调解依据，推动"两法"有机融合，建立"两法融合"机制。在探索"石榴籽"调解方法过程中，叙永县委统战部、县民宗局、县法院确定了"三不"准则，即"不违反国家法律法规、不违反公序良俗、不违反社会道德"。在此基础上，"石榴籽"调解室深入梳理、研究和查找民族地区风俗习惯和国家法律条例共同性，收集认定出一批有普遍约束力、公正力和公信力的少数民族"习惯法"并妥善运用。在调解实践中，首先以国家法律法规作为调解依据，在个别国家法律没有作明确规定的情况下，以少数民族"习惯法"内容作为调解依据，注重运用"和解酒""担保酒""挂红"等民族传统的特色调解方式和"家族宗祠""族长家中"等特殊的调解场所，灵活、就近、便捷化解矛盾，促进当事人尽快达成共识，实现"案结、事了、人和"，充分保障和维护各民族群众的合法权益，这是"石榴籽"调解的最大亮点。

"石榴籽"调解模式将"国家法"和少数民族"习惯法"相融合，探索出一条解决民族地区基层矛盾纠纷的新路径，在民族地区通过诉讼之外的手段化解矛盾纠纷、助力基层社会治理，是服务民族团结和落实国家治理体系和治理能力现代化的创新举措；有利于民族地区提升民族事务依法治理水平，有利于巩固和发展平等团结互助和谐的社会主义民族关系，不断夯实铸牢中华民族共同体意识的法治之基。

经验启示

　　"石榴籽"模式自建立以来，叙永县纠纷调解成功率从56%上升至99.6%，平安建设群众满意度"六年六提升"。"石榴籽"调解模式因其显著的调解成效，现已成为四川民族地区多元解纷工作的重要载体，是四川基层治理的一张亮丽名片，对于促进民族团结具有重要启示意义。

　　（一）组织领导是提升基层治理效能的根本保证。叙永县在"石榴籽"调解模式的探索实践中，切实加强党委领导、部门指导，统筹社会各方力量，是民族地区化解基层矛盾纠纷与民族团结深度融合的生动实践，为提升民族地区社会治理效能、推动民族地区治理体系和治理能力现代化提供了实践路径。

　　（二）司法为民是维护公平正义的基本遵循。"石榴籽"调解模式树立"以人为本、源头治理"的理念，把人民立场贯穿工作始终，践行司法为民宗旨，着力解决民族地区各族群众涉诉"急难愁盼"和"难点堵点痛点"问题，把维护民族地区各族群众的根本利益作为防范化解矛盾治本之策，筑牢公平正义防线，不断提升各族群众的司法获得感和满意度，让各族群众在每一个司法案件中感受到公平正义，保障了民族地区社会和谐稳定。

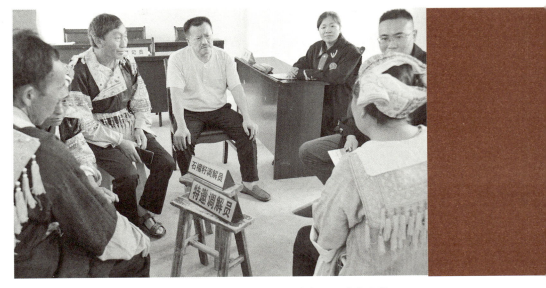

2023年6月，泸州市叙永县"石榴籽"调解员在观兴镇奇峰村进行调解

（三）制度建设是强化法治建设的有力保障。"石榴籽"调解模式边探索边实践边总结，把民族地区基层矛盾纠纷化解的有效经验提炼形成系列制度，逐步建立覆盖叙永全县、推广至四川全省的多元解纷长效机制，为民族地区法治建设提供了制度保障，助推民族地区法治化进程，提升民族事务治理法治化水平。

总书记的话

你们这里是全国人大常委会建立的基层立法联系点，你们立足社区实际，认真扎实开展工作，做了很多接地气、聚民智的有益探索。人民代表大会制度是我国的根本政治制度，要坚持好、巩固好、发展好，畅通民意反映渠道，丰富民主形式。

——2019 年 11 月 2 日至 3 日，习近平在上海长宁区虹桥街道古北市民中心考察调研时的讲话

地方实践

畅通立法"直通车"　搭建民意"连心桥"
——广西柳州市三江县基层立法联系点奏响全过程人民民主强音

近年来，广西壮族自治区三江侗族自治县（以下简称"三江县"）发挥全国人大常委会法工委基层立法联系点优势，积极探索创新，明确目标定位，强化辐射带动，畅通民主渠道，强化特色挖掘，拓展功能发挥，创新践行全过程人民民主区域协同发展，力求全过程人民民主接地气入民心，打造民族地区基层立法点新样板，推进全过程人民民主在民族地区开花结果。

一、背景情况

三江县位于桂、湘、黔三省（区）交界处，位于广西北部，因境内汇聚浔江、榕江、融江三条江而得名。现辖 15 个乡镇，总面积 2454 平方公里，总人口 41.8 万人，

主要有汉族、侗族、苗族、瑶族、壮族等民族，是全国 5 个侗族自治县中侗族人口最多的县，素有"千年侗寨·梦萦三江"的美誉。2020 年 7 月，三江县人大常委会被全国人大常委会法工委确定为全国第二批基层立法联系点。该联系点是目前唯一设在民族自治县的基层立法联系点，也是广西唯一的"国字号"基层立法联系点。全国基层立法联系点设立以来，三江县积极践行全过程人民民主，扎实有序高效开展基层立法联系点各项工作，为民族地区各族群众有序参与国家立法提供了现实有效的途径，在全国人大常委会法工委基层立法联系点工作交流会作经验介绍。

二、主要做法

（一）立足目标定位，打造基层立法联系点新品牌。强化顶层设计，打造践行全过程人民民主的鲜活载体和亮丽品牌。编制《三江侗族自治县基层立法联系点中长期发展规划》，这是全国人大常委会法工委基层立法联系点中首部中长期发展规划。充分发挥基层立法联系点作用，打造民族团结特色样板，即依托茶叶产业打造布央村立法信息采集点，依托民族文化旅游产业打造平岩村立法信息采集点，打造产业发展助推乡村振兴的样板；依托传统"款"文化打造岜团村立法信息采集点，打造基层社会治理的样板；依托"鼓楼议事""多耶"及侗族大歌等非物质文化遗产打造冠洞村、产口村立法信息采集点，打造民族文化传承保护和开发利用的样板；依托交界地区多民族聚居的特点打造登晒村立法信息采集点，打造铸牢中华民族共同体意识新样板。

（二）强化辐射带动，创新全过程人民民主区域协作。充分发挥基层立法联系点的辐射带动效应和影响力，构建桂、湘、黔三省（区）六县人大常委会基层立法联系点工作区域协同机制，为各族群众表达和反映社情民意搭建平台，更好地将各民族群众心声传递到国家最高立法机关。三江县充分利用区位相交、语言相通、习俗相近、民风相融等优势特点，与周边的广西融水苗族自治县、龙胜各族自治县，湖南通道侗族自治县，贵州黎平县、从江县构建桂、湘、黔三省（区）六县人大常委会基层立法联系点工作区域协同机制，将"国字号"立法"直通车"开进三省（区）交界民族地区，以点带面，为六县各族群众表达和反映社情民意搭建平台，共享资源、共谋发展，共同承接全国人大常委会法工委立法征询意见工作，架起了连接各族群众与立法机关的"连心桥"，进一步密切与民族地区的联系。协同机制建立以来，六县共同参加全国人大常委会法工委视频连线征求意见座谈会 3 次，协同开展立法意见征询 14 项，涉及 13 部草案，征集到意见建议 96 条。

（三）突出特色优势，基层立法点接地气入民心。作为全国唯一的民族自治县基层立法联系点，三江县发挥特色、创新模式，让基层立法点接地气入民心，推动民主立法、开门立法不断走向深入。成立县立法联系点服务中心，统筹考虑民族乡（镇）特色，兼顾不同地域、行业、领域、群体的立法需求，设立 13 个立法联络点和立法信息采集点，选聘 140 余名联络员、信息员，构建起覆盖各行业、各领域、各群体以及各村屯的意见征询网络，绘就了各族群众与立法机关之间的"同心圆"。结合民族文化特色，创新征集意见模式，以基层立法联系点、联络点、信息采集点为"主干"，联络员和信息员为"骨干"，将立法意见征询活动与民族团结进步工作、民族节庆文化活动相结合，充分利用侗族独有的"鼓楼议事"、款坪"讲款"、村寨"月也"等群众喜闻乐见、通俗易懂的形式，走村进寨开展"双语双向"法律解读和意见征集。注重发挥好立法联络员、信息员、翻译员、宣传员、服务员"五员"作用，把法律法规、草案条文解释成群众能听得懂的语言，把群众意见建议转换成"法言法语"，原汁原味地反馈给国家立法机关。截至 2024 年 4 月，三江县完成全国人大常委会法工委立法征询意见任务 37 项（含 32 部草案），征集到意见建议 1409 条，归纳整理上报意见建议 1174 条，被采纳意见建议 55 条；完成自治区人大常委会法工委立法征询意见任务 62 项（含 61 部草案），征集到意见建议 2637 条，归纳整理上报意见建议 2010 条，被采纳 114 条；完成柳州市人大常委会法工委立法征询意见任务 8 项（含 6 部草案），征集到意见建议 173 条，归纳整理上报意见建议 126 条，被采纳 9 条。综上，共完成立法征询意见任务 107 项（含 99 部草案），征集到意见建议 4219 条，归纳整理上报意见建议共 3310 条，已公布法律法规 60 部中被采纳 178 条。

（四）强化功能延伸，拓展基层立法点实践领域。在切实做好立法征询意见工作基础上，三江县积极拓展基层立法联系点在助力推进全民普法、促进基层治理等方面的社会功能。将区域协同范围和内容拓展到立法协作、经济建设、民族文化保护等多个领域，协助破解基层党建、社会治理等系列难题，对促进各民族交往交流交融、化解边界纠纷、促进民族团结、推进有效治理发挥了积极的作用。坚持把基层立法联系点工作贯穿立法、执法、司法、普法全过程，加强普法宣传，将立法意见征询活动与民族工作、传统节庆文化活动相结合，2023 年开展鼓楼讲堂等各类宣教活动 160 余场次，参加人数达 2 万余人，使各族群众学法、守法、用法的意识进一步增强。

三江县搭建共享国家立法"直通车"，架起连接各族群众与立法机关的"连心桥"，对于民族地区各族群众参与国家政治生活是一大进步。三江县充分发挥基层立法联系点民意直通车作用，将基层立法联系点建设成为民族地区各族群众全过程参与国家法治建设、向社会全方位展现全过程人民民主生动实践的重要阵地，民主之花在民族地区焕发勃勃生机，夯实了中华民族共同体的认同根基，增强了中华民族的凝聚力和向心力，是中国特色社会主义政治发展道路、全过程人民民主重大理念、法治中国建设在民族地区的成功实践。

经验启示

三江县基层立法联系点在实践中不断探索，扎实推进，深入发展，以其"上连人大、下接地气"的独特优势，为民族地区基层群众和各界人士表达立法诉求、反映社情民意提供了有效的渠道、平台和载体，将保证各族人民当家作主具体地体现到立法工作中，奏响了民族地区实践和发展全过程人民民主的强音。

（一）坚持人民主体地位，夯实民族地区全过程人民民主基础。三江县通过基层立法联系点"集中民智"，倾听人民声音，凝聚人民智慧，回应人民期待，将各族群众的意见建议通过基层立法联系点直达国家立法机关，确保国家立法直接反映和体现民情、民意、民智、民心，真正实现了立法由人民参与，法律由人民制定，保证了人民当家作主，不断增强了各族群众民主参与、民主决策的获得感和满意度。

柳州市三江县布央村基层立法点开展培训

（二）发挥特色优势，提高民族地区全过程人民民主实践成效。三江县立足悠久的民族历史和深厚的民族文化优势，扎实做好基层立法联系点工作，增强各族群众"五个认同"，弘扬中华民族传统美德，践行社会主义核心价值观，助力民族地区基层立法联系点高质量发展，推动民族地区全过程人民民主实践提质增效，为基层立法联系点发展建设贡献民族地区经验。

（三）首创区域协同机制，丰富民族地区全过程人民民主形式。三江县全国首创桂、湘、黔三省（区）六县人大常委会基层立法联系点工作区域协同机制，决策共谋、发展共建、成果共享、区域协同，让三省（区）六县各族群众的声音直通国家立法机关，充分调动民族地区各族群众全过程参与国家治理和社会治理，积极参与国家立法工作，将各族群众所思所想所盼体现在法律的制度设计中，夯实了铸牢中华民族共同体意识的法治思想基础，是建设好民族地区基层立法联系点的有效举措，也是民族地区践行全过程人民民主的具体体现。

总书记的话

> 兵团要适应新形势新要求，在实现新疆工作总目标中发挥更大作用。要坚持兵地一盘棋，重大基础设施同步建设，全面推进兵地经济、社会、文化、生态文明建设和民族团结进步、干部人才等方面的融合发展，实现设施共建、资源共享、深度嵌入、优势互补。

> ——2022 年 7 月 12 日至 15 日，习近平在新疆考察时的讲话

地方实践

兵地"一盘棋"　结对共发展
——新疆生产建设兵团四十二团龙口镇谱写兵地融合发展新篇章

长期以来，新疆生产建设兵团（以下简称"兵团"）第三师图木舒克市四十二团龙口镇在推动兵地融合发展中坚持"一盘棋"谋划、"一张图"实施，紧紧围绕组织强村、产业富民、科技兴农、教育惠民，扎实推进连村结对共建，奋力谱写新时代兵地融合发展新篇章。

一、背景情况

四十二团地处天山南麓、塔里木盆地西北缘，是兵团成立最早、具有浓郁红色基因的军垦团场之一，其前身是八路军一二〇师独立四旅，后改编为中国人民解放军第一野战军一兵团二军四师十二团一营，1949 年新疆和平解放后由伽师县迁往木华黎（相传蒙古西征时木华黎在此驻军而得名，现名为四十二团龙口镇）驻防，1953 年 3

月整编为南疆军区生产管理处木华黎分场，后经过多次划归整编，1969 年授予"农三师四十二团"番号。2020 年实行"团镇合一"体制，成立四十二团龙口镇。四十二团龙口镇嵌入式分布在喀什地区岳普湖县，与岳普湖县三个乡、两个场相毗邻。在推动兵地融合发展中，四十二团龙口镇牢固树立"兵地一盘棋"思想，所属六个连队与毗邻的六个村实现结对共建全覆盖，构建连村共同发展新格局，实现了兵地经济发展共促、文化交流共融、社会互嵌共融、科技进步共享、教育服务互惠的良好局面。

二、主要做法

（一）"组织强村"夯实共同发展基层基础。根据新疆《关于在南疆兵团连队与邻近村开展结对共建活动的方案》要求和兵团安排部署，四十二团龙口镇围绕"组织共建、队伍共育、工作共抓、服务共做"，制定连村结对共建活动事项清单，深入推进兵地融合发展。连队党支部和村党支部建立共建机制，推动基层群众性自治组织、群团组织、经济组织等全面结对共建；发挥党支部宣传教育作用，共同举办主题党日和集体学习；定期组织工作联系会，共同梳理辖区内就业情况，共同收集解决各族职工群众困难诉求和矛盾纠纷；围绕基层组织建设、乡村振兴、基层治理等重点任务共同组织开展现场观摩会，形成工作合力。开展兵地文化共建，组织结对连队各族职工群众共同开展社火、篮球比赛、集体婚礼、"石榴花开"民族广场舞等文化活动，丰富兵地各族职工群众文化生活，持续加强兵地情感互亲和文化互融，不断牢固树立"四个与共""五个认同"理念。实施兵团"五共同一促进"（即各民族共同生活、共同工作、共同学习、共同维稳、共同致富、促进各民族交往交流交融）项目，投入 300 万元将供气管网向岳普湖县巴依阿瓦乡古勒巴格村延伸，推动天然气进村入户，改善村民生活质量；将部队与古勒巴格村水渠打通，真正实现"共饮一渠水"；在古勒巴格村打造兵地"连心巴扎"一条街，100 多家个体工商户落户经营，带动乡村经济发展。"组织强村"实现了组织强基、能人进村、致富有路、治理有效，连村面貌焕然一新，增进了兵地各族职工群众的民生福祉。

（二）"产业富民"拓宽乡村振兴"共富路"。兵地共同构建利益联结机制，实现资源共享、优势互补、深度互嵌。兵地共同建设产业园，推动农副产品精深加工、冷链仓储物流产业落地，带动了兵地农业产业化和各族职工群众就业。实施连村集体经济示范发展项目，变集体闲置资产为有效经营资产，化"闲"生钱，三连农业合作社承包铁热木镇 10 村闲置大棚 10 座，带动村民 20 余人就业；四十二团龙口镇鼓励引导辖区企业到铁热木镇 10 村租赁闲置厂房设备进行小茴香、蟠枣深加工，为村集体经济增收 20 余万元，同时推动了兵地农业全产业链发展和 26 名地方群众稳定就业。将 6 个结对共建村纳入四十二团龙口镇畜牧业整体发展布局，共建兵地规范化养殖示范小区 4 个，饲草优质示范田 543 亩。创办连村联合合作社 2 个，吸纳 16 名结对共建村村民入社；四连农机合作社吸纳 10 名村民入社，2023 年春耕春播期间入社村民累计分红 20 余万元。四十二团龙口镇鼓励团场各族职工群众有序流转承包地方村耕地，实现兵地各族职工群众共同增收致富。2023 年团场在册职工 1351 人，在毗邻乡镇流转承包土地 10 万亩左右，"借地增收" 1 亿余元，土地流转使村民收取土地流转承包费 9500 万元，推动了地方群众转移就业 4000 余人，劳务增收 1920 万元。承包租赁期间，团场承包户借助兵团机械化大农业优势对承包地进行去埂平整、连片规划，日常管理中把兵团现代化种植模式和节水灌溉技术传授给村民，推进了地方农业集约化、精准化、规模化，推动兵地经济融合发展，实现产业富民。

（三）"科技兴农"夯筑农业农村发展科技支撑。四十二团龙口镇利用结对共建专项资金推进示范田、示范棚、示范园、示范社、示范圈建设，打造示范田和示范园 3500 亩、示范棚 70 座、示范社 2 个、畜牧养殖示范基地 4 个；成立"田秀才""土专家"技术帮扶队伍 4 支、连队农业技术指导志愿小分队 3 个，对村民开展农业种养殖技术指导。发挥连队职工科技致富能手的带动作用，推广棉花"干播湿出"、导航播种、水肥一体化、机械化采收和红枣保花保果、修剪疏密等高产稳产技术，共享信息，提高动物疫病防控能力，联合开展农作物重大病虫害防治。依托新疆农垦科学院、石河子大学科技服务团、第三师农业科学研究所等科技服务团队开展科技助农，为各族职工群众增收致富提供科技支撑，村民们在与连队职工交往交流交融中开阔了眼界，转变了思想观念，村民学习先进技术、增强致富本领，对美好生活的向往更加强烈，促进了兵地各族职工群众交往交流交融、共同增收致富。

（四）"教育惠民"共享优质教育资源。四十二团龙口镇通过托管、支教帮扶等帮助结对共建村小学提高教育质量，同时接收地方学生进入团场所属学校就读。四十二团龙口镇先后派出 7 名教师赴结对共建村小学参与支教帮扶工作，接收地方 3 名教师来团场学校跟岗学习 1 年。2022 年 7 月，四十二团龙口镇学校正式托管巴依阿瓦提乡 6 村小学，托管学生 136 名，选派"第一校长"和教学"指导员"定期开展教研活动，实施"青蓝工程"，互帮互学提高教学质量。通过帮扶，村小学教学效果显著提高，国家通用语言发音更加标准、文字书写更加规范。2023 年春季学期末，被帮扶教师所带班级语文平均成绩由 32.63 分提高到 61.75 分；数学平均成绩由 55.60 分提高到 88.60 分。四十二团龙口镇学校积极吸纳当地学生入学，2023 年秋季学期在校学生 803 人，其中地方学生 183 人；2023 年秋季学期录取地方学生 73 人，均为少数民族学生，其中"兵地结对共建村"结对村学生 57 人。根据 2022 年岳普湖县统计，与四十二团龙口镇相毗邻的三个乡（场）有意愿来团场就读的学生大约 1290 人。为了满足更多学生入学的需求，2023 年四十二团龙口镇争取资金 9073 万元新建学生食堂、综合教学楼、宿舍楼各一栋，项目竣工后可增加学位 1400 余个，充分满足地方群众对优质教育的需求，推动兵地教育融合发展迈向更高层次。

兵团四十二团龙口镇深入贯彻落实新时代党的治疆方略和对兵团的定位要求，牢固树立"兵地一盘棋""兵地一家人"的理念，主动融入新疆稳定和南疆发展建设大局，与周边地方乡村深入开展多领域交流共建融合，在相互交往、相互帮助、相互交流中相互了解、相互尊重、相互包容，结下了深厚的兵地团结、民族融合情谊，形成了"兵地团结一家亲、携手共建兵地情"的兵地融合发展良好局面，夯实了新疆社会稳定和长治久安的基层基础。

经验启示

兵地共同发展、共同富裕，既是完整准确全面贯彻新时代党的治疆方略的根本要求，也是大势所趋、民心所向。四十二团龙口镇以连村结对共建构建一体发展新格局，拓展了兵地融合发展的广度和深度，让兵地各族职工群众在融合发展的道路上越走越亲、越走越富，对促进民族地区兵地深度融合发展提供了重要启示。

（一）连村结对共建推动兵地融合发展取得实效。四十二团龙口镇通过连村结对共建全力推动兵地融合发展，兵地共思融合发展之事、共建融合发展之制、共谋融合发展之策、同走融合发展之路，在经济、社会、文化等方面的联系不断加强，形成兵地发展一体、优势互补、资源共享、共同进步、深入融合的良好局面，真正把兵地"一盘棋"思想落到实处、取得实效。

（二）兵地融合发展实现深度嵌入、优势互补。四十二团龙口镇依托自身的资源优势，坚持兵地融合发展，以改善民生、凝聚人心为出发点和落脚点，进一步加强与周边乡村互帮互助互融，在产业、科技、教育多领域交流共建融合，推动民生建设上互联互通互嵌、共建共享共融，兵地合力为民族地区经济社会高质量发展作出应有贡献。

2023 年，四十二团龙口镇与岳普湖县共同举办兵地青少年融情活动

（三）兵地融合发展实现兵地互惠互利"双赢"。四十二团龙口镇在行动上找准了兵地利益的结合点、各自优势的互补点、各族职工群众的需求点，系统推进兵地融合，推动兵地各项事业协同推进，各族职工群众共享兵地融合发展成果，实现兵地互惠互利"双赢"，兵地各族职工群众获得感、幸福感、安全感不断增强。

> 以中国式现代化全面推进强国建设、民族复兴伟业，需要全体人民团结奋斗，妇女的作用不可替代。要坚定不移走中国特色社会主义妇女发展道路，激励广大妇女自尊自信、自立自强，奋进新征程、建功新时代，为中国式现代化建设贡献巾帼智慧和力量。
>
> ——2023 年 10 月 30 日，习近平在中南海同全国妇联新一届领导班子成员集体谈话时的讲话

地方实践

打造三大品牌谋发展　汇聚巾帼力量促团结
——内蒙古呼伦贝尔市妇联妇女工作改革　助力民族地区高质量发展

近年来，内蒙古自治区呼伦贝尔市妇联组织切实担负起引领服务联系各族妇女儿童和家庭的职责使命，立足祖国北疆地区妇女儿童和家庭实际，创新打造"呼伦贝尔巾帼大讲堂""行走的妇女之家""呼伦贝尔爱心妈妈团"三大品牌，注重妇女思想政治引领，有效发挥妇联组织桥梁纽带作用，全力服务各族妇女，引导各族各界妇女群众树立正确"五观"、增强"五个认同"，在新时代民族地区高质量发展中彰显巾帼担当。

一、背景情况

呼伦贝尔市为内蒙古自治区辖地级市，地处内蒙古东北部，以境内的呼伦湖和贝

尔湖得名，呼伦贝尔市下辖 14 个旗市区，总面积约 25.3 万平方公里，有汉族、蒙古族等 48 个民族，总人口 219.07 万人。近年来，呼伦贝尔市妇联紧扣地域特色，提升改革意识、增强改革韧劲，不断推进妇女工作改革创新实践，构建新形势下服务各民族妇女儿童和家庭新模式，创新打造妇联工作"三大品牌"，有力推动基层妇联组织建设扩面、强基、提质、促活，全心全意服务好呼伦贝尔市 111 万妇女、26 万儿童和 92 万家庭，获评 2022 年度全国妇女工作改革创新优秀案例。

二、主要做法

（一）创新打造"呼伦贝尔巾帼大讲堂"，凸显妇女思想政治引领新高度。创新宣讲形式，积极构建全方位、立体化媒体宣传矩阵，组织开展"请进来与走出去"相结合的教学讲堂、"走心"与"走新"相结合的专题讲堂、"妇女群众点单与妇联干部派单"相结合的服务讲堂、"引领式与参与式"相结合的活动讲堂、"线上与线下"相结合的宣传讲堂、"定期与巡讲"相结合的固定讲堂、"部门与媒体共建"的引领讲堂，打造政治上有高度、引领上有力度、形式上有广度、理论上有深度、服务上有温度的"呼伦贝尔巾帼大讲堂"工作品牌，开展宣讲 11569 场次、受众 32 万人次，不断扩大思想传播效果，夯实各族妇女群众民族团结思想根基。组织全市 14 个旗市区妇联、142 个苏木乡镇（街道）妇联、1155 个嘎查村社区妇联、1920 个固定和流动的"行走的妇女之家"、522 个妇工委（妇委会）、31 个团体会员、12205 名各级妇联执委，紧密结合各族群众的社会实践、实际生活和切身利益，运用群众喜闻乐见的生活体验、鲜活案例、传播方式，深入浅出地阐释党的创新思想和创新理论，扩大思想引领传播力。吸纳专家学者、女代表委员、妇女干部、先进典型、爱心志愿者等 1680 名各界女性，成立多支政治素质过硬、多元化专业化水平高、妇女群众身边的巾帼宣传队伍。开展"民族团结巾帼行动"活动 3000 余场次，大力宣讲新时代党的民族理论和民族政策，讲好民族团结一家亲的故事，讲好妇女事业发展和妇女作用发挥的故事，引导各族妇女牢固树立"四个与共"理念，增强"五个认同"。

（二）创新打造"行走的妇女之家"，有效发挥桥梁纽带作用。夯实妇联组织基础，拓展组织覆盖面，完善组织体系，创新搭建与各民族群众面对面沟通的阵地。创新基层组织运行机制，搭建"流动＋"载体，以"固定＋流动、随机＋点单、线上＋线下、共性＋个性、多数＋少数"的模式，打造"行走的妇女之家"品牌，将"等群众上门"转变为"送服务上门"，打通服务妇女儿童和家庭"最后一米"，解决基层实际问题，服务妇女儿童 40.8 万人次，不断提升妇联工作实效性和影响力。采取党建引领、组织牵动、执委带动、网格推动模式，建立 3815 个基层妇女组织，实现全市 111 万妇女中每 290 名妇女拥有一个妇女组织。实现服务精细化，从妇女群众需求出发，把更多注意力放在最普通的妇女特别是困难妇女身上，格外关心呼伦贝尔 7686 名重点妇女、4901 名重点儿童、2098 户重点家庭，为他们做好事、解难事、办实事，如全国劳动模范、全国道德模范、呼伦贝尔市妇联常委、新巴尔虎右旗克尔伦苏木乃日木德勒嘎查妇联主席米德格玛，曾抚养照顾 4 位残疾人、5 位老人、7 个孤儿，最多时有二十几口人生活在一起；她担任基层妇联主席 20 多年来，不断探索为民谋福路径，建立嘎查妇联集体经济，每 3 年分别给 5 户困境家庭承包集体羊群，连续 8 年为嘎查 18 岁以上全体牧民免费缴纳养老保险等，让嘎查牧民群众共享集体羊红利达 92 万元，这是"行走的妇女之家"有效发挥桥梁纽带作用的一个生动缩影。全面推进乡村振兴、创业就业、家庭家教家风、妇儿维权、巾帼健康、科技创新等十项"我为妇女群众办实事·十送"巾帼志愿民族团结服务活动 938 场次；联合中国农业科学院呼伦贝尔草原生态系统野外科学观测研究站共同成立呼伦贝尔"草原姑娘"生态保护与草牧业发展巾帼研学站，为广大农牧林区妇女提供科技服务；开展低收入"两癌"患病妇女救助工作；提升各族妇女儿童的获得感、幸福感、安全感。

（三）创新打造"呼伦贝尔爱心妈妈团"，用心用情服务各族妇女。打造"呼伦贝尔爱心妈妈团"，培树新时代家庭观，强化家庭家教家风建设，评选培树全国最美家庭 15 户、自治区最美家庭 144 户、呼伦贝尔市最美家庭 902 户，全国五好家庭 9 户、自治区五好家庭 19 户、呼伦贝尔市五好家庭 160 户，推动新时代家庭和儿童事业的发展。全国最美家庭中，有护边"接力棒"代代相传守边疆、父子两代续写民族团结佳话的巴特朝格图家庭，有展现使鹿文化、维护民族团结的古木森家庭，有致富不忘乡亲、致力于帮助困难群众、带领家乡人一起增收致富的黄静家庭等，这些家庭的优秀事迹，生动诠释了社会主义核心价值观和中华民族传统美德，温暖了人心、传播了正能量，弘扬了良好社会风尚，为全社会树立了榜样。引导妇女带动家庭，尊老爱幼、夫妻和睦、勤俭持家、邻里团结，深入推进家庭文明建设，把呼伦贝尔地区良好的家规家训与居民公约、村规民约结合起来，转化为基层社会治理的手段；结合各类文明建设创建活动，引导广大群众将新时代的家庭观融入日常生活，形成良好的道德素养和行为规范；针对群众家庭生活中的陈规陋习开展监督、评议并给予奖励惩戒，形成系统化自我约束机制，树立良好家风；强化示范引领，充分发挥妇女先进典型模范带头作用，以文明家风推动社会良好风气的形成。发挥"呼伦贝尔爱心妈妈团"作用，为各族妇女儿童和家庭提供服务宣讲3117场次，推动社会主义核心价值观落地生根，引导各民族像石榴籽一样紧紧抱在一起。

呼伦贝尔市妇联坚持与时俱进，充分发挥"联"字优势，最广泛地凝聚妇女力量，整合优势资源，打造工作品牌，将妇联妇女工作改革向纵深推进，提升民族地区基层妇联组织围绕中心、服务大局的能力和水平，更好地团结引领各族妇女感党恩、听党话、跟党走，引导各族妇女全面理解党的民族政策，不断筑牢巾帼信仰之基，牢固树立休戚与共、荣辱与共、生死与共、命运与共的共同体理念，在助力民族地区高质量发展中彰显巾帼担当作为、展现巾帼独特作用、创造巾帼出彩人生。

经验启示

呼伦贝尔市妇联紧扣改革发展大局，创新打造"三大品牌"，不断深化妇联改革和建设，全面扩大组织覆盖、工作覆盖，积极服务和融入新发展大局，不断提升妇联组织服务中心、服务大局、服务妇女的能力，让中华民族共同体意识根植各族妇女心灵深处，为民族地区社会和谐稳定贡献巾帼力量。

呼伦贝尔"爱心妈妈团"在健康体验基地开展2022暑期儿童关爱服务活动

（一）深化改革有效推动民族地区妇女儿童事业高质量发展。呼伦贝尔市妇联聚焦重点难点、强化末端落实，深化妇女工作改革和建设，最大限度激发各族妇女的积极性主动性创造性，促进各民族像石榴籽一样紧紧抱在一起，心往一处想、智往一处谋、力往一处使，高效推动民族地区妇女儿童和家庭事业行稳致远。

（二）深化改革切实保障妇联组织有效发挥桥梁纽带作用。呼伦贝尔市妇联坚持以社会主义核心价值观为引领，有效发挥妇联组织的桥梁纽带作用，做党开展妇女工作的得力助手、妇女群众信赖依靠的温暖娘家，担负起引领服务联系各族妇女的职责使命，全面促进各族妇女广泛交往交流交融，不断凝聚价值共识，让各族妇女形成密不可分的共同体。

（三）深化改革全力实现各族妇女对美好生活的向往。呼伦贝尔市妇联大力推进妇女工作改革，开展内容丰富、形式多样的活动，做实做细服务工作，搭建各族妇女交往交流交融的桥梁，赋予这些活动以彰显中华民族共同体意识的意义，让各族妇女感受到党的关怀和妇联组织的温暖，提升各族妇女儿童的获得感、幸福感、安全感。

中国共产党同各民主党派秉持共同理想、坚持共同奋斗，汇聚成坚持和发展中国特色社会主义、实现中华民族伟大复兴中国梦的磅礴力量。

——2017 年 3 月 4 日，习近平看望参加全国政协十二届五次会议的民进、农工党、九三学社委员并参加联组会时的讲话

一次牵手行　一生藏汉情

——民进岳阳市委会结对牵手　让"格桑花"绽放洞庭

近年来，湖南省岳阳市委统战部、中国民主促进会岳阳市委员会（以下简称"民进岳阳市委会"）创新开展"藏汉牵手·同心家园"活动，以家庭亲情为纽带、以民族交融为重点、以主题活动为载体、以基层组织为依托，组织统战系统机关干部、民进会员与岳阳市一中西藏班的学生结对，让"格桑花"绽放洞庭之滨，为统战部门指导各民主党派参与民族工作，找到了新途径、提供了新方法。

一、背景情况

1985 年 9 月，岳阳市一中响应中央"智力援藏"的号召，开设西藏班（初中班），成为全国首批开设西藏班的 9 所中学之一，2000 年改制办西藏高中班。截至 2023 年，岳阳市一中已承办西藏班 38 期，仍有在读高中学生 400 多名。西藏班学生在岳阳市一中就读三年，其间正是他们世界观、人生观、价值观成型的重要时期，受师资力量所限，特别是家庭教育资源所限，学校希望社会各界力量积极参与西藏班共建共育，

让离家万里的西藏班学生感受家的温暖和爱的温度。2018 年 1 月，在岳阳民进八届八次市委会上，时任民进岳阳市一中支部主委、岳阳市一中西藏部副主任姚金波，向民进岳阳市委会反映了学校这一愿望，希望以此为主题开展社会服务，为学校雪中送炭，与会员本职工作同频共振。这一提议得到了委员们的一致赞同。随后，民进岳阳市委会和岳阳一中积极联系，共同筹备牵手结对活动，接着《民进岳阳市委"藏汉牵手·同心家园"活动倡议书》通过工作微信群，发到全市 515 名会员的手机上。面对众多的会员志愿者，综合考虑会员的职业、时间、家庭孩子的学业情况，民进岳阳市委会最终确定了 11 个家庭与 12 名孩子结对；2 月 4 日，民进岳阳市委会"藏汉牵手·同心家园"活动启动仪式在岳阳一中举行，就此开启藏汉互亲互信共进的历程。通过几年来的实践，"藏汉牵手·同心家园"牵手结对活动实现了主题化、阵地化、规范化、常态化。随着活动影响力逐步扩大，民进湖南省委会、湖南省民族宗教事务委员会、湖南省教育厅、西藏教育厅、中共岳阳市委、岳阳市人大、岳阳市政协等，以不同方式参与到此项活动中来。民进岳阳市委会先后获"民进全国社会服务暨脱贫攻坚工作先进集体"称号，2 个支部获"民进全国组织建设先进基层组织"称号。

二、主要做法

（一）"一对一"牵手进家门。明确结对要求，以 3 年为一个周期，组织责任心强、家庭和睦、热心公益的机关干部、民进会员自愿参与结对。藏族学生以高一、高二为主，寒假期间留校的学生优先。严格结对程序，在筹备阶段，拟订活动方案，面向市委统战部、民进岳阳市委会基层组织发出倡议，筛选自愿家庭，确定结对的藏族学生，完成结对信息录入备案。确定牵手家庭后，对家庭成员进行民族风俗习惯、学情、家庭教育方法培训。举办结对仪式，每批次结对活动都十分注重仪式感，市委统战部、民进岳阳市委会和岳阳市一中校领导出席活动，参与宣读活动方案、举行结对仪式、结对家长及学生代表发言等环节。规范结对过程管理，每次组织集体活动，由民进岳阳市委会制订具体方案，征求岳阳市委统战部、岳阳市教体局、岳阳市人大民侨外委意见后实施。结对期间，如需带学生离校、留宿，必须向学校报备，履行请假手续，每次活动都要确保安全，单独活动不得离开岳阳城区。结对过程中，重点与藏族学生开展文化交流互动，帮助藏族学生了解汉族文化、体验汉族生活，尊重民族习惯，促进藏汉融合、民族团结，建立互亲、互信、共进的和谐关系，明确结对不是扶贫帮困，而是家庭爱心交融，结对过程中注重情感交流，而不是比钱比物。

（二）"五个一"活动心连心。岳阳市委统战部、民进岳阳市委会引导结对的机关干部、民进会员，组织实施"五个一"活动。打一次亲情电话，两个家庭进行一次视频通话，建立双方之间的联系，增进对双方家庭的了解。过一个传统节日，在节日期间，经学校报备同意，将结对学生接到家中共度佳节。在平常的节假日特别是寒暑假期间，鼓励结对的机关干部、民进会员带领西藏学生走亲访友，让学生感受家庭亲情，感受中华民族一家亲的温暖。共读一本书籍（共看一场电影），以传统文化、爱国主义教育为主要内容，通过共读一本书、共看一场电影，共同分享读书感悟，共同探讨影视作品，使结对家庭与结对学生的情感交流更融洽。走访一次班级，与岳阳市一中配合，利用重大节日文艺汇演、教学开放日、接送结对学生的机会，与结对学生班主任建立联系，方便了解学生学习生活情况。走进班级听课，与岳阳市一中西藏部其他学生进行交谈，广泛传达善意。开展一次文旅活动，带领各族学生共游岳阳楼，感受"先天下之忧而忧，后天下之乐而乐"的"忧乐精神"，现场体验中华优秀传统文化的内核，激发藏族学生知使命、思进取；共游"全国爱国主义教育示范基地"屈子祠，感受屈原爱祖国爱人民、坚持真理、宁死不屈的精神；共游伟人故居，缅怀先辈伟绩，感受革命精神，激发学生的爱国主义情感和社会责任感，厚植爱党、爱国、爱社会主义的情感；漫步城市街道、工厂、商业中心，了解城市变化，激发学生立志成才、建设西藏、报效祖国的豪情。先后组织开展了"纪念西藏和平解放70周年征文""清明祭扫烈士陵园""迎国庆文艺晚会""重走茶马古道"等集体活动10余次，结对家庭开展过生日、过春节、过藏历年、进农村等活动520余次，参与结对的学生身心更加健康，进一步增强结对学生的"五个认同"。

（三）"七个一"机制强保障。着力从"七个一"方面入手，完善"藏汉牵手·同心家园"保障机制。一个计划定盘子，将"藏汉牵手·同心家园"活动纳入年度工作计划，活动完成情况列入民进市委会主委班子民主生活会、民进市委会班子年度述职内容。如2023年工作计划中就列入了"第五批结对仪式""守护好一江碧水""亲子游学王家河""藏汉携手绿水青山路　共践生态文明建设行"4个集体活动。一本册子为指导，通过梳理总结"藏汉牵手·同心家园"遇到的问题，民进岳阳市委会于2019年组织编写了《藏汉牵手结对实务》，对"藏汉牵手·同心家园"的基本原则、前期准备、活动流程、注意事项、风险研判与防范进行具体说明，提供了常用文本模板，并组织了结对家庭进行集中培训。一个家委会作支撑，每完成一次牵手结对活动，都成立结对家长委员会，设置家委会主任、副主任，协助民进市委会组织集体活动，对活动内容提出想法建议，及时反馈结对情况，定期组织结对家庭交流活动，结合自身资源优势，采取集体行动或个别组队的形式开展研讨交流、户外活动。一个支部作后盾，明确支部作为结对干部和结对会员的后盾，为结对创造条件，调配资源。倾力协助解决结对中遇到的困难和问题。民进岳阳市委会建立了市委委员联系基层组织制度，将16名市委委员分成6组，将33个基层组织按行业、区域对应分成6组，建立一对一联系，确保每个结对的民进机关干部、民进会员都有支部作后盾，市委统战部机关结对干部，明其所在支部予以支持。一支队伍帮解难，民进岳阳市委会于2018年成立了民进志愿者队伍，协助解决结对家庭可能解决不了的难题，或者应对突发的情况。如学业帮扶、医疗卫生应急保障、指导协助西藏班学生编排文化艺术类节目等。一个会议促提升，每年召开一次结对家庭座谈会或茶话会，除主委班子参加外，还邀请岳阳市委统战部、岳阳市一中主要负责同志出席，听取情况介绍，协商下一阶段工作，助推结对走深走实。一套资料记全程，历次活动都邀请市级以上媒体参与，完整保存了活动开展以来的所有结对日记、信件文字、影像资料，收集了结对学生毕业后的去向及联系方式等。结对牵手活动五年来，涌现出诸多感人事迹。比如，2021年岳阳一中毕业学生索郎拥措考取天津中医药大学，民进会员、经开区东城小学老师李向阳默默做了一件令人动容的事。他历时17天，辗转7000多公里，远赴喜马拉雅山脚下的小山村，将亲手写上祝福的红包送到了索郎拥措的手中。"欣闻你考上天津中医药大学，我们全家都为你感到高兴，希望你继续认真学习，早日报效祖国和人民，今天特到你家表示祝贺！藏汉一家亲，我们两个家庭也是一家亲，希望我们珍惜这种超越普通家庭意义的亲情，记住岳阳永远有你一个家，任何时候都欢迎你回家！"在李向阳抵达索郎家的那天，全村男女老少都来到索郎家中，用当地最隆重的礼仪欢迎远道而来的客人。这种情谊，不仅跨越了血缘，也跨越了民族和文化差异，使湘藏两地用真情灌溉的民族团结之花绚丽绽放。

民进岳阳市委会全面贯彻党的民族政策，结合教育文化界别特色，创新履职尽责方式，擦亮"藏汉牵手·同心家园"活动品牌，牵手结对藏族班学生，让千里之外的"格桑花"在洞庭之滨感受家庭温暖、人间大爱，用"一次牵手行"筑就"一生藏汉情"，积极做铸牢中华民族共同体意识的岳阳实践参与者，在持续不断扩大活动影响的过程中，进一步促进各民族交往交流交融，为民族散杂居地的统战组织参与推进民族工作、促进民族团结提供了先行先试的经验，是民主党派推进中华民族共同体建设的生动实践。

经验启示

西藏学生远离家乡,最渴望的是家庭温暖。民进岳阳市委会通过"藏汉牵手·同心家园"活动,与学校、学生同频共振,结对藏族学生,让他们感受家庭温暖,进一步推动在岳阳西藏班学生坚定对伟大祖国、中华民族、中华文化、中国共产党、中国特色社会主义的高度认同,为其他民主党派结合界别特色参与民族工作进行了有益探索。

(一)在大统战格局下发挥民主党派助力作用。在岳阳市委统战部大力领导和支持下,"藏汉牵手·同心家园"活动由民进岳阳市委会发起并实施,从民族团结的大处着眼,从文化交融小切口着手,将"五大关系"中的政党关系和民族关系有机结合,合力构建具有岳阳特色的大统战格局。

(二)用心用情助力藏汉之间绽放"团结花"。民进岳阳市委会通过"藏汉牵手·同心家园"活动,关心关爱藏族孩子们的成长,深化对藏族学生的学习帮扶、人际交往、文化交流、情感沟通和思想交融,让藏族学生体会家庭温暖、手足情深,进一步促进各民族交往交流交融,推动形成全社会为民族团结、文化交流作贡献的良好氛围。

民进岳阳市委会第六批"藏汉牵手·同心家园"牵手结对活动中,
藏族学生为岳阳阿爸阿妈献哈达

（三）同心同向搭建民主党派参与民族工作"新舞台"。民进岳阳市委会发挥教育文化界别特色，以新舞台巩固"老阵地"，找准党派履职新方向，拓宽服务渠道，丰富服务内涵，创新社会服务工作方式方法，持续开展"藏汉牵手·同心家园"活动，用实际行动为新时代国家教育事业积极贡献智慧和力量。

边防工作是治国安邦的大事，关系国家主权和领土完整，关系改革发展稳定大局和对外工作全局，关系强国建设、民族复兴伟业。要充分认清做好边防工作的重要意义，强化使命担当，为党和人民守好边、固好防。

——2023 年 6 月 7 日，习近平在内蒙古调研边境管控和边防部队建设情况时的讲话

构筑联防联控"堡垒群"　绘就稳边固防"同心圆"

——吉林延边州珲春市党政军警民"五位一体"促进边境服务管理见实效

近年来，吉林省珲春市深入贯彻党中央关于"党政军警民"合力强边固防的决策部署，不断强化边境管控体系建设，全面深化党政军警民"五位一体"管边控边合力，团结和依靠辖区各族群众共同参与守边、稳边、兴边，坚决防范打击破坏边境辖区违法犯罪活动，有力维护了边境辖区和谐稳定，促进了边境地区高质量发展。

一、背景情况

珲春市，吉林省延边朝鲜族自治州（以下简称"延边州"）辖县级市，地处吉林东南部图们江下游，南与朝鲜咸镜北道、罗先特别市隔江相望，东与俄罗斯滨海边疆区山峦相连，是全国唯一地处中、朝、俄三国交界的边境城市，居住着汉族、朝鲜族、满族、蒙古族等 35 个民族，边境线全长 376.5 公里（中朝边境线长 130.5 公里，中俄边境线长 246 公里），素有"一眼看三疆山川风貌，双耳听三国鸡鸣狗吠"之称。

这里中、朝、俄三国陆路相连，中、朝、俄、韩、日五国水路相通，是我国长吉图先导区的"窗口"和面向东北亚开放的"桥头堡"，也是我国"一带一路"向北开放的战略支点，属于典型的对外开放前沿城市、边疆县市、多民族县市，是吉林省地理位置最为特殊、边境形势最为复杂、管控任务最为繁重的边境地区之一，党和国家历来重视其区位和战略意义。珲春边境管理大队组建于1980年，主要负责珲春市辖区管控任务，是全国移民管理系统唯一担负中朝、中俄两段边境管理任务的重要执法力量，下辖4个边境检查站和11个边境派出所，辖区总面积4982.69平方公里，管辖9个边境乡（镇）102个行政村。近年来，珲春市立足边疆民族地区特色，探索构建党政军警民"五位一体"合力治边工作新格局，确保了各族人民安居乐业、社会安定有序、边境长治久安。

二、主要做法

（一）统筹合力构建管边机制，在创新边境服务管理上求实效。珲春市用心感悟党中央决策意图，以高度的政治自觉抓好顶层设计、强化组织领导，成立以市委书记为主任、市长为常务副主任的边防委员会，将32116部队、边境管理大队、人武部以及党政部门负责人纳入成员，先后制定出台《珲春市边防委员会工作规则》《珲春市边防工作要点》等10余项制度文件，从强化党委对合力强边固防的集中统一领导、发挥政府对边防工作的统筹协调作用、持续提升军警民联合管控边境能力等6个大方面19项重点任务，具体明确了涉边单位职责分工，配套建立了工作会议、统筹规划、情况交流、信息融合、宣传教育、联防联控、检查督导、表彰奖励等8项工作制度，为全面构建党政军警民合力强边固防格局、加快推进边境地区管控体系建设提供强有力政策保障。

（二）强化军警民协同守边力量，在赢支持、强管控上求突破。珲春市科学运行党政军警民合力强边固防机制，建立完善"军管线、警管口、民管片"的联合管边控边工作模式，军警联合探索实施"前查后验""梯队增援""延伸设防、区域辐射"等多种联勤模式，合力治边效能不断提升。实践中，边境管理大队纵深推进"警地融合、警民融合、社会面协同管控"三项新机制效能发挥，建立110个独立警务室（站）、11个政保前哨站，在102个行政村配齐223名警务助理，对接10支队伍260名民兵参与边境巡防，设置10个户籍、交管综合窗口，选派20名民警参与农村道路交通安全治理，争取边境管理70名专职辅警招录名额，推动管边控边效能得到跨越式提升。牵头建立起以驻地乡镇党员骨干、会民族语言的群众等为主体的"群众护边员队伍"220 余人、三级群防群治组织 290 余组 1800 余人，建立"驻派出所民调室"10 个，建立和完善联防联勤办法、群众奖励办法等多项管用实效的工作机制，在延边州首推"民警包村、辅警驻村"工作模式，在全省率先完成边境管理大队主要领导任边防委副主任、副职任边防办副主任、11 个派出所所长进驻地党委班子及边防办合署办公事宜，进一步壮大管边控边队伍，逐步构建完善与边境管控任务相适应、具有边疆民族地域特色的"全员式"群防群治网络，凝聚起"人民边境人民防"的强大合力。坚持"重拳出击、露头就打"，紧盯影响社会稳定的突出问题和风险隐患，积极发动各族群众参与边境辖区社会治理，2021 年以来，边境辖区治安案件查处率同比提升16%，刑事案件破案率同比上升 26%，可防性案件发案率同比下降 20%，维护边境稳定的成效更加明显。

（三）全心全意打基础赢民心，在凝合力、促和谐上求成效。珲春市主动对接延边州，主动融入吉林省重大发展战略，不断推动民族地区融入新发展格局，有效提高了民族地区公共服务保障能力和水平。在实践中充分立足军警单位多、军民关系融洽、党建工作规范等优势，整合军警地资源，先后推出"军警地同心筑堡垒"、国门党建一体化等特色品牌建设，带动形成了组织联建、活动联办、人才联育、发展联姻、边防联守、责任联担的"六联"机制，经验做法在全省得到复制推广、落地生效。扎实推进"知各族风俗、结各族同心"活动，以"民族团结一起护、边境安全一起守、乡村振兴一起抓"为主要内容。建立铸牢中华民族共同体意识宣传教育常态机制，依托民族工作站与各族群众广泛结成"普法小组""民俗文化小组""义工小组"等特色"共建小组"，深入开展党的二十大精神宣讲、党史党性教育、爱国主义教育、民族政策宣传等活动 180 余次，开展"大宣传、大教育、大交流"及法制辅导授课活动 60余场次。在共同参与边境管理的过程中，促进各族群众广泛交往、全面交流、深度交融，有力推动"五个认同"成为边境各族群众的思想共识。边境管理大队探索提炼出"群众工作六法""五字工作法"等经验做法，开通为民服务"绿色通道"，设立"以房管人、以证管人、以业管人"制度，多角度满足辖区群众"快速办""便捷办""上门办"的现实需求，先后为辖区各族群众办理各类户籍证件 500 余个，开展上门办证服务 120 余次，集中宣传 80 余场次，发放宣传资料 1.2 万余份，接受群众咨询 500 余次，营造出全社会支持、参与边境管理的良好氛围，群众基础得到有效巩固。

船的力量在帆上，人的力量在心上。珲春市以党政军警民"五位一体"合力管边控边机制为载体，广泛动员社会力量参与边境辖区治理，在边境筑起一道各民族同心协力、守望相助的钢铁长城，增强各族群众对伟大祖国、中华民族、中华文化、中国共产党、中国特色社会主义的认同，促使民族关系更加密切、边境防线更加牢靠、团结根基更加稳固。

经验启示

珲春市牢牢把握铸牢中华民族共同体意识这一主线，争取民心所向、凝聚民愿民力，团结和依靠各族群众管边、守边、固边、富边，各族群众践行守望相助理念，凝聚起党政军警民合力强边固防的磅礴力量。

（一）加强党的领导是实现稳边固防的首要前提。珲春市立足地理位置特殊、边境形势复杂、管控任务繁重的实际，牢固树立总体国家安全观，在边境管理中强化党的领导，构建系统高效的边境管理领导体制机制，确保党的方针政策在边疆地区得到全面贯彻和执行，团结和动员边疆各族人民共同维护国家安全和稳定，为稳边固防提供了坚强的政治保证。

（二）协同发力是维护边境安全稳定的有效机制。珲春市聚焦国家战略要求，坚持突出党政军警民合力强边固防政治优势，充分调动和发挥军警地自身优势，找准军

2023 年 9 月，珲春边境管理大队三家子边境派出所组织护边员、村辅警开展边境一线巡逻执勤工作

警地双方中心任务的结合点，实现资源共享、优势互补、区域联动、协同发力，形成维护边境社会稳定、推动经济发展的整体合力，构建起坚固的边境安全防线，推动边疆繁荣发展。

（三）营造安居乐业氛围是边境地区凝聚人心的重要手段。珲春市把群众的理解作为边境管理工作的最大动力，把群众的支持作为边境管理工作的最大倚仗，把群众的满意作为边境管理工作的最大成效，回应民心所盼、惠及民生福祉，持续增强各族群众的获得感、幸福感和安全感，让感党恩、听党话、跟党走成为边境各族群众的共同心声和自觉行动，为边境地区实现高质量发展提供强大内生动力。

总书记的话

要培育富有地方特色和时代精神的新乡贤文化，发挥其在乡村治理中的积极作用。

——2017 年 12 月 28 日，习近平在中央农村工作会议上的讲话

地方实践

发挥"乡贤＋"效力　激发基层统战活力
——海南琼中县红毛镇探索基层议事协商新机制

近年来，海南省琼中黎族苗族自治县（以下简称"琼中县"）红毛镇紧盯基层治理薄弱点，将具有地方特色的"乡贤"文化与现代基层议事协商有机结合，充分发挥乡贤在参与乡村治理、化解矛盾纠纷、促进和谐稳定中的作用，探索"乡贤＋一约四会"基层议事协商机制，为推动民族地区全过程人民民主工作高质量开展蹚出新路子。

一、背景情况

红毛镇位于海南省琼中县西部，居住有汉族、黎族、苗族等民族，自古就有"世间来往有情理，进村入门有规矩"的熟人社会结构，并衍生出颇有地方特色的基层管理观念。由于部分传统观念同基层治理法治化存在"民理"同"法理"相矛盾的现象，为破解这一难题，红毛镇探索"乡贤"赋能乡村社会治理新路子，推动"乡贤"与"一约四会"多元嵌入、深度融合，引导村民运用"一约四会"自我动员、自我约束、自我管理，把乡贤文化"软实力"转化为民族地区发展"硬实力"。

二、主要做法

（一）以"乡贤＋一约四会"为切入点，解决"谁来议"的问题。以组织建设为引领，通过定标准选"贤"、建机制育"贤"、搭平台用"贤"，推动乡贤理事会实现有人员、有阵地、有制度、有活动的"四有"目标，让乡贤有"位"更有为，为基层统战工作摸索出一条新的工作思路。出台《红毛镇"乡贤＋一约四会"乡村治理实施方案》，设立村级乡贤统战工作联络服务站。立足队伍、素质、品牌三项标准选乡贤。通过村级议事会选拔乡贤，干部自荐、群众推荐、在外引荐选拔退职老干部、企业等"乡贤"组成乡贤志愿服务队，推动乡贤参与基层社会治理。建立乡贤人才库，打造乡贤馆，明确乡贤参与基层治理的任务表，实施"四员"制度和清单，充分发挥乡贤在密切党群关系、化解社会矛盾纠纷、党委决策部署落地、国家方针政策宣讲方面的"联络员""调解员""监督员""宣传员"作用，确保"乡贤＋"在民族地区治理工作中蹄疾步稳、扎实有序。持续注重挖掘选树，鼓励引导更多的农村优秀基层干部、道德模范、老教师、退休返乡干部等参与治理，起到良好的示范效应。按照模块化管理的要求，将"乡贤＋"工作融入"一约四会"，成立乡贤馆，制定村规民约，设立红白理事会、道德评议会、村民议事会、禁毒禁赌会等村民自治组织架构，搭建乡贤参与平台，制定乡贤理事规则，精准掌握乡贤人才的专业特长和兴趣爱好，助力乡贤人才在乡村振兴一线找到更适合的岗位，更快更好地发挥作用。比如，2022年乡贤理事会以什寒村为样板村，联合村（居）务协商会、基层民主协商会、宣传工作方面的"一约四会"，指导编制村规民约4条，解决环境整治20件、矛盾纠纷2宗等，打通服务各族群众的"最后一公里"，为民族地区高质量发展注入了统战新力量。

（二）以"乡贤＋一约四会"为着力点，解决"议什么"的问题。邀请乡贤常态化参加议事会，大到政策宣传，小到家常琐事，通过把会开到家家户户、开到田间地头，乡贤与村干部、群众坐在同一条板凳上，针对基层治理中的重大事项，更广泛更直接地征求意见建议，既能及时传达上级部署要求，又能实时反馈基层社情民意，当好村"两委"和村民间的"传声筒"，不断优化村党组织领导下的多元决策机制。村民民主议事会每月向村"两委"汇报当月工作开展情况。通过村民议事，推动农村垃圾清运事权下放至村一级，清运成本从上年度20万元压缩至10万元，极大缓解财政压力的同时，基层治理水平进一步提升。依托乡贤带头为乡村正风，在各村（居）成立红白理事会，完善红白喜事报备制度，规定家宴标准，严格控制规模，有效杜绝了大操大办、互相攀比之风，弘扬了节俭办好红白事新风。如什寒村存在部分农户喜事聘礼超过 10 万元、婚礼宴席大操大办的现象，红白理事会成员逐户上门宣传婚丧嫁娶政策，监督控制宴席规模、标准，规劝单桌宴席标准不超过 600 元、"份子钱"不超过 200 元，杜绝铺张浪费。推行"公调对接"机制，由镇派出所牵头，"平安会"参与，设立"乡贤调解室"，广泛吸纳老党员、老干部、老教师等各领域优秀人才成为乡贤调解员，通过乡贤的威望、信誉，通过乡情、亲情和真情化解不稳定事件，实现"小事不出村、大事不出镇、矛盾不上交"。组建村级"禁毒禁赌会"，采取强化宣传、加大监督等措施，有效地预防和禁止农村赌博、涉毒活动的发生。同时，由乡贤牵头在各村建立一支"平安乡村"队，划分责任区开展巡逻，同时参与防汛抢险、防溺水宣传、疫情防控、秸秆禁烧、文明创建等各项重点工作，切实提升各族群众的获得感、幸福感和安全感。

（三）以"乡贤＋一约四会"为突破点，解决"管和办"的问题。充分发挥乡贤言传身教作用，引导乡贤通过入户走访等形式组织群众共同参与修订村规民约，重点涵盖遵纪守法、社会治安、环境卫生、邻里关系、非法宗教、移风易俗、消防安全、志愿服务等内容，让村规民约更"合身"，切实提升村规民约在基层治理中的实效。例如，什寒村以整治人居环境为契机，引导乡贤组织村民召开会议，针对村庄占道等问题，把"建新拆旧"写入村规民约。同时，乡贤带头参与"文明家庭""平安家庭""环境卫生文明户"等评选活动，进一步提升群众参与评选的积极性。以"积分制"为抓手，谋划创建"乡贤＋积分超市"。由村"两委"组织乡贤，依托"评议会"为在乡村振兴中作贡献的村民"评分"，让做得好的家庭登台亮相，对其进行奖励，对违反"陋习禁办"规定的家庭进行通报批评。融合乡村治理积分制度，定期评议积极参与乡村振兴工作的农户，全村农户根据积分到村委会指定地点兑换物品，并制定积分兑换细则，发挥文明家庭带头示范作用。定期召开道德评议，评选村内勤劳致富、尊老孝亲、助人为乐等先进典型，评议不文明行为，化解各类矛盾纠纷，推进移风易俗，助力乡村振兴。不断创新"乡贤＋"载体，依托乡贤力量，加强对青少年的思想道德教育，提升青少年的综合素养，引导青少年树立正确的世界观、人生观、价值观，护育"青苗"茁壮成长。如毛西村委会组织乡贤开展"家庭家教家风"宣讲会，以"家风"带"乡风"，以"家风"促"作风"，以"家风"建"新风"，用乡贤榜样的力量影响、教化、陶冶村民，提升乡村民众的思想道德素质，为民族地区乡村发展提供正确导向。

琼中县红毛镇探索"乡贤＋一约四会"基层议事协商机制，发挥乡贤典型示范作用，通过乡贤的威望、信誉，化解不稳定事件，引导各族群众参与全过程人民民主，增强各族群众凝聚力，走出一条强化基层治理水平的有效路径。

经验启示

红毛镇积极发挥乡贤作用，以"乡贤＋一约四会"创新模式为抓手，把乡贤的力量凝聚到推进民族地区发展中来，对促进民族地区形成民事民议、民事民办、民事民管的多层次基层协商格局具有启示意义。

（一）"乡贤＋一约四会"是奠定基层治理安稳基石的有效补充。红毛镇在国家主导基层社会治理体系中，推动"乡贤＋一约四会"模式，发挥乡贤的智囊团作用，助力基层社会治理的精准性和针对性，最大限度地实现治理力量往基层走、资源向基层聚、问题由基层治、矛盾在基层解的目标，有效增强民族地区基层社会治理效能。

（二）发挥乡贤示范作用是推动乡风文明建设的内在要求。红毛镇通过构建新时代的乡贤队伍，充分发挥乡贤熟悉村情、德高望重的优势，发挥乡贤在民情联络、矛盾化解等方面的独特作用，增强新乡贤的归属感和获得感，营造以争当新乡贤为耀、当好新乡贤为责、奉献乡土为荣的良好氛围，引导各族群众见贤思齐、崇德向善，让好的风气无时不在、无处不有。

琼中县红毛镇罗担村召开村民议事会

（三）"乡贤＋一约四会"是实现全过程人民民主的有力抓手。红毛镇推行"乡贤＋一约四会"，通过积极弘扬乡贤文化，充分发挥村里老书记、老党员、致富带头人等德高望重的乡贤熟悉村情的优势，广泛动员群众通过村民议事会、道德评议会、红白理事会、禁毒禁赌会等积极主动发言献策，激发各族群众内生动力，在畅通表达渠道、交换意见看法、形成科学民主的集体行动中践行了全过程人民民主。

第三部分　文化建设

　　习近平总书记强调，必须顺应中华民族从历史走向未来、从传统走向现代、从多元凝聚为一体的发展大趋势，深刻理解把握中华文明的突出特性，在新的历史起点上不断构筑中华民族共有精神家园，为铸牢中华民族共同体意识奠定坚实的精神和文化基础。文化建设是建设现代精神文明、发展文明中国的基础。工作中，要大力培育和践行社会主义核心价值观，加强社会主义先进文化建设，繁荣发展文化事业和文化产业，推动中华优秀传统文化创造性转化、创新性发展，巩固各族人民团结奋斗的共同思想基础。通过深化文化建设，在精神文化层面不断满足各族群众日益增长的精神文化需求，提高全社会文明程度，增强中华文明传播力和影响力，不断增强中华民族的文化主体性和文化自信心，不断强化共有的价值取向和文化心理，不断弘扬共有的爱国主义精神和独特的家国情怀，为建设文化美美与共的中华民族共同体凝聚思想共识。

总书记的话

在党中央坚强领导下，在全国人民大力支持下，西藏各族干部群众团结一心、艰苦奋斗，解决了许多长期想解决而没有解决的难题，办成了许多过去想办而没有办成的大事，各项事业取得全方位进步、历史性成就。

——2020 年 8 月 28 日至 29 日，习近平在中央第七次西藏工作座谈会上的讲话

让历史告诉现在　让现在照亮未来

——西藏百万农奴解放纪念馆展示雪域高原伟大历史变革和壮丽时代新篇

正本清源，荡涤尘埃。西藏百万农奴解放纪念馆（以下简称"纪念馆"）是全国唯一一座废奴运动纪念馆。该馆立足讲清楚西藏与祖国的关系史，讲深刻西藏民主改革故事，讲明白党给予西藏的关心关怀，全面诠释西藏奋进历程；讲透彻旧西藏的苦，讲明白新西藏的甜，生动展示了在中国共产党领导下，西藏民主改革以来翻天覆地的变化和经济社会发展取得的巨大成就，是引导西藏各族人民感党恩、听党话，坚定不移跟党走的有效宣传阵地。

一、背景情况

1959 年，中国共产党领导西藏各族人民彻底粉碎了西藏上层反动集团的武装叛乱，实行了波澜壮阔的民主改革，彻底摧毁了政教合一的封建农奴制，旧社会的阴霾烟消云散，"居住在世界最高处，却生活在世界最底层"的百万农奴喜迎新生，雪域高原迎

177

来了新世界的光明！2009 年 1 月 19 日，西藏自治区第九届人民代表大会第二次会议全票通过了《西藏自治区人民代表大会关于设立西藏百万农奴解放纪念日的决定》，决定把每年 3 月 28 日设为西藏百万农奴解放纪念日，翻身农奴从此终于有了自己的节日。按照建设一个权威反映西藏民主改革成果、新旧西藏对比的永久性展览馆的目标，2018 年 2 月，西藏自治区党委宣传部开始筹建西藏百万农奴解放纪念馆，2019 年 3 月 28 日建成并正式向社会公众免费开放。展览以"西藏百万农奴解放"为主题，以"新旧西藏对比"为主线，以"民主改革"为重点，通过展陈大量的文献资料、文物实物、图片影视、大型雕塑、油画、场景复原等，旨在让参观者更深刻地了解西藏的过去和现在，铭记历史，珍惜现在幸福的生活。2021 年 6 月 19 日，纪念馆被中共中央宣传部命名为"全国爱国主义教育示范基地"。现在，该馆已成为西藏自治区爱国主义教育基地、国防教育基地、民族团结进步教育基地、干部教育培训现场教学基地、青少年德育教育基地、对外宣传基地，在党史学习教育、铸牢中华民族共同体意识教育、学习贯彻习近平新时代中国特色社会主义思想主题教育等教育实践中发挥了重要作用。

二、主要做法

（一）用历史事实讲好西藏民主改革故事。西藏的民主改革，彻底埋葬了压榨西藏各族人民的封建农奴制度，百万农奴从此翻身得解放，实现了西藏历史上最广泛、最深刻的社会变革，在西藏发展史、中国近代史、人类社会发展史上具有划时代的意义。筹建纪念馆是西藏各族干部群众对中国共产党、对伟大祖国、对西藏民主改革发自内心的感恩和感激。纪念馆筹建工作坚持"权威、精准、专业"的原则，牢牢把握政治方向，把握主题主线，把握重点内容，各项工作有序推进。2018 年 11 月纪念馆开工建设；2019 年 2 月展陈脚本、设计方案确定，开始布展；2019 年 3 月 28 日正式开馆。从 2018 年 3 月初到 2019 年 2 月，脚本组翻阅大量的书本史料、古籍文献，先后十六易其稿，可谓"一字千金"；实物组点对点征集文物档案资料，感悟"老西藏精神""两路精神"，力求让每一件尘封的文物开口说话，让每一页逝去的历史重见天日，征集的档案屡次增减调换，可谓"一诺千金"；展陈组将办公室直接设在纪念馆建设工地，结合现场实际细化方案，不断强化展陈的政治逻辑、历史逻辑、思想逻辑、艺术逻辑，设计小样修改了整整 12 稿，可谓"寸步不离"；结合纪念馆展陈面积小、展陈内容多的特点，使用多少文字、选取多少图片、展出多少实物、制作多少雕塑、采用多少多媒体技术都经过认真研究、仔细核算，把展陈空间用到极致，可谓

"寸土寸金"。2019 年 3 月 28 日主馆建成并正式向社会公众免费开放。通过建设纪念馆，把最黑暗、最落后、最野蛮、最残酷的旧西藏牢牢钉在历史耻辱柱上，把社会主义新西藏的伟大变迁骄傲地展示给世人，让我们党在西藏建立的丰功伟绩和民主改革伟大进程的丰碑，永远屹立在西藏高原的蓝天白云下，屹立在各族人民心中。

（二）用历史巨变诠释奋进历程。纪念馆以全新的设计理念，分为"序厅""西藏自古以来就是祖国神圣领土不可分割的一部分""政教合一封建农奴制度统治下的旧西藏""民主改革""社会主义新西藏"和"昂首阔步新时代"等六大部分，从多视角、多维度，生动展示了党领导西藏各族人民砸碎政教合一封建农奴制枷锁，建设社会主义新西藏的恢宏画卷。历史是一面镜子，也是最好的教科书。走进纪念馆如同穿行在历史的长廊，从远古时代开始，穿过与祖国各地新石器时代文明类似的双体彩陶罐，沿着文成公主的脚步前行，抚摸唐蕃会盟碑的铭文，聆听"凉州会盟"的历史回响，探寻"金瓶掣签"的由来，经过江孜抗英保卫战的壮烈场景，能寻找到情感寄托、心灵归宿和精神家园。在旧西藏的时光隧道，亲身体会广大农奴的深重苦难，深刻感受他们迫切要求民主改革的渴盼。在历史图景中，翻身农奴用幸福的笑脸迎接一个崭新时代的到来，人民解放军和进藏干部孕育形成"老西藏精神"和"两路精神"。新西藏的天空下，能看到西藏第一条公路、第一所学校、第一所医院，看到人们灿烂的笑脸、幸福的表情，看到西藏各族儿女"撸起袖子加油干"的信心和决心，展示了民主改革 60 多年来，西藏各族人民以主人翁的姿态站立在红旗下，沐浴着党的阳光雨露，生活在祖国的温暖怀抱，坚定不移地走在中国特色社会主义道路上，用勤劳的双手和百倍的热情把旧西藏建设成社会主义新西藏，取得了举世瞩目的辉煌成就。今天的西藏，人民发展权得到充分保障，经济持续保持高速增长，1959 年西藏地区生产总值仅有 1.74 亿元，2023 年超 2300 亿元，一座座现代化城市拔地而起、一条条高速公路四通八达、一片片产业园区朝气蓬勃。根据《2023 年西藏自治区国民经济和社会发展统计公报》，西藏每千人医疗卫生机构床位数、卫生技术人员数分别达到 5.90 张、8.05 人，此外，人均预期寿命从和平解放前的 35.5 岁提高到 72.5 岁；人民教育权得到充分保障，西藏实行从幼儿园到高中 15 年公费教育，建成各级各类学校 3422 所，区内外在校生总人数达 96 万人，上学再也不是和平解放前贵族子女的特权。如今西藏的四级人大代表中，大多是旧西藏百万农奴的后代，现在成为了全过程人民民主在雪域高原的践行者。纪念馆里展示着承载国家主权、民族情感、农奴命运、时代记忆的历史画卷，凸显西藏各族人民对伟大祖国、中华民族、中华文化、中国共产党、中国特色社会主义的高度认同。

（三）用历史使命展示幸福未来。以"讲好红色故事、弘扬爱国精神"为指针，创新方式方法，让红色故事发扬光大，让红色文化灿烂绽放，让各族人民永远牢记这一伟大历史事件。以文物讲述红色事业发展，127 份珍贵的历史文献档案、41 件（套）文物、171 件见证历史的实物、367 张生动的图片、14 个大型场景，一件件珍贵的历史文物，一张张珍贵的历史档案，一组组栩栩如生的大型浮雕和雕塑，全息投影影像视听资料，一一讲述着西藏民主改革的丰功伟绩。以精品打造红色教育品牌，创新推出组织基层党支部现场讲党课等系列宣传教育主题活动，让广大干部真切感受到中国共产党带领西藏各族人民进行伟大民主改革、百万农奴翻身得解放的伟大历史功绩。发挥纪念馆宣传教育功能，举办"开学第一课"等主题教育活动 50 余场次，开展"文物故事我来讲——青少年革命文物故事大赛""青少年志愿者——小小讲解员"研学活动，使广大青少年深入了解红色文化，推动红色基因代代相传。开展新旧西藏对比教育，持续深入开展"四讲四爱"群众教育实践活动。讲好新西藏故事，精心策划"学习贯彻二十大 牢记使命建新功"、2023 年"3·28 西藏百万农奴解放纪念日"等主题活动，开展"翻身农奴把歌唱""心中的话儿对党说"等系列活动，通过这些主题鲜明、形式多样的宣传文化活动，赓续红色精神谱系，大力唱响共产党好、社会主义好、改革开放好、伟大祖国好、各族人民好的时代主旋律。2023 年，纪念馆共接待参观者 60 余万人次。全国各地的游客在重温西藏百万农奴重获新生的光辉历程中，深深感受到中国共产党的英明伟大，激发全社会爱党、爱国、爱社会主义的深厚情感，为谱写雪域高原长治久安和高质量发展新篇章、建设美丽幸福新西藏、共圆伟大复兴梦想、凝聚团结奋进力量提供强大精神动力。

西藏百万农奴解放纪念馆立足史实，通过展示西藏近现代史特别是民主改革 60 多年来的飞跃发展，讲述了西藏自古以来就是祖国不可分割的一部分，阐明了民主改革的重大意义，彰显了民主改革是真正造福西藏各族人民的伟大壮举，教育后人铭记历史不忘本。正是有了民主改革，实行了社会主义制度，才有了西藏社会制度的历史性变迁，才有了西藏与时俱进的发展，才有了西藏各族人民幸福美好的新生活。

经验启示

西藏百万农奴解放纪念馆雄辩地证明西藏民主改革顺应时代发展要求，符合西藏

少先队员在西藏百万农奴解放纪念馆开展"青少年志愿者——小小讲解员"研学活动

各族人民的根本愿望，契合西藏社会发展的实际需要，生动诠释了在中国共产党领导下，在中央政府和全国人民大力支持下，西藏人民团结奋斗，短短几十年，实现了历史上最广泛最深刻的社会变革，把贫穷的旧西藏建设成了经济文化繁荣、社会全面进步、人民生活幸福的新西藏。

（一）历史变革是增强国家凝聚力最好的教科书。纪念馆通过展示旧社会的丰富实物、新西藏发展成果的珍贵展品，形成了对西藏新旧历史的生动对比，阐明了西藏百万农奴翻身解放、当家作主的伟大历史变革，让各族群众感受到现在生活的来之不易，倍加珍惜现在的美好生活，波澜壮阔的历史进程是最好的教科书。

（二）红色文物是赓续红色血脉最好的活标本。纪念馆通过挖掘利用自身资源和活动空间，引导各族群众知史爱党、知史爱国，以史鉴今、向史而新，积极发挥革命文化的教育、引导、激励价值功能，推动各族儿女争当红色传人、赓续红色精神。

（三）制度自信是促进西藏发展最好的主旋律。纪念馆展示的历史性成果是走中国特色解决民族问题正确道路、坚持新时代党的治藏方略的生动体现。坚持中国共产党的领导是确保西藏经济跨越式发展、社会长治久安的根本保障。在党的领导下，西藏各族人民当家作主，积极投身社会主义建设，取得了举世瞩目的伟大成就，谱写出人类发展进步的壮丽史诗。

　　要完整准确全面贯彻新时代党的治疆方略，牢牢把握新疆在国家全局中的战略定位，扭住工作总目标，把依法治疆、团结稳疆、文化润疆、富民兴疆、长期建疆各项工作做深做细做实，稳中求进、绵绵用力、久久为功，在中国式现代化进程中更好建设团结和谐、繁荣富裕、文明进步、安居乐业、生态良好的美丽新疆。

　　——2023年8月26日，习近平在听取新疆维吾尔自治区党委和政府、新疆生产建设兵团工作汇报时的讲话

地方实践

欢乐过年　润在心田

——新疆以开展春节文化活动为载体推进文化润疆

　　春节作为我国重要的传统节日，具有丰富的文化内涵和深厚的历史底蕴，是中华优秀传统文化的重要载体，生动反映中华民族的价值观念和精神追求。2023年，新疆维吾尔自治区以开展春节文化活动为载体，以增强认同为目标，以满足各族群众精神文化需求为出发点和落脚点，充分挖掘中华民族传统节日文化内涵，广泛组织动员各族群众开展内容丰富、形式多样的文化活动，引导各族群众唱起来、跳起来、乐起来，在天山南北营造热烈喜庆、欢乐祥和的浓厚节日氛围，有形、有感、有效不断推进文化润疆工作。

一、背景情况

新疆地处中国西北，位于亚欧大陆腹地，自古以来就是多民族聚居地区，有 56 个民族，全区共辖 14 个地（州、市）、96 个县（市、区）。新疆民族众多，文化底蕴丰厚，多民族文化在这里交融汇聚，丰富的文化元素成为推动新时代党的治疆方略、实施文化润疆工作的有力抓手。2024 年春节期间，新疆以开展中华民族最隆重、最富有特色的传统节日春节为载体，组织开展一系列文化润疆活动，在全区上下营造红红火火、欢乐祥和过大年的浓厚氛围，让各族群众在参与文化、创造文化、享受文化过程中，携手共建美好生活。

二、主要做法

（一）系统部署多点发力，提升活动开展保障能力。新疆精心研究谋划龙年春节期间的文化活动，以"天山南北贺新春　欢欢喜喜过大年"为主题，部署在全区广泛开展各类文化、体育、旅游等活动。健全上下联动机制，形成自治区各相关部门谋划指导，各地（州、市）同步推进，各县（市、区）、乡镇齐抓落实的工作格局，切实做到活动有保障、安全防范有措施、突发事件应急有预案，活动组织精彩有序。各级新闻媒体以春节为契机，运用微视频、海报、长图、MG 动画等多种形式的全媒体展示手段，通过新闻报道、公益广告、网络互动等形式，普及节日知识、传播节日文化。借助抖音、快手等新媒体平台，制作推出反映节日主题的视频短片、动漫节目、网络直播等。结合"新春走基层""锦绣中国年"主题采访活动，组织记者深入基层一线、活动现场，多层次、全方位、立体式宣传展示各地开展文体系列活动的生动场景、火热场面和各族群众幸福画面，营造喜庆祥和、活力满满、热气腾腾的浓厚节日氛围，在持续推动中华优秀传统文化传承发展中，不断丰富各族群众精神文化生活。

（二）群众文化活动精彩纷呈，点燃新春文化氛围。新疆注重满足群众多样化、个性化需求，让群众成为节日文化活动的"主角"。在全区上下广泛开展了"群众村晚"文体系列活动，让新疆各族群众在家门口动起来、唱起来、跳起来。组织开展"文化润天山　春联进万家"活动，统一印制书写 500 余万副春联，送到 14 个地（州、市）1 万余个村（社区），把祝福送到了千家万户。文化场馆供给丰富，"文博馆里过大年"成为新年俗、新时尚。持续开展"新春嘉平　长乐未央——第十一届天山南北贺新春非遗年俗展"系列展示活动，成为春节期间的重要文化品牌。组织开展庙会、社火、舞龙、舞狮等优秀民间文化艺术展示活动，开展"体育大拜年　健康迎新春"主题系列活动，让群众在简单的趣味活动中感受节日的喜悦。发挥各族群众能歌善舞优势，开展一系列生动形象、立意新颖又充满吸引力的文艺演出活动，给各族群众送去了新年的"文化大餐"。特别是 2024 龙年央视春晚喀什分会场《舞乐新疆》8 分钟精彩节目和央视春晚新疆 60 分钟特别节目《美在新疆》一经播出，立刻引发全国乃至世界各国观众的强烈关注和热议。春节期间，全网发布央视春晚喀什分会场相关报道 2000 余篇（条），累计传播量达 1.8 亿次，为国内外观众奉上一场别具特色的中华文化盛宴，各族群众纷纷点赞评论——"新疆歌舞热情似火、直抵人心""新疆真是个好地方"，掀起"到新疆去、到喀什去"的热潮。据统计，春节前后新疆共举办文艺演出活动 1 万余场次，让国内外看到新疆各族群众奋进新征程蓬勃向上的精气神。

（三）文旅融合出彩出新，唱响"新疆是个好地方"。春节期间，全区冬季开放运营的国有 A 级旅游景区全部免门票，各景区纷纷打造与当地历史底蕴、文化气质相融的特色演出项目，积极举办民俗活动、非遗技艺展示、传统戏曲表演等形式多样的文旅活动，不断提升旅游内涵。为突出地方特色，新疆各地推出四大主题 27 条"特、精、小、美"精品线路，包括冰雪、民俗、特种、研学、乡村等旅游业态，集合新疆冬季最精华、最热门的旅游目的地，提供形式多样的游玩选择，综合运用传统媒体和新媒体强化宣传报道，吸引全国各族游客和当地各族群众前往体验，提升新疆旅游服务品牌的知名度、影响力，进一步擦亮"新疆是个好地方"金字招牌。2024 年 2 月 10 日至 17 日春节假期，全区累计接待游客 721.76 万人次，按可比口径较 2023 年增长 34.87%、较 2019 年增长 114.14%；实现旅游收入 73.85 亿元，按可比口径较 2023 年增长 85.85%、较 2019 年增长 82.49%。特别是冰雪旅游热度高的阿勒泰地区，将军山国际滑雪场春节假期累计接待游客 8.9 万人次，同比增长 50.24%，实现旅游收入 1254.32 万元，同比增长 16.38%；吉克普林国际滑雪场累计接待游客 2.29 万人次，同比增长 119.92%，实现旅游收入 835.2 万元，同比增长 106.64%。乌鲁木齐市 6 家 S 级滑雪场共接待游客 7.4 万人次。昌吉回族自治州天山天池国际滑雪场、努尔加滑雪场游客接待量创近年来新高。全区博物馆、图书馆、文化馆、美术馆共接待游客 64.16 万人次，举办各类群众文化活动 3178 场，线上线下服务群众 339.66 万人次。在不断满足各族群众对美好生活的向往中，引导各族群众增强"五个认同"。

爆竹声中一岁除，春风送暖入屠苏。新疆坚持创造性转化、创新性发展，围绕中华民族最隆重最富有特色的传统节日春节，组织开展内涵丰富、形式多样的文化活动，让传统节日焕发更加夺目的光彩、更好浸润时代人心，为各族群众提供精神滋养，在不断满足人民群众精神文化新需求新期盼中，引导各族群众厚植家国情怀、增强文化自信、激发信心斗志，凝聚团结奋进的强大精神力量。

经验启示

新疆以开展春节文化活动为载体，用实物、实景、实事让中华优秀传统文化以更加鲜活的方式走进各族群众生活，进一步拉紧"中华民族一家亲"情感纽带，在弘扬主旋律、培育各族群众的爱国情怀中，不断强化中华民族有形的集体记忆，让基层文化建设成为凝心聚力的有效载体，不断提升各族群众文化获得感、幸福感。

（一）注重在满足各族群众文化需求中凝聚共识。新疆开展丰富多样的春节文化活动，充分展现新疆厚重的文化、大美的风光、浓郁的风情和幸福的生活，在满足各族群众精神文化需求中，将中华民族"大一统"理念植入当地各族百姓心中，展示民族团结、安居乐业、生态良好、欣欣向荣的新时代新疆形象。

（二）注重在挖掘文化内涵中展示中华文化自信。新疆坚持把传承弘扬中华优秀传统文化作为重点，充分展示优秀地域文化，持续在内容创新上下功夫、求突破，强化议题设置、加强内容生产供给、用好主流媒体及网络平台，推进文化活动在形式上创新，在用生动鲜活的史实讲好中国新疆故事的过程中，不断增强中华文化传播力影响力，推动中华文化更好走向世界。

2024 年，在阿克苏地区"群众村晚"文体系列活动中，库车
群众演员进行舞狮舞龙表演

（三）注重在推进载体建设中不断增强"五个认同"。新疆始终紧扣新时代党的治疆方略在天山南北的成功实践，找准文化活动的切入点、结合点，发挥中华民族传统节日增强文化认同的载体作用，在不断满足各族群众精神文化需求的同时，增强各族群众对伟大祖国、中华民族、中华文化、中国共产党、中国特色社会主义的认同。

总书记的话

实施中华优秀传统文化传承发展工程，研究和挖掘中华传统文化的优秀基因和时代价值，推动中华优秀传统文化创造性转化、创新性发展，繁荣发展社会主义先进文化，构建和运用中华文化特征、中华民族精神、中国国家形象的表达体系，不断增强各族群众的中华文化认同。

——2023年10月27日，习近平在中共中央政治局第九次集体学习时的讲话

地方实践

加快文化繁荣发展　构筑共有精神家园
——四川凉山州加快建设新时代文化强州

近年来，四川省凉山彝族自治州（以下简称"凉山州"）把文化建设放在突出的重要位置，锁定建设新时代文化强州目标，立足优势资源，坚持高位推动、创新发展、融合发展，构建文化强州新格局、提升文化影响力、增强文化服务水平，不断满足各族群众日益增长的精神文化需求，构筑各民族共有精神家园，努力闯出一条民族地区文化建设高质量发展新路子。

一、背景情况

凉山州位于四川西南部，自古是通往西南边陲的重要通道、"南方丝绸之路"必经之地，有汉族、彝族、藏族等14个世居民族，总人口545万人，是四川少数民族

人口最多的州。长期以来，各民族在这里交往交流交融，共同创造了灿烂的优秀文化，留下了宝贵的文化财富，铸造了深厚的文化底色。2022年7月，凉山州提出加快文化繁荣发展，将凉山州建设成新时代文化强州的目标。围绕这一目标，凉山州充分发挥悠久历史文化、璀璨红色文化、浓郁民族文化等文化资源优势，推动中华优秀传统文化创造性转化、创新性发展，做强特色文化产业，提升文化服务水平，充分发挥文化发展的政治效益、社会效益、经济效益，为建设具有凉山特色的现代化经济强州提供文化滋养。在强化文化引领作用的同时，引导各民族将中华文化内化为共建、共有、共享的精神家园，让各族群众人心归聚、精神相依，走出了一条民族地区加快文化繁荣发展的具体路径。

二、主要做法

（一）立足优势资源，高扬文化发展风帆。凉山州有源远流长的历史文化，盐源老龙头遗址是四川青铜文化中除三星堆和金沙之外的第三大考古发现。目前，全州境内有各类文物点1390余处、博物馆（纪念馆）12个、全国重点文物保护单位4处10点、省级文物保护单位61处、市县级文物保护单位380处；有国家级历史文化名城1座、省级历史文化名城1座、名镇1座。州内馆藏文物类别齐全、保存状态良好，共计20487件套，其中一级文物113件套、二级文物354件套、三级文物2243件套。藏品数量质量均居全省前列。凉山有薪火相传的红色文化，是中央红军途经线路最长、少数民族子弟参加红军最多的地区，建立了长征途中第一个少数民族地区红色政权、第一支少数民族武装力量，1935年中央红军巧渡金沙江、召开会理会议、举行彝海结盟，筑起了肝胆相照、情深谊长的民族团结丰碑。凉山有星光璀璨的文化成果，凉山歌舞团第一部原创话剧《奴隶之歌》"三进中南海、四进大会堂"；《彝海结盟》《索玛花开》分别获得电视剧"飞天奖"和"突出贡献奖"；《彝红》等一大批文艺精品体现了凉山各族人民源源不断的创作灵感、生生不息的文化动力。这些特色优势文化资源，是凉山各族人民感恩奋进、接续奋斗的精神食粮、力量源泉，是新时代凉山加快文化繁荣发展、构筑各族群众共有精神家园的文化根脉。

（二）坚持高位推动，构建文化强州新格局。构建文化高质量发展政策体系，出台《关于创建四川文艺副中心加快新时代文化强州建设的实施意见》《凉山州支持文化事业文化产业繁荣发展扶持和奖励办法》《凉山州文化重点工程项目推进方案》《关于做好文化旅游大文章推进文旅强州战略的行动方案》等政策文件，全面激发文化事业、文化产业发展活力。深入实施传统文化传承发展工程，加强对历史文物和民族优秀文化载体的收集、整理、保护、利用，加快盐源老龙头国保单位申报和遗址公园建设，做好安宁河谷大石墓、昭觉博什瓦黑岩画等历史遗址考古发掘研究，加强乌东德、白鹤滩库区考古成果研究利用，为丰富中华文明多元一体格局贡献凉山力量。建好凉山非物质文化遗产传承、喜德彝族漆器、布拖越西彝族银饰、会理绿陶等非遗传习体验基地，推动非遗文化、传统文化活化利用。目前全州共有国家级非遗项目名录20项、省级项目名录138项、州级项目名录341项、县级项目名录571项，国家级非遗项目代表性传承人16名、省级传承人124名、州级传承人298名。国家级、省级非遗名录数量位列全省前茅。支持西昌创建国家历史文化名城，加大古城古镇古村保护开发提升力度。大力实施县域特色文化培育工程，统筹推进彝族文化聚居区、长征文化带、金沙江流域文化带、南丝路文化带、古藏彝走廊文化等特色文化带建设，构建起支撑创建文化强州建设的体系和格局。

（三）坚持创新发展，提升文化影响力和传播力。创新艺术生产引导方式，创作一批优秀的舞蹈、音乐、文学、美术、书法、摄影等作品，集中反映新时代在党的坚强领导下凉山人民感恩奋进的精神风貌。民族歌舞《火塘》荣获第五届四川文华剧目奖，歌曲《阿普》、民族歌剧《听见索玛》获得四川省第十六届精神文明建设"五个一工程"优秀作品奖，舞蹈《山褶》、音乐《醒绿》、小品《花嫁》等获得四川省群星奖。搭建优秀文艺作品展演平台，打造彝文化风情实景剧·中国第一火秀《阿惹妞》，新创《鹤鸣声声》等优秀剧目，有500余部文艺作品在国家级、省级平台亮相，40余部文艺作品获奖。鼓励支持文化企事业单位、个人加强文创、产品研发、文艺演出，打造更多充分彰显时代特征、凉山特质、传播广泛的文艺精品。成功举办四川省第九届少数民族艺术节，四川省艺术节分会场、凉山州民族文化艺术节等重大文化活动，凉山彝族火把节入选全国优秀群众文化品牌案例。举办大凉山戏剧节，共有8个国家115部剧目、216场演出轮番上演，吸引观演观众近5万人，曝光量达15亿次。中国（四川）首届民族音乐周，立足中国、面向世界，5个国家、26个民族、80组150位音乐人参加13场演出，超3万观众现场观看，吸引《人民日报》、《光明日报》、新华社等52家媒体报道，阅读、曝光近1亿次。"彝海结盟地·五彩大凉山"凉山形象宣传广告在央视新闻频道黄金时间播出，凉山知名度、影响力显著提升。

（四）坚持融合发展，增强文化服务水平。大力发展文博、文创、演绎、传媒"四大产业"，以西昌建川电影博物馆聚落为带动打造电影文博旅游胜地；以凉山彝族奴隶社会博物馆改造提升、凉山州博物院建设为带动，鼓励引导民间组织、社会个体积极参与各类博物馆建设。凉山演艺中心、西昌建川电影博物馆聚落、西昌历史文化名城保护更新二期等 48 个文化旅游重点项目加快实施。把城乡基本公共文化服务均等化纳入国民经济和社会发展总体规划及城乡规划，统筹推进县级图书馆、文化馆通过国家评估定级，大力改造提升乡镇综合文化站，管好用好村级文化活动广场、活动室，满足群众文体活动需求。践行"文化发展的根本目的是为了人民"的理念，深入开展文化惠民行动，推进博物馆、图书馆、文化馆等各级公共文化场馆全面免费开放，广泛开展"文化进万家""文化列车"进校园进乡村等惠民活动；组建 34 支县乡文化服务队伍，开展文化惠民活动 1000 余场，惠及群众超 300 万人次；凉山交响乐团作为全国唯一的少数民族自治州交响乐团，10 年累计演出 600 余场，2023 年荣登"中国音乐艺术力量榜单"；满足各族群众多样化、多层次、多方面精神文化需求。深耕文旅融合，推动文旅经济高质量发展，塑造"夏季清凉·凉山真凉""冬季暖阳·凉山不凉"特色文旅品牌，推动全域全时旅游发展，成功举办"2023 第八届凉山彝族火把节暨夏季清凉凉山游"、2023 年"冬季暖阳凉山游"系列活动，吸引游客 1028 万人次，实现旅游综合收入 86 亿元，2023 年接待游客超 4900 万人次，实现旅游总收入超 540 亿元，带动各族群众增收致富，让各族群众有更多的获得感、更好的幸福感，切实增进各族群众福祉。

文化是一个国家、一个民族的灵魂，是人民的精神家园。凉山州通过实施文化强州战略，大力推进文化大发展大繁荣，文化建设迈上高质量发展"快车道"，各族群众在共享文化建设成果中进一步广泛交往、全面交流、深度交融，形成人心凝聚、团结奋进的精神纽带，切实增强了文化凝聚力、感召力和向心力，强化文化赋能，为推动民族地区高质量发展提供了重要力量源泉。

经验启示

加快文化繁荣发展是时代的召唤。凉山州坚定文化自信，发挥独特文化资源优势，大力实施文化强州战略，打造文艺精品，发展文化产业，增进民生福祉，全面促进文化繁荣发展，让各族群众人心归聚、精神相依，让文化建设成为助推民族地区高质量发展的重要引擎。

（一）文化传承创新构筑各族群众共有精神家园。凉山州通过一系列文化建设创

西昌建川电影博物馆

新举措，着力打造文艺精品，持续提升文化的塑造力、凝聚力和引领力，引导各族群众自觉从优秀文化中汲取正能量，以文化为纽带促进各民族交往交流交融，不断增强对中华民族的认同感和自豪感，凝心聚力提升民族自豪感和文化自信心，增强中华文化认同感。

（二）文化赋能点燃民族地区高质量发展新引擎。凉山州坚持把文化强州作为改善民生、凝聚人心的出发点和落脚点，通过整合民族文化、红色文化、历史文化等特色文化资源，持续放大文化优势、做强文化产业、坚持融合发展，推动文化优势转化为经济优势，让文化软实力成为民族地区经济发展硬支撑，为民族地区高质量发展注入文化动能。

（三）促进文化繁荣发展满足人民精神文化需求。凉山州文化强州之路，既坚持以满足人民美好生活需要为根本目的，又以优秀文化产品为载体，通过一系列文化创新举措，大力推进文化繁荣发展，持续提升文化的塑造力、凝聚力和引领力，增强各族群众精神力量，强化各族群众共有的价值取向和文化心理，切实提升各族群众幸福感和满意度。

要挖掘中华优秀传统文化的思想观念、人文精神、道德规范，把艺术创造力和中华文化价值融合起来，把中华美学精神和当代审美追求结合起来，激活中华文化生命力。

——2021 年 12 月 14 日，习近平在中国文联第十一次全国代表大会、中国作协第十次全国代表大会开幕式上的讲话

地方实践

心手相约三月三　春暖八桂歌如海
——广西推动"广西三月三·八桂嘉年华"文化品牌全新升级

近年来，广西壮族自治区注重创新创意、惠民乐民，通过激发优秀传统文化生机活力，持续打造"广西三月三·八桂嘉年华"文化旅游品牌，注重凝聚思想、促进发展、惠及群众，开展群众喜闻乐见、内容丰富多彩的民族文化活动，进一步促进各民族交往交流交融，让各族群众真切感受文化力量，更加坚定文化自信。节日文化成为铸牢中华民族共同体意识真实力量的鲜活呈现。

一、基本情况

"三月三"是中华民族传统节日，也是广西少数民族传统节日。"三月三"，古代叫"上巳节"，发端于周秦时代、中原地区，汉族的习俗是"被禊 [fú xì]"，汉魏六朝定名，并确定在夏历的三月三日，此后历经隋唐宋元明清历朝历代，传承至今，仍然以不同的节俗形式活跃在城乡民俗生活中，是中华民族共同的节日。汉族节日"三

月三"，如今在西南地区仍为广西壮族、海南黎族、浙江畲族、贵州布依族等广大少数民族所享用传承。1983 年，广西将每年农历三月初三定为"三月三"歌节。2016年广西开始全面打造"广西三月三·八桂嘉年华"旅游文化品牌，每年组织 1000 多场活动，将"三月三"打造成一个集民族文化、群众体育、风情旅游、特色消费于一体，各族群众广泛参与，对国内外游客有较强吸引力的民族文化嘉年华。2023 年文化旅游品牌活动以"潮起三月三　奋进新时代"为主题，以鲜活生动的形式传播党的创新理论、发展成果，以新潮新锐的风格展现新时代壮美广西的崭新形象、文化自信，以丰厚多元的文化架起民族团结连心桥。各级各类媒体推出有关报道和短视频 55 万余篇（条），新媒体总点击量超 51 亿次，央视《新闻联播》、央广网《全国新闻联播》、《光明日报》重要版面、人民网首屏均推出重磅报道，全面介绍了广西"三月三"盛况，展现了中国式现代化在广西的生动实践。

二、主要做法

（一）深挖"文"内核，强化共有文化记忆。以中华优秀传统文化传承发展为内核，从不同维度展现"三月三"深厚的文化底蕴。2023 年，活动开幕式突破以往主舞台观演的模式，变身为行进式、沉浸式、互动式的大型游览，现场共分为古风雅集、时尚潮玩、民族团结三个单元，将"桂风壮韵浓""民族体育炫""相约游广西""e 网喜乐购""和谐在八桂"等五大板块的展示内容巧妙融入其中，通过歌舞、潮玩及其他现场互动形式，展现中国式现代化在广西的生动实践，展现各族群众像石榴籽一样紧紧抱在一起共同发展的蓬勃景象。开幕式设置了插柳成春、古代街市、壮族婚礼、东盟潮玩、水果市集、连心歌舞等内容，重点体现了建设生态文明、弘扬传统文化、增进民族团结、促进高质量发展、建设命运共同体等重要思想内容，如开幕式第一单元"古风雅集"，以汉魏唐宋时期"三月三"的代表性民俗为依据，通过水上歌舞、秋千纸鸢、投壶蹴鞠、吟诗作画等场景，打造古韵国风"三月三"山水实景秀，强化中华民族共有的传统文化记忆，引起区内外游客的强烈共鸣，增强各族群众和游客的中华文化认同、树立中华文化自信、形成中华民族自豪感，在祥和欢快的节日氛围中凝聚起八桂儿女团结感恩奋进的精神力量。

（二）讲好"潮"故事，强化"新民歌"文化特色。活动以"潮"为主基调，突出年轻化、时尚化、国际化，擎起"新民歌"大旗，力争推出"爆点"内容。打造全国首档大型新民歌实景创演秀《新民歌大会》节目，以"民歌潮音　山水秀场"为创意宗旨，将民歌与广西山水、潮流元素融合在一起，对人们常见的生活场景进行美学风格化重塑；邀请国内国际知名唱将与广西本土唱作人一起改编或新创民歌，呈现最潮的视听作品，邀请知名歌手对民歌进行潮改，"视觉"与"听觉"同步出圈，力求创立广西新美学，秉承"山水即秀场，生活即舞台"的艺术理念，打造在全国有影响力、辐射东盟的优质文化品牌 IP，节目上线后，相关话题和词条阅读量超 10 亿次。创新升级"潮音·2023 新民歌挑战赛"等品牌，"潮音·新民歌挑战赛"征集参赛作品 1608 件，其中海外作品 72 件，掀起海内外同唱新民歌的热潮。民歌路演活动、绿城音乐节，营造了"城市歌圩"的时尚氛围；柳州、桂林、百色等地都打出了"潮"牌，推出"程阳八寨侗族非遗风尚大典"等系列活动，展现出优秀传统民族文化的新风貌新风采，央视大型融媒体互动活动"在中国大地上边走边跳"在广西启动，各族儿女用欢腾的舞步歌颂八桂大地上的幸福生活，把对党和国家的感恩之心蕴含于舞姿中，视频总播放量 652 万次。"欢度三月三·八桂新交响"音乐会，在国家大剧院奏响广西发展强音，举办新时代民歌文化论坛、在广西民族大学建设全国首个民歌学院，推动民歌文化保护传承和创新发展，努力将南宁打造成新民歌的高地和民歌手的聚集地。让新民歌从一种文化现象发展为一种可持续的文化产业。突出"新民歌＋"，让品牌活动迅速"出圈"，以歌传情、以歌会友，传播广西声音，展现广西形象。

（三）办好惠民事，助推经济社会高质量发展。以人民至上作为出发点和落脚点，坚持以党委政府为主导、以各界群众为主体，在活动的组织策划中，充分尊重各地风俗习惯，注重发挥群众的积极性、主动性、创造性。全区 1000 多场接地气、扬正气、暖人心的"三月三"活动，为各族群众提供了丰富优质的文化产品供给。第三届"三月三"民族电影文化周及电影惠民活动，免费展映 12 部民族电影，发放 21 万张观影优惠券，开展了"我请父母看电影"等惠民活动。联合淘宝、京东、美团等知名电商平台推出发放消费补贴券、专场满减等优惠措施，其中"京东到家"面向广西发放 7000 万元消费券。"百名达人八桂行"活动直播带货 1.06 亿元，"三月三跨境电商 High 购荟"交易额超 12.4 亿元。"广西民族文化旅游推广季"出台旅游优惠政策，柳州市实力"宠粉"，假期酒店价格不涨反跌，桂林市号召志愿者上街为游客服务，优质旅游环境吸引了来自全国各地的游客，促进了各族群众交往交流交融。"三月三"活动期间，共接待游客 9095.5 万人次，同比增长 185.42%；实现旅游消费 619.34 亿元，同比增长 73.39%。"桂字号"商品零售额 61.2 亿元，同比增长 45.1%，增速排名全国第 7，文化旅游强劲复苏，消费活力持续释放。丰富多样的活动和切实的惠民政策，提升了各族群众的获得感和幸福感。

（四）打造国际范，以文化力量讲好中国故事。广西是中国与东盟国家交流合作的前沿和重要窗口，广西以高度的政治自觉和担当精神，主动服务国家战略。举办中国—东盟经典民歌交响音乐会，紧扣"一带一路"倡议十周年的重要时间节点，选取《茉莉花》《美丽的梭罗河》《月亮风筝》《相思河畔》等中国及东盟十国富有代表性的民族歌曲、经典音乐进行艺术加工，通过交响乐和多种艺术形式进行演绎，共同奏响中国—东盟的友谊华章。中国—东盟青少年民族歌会、中国—东盟啊哩哩音乐市集，邀请马来西亚国家交响乐团、越南歌舞剧院等东盟国家顶级音乐团体、歌唱家同台演出。首届"中国—东盟（南宁）非物质文化遗产周"活动，邀请泰国孔剧、柬埔寨皇家舞剧、印尼哇扬皮影偶戏等逾百个非遗项目集中亮相。"壮美霓裳"广西—东盟民族服饰秀创新展示了中国和东盟特色服饰。"南宁国际诗歌周"邀请40多位中外诗人，用诗歌的方式生动讲述中外友好合作交流的新时代故事。在边境地区举办"三月三歌坡节""德天跨国壮乡侬峒节"等中越人民喜爱的活动，进一步加深了睦邻友好之情。印尼的 magnaTV、大爱台、亿乐荣电视台等媒体平台播出广西"三月三"开幕式专题片。

广西深入挖掘"三月三"这一具有地域特色的传说和传统节庆，在持续升华民族特色文化品牌的同时，使其成为促进各民族广泛交往、全面交流、深度交融的有效媒介，展现民族文化魅力、推动经济社会发展、促进民族团结进步，体现了各民族文化的多姿多彩、中华文化的兼收并蓄、各族人民深厚的家国情怀，各族群众在欢庆传统节庆过程中增强文化自信、提升文化自觉，以各民族共有共享的中华文化符号和形象铸牢中华民族共同体意识。

经验启示

广西强化品牌意识、精品意识，明晰活动品牌定位，打造享誉区内外、国内外的文化旅游品牌，成为增强文化自信自强、铸牢中华民族共同体意识的重要平台，让"三月三"活动在展示广西新形象、推动民族地区经济社会高质量发展上实现更大作为。

（一）充分彰显文化底蕴，增强文化自信。广西深挖"三月三"蕴含的丰富文化内涵和深厚历史底蕴，将其打造成展示中华优秀传统文化的重要载体，推出富有时代

2023 年 4 月，"自治区民族团结进步宣传月暨'潮聚三月三·和谐在八桂'活动"启动仪式在柳州市柳江区举办

气息的节庆活动，生动反映中华民族的价值观念和精神追求，让传统节日焕发更加夺目的光彩，更好浸润时代人心，为各族群众提供精神滋养，有助于各族群众真切感受中华优秀传统文化力量，更加坚定文化自信。

（二）发挥文化力量，提升各族群众民生福祉。文化旅游品牌活动，通过"山水实景秀"、新民歌大会、民歌路演、特色音乐节等活动，提升各族群众参与度，接地气、有人气；同时，为传统节日注入许多新的元素，发展好多种文化业态，发挥文化产业经济效能，让文化传承创新获得强劲动能，以文惠民、以文富民，让各族群众共享文化发展成果，增强各族群众福祉。

（三）提供人文支持，促进与东盟文化交流。"三月三"基于中华优秀传统文化是中华民族屹立于世界民族之林的深厚软实力的客观事实，通过开展形式多样的交流互鉴活动，进一步挖掘中国与东盟文化交流的巨大潜力，赋予中国与东盟文化交流新的时代内涵。通过文化交流的"软"助力，实现中国与东盟人文相交，促进文明交流互鉴，努力编织 21 世纪海上丝绸之路的文化情感纽带，用"广西声音"讲好中华民族故事，为构建更为紧密的中国—东盟命运共同体提供更加有力的人文支持。

总书记的话

新征程上，要深刻把握雷锋精神的时代内涵，更好发挥党员、干部模范带头作用，加强志愿服务保障和支持，不断发展壮大学雷锋志愿服务队伍，让学雷锋在人民群众特别是青少年中蔚然成风，让学雷锋活动融入日常、化作经常，让雷锋精神在新时代绽放更加璀璨的光芒，为全面建设社会主义现代化国家、全面推进中华民族伟大复兴凝聚强大力量。

——2023 年 2 月 23 日，习近平对深入开展学雷锋活动作出重要指示

地方实践

唱响雷锋精神主旋律　奏响时代发展强音
——辽宁抚顺市在续写雷锋故事中构筑共有精神家园

一直以来，辽宁省抚顺市不断拓展内容、创新形式、丰富载体，在传承中不断讲好和续写雷锋故事，在实践中不断丰富和发展雷锋精神，筑起雷锋精神高地，搭建宣讲阵地，争做雷锋传人，让各族群众充分感受到雷锋精神的丰富内涵和时代价值，扎实推进中华民族共有精神家园建设。

一、背景情况

抚顺市位于辽宁东部，辖新宾、清原 2 个满族自治县，有 45 个民族，是一个多

民族散杂居地区，是雷锋的第二故乡，也是雷锋精神的发祥地，素有"雷锋之城"的称号。1960 年，刚刚入伍来到抚顺的雷锋同志为灾区和人民公社捐款，以及艰苦奋斗、刻苦学习、助人为乐等先进事迹，被沈阳军区《前进报》以长篇通讯《毛主席的好战士》报道后，在社会上引起强烈反响。1962 年，年仅 22 周岁的雷锋在抚顺因公殉职后，他的模范事迹更为广泛传颂。1963 年，毛泽东主席题词："向雷锋同志学习"，周恩来总理题词："雷锋同志是劳动人民的好儿子，毛主席的好战士。"以毛泽东主席等老一辈无产阶级革命家为雷锋题词为起点，全国各条战线、各个行业广泛掀起学习雷锋的热潮。党的十八大以来，习近平总书记对弘扬雷锋精神作出一系列重要论述，深刻阐释了雷锋精神的内涵本质、时代价值、实践路径，为新征程传承弘扬雷锋精神提供了根本遵循和行动指南。2021 年 9 月，中央宣传部梳理的第一批中国共产党人精神谱系的伟大精神，雷锋精神被纳入其中。长期以来，抚顺市不断健全学雷锋常态化、长效化工作机制，引导各族群众在日常生活中不断学习和弘扬雷锋精神，把崇高理想信念和道德品质追求转化为具体行动，把雷锋精神代代传承下去，彰显抚顺作为雷锋精神发祥地的新担当新作为，雷锋这个闪亮的名字已深深融入城市血脉，成为抚顺鲜明的城市符号。

二、主要做法

（一）打造雷锋之城，筑起精神高地。抚顺与雷锋，血脉相融，生生不息。用雷锋精神建城育人，充分发挥历史优势和资源优势，在体制机制、理论研究、基地建设等各个方面不断探索创新，扎实推进雷锋城建设。坚持科学有效地统筹协调，完善持续稳定的工作机制。2012 年，抚顺市成立建设雷锋城工作领导小组，并设立建设雷锋城办公室，深入挖掘全省"六地"中"雷锋精神发祥地"的丰富内涵和时代价值，把"赓续雷锋精神"写入抚顺市第十三次党代会报告，着力将雷锋精神融入推动抚顺转型振兴发展的全过程、各环节。抚顺市委作出进一步建设雷锋城的部署，下发《中共抚顺市委抚顺市人民政府关于开展"人人学雷锋、建设雷锋城"活动的意见》等十余份相关文件，指导推动全市学雷锋活动，每年 3 月 5 日、9 月 28 日两个重要时间节点专门制订方案，组织开展系列学雷锋活动。目前，全市已形成总体部署、各部门联动、社会各界参与的工作格局。坚持与时俱进的理论探索，提供指导实践的理论支撑。建设雷锋精神研究平台，2019 年建成全国首家雷锋学院，集中省内外雷锋精神研究专家常态化开展雷锋精神理论研究；主动顺应移动化、互动化、全媒化的发展趋势，采取"互联网＋学雷锋"模式，积极开展网上学雷锋活动。驻会在抚顺的辽宁省雷锋研究会创办"雷锋精神论坛"，成为全国有影响的雷锋精神理论研究和交流活动品牌。抚顺市雷锋精神研究所主办的《雷锋精神研究》杂志，在雷锋精神研究和宣传中发挥了积极作用。2009年7月29日，抚顺创造性推出了"雷锋讲坛"，全方位展示雷锋文化魅力，使其成为彰显抚顺"雷锋精神发祥地"特殊历史地位，陶冶市民情操、提升市民道德素养建设的公益文化平台。2010年以来，以"雷锋精神与社会主义核心价值观""雷锋精神与立德树人"等为主题，连续开展12届雷锋精神论坛。2018年以来，承办了全国学雷锋和志愿服务座谈会、全国部分高校"弘扬雷锋精神，培育时代新人"学术会议等研讨会议，深入交流学雷锋新思路新经验新做法。组织编写《我们一起学雷锋》《新时代怎样学雷锋》等理论书籍；组织编写中小学生雷锋精神教育读本《向雷锋叔叔学习》，面向全市中小学生免费发放；组织编写《雷锋在抚顺年谱》《雷锋档案·抚顺卷》，全面展示雷锋在抚顺的工作和生活历程。

　　（二）弘扬雷锋精神，建设宣讲阵地。雷锋之于抚顺，是永远的榜样，是不竭的力量。在抚顺，30多个以"雷锋"命名的单位、20多个雷锋主题展馆展室、10多个与雷锋有关的历史现场，都见证着这座城市60多年不变的深情与怀念。1964年建成的雷锋纪念馆，已累计接待60多个国家和地区的参观学习者7000多万人次，2021年开通数字展馆，在沈阳、银川、大连、延吉等6个城市建立7座流动展馆，在全国50多个省、市、自治区开展宣讲巡展活动，把雷锋精神广播在祖国大地上，全国各族人民在新时代雷锋精神的照耀下，爱岗敬业、服务社会，努力实现自己的人生价值。雷锋小学常态化开展"五四三二一"学雷锋系列教育活动，引导各族青少年学雷锋、知雷锋、做雷锋。行走抚顺，"雷锋"元素随处可见，这里有雷锋纪念馆、雷锋储蓄所、雷锋派出所、雷锋大剧院、雷锋高中……抚顺市以具体行动、生动实践凝聚全市各族干部群众干事创业、突破奋进的强大力量，营造全市各族干部群众用雷锋精神引领社会风气的良好氛围。

　　（三）争做雷锋传人，赓续精神血脉。雷锋在抚顺的善举，一直照亮着这座城市。在雷锋精神的感召下，抚顺各族人民积极学雷锋、树新风，在服务社会、助人为乐、爱岗敬业中提升人生境界，彰显理想信念。初心如炬，使命如山，抚顺市深刻把握雷锋精神的时代内涵，在各族党员干部中广泛开展"岗位学雷锋、领航实好干"活动，在各族青少年中开展"扣好人生第一粒扣子"活动，在广大职工中开展"学雷锋、讲奉献、比贡献"活动……先后涌现出一大批学雷锋先进典型和先进集体，如七年如一日为群众代办民生实事，直到生命最后一刻的老党员刘全国；春风化雨，滋润桃李，扎根基层四十载，一通电话抢回一家五口人生命的"红烛妈妈"张雅丽；捐资助学，扶危济困，守护河岸环境，成立抚顺市聚沙社会工作服务中心的石油工人李德禄……从一个人到一群人再到每个人，雷锋故事在这里不断演绎，雷锋传人在这里层出不穷。抚顺打造了遍布城乡的"雷锋号"品牌，现有雷锋小组4万余个，拥有学雷锋志愿者30万余人、学雷锋志愿服务团队近3000支，创下了40多个学雷锋"全国第一"，一个个深接地气、广聚人气、充满生气的学雷锋实践活动蓬勃开展。自2006年起，抚顺在全国首创"百姓雷锋"评选活动，全市已评选出175位"百姓雷锋"、55支"百姓雷锋"优秀团队，在"百姓雷锋"的带动下，相继涌现出兰郡泽、张光付、乔安山、刁克剑等全国学雷锋个人典型，雷锋纪念馆、雷锋派出所等全国学雷锋集体典型，引导激励各族干部群众把崇高理想信念和道德品质追求转化为具体行动，在平凡的工作生活中作出应有的贡献，把雷锋精神代代传承下去。

作为雷锋精神的发祥地，抚顺市用60多年的坚守，筑起一座"雷锋城"——人们讲着雷锋的故事，读着雷锋的文字，薪火相传学雷锋，争先恐后做雷锋，奋力书写雷锋故事，奏响雷锋文化的时代强音，以实际行动把雷锋精神代代传承下去。在这里，雷锋似乎从未离开，而以一心一意跟党走、全心全意为人民服务为核心的雷锋精神早已成为中华民族弥足珍贵的精神财富。

经验启示

一直以来，抚顺市用雷锋精神建城育人，激励各族群众主动加入到学雷锋大军中，在雷锋精神的感召下，一个个新时代的雷锋传人奋发向上、忘我奉献，像一颗颗赤诚的希望种子，把雷锋精神播撒在雷锋之城，涌现出一大批学雷锋的先进事例，形成了"出了雷锋学雷锋、学了雷锋出雷锋"的生动局面。

（一）薪火相传让雷锋精神在新时代绽放光芒。抚顺市深刻把握雷锋精神的时代内涵和实践要求，始终把深化雷锋精神研究阐释作为加强思想政治引领的着力点，充分发挥各族党员干部和先进典型示范带动作用，丰富拓展学雷锋活动的平台载体，推动构建齐抓共管的长效机制，使学雷锋活动更有时代感吸引力，做到常态化长效化，让学雷锋活动融入日常、化作经常，以实际行动书写新时代的雷锋故事。

（二）创新学习雷锋精神载体构筑精神家园。抚顺市积极完善志愿服务体系，构

2019年6月，抚顺市雷锋纪念馆在辽宁省图书馆举办"不忘初心
牢记使命·时代的楷模"——雷锋精神国际公益海报设计邀请展

建以"雷字号"单位为引领、新时代文明实践站为基础的学雷锋活动矩阵，串联起与雷锋有关的阵地资源，打造出有形有感有效构筑各族群众共有精神家园的重要阵地集群，形成各族群众和睦相处、和衷共济、和谐发展的社会环境，让雷锋精神在新时代绽放出更加璀璨的光芒。

（三）传承红色文化基因讲好雷锋故事。抚顺市用好红色文化资源，深化拓展学雷锋活动，将雷锋红色文化有机融入城市发展中，通过弘扬雷锋精神的时代价值和文化内涵，凝聚正能量、提振精气神，让雷锋精神的时代记忆春风化雨直抵人心，不断传承中国共产党人的红色基因和精神谱系，让伟大的雷锋精神成为汇聚和推动中华民族伟大复兴的强大精神动力。

　　社会主义文艺，从本质上讲，就是人民的文艺。

　　文艺要反映好人民心声，就要坚持为人民服务、为社会主义服务这个根本方向。这是党对文艺战线提出的一项基本要求，也是决定我国文艺事业前途命运的关键。

——2014 年 10 月 15 日，习近平在文艺工作座谈会上的讲话

地方实践

扎根中华文化　舞出同心大圆
——福建厦门市"小白鹭"阐释中华民族一家亲

　　一直以来，福建省厦门市小白鹭民间舞艺术中心（以下简称"小白鹭"）坚持以人民为中心的创作导向，大力弘扬时代主旋律，以铸牢中华民族共同体意识为主线，用心用情创作出讴歌党、讴歌祖国、讴歌人民的文艺精品，奏响"中华民族一家亲、同心共筑中国梦"的时代强音。

一、背景情况

　　"小白鹭"的前身，是 1986 年福建艺校厦门戏曲班（现厦门艺术学校）与北京舞蹈学院联合创办的"北京舞蹈学院中国民间舞专业厦门试验班"（以下简称"厦门班"），办班 7 年，24 名学生得到了 150 多名舞蹈专家、优秀教师的谆谆教导，成为民间舞教学一块全新的"试验田"。1993 年夏天，"厦门班"在北京中国剧院举办的

毕业公演《小白鹭之舞》引起舞蹈界轰动。尽管中华民族舞蹈文化源远流长，民间舞蹈文化资源丰富，但这批"厦门班"学生学成之时，国内还没有一个专业表演民间舞蹈的艺术团体。1993 年 10 月，在"厦门班"的基础上厦门小白鹭民间舞团成立，成为中国第一个专业民间舞艺术表演团。"小白鹭"不囿于当时艰苦的条件，始终坚守艺术理想，专注创作大量风格鲜明、舞台表现力强的中国民族民间舞精品，在全国舞蹈比赛、全国"荷花奖"专业舞蹈大赛、全国青少年"桃李杯"舞蹈比赛等多个顶级专业舞蹈赛事中频频亮相获奖。30 年来，"小白鹭"立足中华文化和中华民族精神创作文艺作品，以其鲜明的中国民族民间舞蹈表演风格、浓郁的闽南地方特色和精湛的表演技艺享誉海内外，其原创舞蹈作品斩获国家级、省级奖项 300 余项。多次应邀参加中央电视台的演出，曾代表国家、省、市出访五大洲交流演出 50 次，用文艺的力量温暖人、鼓舞人、启迪人，通过传承弘扬中华优秀文化，增强文化自觉，坚定文化自信。先后被授予"全国文化工作先进集体""全国巾帼文明岗"等称号，成为"厦门十大城市名片"。

二、主要做法

（一）立足文艺精品创作，演绎中华优秀传统文化。"小白鹭"扎根博大精深的中华文化和中华民族精神，创作了大量民族文艺作品，形象化地讲述中华民族大团结的故事，满足各族群众精神文化需求，不断增强各族群众的文化获得感，《花儿与海》就是其中的典型代表。《花儿与海》以闽宁协作为创作题材，融合宁夏和福建两地的民族民间舞蹈元素，通过舞蹈描述"山海情"的动人篇章，展现了东西部协作及民族团结进步的感人故事，首演后好评如潮，获得《人民日报》《中国艺术报》的高度评价，入选第十四届全国舞蹈展演，荣获优秀剧目奖并在全国线上直播。践行对口支援宁夏建设，先后选派 3 名文艺骨干赴宁夏参与帮扶工作，在文旅领域充分发挥自身专业能力，为民族地区文化繁荣发展作出贡献。2023 年 1 月，创排的民族团结舞蹈作品《奋进路上》参加中共中央、国务院新春团拜会，通过舞蹈作品展现和谐神州、万众欢歌的景象；5 月受国家文旅部选派，以群舞《春天》参加中亚峰会《携手同行》文艺演出，展示中国民族舞国家形象。在建团 30 周年之际，特别创排大型舞蹈诗《白鹭三章》《东方红》《多彩中华》等节目，深入展现了信念之源、文化之美、海峡之情、开放之态，以舞蹈形式讲好中华民族故事。

（二）坚持文化润疆，推动各民族交往交流交融。起舞天山助力文化润疆，持续在新疆开展文艺交流、慰问演出，演出融汇各民族特色和现代风格。2019 年福建对口援疆 20 周年之际，"小白鹭"飞赴新疆昌吉、奇台、吉木萨尔等地为各族群众带去精彩演出；2022 年再赴昌吉回族自治州进行专场慰问巡演，举办"天山飞来小白鹭"交流晚会并在四地开展巡回演出，为当地带去多部歌颂民族团结、展现民族艺术的舞蹈作品，演出现场盛况空前，在线直播观看超过 17 万人次；2023 年 4 月新疆生产建设兵团艺术创作人才专题培训班在厦门开展，参训文艺骨干 50 余人专程到"小白鹭"和艺术学校开展文化交流活动；2023 年 8 月至 9 月，"小白鹭"再赴新疆六县市开展交流慰问演出，受到当地群众一致好评。为深化共建助力各民族交往交流交融，加强与新疆的文艺骨干互动交流，与吉木萨尔县文旅局签订文化共建协议，选派 4 位艺术骨干赴疆开展大型歌舞剧《东方红》节目的编排，进行艺术指导培训，为当地北庭文化融入新元素，取得良好的效果，吉木萨尔县专程送来"文化润疆·倾情援疆"锦旗。

（三）传承民族优秀文化，让"多彩中华"走近大众。"小白鹭"注重传承民族优秀文化，坚持让优秀的民族舞蹈文化走进基层、走入校园。常态化开展以"中华民族一家亲、同心共筑中国梦"为主题的惠民文艺演出，两年来完成惠民演出合计 180 余场次，走进中小学校园开展"莘莘学子·与舞同行"弘扬中华优秀传统文化进校园活动，让孩子们在领略艺术、认识"多彩中华"的同时，更加深入地理解我们灿烂的文化是各民族共同创造的，充分认识到中华文化是各民族文化的集大成，各民族文化都是中华文化的一部分。推广普及民族艺术，与厦门艺术学校联合办学，坚持利用周末时间开展教学活动，每年学员规模超过 2000 人，并开设成人舞蹈培训，结合开展铸牢中华民族共同体意识宣传教育，向社会群体传播传统民族舞蹈文化，使群众在感受民族民间舞蹈魅力的同时，牢固树立"四个与共"的共同体理念。

（四）立足厦台地缘优势，推动两岸文化交流。在担当对台文化交流的使者方面，"小白鹭"作为第一支直航台海展演的大陆舞蹈表演团体，曾先后 8 次赴台湾举行"白鹭展翅"全岛巡演。2022 年，参演由全国台联主办的海峡两岸青少年新媒体舞论坛，演出节目获得两岸观众热烈反响，央视新闻给予报道。在创作两岸融合题材的作品方面，"小白鹭"首任团长曾若虹早年便研究与创作高山族舞蹈，其创作的高山族舞蹈《神鸟》、群舞《祈雨》先后获得全国、全省少数民族文艺会演奖项，1996 年还应邀为中央电视台春节歌舞晚会创作高山族群舞《旭日迎春》。多年来，"小白鹭"创排了一批反映两岸题材的优秀民族舞蹈作品，如《海峡情深》《海那边》《沉沉的厝里情》等，其中舞蹈诗《沉沉的厝里情》讲述"家"的故事，隐含着对海峡两岸血脉亲情的呼唤，该剧先后获中国第十届艺术节文华优秀剧目奖、第九届中国舞蹈"荷花奖"舞剧舞蹈诗比赛作品金奖；《海那边》在第六届全国舞蹈比赛中斩获表演一等奖、观众最喜爱节目奖等多项大奖，并在第二十七届"四月之春"国际友谊艺术节荣获金奖，在海峡两岸乃至国际社会反响热烈。在搭建两岸人才交流平台方面，坚持助力两岸文化交流、人才互通，多次赴台演出吸引了台湾籍学生到厦门艺术学校求学，自首批招收台湾学生以来，已联合厦门艺术学校培养出 8 名台湾籍毕业生，其中 3 人被北京舞蹈学院录取，1 人在台湾中国文化大学攻读博士学位。2023 年，"小白鹭"作为厦门大学与厦门市文旅局共促两岸融合发展实践点，建立两岸高等教育融合发展实践基地，为深化两岸交流搭建新的平台，让台湾青年更多地了解中华文化，共同讲好中华文化故事。

借长风翱翔，与时代共舞。"小白鹭"的成功，是其扎根中华文明、中华文化沃土的生动诠释。"小白鹭"立足闽南、借鉴各族、面向世界，通过舞蹈语汇演绎中华民族大团结的动人故事，展现中华文明的突出特性，展现了你中有我、我中有你、血脉相连、不可分割的中华民族共同体。"小白鹭"用舞蹈联结情谊，传播中国故事，向世界展示了中华民族文化艺术魅力，书写了开放包容、交流互鉴、各美其美、美美与共的精彩华章。

经验启示

"小白鹭"将铸牢中华民族共同体意识与业务工作深度融合，走出一条以艺术演出形象化阐释铸牢中华民族共同体意识的路子，不仅在文化战线上为凝聚各族人民对中华民族共同体的共识作出积极贡献，具有重要启示意义。

（一）以人民为中心，指导艺术创作。"小白鹭"聚焦铸牢中华民族共同体意识主线，把体现党的主张与反映人民心声统一起来，把人民群众的生活和实践作为创作的源头活水，自觉从人民的伟大实践和丰富多彩的生活中汲取营养，坚持增进共同性、尊重和包容差异性，始终做坚持以人民为中心进行文化创作、创造的坚定拥护者和忠实践行者。

（二）以舞蹈为媒，促进交往交流交融。"小白鹭"坚持从中华优秀传统文化中汲取养分、从中华民族精神中凝聚奋进力量，以舞蹈为媒，加强与民族地区的文化交流，促进各民族交往交流交融，打造中国特色、中国风格、中国气派的文艺作品，传

2023 年 7 月，闽宁协作题材舞剧《花儿与海》获第十四届全国舞蹈
展演优秀剧目奖

播中国声音，展示中国形象，讲好中国故事。

（三）以文艺精品，满足精神文化需求。"小白鹭"注重有形有感有效用优秀文艺
作品讲述中华民族共同体故事，把服务群众与教育引导群众相结合，满足各族群众的
精神文化需求，增强各族群众的获得感和满意度，让各族群众在共享文艺作品的过程
中，进一步增强"五个认同"。

> 要挖掘、整理、宣传西藏自古以来各民族交往交流交融的历史事实，引导各族群众看到民族的走向和未来，深刻认识到中华民族是命运共同体，促进各民族交往交流交融。

——2020 年 8 月 28 日至 29 日，习近平
在中央第七次西藏工作座谈会上的讲话

地方实践

挖掘千年史实　唱响和美大爱

——西藏拉萨市打造大型实景剧《文成公主》演绎中华优秀传统文化

大型史诗剧《文成公主》以西藏历史为背景，以文成公主和亲为主题，以西藏各民族特别是汉藏文化交流融合为主线，展现中华文化底蕴，活化中华优秀传统文化，具象化表达出以爱国主义为核心的伟大民族精神，在引导各族群众牢固树立正确的祖国观、民族观、历史观、文化观、宗教观，构筑各民族共有精神家园中发挥了重要作用。

一、背景情况

《文成公主》是全球首部集大唐与吐蕃历史文化元素为一体的汉藏经典文化大型史诗剧，讲述了1300多年前，松赞干布遣大相禄东赞至长安，向唐朝请婚，唐太宗同意联姻，决定将文成公主下嫁松赞干布的故事。肩负着促进汉藏民族融合、维护边疆和平的历史重任，文成公主携带着释迦牟尼十二岁等身像从长安出发，踏上漫漫征途，历尽艰难险阻，终于和松赞干布相会，成就了一段温暖千年的雪域情缘。文成公主入

藏带去了中原先进的文明，推动了吐蕃经济社会发展，把和平的种子撒遍雪域高原，为藏族人民的福祉安康倾尽心血，赢得了藏族人民的衷心爱戴和敬仰，被尊称为"绿度母"，谱写了一部吟唱千古的汉藏融合史诗，谱写了一曲千年流传的民族团结赞歌。

二、主要做法

（一）挖掘文化瑰宝，再现历史画卷。该剧挖掘汉藏历史文化、民族风俗、自然景观等资料，将西藏文化与大唐中原文化巧妙融合，打造独特的演绎形式与艺术内涵。梳理有关文成公主传说的背景资料，包括唐代以降的多部汉文典籍，民间口述或藏文史籍，学术界有关文成公主的研究，主要集中在文成公主入藏史实、文成公主传说、历史叙事、为西藏及汉藏关系发展作出的贡献等方面。梳理西藏民间珍贵的甚至几近失传的数十种非遗元素等，主要包括古老的喇嘛玛尼说唱艺术，藏戏、卓舞、果卓、金东乡、甲谐等非遗舞蹈及其原生配乐。推出 11 年来，为持续打磨精品，《文成公主》剧组用大量时间去民间采风，努力收集提炼最地道、最原生态的民间素材，将最精髓的元素融入到史诗剧中来。舞台上的每一句台词、每一幕场景都进行精细化调度和反复推敲，以一种诗意形式，最大程度还原了这场跨越千年的传奇故事。今天的《文成公主》所呈现的都是最接地气的民间文化和非遗文化，品牌形象越来越立得住，从 2013 年首演至 2023 年度演出季收官，演出 11 季，累计超 1800 场，演出及旅游配套累计接待观众超 450 万人次，项目营收超 13.5 亿元。在社会效益方面，该剧再现了各民族交往交流交融的生动画面，促进了各族观众的文化认同，在中华优秀传统文化的传承中厚植中华民族精神，助力构筑中国精神、中国价值、中国力量。

（二）创新发展形式，活化传统文化。该剧创新艺术展现形式，借鉴国画画法、敦煌壁画等极具艺术性的插画，搭建华美的三维仿真舞台布景，使用多达 3000 余套的包括唐装、藏装在内的各式服装以及大小数千个道具。这些服装和道具全部经过数次民俗采风并参考大量史实精心考究、设计制作而成。该剧运用高科技手段与多种艺术形式创新呈现数十种非物质文化遗产，融戏剧、音乐、舞蹈和现代舞美手段于一体，通过多样丰富的舞台表演、建筑视觉、音乐行吟、现代舞美等艺术表达，构成气势磅礴的华美乐章。在不断升级视听"硬"件与深耕文化"软"件的同时，积极探索短视频、OTA 平台等多种社会化推广方式，将剧目经典的"名场面"上云上线，让更多海内外观众、各族游客认识和喜欢《文成公主》实景剧。整场演出，贯穿演员吟唱、大唐歌舞、藏戏、西藏传统民俗等艺术形式，演绎出文成公主万里跋涉进藏的和亲历程，气势恢宏，感人至深，尽展高原绚丽的民族风情与盛世和美的家国记忆。

（三）以文促产，激发发展活力。该剧在筹备之初便明确了定位，既是一个"文化"项目，又是一个"双创"项目，更是一个"惠民"项目，以文化产业促就业惠民生，实现社会效益与经济效益相统一。经过多年成熟的市场化运作和完善的产业化布局，《文成公主》项目已逐渐形成以"文化旅游演艺"为核心、以创新创意为驱动的文化旅游全产业链，在《文成公主》大型史诗剧、慈觉林藏院风情街、文成公主文化旅游主题园三者共同驱动下，创新构建了"一剧、一街、一园"三维一体的文旅产业聚集共融发展模式，100多家文商旅企业入驻发展，500余家个体户在此经营，项目综合辐射带动周边区域超100亿元的产业规模，这里已成为拉萨乃至西藏文化旅游的引擎示范地，是拉萨城市产业支撑强劲、创新发展迅猛的活力宝地。《文成公主》项目通过创业培训、创业项目辅导、创业优惠政策等方式，搭建创业创新服务平台，鼓励村民自发从事旅游服务经营活动，帮助群众进行文创融合项目实践，实现了从"自主就业"到"自主创业"脱贫观念的转变，在开拓创新中探索打造了易地搬迁文旅扶持的"文成模式"，拓宽了文旅融合赋能乡村振兴的新路径。11年来，剧目直接吸纳和间接带动就业上万人次，累计为当地群众发放薪资近4.5亿元，剧目中95%的演员为当地农牧民群众，当地村民养殖的牛羊等也成为该剧的"动物群演"。《文成公主》项目探索出"以内容IP为核心，带动区域产业发展"的文旅产业融合发展模式，重塑产业结构，带动经济活力，彻底实现了生产生活方式的转型升级，产生富民惠民乐民的综合效应。截至2020年，村民人均可支配收入由10年前的5500元，上升到25034元。项目先后荣获国家人社部"全国第一批就业扶贫基地"等荣誉称号；2019年10月入选《世界旅游联盟旅游减贫案例》；2021年10月，"文成公主藏文化风情园景区"入选文旅部第一批国家级夜间文化和旅游消费集聚区；2022年1月，"西藏自治区拉萨市慈觉林藏院风情街"入选首批国家级旅游休闲街区。《文成公主》项目有力推动了区域经济发展和文旅深度融合，为持续推动西藏文化产业转型升级、助力西藏实现高质量发展作出了积极贡献。

文成公主是深受各民族群众喜爱的历史人物，是各民族共有共享的中华文化形象，对其传说故事的挖掘与重塑，有助于唤起各族群众所共享的集体记忆，提升各民族对伟大祖国的认同、对中华民族的认同、对中华文化的认同、对中国共产党的认同、对中国特色社会主义的认同，推动构筑中华民族共有精神家园。在岁月与史诗的交响中，千年前的文成公主完成了她的使命，而千年后的《文成公主》还在继续着它的使命。

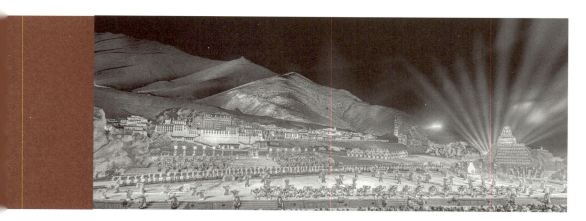

2023 年 11 月，《文成公主》演出活动现场

经验启示

　　作为各民族共有共享的文化资源，挖掘与文成公主相关的历史事实，颂扬中华民族一家亲的深厚感情，呈现中华文化博大精深、延绵不绝的强大生命力，这是中华文明多元一体的历史见证，对于深入认识中华民族共同体形成的历史过程有重要意义。

　　（一）守正创新是传承中华优秀文化的有效途径。深耕文成公主故事与传说的文化资源沃土，追寻汉藏文化交往交流交融的重要历史线索，准确理解文成公主作为中华优秀传统文化形象的历史价值和现实意义，创新展示其丰富的人文精神、道德规范等优秀内容，在发展中创新，在创新中突破，不断推动传说故事实现创造性转化、创新性发展，谱写当代华章，铸就中华优秀传统文化新辉煌。

　　（二）优秀文艺作品是中华优秀传统文化创新发展的重要载体。史诗剧《文成公主》通过高水平文化演艺促进中华优秀传统文化的保护、传承和创新发展，在彰显进藏和亲的历史大事件与民族融合的绚丽风情中，生动展现出中华民族丰富的传统文化基因，传递出各民族和美大爱的精神内涵，为中华优秀传统文化的创造性转化和创新性发展探索出了一条独特路径。

　　（三）深度融合是优秀文艺作品价值的实现路径。《文成公主》项目顺应中华民族从历史走向未来、从传统走向现代、从多元凝聚为一体的发展大趋势，坚持把社会效益放在首位、社会效益和经济效益相统一，不断推动文化产业与旅游、就业、民生等深度融合，在打造文化精品与传承中华优秀文化中，创造社会主义文明新形态，满足各族群众的精神文化需求，提升各族群众的文化品位和生活品质。

总书记的话

几代大庆人艰苦创业、接力奋斗，在亘古荒原上建成我国最大的石油生产基地。大庆油田的卓越贡献已经镌刻在伟大祖国的历史丰碑上，大庆精神、铁人精神已经成为中华民族伟大精神的重要组成部分。

——2019 年 9 月 26 日，习近平致大庆油田发现 60 周年的贺信

地方实践

奋笔写好弘扬大庆精神、铁人精神文章
——黑龙江大庆市传承为国争光、为民族争气的精神力量

长期以来，黑龙江省大庆市坚持以弘扬大庆精神、铁人精神为引领，传承弘扬石油会战时期各民族交融奋斗的集体记忆，推动形成铸牢中华民族共同体意识的思想共识、行为共识、价值共识，促进各族群众在理想、信念、情感、文化、心理上的团结共融。

一、背景情况

大庆市，因油而生、因油而兴，是中国重要的石油生产和石化工业基地，是全国首批安全发展示范城市试点城市、全国文明城市，培育形成了以"爱国、创业、求实、奉献"为主要内涵的大庆精神、铁人精神。1958 年 2 月，党中央作出石油勘探战略东移的重大决策，广大石油、地质工作者从祖国四面八方来到松嫩平原，展开了艰苦卓绝的地质勘探。1959 年，国庆 10 周年前夕，大庆油田横空出世，一座荒原上诞

生的工业城市矗立起来。1964 年，中共中央和毛泽东同志发出"工业学大庆"的号召，大庆成为全国工业战线学习的标杆，随之《人民日报》头版头条刊发长篇通讯《大庆精神　大庆人》，第一次提出"大庆精神"。2013 年，习近平总书记指出大庆精神、铁人精神成为激励各族人民意气风发投身社会主义建设的强大精神力量。2016 年，习近平总书记指出，大庆就是全国的标杆和旗帜，大庆精神激励着工业战线广大干部群众奋发有为。2021 年 9 月，中央宣传部梳理的第一批中国共产党人精神谱系的伟大精神，大庆精神、铁人精神被纳入其中。

二、主要做法

（一）追寻铁人足迹，汲取奋进力量。波澜壮阔的大庆油田开发史、城市建设史，就是一部各族群众在党的领导下自力更生、艰苦创业、科学求实、无私奉献的奋斗史，也是一部各民族休戚与共、荣辱与共、生死与共、命运与共的交融史。1949 年全国石油产量仅 12 万吨，对于百废待兴的新中国来说，无异于杯水车薪。1959 年，松辽惊雷，油出大庆，但开发大庆油田困难重重，随之石油部决定集中人力、物力和财力，以打歼灭战的形式，组织石油大会战。用 3 年多时间建立了我国最大的石油基地——大庆油田，从此大庆油田成为我国石油的主要来源地之一，结束了中国人石油全部依赖进口的时代。其中，1960 年春，王进喜率领 1205 钻井队从甘肃玉门赶来几千公里之外的大庆，从大西北到大东北，参加大庆石油会战誓师大会，以铁人王进喜为代表的石油工人传承战天斗地的豪情壮志和勇于牺牲的坚定信念，铸就了跨越时空、历久弥新的大庆精神、铁人精神。到 1963 年底，已成为世界级的大庆油田累计生产原油 1155 万吨，我国石油自此实现基本自给，一举甩掉了中国"贫油"的帽子，真正为国家争了光，为民族争了气。60 多年来，大庆油田累计生产原油超 25 亿吨，建成了世界上最大的三次采油基地，自 1976 年攀上年产原油 5000 万吨高峰后，连续 27 年保持 5000 万吨水平。几十年来，大庆不断追忆石油会战时期各族群众绝对忠诚、红心向党的思想远征，为国分忧、挺直脊梁的力量远征，薪火传承、永放光芒的精神远征，在弘扬中传承，在传承中创新，不断夯实国家能源安全基础，为高质量发展提供坚强能源保障。

（二）弘扬大庆精神，坚定共同信念。大庆市将大力传承弘扬以"爱国、创业、求实、奉献"为内涵的大庆精神、铁人精神作为一项系统工程，出台《关于深入挖掘和践行大庆精神铁人精神新的时代内涵的决定》，推动学习教育常态化制度化。组织开展"学铁人·创新业·争排头""强国复兴有我·红色故事讲述"、民族团结进步宣传季等主题活动，邀请老会战讲会战史、劳模讲奋斗史、人民楷模讲发展史、科技标杆讲创新史、石油工匠讲成长史，引导各族干部群众"身在大庆学大庆、铁人身边做铁人"。深耕德育教育品牌，将大庆精神、铁人精神教育纳入国民教育体系，融入立校办学全过程，作为入党、入团、入学、入职的"第一课"。用好学校和课堂两个阵地，坚守为党育人、为国育才的初心使命，团结带领各族师生坚定信念跟党走、踏着铁人脚步走、心向复兴阔步走，成立大庆精神铁人精神教育名师工作室16个，创编涵盖幼、小、初、高4个学段一整套教材教具，把爱我中华的种子埋入每个孩子的心灵深处。组建大庆精神铁人精神宣讲团，走进全国34个省级行政区，通过报告、采访、研讨等多种形式开展宣讲1000余场次、受众超500万人次，被誉为"行走的石油展厅""移动的精神课堂"，入选"全国企业文化30年实践十大典范案例"，先后获得"全国工人先锋号""全国基层理论宣讲先进集体"等光荣称号。依托石油文化场馆、铁人纪念馆、铁人大讲堂等平台，开展"云"讲解、"云"宣讲、"云"直播等活动，网络观看量突破1000万人次，全方位、多角度不断赋予大庆精神、铁人精神以新的时代内涵。

（三）增进文化认同，构筑精神高地。依托油田历史陈列馆、铁人学校、铁人一口井等红色资源，成立大庆精神铁人精神研究机构6个、建设大庆精神铁人精神研学基地5处、打造爱国主义教育基地26个、国防教育基地23个、红色教育展览展示场所18处，推出以红色演艺、红色培训、红色餐饮、红色观览为内容的"红色教育研学游"，以"展览＋教学＋体验＋实践＋研讨"为内容的红色实践游，累计接待各族群众参观交流7200万人次。打造以"铁人王进喜纪念馆为中心坐标，以铁人广场、铁人学院、油田历史陈列馆为圈层辐射"的城市精神文化中心，以"铁人""会战""创业""星火"等命名一批街路、社区、学校、广场，设立含有石油、铁人等文化元素和符号的雕塑、宣传栏、园林绿化、景观小品、名言标语，让大庆精神、铁人精神融入各族群众生活场景、浸润心灵。不断拓展成果，创作形成《地质师》《铁人在非洲》《铁人王进喜》《人民楷模王启民》等文学、影视作品和调研成果70余部，制作系列专题片《大庆红旗永飘扬》，推动大庆精神、铁人精神文化交流和创新发展，使其成为影响和激励各族群众共同团结奋斗、共同繁荣发展的精神源泉。

（四）坚持内外兼顾，彰显中国力量。近年来，大庆油田积极响应"一带一路"倡议，积极开展能源开发、基础设施等领域合作，在国际先后"牵手"委内瑞拉、印尼、伊拉克、沙特等 56 个国家，在国内与长庆、辽河、塔里木等油气田携手共进，走出了一条质量更高、效益更好、合作共赢的老油田发展之路。大庆油田先后在 2005 年、2016 年获得蒙古塔木察格区块权益和伊拉克哈法亚项目权益，进入国际勘探开发市场，海外权益产量保持增长趋势。与蒙古国"草原之路""发展之路"和"新复兴政策"战略对接，塔木察格作为"一带一路"之上的中蒙石油合作项目，成为中蒙经贸合作的成功范例……在川渝，大庆石油人坚持"入蜀、学蜀、超蜀"理念，在对标学习中突破自我，积极发展川渝页岩气产建一体化服务，谋划布局各油气田流转区块井筒服务、地面建设及石油装备市场，助力川渝地区天然气千亿立方米级产能基地建设，进一步保障国家能源安全。以合作共赢为目标，大庆油田践行更高行业标准，强化大庆品牌建设，打造了哈法亚油田、鲁迈拉油田等一批标志性工程，赢得广泛认可和赞誉。以大庆精神、铁人精神为引领，大庆油田市场合作业务越来越多元化，合作模式越来越多样化，合作市场越来越高端化。肩负着保障国家能源安全的重任，大庆油田拓市场、创效益、赢荣誉、铸品牌，实现了从"走出去""走进去"到"走上去"的跨越，正发展为一个基业长青、走向世界、旗帜高扬的百年油田，叫响中国制造品牌。

大庆精神、铁人精神是大庆这座城市重要的根与魂。大庆精神、铁人精神在大庆油田的开发建设、稳产高产和技术转型中诞生、发展、深化、传承。岁月更迭，精神的火炬在一代代大庆人手中传递、擎起，一个个石油故事，一首首红色壮歌，一代代不绝传唱。

经验启示

60 多年来，大庆市坚持用好大庆精神、铁人精神"传家宝"，传承集体记忆，涵养家国情怀，赓续精神血脉，不断促进各民族团结交融，已形成具有全国辨识度、地方标志度的精神密码和实践路径，其成功经验具有借鉴意义。

（一）争当时代铁人让大庆精神、铁人精神历久弥新。大庆市充分发挥大庆精神、铁人精神的榜样力量和时代价值，活学活用各族群众高度共识的集体记忆，引导各族群众以大庆精神、铁人精神为激励鞭策，感召和激励各族群众为了国家和民族利益作出牺牲和奉献，在弘扬中国共产党人伟大精神中，彰显勇争一流的时代担当，焕发各民族、各行业"百花争艳"干事创业的时代气象。

（二）赓续创新让大庆精神、铁人精神谱写时代篇章。以大庆精神、铁人精神为

2023 年 3 月，大庆油田公司机关东办公区南广场，庆祝累计生产原油
25 亿吨"高擎标杆当旗帜、一稳三增两提升"主题劳动竞赛誓师大会

价值纽带，凝聚"根脉相连"全面振兴的时代力量，传承石油"铁人"精益求精、务实创新、锐意进取的科学态度，将"铁人精神"转化为攻坚克难的强大动力，不断战胜实现中华民族伟大复兴道路上的重重难关，以实际行动共同续写新时代中国特色社会主义更加绚丽的华章。

（三）春风化雨让大庆精神、铁人精神融入复兴伟业。在大庆精神、铁人精神接续传承中，大庆市敢闯敢拼，在自己的一方"油田"上找准自身"定位"，摸清前行"方向"，以初心使命为"风向标"，切实将短板转化为长处，将难题化解为跳板，在人民需求的"答题纸"上奋力书写时代华章，让伟大的大庆精神、铁人精神成为汇聚和推动民族复兴的强大精神动力。

总书记的话

> 我们要共同倡导加强国际人文交流合作，探讨构建全球文明对话合作网络，丰富交流内容，拓展合作渠道，促进各国人民相知相亲，共同推动人类文明发展进步。
>
> ——2023 年 3 月 15 日，习近平在中国共产党与世界政党高层对话会上的主旨讲话

地方实践

联手办好中俄文化大集　展示真实立体中国形象
——黑龙江黑河市打造中俄边境文化交流典范

近年来，黑龙江省黑河市聚焦全面推动中俄边境交流，高质量承办了 13 届中俄文化大集活动，有力推动中俄两国文化、商务、人文交流等多领域深化合作，为加快打造我国向北开放新高地作出积极贡献。

一、背景情况

黑河市，黑龙江省辖地级市，有汉族、满族、达斡尔族等 44 个民族，常住人口 128.6 万人，是国家"一带一路"、中蒙俄经济走廊的重要节点城市，与俄罗斯布拉戈维申斯克市（以下简称"俄布市"）隔江相望，被形象地誉为"中俄双子城"，随着中俄人文、商贸交往日益密切，已经成为我国向北开放、展现中国形象的重要窗口。黑河市对俄文化交流始于 20 世纪 80 年代末，当时黑河行署文化局组织在俄布市首次展出的 70 幅国画备受俄方推崇，黑河全部赠送，俄方回赠 10 台钢琴，国画"换"钢琴

在黑河—布拉戈维申斯克两地之间传为佳话。2010年创建中俄文化交流合作平台和品牌，探索性地与俄方共同举办了首届中俄文化大集，力求打通国际文化交流、文化贸易大通道，截至2024年4月，中俄文化大集已成功举办了13届，2012年被列为国家文化部中俄文化交流机制项目，2013年上升为中俄双方国家级文化交流项目，2015年被纳入两国总理会晤《中俄总理第二十次定期会晤联合公报》的活动项目。黑河市和俄布市以中俄文化交流为重点，共同推进中俄文化大集，建设两国国家级、区域性、机制性和民众性的文化交流合作平台，不断增强中俄地方间政治互信、文化交流、经济繁荣、民心相通，已经成为具有独特文化魅力和国内外影响力的中俄文化交流品牌。

二、主要做法

（一）搭建文化交流平台，加强双边艺术互动。中俄文化大集通过文化艺术品展销、民间艺术家和手工艺师现场制作表演、文化项目展览和推介、中俄艺术交流活动等具体活动项目，吸引国内外的文化名人、客商和游客前来"赶集"。相继举办了"黑河国画展""中俄冰雪画巡回展""黑河—俄罗斯风情摄影展"等，并在哈尔滨、上海等地成功组织了俄功勋画家油画展，俄远东地区油画、冰雪画作品展，摄影图片展等，以弘扬中华优秀传统文化为核心制作展示了"蝶舞龙江·璀璨黑河"中国民间花灯展，生动诠释了"卿月花灯彻夜明，吟肩随处倚倾城"，将文化交流活动不断延伸到两国人民心中。成功打造全国首个界江户外驻场中俄文旅演艺，中俄艺术家参演近千人次，演出1400多场次，受众百余万人次，实现了天天有活动、夜夜放"彩蛋"的夏夜欢腾。俄布市市民通过自媒体表达："阿穆尔河对岸的灯火和旋律，让我对中国心生向往。"每届大集黑河市都举办声乐器乐、美术书法、戏曲曲艺等为内容的系列精品艺术展示活动，中俄图书出版物展销、中俄艺术家才艺展示、中俄电影展映、中俄优秀作品研讨会、俄罗斯精品油画展等一系列丰富多彩的文化活动，再加上黑龙江两岸的旖旎风光，吸引了全国各族群众前来参加大集，观黑河市博物馆群、品俄式西餐、吃黑龙江鱼、看五大连池美景，在载歌载舞中不断增进各民族交往交流交融。

（二）搭建文化互信平台，推动双边贸易互动。依托中俄文化大集平台载体，黑河市在大黑河岛中俄边民互市贸易区、友谊宫、世纪广场、中俄民族风情园等地设立展销区，举办中俄青年经贸发展大会、地理标志农产品展销等活动，455家中俄企业参加近千场次对接洽谈活动，达成项目40个、签约额83.8亿元。中俄非物质文化遗产展和民间文化长廊推动创意设计业态升温升级；举办"数字产业、跨境电商活动周"活动，树立跨境电商直播行业发展标杆，开展 3 场冰雪经济推介营销活动，签订引客入市、寒地试车协议 7 个。抓住黑龙江夏季避暑旅游"百日行动"，聚焦"吃住行游购娱"全链条，打造工艺品、绿色产品、俄罗斯商品、特色美食等消费热点，2023 年的 6 月至 8 月"第十三届中俄文化大集"期间，黑河市共接待旅游者 891.5 万人次、同比增长 20.13%，旅游收入 45.83 亿元、同比增长 24.88%，达到历届最好水平。随着中俄文化大集规模和质量逐年提升，中俄主办方在立足本地的同时，还面向欧亚、北美、南美等国际市场举办了海外侨领侨商黑河产业项目招商对接会、中俄进出口商品展销订货会、中俄文化旅游推介会、沿黑龙江旅游产业带推进工作会议等一系列以文化贸易、文化旅游为内容的经贸活动，促进了文化与传承、文化与旅游、文化与科技、文化与经贸深度融合，让两国民众享受到更为丰富多彩的文化大餐，向世界各国展示中国历史底蕴深厚、各民族多元一体、文化多样和谐的文明大国形象。

（三）搭建文化传播平台，促进双边民间互动。借助中俄文化大集的品牌效应，黑河在与相邻城市频繁互动的同时，为省内、省外兄弟地市牵起对俄交流红线，让黑河对俄友好合作的触角延伸至省内甚至国内各兄弟城市。广泛开展友好城市间的文化交流活动，举办两国足球、篮球、棋牌系列体育赛事，举办"情定龙乡　钟爱一生"国际集体婚礼等活动，邀请俄罗斯代表参加中国广州国际牛仔服装节活动，使对俄交流与合作的地域范围更进一步向内地拓展。在俄布市和俄远东地区以中俄两国儿童交流为纽带，2012 年起举办中俄青少年互访夏令营，黑河、珠海、哈尔滨、俄布市等地 100 名中俄青少年及教师体验中俄两国民族特色传统文化技艺，促进中俄青少年间的交流与沟通；吸纳广州、本溪、哈尔滨、齐齐哈尔等城市的青少年演员参加"中俄青少年民族风情展演"活动，连续 28 年开展中俄黑河—俄布市"六一"少儿互访活动，增进了两国人民传统友谊。为了进一步加强两国人民之间的友好交往和文化交流，根据《中华人民共和国政府和俄罗斯联邦政府关于互免团体旅游签证的协定》相关规定，经中俄双方协商，2023 年 9 月，中赴俄免签团体旅游业务开通，为中俄两国人民出入境提供了更大的便利和机会，促进了两国人民之间的文化交流和互学互鉴，两国人民相互欣赏美丽风光、品尝特色美食，感受历史文化，增进了解认同。协议正式生效不久，"俄罗斯游客组团到黑河逛早市，爱上中国美食"冲上热搜，国际大早市成为"网红打卡地"。

13 年来，中俄文化大集日臻成熟，由最初的区域性特色文化活动，上升为中俄两国大型文化交流活动。特别是近年来，不断增强中俄地方间政治互信，促进了中俄两国经济互补、情感共融、民心相通、经济繁荣，搭建起了中华民族与世界各民族广泛交流、互学互鉴的平台，在推动打造"向北开放新高地"上取得更多丰硕成果。

经验启示

黑河市顺应新时代中俄全面战略协作伙伴关系的发展趋势，在经贸合作、文旅融合、产业联动等方面集中发力，办好中俄文化大集，增进睦邻友好，促进多层次、宽领域交流，提升中华文化传播力影响力，积累了推动中俄文化交流的成功经验，为推动新时代东北全面振兴提供"黑河做法"。

（一）推动中俄文化交流，需要把握顶层设计与实践探索的关系。黑河市坚决贯彻党中央关于深化中俄新时代全面战略协作伙伴关系战略部署，准确把握对外文化交流的内在规律，在工作中服务大局、大胆探索，在活动设计、交流内容、文旅融合、文贸互动上巧设计、做文章，使各项工作体现时代性、把握规律性、富于创造性，以中俄文化大集为平台向世界展现真实立体全面的中国，让中华文化展现永久魅力和时代风采，不断提升国家文化软实力和中华文化影响力。

2018 年，第九届中俄文化大集期间黑河市举办花车巡游活动

（二）推动中俄文化交流，需要把握文化自信与包容互鉴的关系。黑河市以文化自信为根基推动双边交流合作，以开阔开放、包容兼蓄的姿态，充分借鉴俄罗斯优秀文化成果，借助文化大集活动多维度展示中华优秀传统文化，为文化交流增添了更多的元素和话题，增强了中华优秀传统文化的魅力，加快中华优秀传统文化创造性转化、创新性发展，中俄文化大集已成为两国边境地区文化交流的重要品牌，对外影响持续扩大，拉近了中俄两国人民间的距离、增进了相互间的情感。

（三）推动中俄文化交流，需要把握厚植情谊与合作共赢的关系。黑河市充分发挥黑河对俄区位、通道和政策优势，抢抓新发展格局带来的重塑性机遇，以民心相通为基础，立足文化交流、拓展平台功能，以文化交流为桥梁，促成了中俄经贸、旅游、农业、体育等多领域签约合作，为文旅融合、经贸合作、产业联动注入强劲动力，有效助力经济社会高质量发展，实现亲仁善邻、协和万邦、合作共赢，有力促进了双方经济社会繁荣发展，在推动打造"向北开放新高地"上取得更多丰硕成果。

中国人民在抗日战争的壮阔进程中孕育出伟大抗战精神，向世界展示了天下兴亡、匹夫有责的爱国情怀，视死如归、宁死不屈的民族气节，不畏强暴、血战到底的英雄气概，百折不挠、坚忍不拔的必胜信念。伟大抗战精神，是中国人民弥足珍贵的精神财富，将永远激励中国人民克服一切艰难险阻、为实现中华民族伟大复兴而奋斗。

——2020 年 9 月 3 日，习近平在纪念中国人民抗日战争暨世界反法西斯战争胜利 75 周年座谈会上的讲话

赓续伟大抗战精神　凝聚复兴磅礴力量

——云南德宏州用好红色资源弘扬爱国主义精神

云南省德宏傣族景颇族自治州（以下简称"德宏州"）为纪念抗战时期响应祖国召唤、回国抢运抗战物资的 3200 多名南侨机工，经中共中央办公厅、国务院办公厅批准，在德宏州瑞丽市畹町镇建设了南洋华侨机工回国抗日纪念馆，与原纪念碑组成纪念公园。以丰富的文史资料和机工遗物全面展示南侨机工的精神内涵，广泛开展主题鲜明、生动直观的爱国主义宣传教育，表达对华侨机工英勇抗战的崇高敬意，传承和发扬中华民族伟大精神，成为边疆地区弘扬中华民族伟大抗战精神和铸牢中华民族共同体意识的重要载体，凝聚起了"中华民族一家亲、同心共筑中国梦"的磅礴力量。

一、背景情况

德宏州位于云南西部，总面积 11526 平方公里，总人口 132.1 万人，有汉族、傣族、景颇族、阿昌族、傈僳族、德昂族等 40 多个民族，抗战时期是滇缅公路、史迪威公路、中印输油管道三大通道的出入口。1938 年 10 月，中国东南海陆交通均被日军切断，新开辟的滇缅公路成为运输国际援华物资的主要通道之一，急需大批汽车司机和汽修机工。1939 年，爱国华侨陈嘉庚先生发出征募令，3200 余名南洋华侨机工在马来西亚、新加坡、泰国、缅甸、越南、菲律宾、印度尼西亚等国家组成"南洋华侨机工回国服务团"，分 9 批回国，奋战在滇缅公路上抢运物资。1939 年到 1942 年，南侨机工通过滇缅公路运送军需物资 50 万吨、汽车 1.5 万余辆以及不计其数的各类民用物资，1000 多名南侨机工献出宝贵生命，为中国人民抗日战争和世界反法西斯战争的胜利作出了不可磨灭的贡献，抒写了一段可歌可泣的爱国主义史诗。为纪念南洋华侨机工回国抗日的赤子功勋和爱国情怀，南侨机工回国抗日纪念公园于 2017 年 7 月建成并向公众免费开放。纪念公园占地 40.6 亩，主体建筑包括纪念碑、纪念馆、陈嘉庚先生雕像、浮雕回廊。纪念馆用历史照片、实物及情景再现等方式展现了南洋华侨青年不怕牺牲、勇赴国难的英勇事迹，在潜移默化、入脑入心中凝聚起团结奋进的磅礴力量。2015 年 8 月，被列入"国家级抗战纪念设施"；2019 年 11 月，被命名为"全国民族团结进步教育基地"；2020 年 11 月，被命名为"中国华侨国际文化交流基地"；2021 年 7 月，被命名为"全国爱国主义教育示范基地"；2023 年 8 月，被命名为"全国妇女爱国主义教育基地"。

二、主要做法

（一）激活共同记忆，汇聚侨心侨力。南洋华侨机工回国抗战是中国华侨史上海外华侨有组织、大规模地支援祖国的一次壮举，是伟大的民族精神和抗战精神的集中体现，也是中华民族勠力同心争取独立解放的一个缩影。为讲好这段历史，德宏州从筹建纪念馆之初就注重汇聚海内外中华儿女的力量，派出工作组，赴国内外如昆明、缅甸、马来西亚等地，走访健在机工、机工后裔，开展机工实物、重要史料、机工文稿征集。在南侨机工历史研究会、南侨机工眷属联谊会、专家学者和全国各地民间收藏人士的共同努力下，征集到丰富的南侨机工生活生产工具、机工照片、文稿、记录机工的文史资料及机工遗物。纪念公园现有机工文物史料实物 2000 余件、机工历史照片 1200 余张、大型油画 2 幅、情景再现 5 处、文字 2 万余字，其中机工当年驾驶的通用牌大卡车、南洋华侨机工回国服务团荣誉纪念章、南洋华侨机工复员纪念章、机工张光旺日记、陈昭藻等几位机工回国护照成为镇馆之宝。当年，海内外中华儿女共同铸就了这段历史，现在又通过建设纪念公园，再次凝聚起海外侨胞的智慧和力量，一起激活、保存这段海内外中华儿女的共同记忆，伟大的抗战精神通过实物实景实事充分展现、直抵人心，让参观者铭记海内外中华儿女在抗战中所付出的巨大牺牲和作出的重大贡献，感悟中华民族伟大的抗战精神，激发中华民族的向心力、感召力和凝聚力，铸牢中华民族共同体意识。

（二）注重情感共鸣，激发爱国热情。纪念公园从设计建造到参观线路规划，注重让参观者完整了解南侨机工回国抗战历史，沉浸感悟伟大抗战精神和中华民族共同体意识。观众入园后拾级而上瞻仰著名的爱国华侨领袖陈嘉庚先生雕像，聆听陈嘉庚先生爱国为国的一生故事，雕像下方镌刻毛主席题词："华侨旗帜 民族光辉"。走过陈嘉庚先生雕像来到纪念碑前，参观者在庄严肃穆的音乐中举行拜谒仪式，深切缅怀抗战"输血线"上牺牲的南侨机工英烈。纪念碑东侧纪念馆陈列分为"祖国召唤、告别南洋""革命母亲、赤子忠心""血线抢运、壮志凌云""滇缅公路、生死与共""忍辱负重、重聚生力""反攻战轮、逐敌国门""抗战胜利、英雄无悔""历史功勋、千秋铭记"等八个部分。从投笔从戎的南洋富商千金白雪娇"家是我所恋的，双亲弟妹是我所爱的，但是破碎的祖国更是我所怀念热爱的"家书开始，沿着20万滇西各族群众用手抠出的"抗战生命线"滇缅公路，观看一幅幅卡车长龙在炮火纷飞的高山深谷中抢运物资的历史图片，聆听一个个南侨机工舍弃优越生活投身民族大义的动人故事，在摇晃的"惠通桥"上躲避日机的狂轰滥炸，在"畹町桥"的红旗下感受胜利的喜悦。走出纪念馆，俯瞰褪去战争风霜重归平静安宁的畹町小镇和一河之隔的缅甸九谷，与馆内"战火滔天"形成鲜明对比，更能体会今天的和平来之不易。纪念公园展示了海内外中华儿女以爱国主义精神为纽带，同心挽救民族于危亡的伟大历史，凸显了海外侨胞和边疆各族群众拳拳赤子之心，成为了广大干部群众学习革命精神、感悟家国情怀、提升个人境界、激发报国斗志的红色课堂。

（三）挖掘精神内涵，凝聚奋进力量。南侨机工纪念公园围绕"讲什么""谁来讲""怎么讲"，把民族团结进步教育与弘扬社会主义核心价值观和爱国主义精神相结合，在展品陈列和解说词上下功夫，完善展现中华民族命运共同体、中华文化共同性、各民族交往交流交融历史事实的话语体系和陈列载体，讲好海内外全体中华儿女休戚与共、荣辱与共、生死与共、命运与共的动人故事，深入开展中华民族共同体意识宣传教育，将"中华民族是一个命运共同体，一荣俱荣、一损俱损"这一理念深埋参观者心中。推出集历史记忆、现实承载、地域特色于一体的"赤子功勋·民族忠魂"非遗傣族剪纸展，运用世界级非遗傣族剪纸艺术形式和现代动画技术相结合，生动展示南侨机工抗战历史。坚持"请进来"和"走出去"相结合，围绕党的生日、抗战胜利纪念日、国庆节、国家公祭日等重要时间节点和重大庆祝活动，认真组织广大党员干部、各族干部群众和青少年实地参观、学习，推出体验营、特色研学、"小小讲解员"等体验活动，举办南侨机工后裔座谈会、专题讲座、第十届世界云南同乡大会、"祭忠魂·悼英烈"祭奠等活动，开展"赤子丹心——机工精神""移动纪念馆"进警营、进社区、进学校、进集市等活动，开展主题鲜明、生动直观的爱国主义教育、国防教育、廉政教育、民族团结等主题宣讲活动 2000 余场次，开馆至今共接待海内外华人华侨团体、机工后人、专家学者及各族干部群众 50 余万人次。南侨机工纪念公园已成为边疆地区激活历史记忆、弘扬抗战精神、凝聚海内外中华儿女人心的重要场所和"亮丽风景线"。

南侨机工回国抗战的壮举，是海外华侨一次最直接、最集中、最有组织、影响极为深远的爱国主义行动，是中华民族命运共同体意识在南亚、东南亚，甚至是全球华人地区的突出体现，鼓舞了中华民族抗战的意志和信心。历史是最好的教科书，南侨机工回国抗日纪念公园，见证着南侨机工崇高伟大的爱国情怀、敢于担当的勇毅气概，激励着人们铭记历史、珍视和平，弘扬新时代爱国主义精神，铸牢中华民族共同体意识，为实现中华民族伟大复兴奋勇前行。

经验启示

80 多年来，南侨机工精神代代相传，已成为海内外华侨华人的精神纽带。南侨机工回国抗日纪念公园全面展示了在中国共产党抗日民族统一战线感召下，南洋华侨机工回国抗战的历史背景、英勇事迹和伟大精神，是用好实物、用好现场，讲好中国故事、抓实文化建设的有益探索。

（一）铭记历史，全面激发坚定前行动力。通过展示南洋华侨机工回国抗战的历史，唤醒各族群众共有的历史记忆，让各族群众深刻感受到海内外中华儿女在抗日战争中所付出的巨大牺牲和作出的重大贡献，深入体会天下兴亡、匹夫有责的爱国情怀，视死如归、宁死不屈的民族气节，不畏强暴、血战到底的英雄气概，百折不挠、

南洋华侨机工回国抗日纪念馆

坚忍不拔的必胜信念，让各族群众从血与火的历史记忆中汲取奋勇前进的不竭动力。

（二）创新载体，大力弘扬爱国主义精神。纪念公园铭记海内外华人华侨的爱国情怀和爱国热情，不断推陈出新，打造沉浸式教育空间，开展形式多样的宣教活动，展示承载了中华民族千千万万同胞抛头颅洒热血的民族奋斗之路，让各族群众沉浸式体会在生死存亡的历史时刻和民族大义面前中华民族迸发出的战斗力和凝聚力，深入阐释以爱国主义为核心的民族精神和以改革创新为核心的时代精神，推动爱国主义精神转化为强国报国自觉行动，使爱党、爱国、爱社会主义成为各族群众的坚定信念。

（三）团结一心，推进中华民族伟大复兴。纪念公园用海内外中华儿女同仇敌忾、共御外辱的史实引导各族群众深刻认识中华民族是一个命运共同体，一荣俱荣、一损俱损；用展现中华民族热爱和平、捍卫正义、勇于奉献、不怕牺牲高尚品德的南侨机工精神连接海内外中华儿女、全国各族群众的精神世界，让参观者深刻理解各民族只有把自己的命运同中华民族的命运紧紧连接在一起，才能克服一切艰难险阻，取得中华民族伟大复兴的最终胜利。

总书记的话

乡村不仅要塑形，更要铸魂。农村精神文明建设是滋润人心、德化人心、凝聚人心的工作，要绵绵用力，下足功夫。

要开展形式多样的群众文化活动，孕育农村社会好风尚。

——2020 年 12 月 28 日，习近平在中央农村工作会议上的讲话

"村 BA"赛事刮起最"炫"民族风
——贵州黔东南州台江县以体育创新服务乡村精神文化生活新需求

近年来，贵州省台江县坚持以高质量发展统揽全局，积极推动"村 BA"赛事创新发展，打造乡村特色文化品牌，丰富乡村治理，为满足各族群众乡村精神文化生活新需求探索路径。

一、背景情况

台江县位于贵州省黔东南苗族侗族自治州（以下简称"黔东南州"）中部，史称"苗疆腹地"，辖 4 个镇 3 个乡 2 个街道，71 个行政村（居、社区），385 个自然寨，常住人口 17.3 万人，共有汉族、苗族、侗族等 23 个民族。据《台江县志》记载，民国二十五年（1936），在镇远、贵阳等地读书的台江县学生利用假期之余在家乡修筑了第一块篮球场，同年 10 月 10 日，台江县举办第一次体育运动会，台江地区开始有了篮球运动。到 1957 年台江县举办首届农民运动会时，已经有 15 支男篮队和 3 支女

篮队参赛，"村 BA"的篮球历史比 NBA 还要久远。为发扬"村 BA"的优良传统，更好满足人民群众日益增长的精神文化需求，近年来，台江县搭建"村 BA"大舞台，立足于办出"比以往赛事更精彩、更接地气、更有保障、更有热度"的目标，突出简约、安全、精彩理念，保持乡土味、充满农趣味，"村 BA"系列赛事圆满开展、高效传播，实现持续出彩。"村 BA"已成为展示新时代民族地区发展新变化和群众良好精神风貌的重要平台，被央视誉为"观察中国式现代化的一个窗口"。

二、主要做法

（一）坚持人民至上，激发内生动力。坚持群众民主决策，无论是篮球场地的修缮扩建、比赛形式确定、赛场气氛营造、颁奖环节设置等规划，还是在村容村貌、产业发展方面，均由群众集思广益、广泛协商、科学决策，实行全过程人民民主。增加群众生活乐趣，积极开展群众喜闻乐见的文体活动，在台江"村 BA"赛事间隙，开展双手同时运球、两人背对背夹球、中场投篮等趣味活动，进一步增设农特产品作为奖励，让文体活动更贴近群众生活。强化服务意识，党委政府坚持问需于民，转变传统的单向送文化思想，重视基层群众自主参与、自发组织台江"村 BA"的权益，着力在公共服务、配套设施、宣传推广、综合协调等方面发挥作用，调动群众参与文化建设的积极性，推动形成文明村风、良好家风、淳朴民风，以"球风"带"乡风"，倡导"多个球场、少个赌场，多场球赛、少场酒席，多看名角、少些口角"的文明新风尚，把群众对美好生活的向往转化为全面推进乡村文化振兴的内生动力。

（二）坚持产业融合，增进民生福祉。推进文化与旅游深度融合发展，充分用好"村 BA"品牌投资吸引力，立足"民族原生态·锦绣黔东南"定位，建设集"吃住行游购娱教"为一体的精品旅游综合体，推介锦绣精品游、避暑休闲游、非遗研学游、红色记忆游、舌尖美食游等精品旅游线路产品，打造全域旅游文体新地标和文旅新名片。利用最炫民族游"123"新玩法的文旅核心 IP 品牌，让"流量"成为"留量""增量"。推进文化与商业深度融合发展，加强对苗绣、贵银等民族传统文化的传承与发展，围绕"打造品牌＋培育巧匠＋建立基地＋开发产品＋平台销售"的思路，促进研发、生产、销售、售后等环节有效链接，通过"村 BA"促进产业发展。对乡土文化能人、非物质文化遗产传承人进行挖掘和培养，加强政策支持，提供手工制作、加工制造等灵活就业岗位，为传统手艺注入新灵感、新活力、新价值。利用"村 BA"知名度，围绕台江县"2＋2＋1"产业发展思路，线上线下发展"鲤吻香米"、鲟鱼、果蔬脆等特色产业，助推黔货出山。多措并举，让村民群众充分享受"村 BA"带来的增收红利，促进乡村经济振兴发展。

（三）坚持交融互促，弘扬民族文化。立足民族资源优势，发挥区域特色，用好用活民族文化和生态环境"两个宝贝"，通过举办台江"村 BA"将体育文化、历史文化、民族文化、节庆文化、农耕文化与现代文化深度融合，多角度、全方位展示牛、鸟、鱼等民族图腾和绣、刻、镂、缠、锤等传统技艺，充分展现中华文化独特魅力。加大文物和文化遗产保护力度，围绕建设"长征国家文化公园"，推动台江偏寨村等红色美丽村庄示范点建设，将弘扬红色文化、传承红色基因与举办台江"村 BA"有机结合。以举办台江"村 BA"和开展舞龙嘘花节、独木龙舟节等地方节庆活动为契机，邀请不同地域乡村篮球队举行交流赛，线上线下加强与观众的互动，吸引各族人民体验跨越民族、跨越地域、跨越文化的乡村嘉年华，促进各民族在中华民族大家庭中像石榴籽一样紧紧抱在一起。在篮球场地和周边醒目位置植入铸牢中华民族共同体意识宣传内容，巩固和发展平等团结互助和谐的社会主义民族关系，增强"五个认同"。

（四）坚持守正创新，建设现代文明。打造系列主题文艺作品，通过能触摸的、可感知的载体进一步传播乡村文化。扩大"村 BA"文创产业链，让越来越多的年轻人喜爱并传播中华文化。将当地的传统体育文化活动、歌曲、舞蹈、乐器演奏等与现代流行元素相结合，使台江"村 BA"的文化基因同当代中国相适应、同现代社会相协调、同现实文化相融通。借助科技赋能，通过数字化采集、存储、分析，加强对优秀文化古籍、传统手工艺法、非物质文化遗产的保护、传承与发展。推出一系列受人民大众喜爱的"村 BA"数字藏品，塑造独具乡村文化特色的产品新形态。

台江"村 BA"展示出贵州丰富多彩的民族文化资源，不断推动中华文明从历史走向未来、从传统走向现代、从多元凝聚为一体，其现象级表现成为促进乡村文明建设的样板，成为服务乡村精神文化生活新需求的重要传播载体，成为立体、全面展示中国、讲好中国故事的重要平台，为建设各民族儿女共有精神家园提供了借鉴。

经验启示

将一种群众体育运动打造成一种发展模式，台江"村 BA"探索出了一条促进文旅深度融合、激发群众内生动力的新路径，对于提升和服务乡村精神文化生活新需求具有启示意义。

2024 年 3 月，"村 BA"球王争霸赛现场鸟瞰图

（一）重视党建引领，提升乡村文明。"村 BA"火爆的背后离不开党组织的有效领导和组织。台江县台盘村党支部扎根基层，坚持把党建引领作为乡村治理的着力点，把基层党建工作与农村社会治理、民族团结、乡村精神文明建设等各个环节有机结合起来，走好乡村善治之路，使当地居民、各类服务主体与来观赛的各族群众成为一个共创价值、共事共乐的共同体。

（二）文旅跨界融合，传承中华文化。在发展旅游产业过程中，积极传承弘扬中华优秀传统文化，挖掘区域历史文化资源，将文化贯穿到旅游活动的各个环节，充分发挥传统文化的审美价值、历史价值、科考价值、教育价值和经济价值。围绕农村居民和游客对美好生活的需要，创新乡村文化的表达方式，丰富乡村文化的内涵，大力建设乡风文明。

（三）媒体融合创新，打造宣传阵地。主动运用新兴技术，紧密结合人民群众的需求期待，自觉调整改革"村 BA"赛事宣传的理念、方式、手段和机制等内在要素，突破老思路、走好融合路，整合电视、大众传媒、短视频平台等资源，将全县各部门单位、各乡镇吸纳到宣传矩阵，畅通发布渠道，力求全网发声，确保新时代宣传思想工作不断强起来。

总书记的话

西安古称长安，是中华文明和中华民族的重要发祥地之一，也是古丝绸之路的东方起点。

千百年来，中国同中亚各族人民一道推动了丝绸之路的兴起和繁荣，为世界文明交流交融、丰富发展作出了历史性贡献。

——2023年5月19日，习近平在西安"中国—中亚峰会"上的讲话

地方实践

与千年古都相遇　开启一场跨越时空的文明对话

——陕西西安市在守护文化瑰宝中彰显中华文化独特魅力

近年来，陕西省西安市依托本土丰厚的历史底蕴、馆藏文物、文化旅游资源，充分挖掘和创造需求，以改革创新为动力，以文促旅、以旅彰文、文旅联动，讲好西安文旅融合好故事，助力推进中华民族现代文明和中华民族共同体建设。

一、背景情况

西安，古称镐京、长安，陕西省省会、副省级市。拥有3100多年建城史，1100多年建都史，是中华文明的重要发祥地之一，是丝绸之路的起点，是与罗马、雅典、开罗等古城齐名的世界历史名城。曾经是中国政治、经济文化中心和最早对外开放的城市。西安保存有历朝历代的遗址、陵寝4000多处，重点文物保护单位300多处，其文化资源无论数量上还是质量上，都是世界级的。因此，西安也被誉为"天然历史

博物馆"。秦始皇帝陵兵马俑令世人惊叹，汉未央宫遗址、隋大兴城遗址和唐大明宫遗址彰显着丝绸之路的繁华荣耀，大雁塔和小雁塔则已成为佛教传入中原地区的珍贵例证，如今的大雁塔已成为古都西安的象征。西安古城墙、钟鼓楼与大唐不夜城相得益彰，让无数身着汉服唐装、飘然若仙的现代年轻人流连忘返、如痴如醉。陕西历史博物馆、陕西考古博物馆、汉阳陵博物馆等文博单位展出的历史文物，述说着中华民族交往交流交融的历史故事。近年来，西安市积极响应国家对外开放发展战略，在世界文明交流互鉴中大力实施"旅游促进各民族交往交流交融计划"，扎实开展民族团结进步创建"进景区"工作，培育壮大具有本土特色的文化旅游品牌，把西安建设成为各民族共同团结奋斗、共同繁荣发展的"现代化历史名城"与中国外交的"世界会客厅"，让各族群众在观光旅游中感悟中华文化、增强文化自信。

二、主要做法

（一）深挖本土元素，用情用力讲好中国故事。西安自古就是多元文化汇聚之地，是我国西北部政治、经济、文化的核心地带，其通过河西走廊可连接新疆、西藏，经黄土高原可通达蒙古高原，越秦岭可到巴蜀，经渭河、汉水可通长江中游，处于连接农耕区与游牧区的过渡地带。自汉代"凿空西域"，东西方经济文化交流日益密切，古丝绸之路的道路网络成为其交通纽带，长安则主要通过"长安—天山廊道"及"河西—塔里木走廊"向西沟通中亚、西亚和欧洲，并与周边区域建立起"廊道路网"的复合型互动体系。当时，中国的丝制品等由此源源不断地运往中亚和欧洲，使得长安成为名副其实的亚欧中心。拜占庭、阿拉伯、粟特文献中都有将唐代长安城称为"胡姆丹"（Khumdan）的记录，这从侧面反映了历史上的西安在欧亚大陆上的特殊地位。及至唐代，长安已然成为当时世界上规模最大、最为繁荣的国际化大都市，是古代中华文明对外交流、东西方商贸往来的象征。频繁的商贸往来，使得长安成为文明的交汇之地，唐之后的宋元明清，朝代更迭，西安的政治中心地位虽然已不再，但商贸中心的地位并未受到太大的削弱，这在茶马互市贸易中有着明显体现。茶马古道网络涵盖我国西北、西南地区，其中陕甘茶马古道时间跨度从唐宋直至新中国成立，历代朝廷也为"纳马易茶"建立了完备的管理运行系统。西安市充分发挥文化资源禀赋优势，以精品影视作用提炼展示中华文明的精神标识和文化精髓、表达文化自信，电视剧《白鹿原》《那年花开月正圆》荣获金鹰奖、飞天奖等，《大秦帝国》系列、《共和国血脉》《密查》《兰桐花开》等 20 多部作品在央视 1 套、央视 8 套等平台播出，电视剧《装台》荣获第27届上海电视节白玉兰奖多个奖项。加强秦腔剧目整理，对现有秦腔剧本和史料等剧目资料进行数字化处理，对《三滴血》《双锦衣》等70余部经典剧目再次复排，创作推出《柳河湾的新娘》《易俗社》等大量新剧目，其中《柳河湾的新娘》获中宣部"五个一工程"奖，多部作品入选国家艺术基金，惠敏莉、侯红琴入选中国戏曲像音像工程……"西安影视"的金字招牌在全国叫响，在守护与传承中华优秀传统文化中，讲好中国故事，建设好中华民族现代文明。

（二）加大遗址保护，让尘封的历史"活起来"。西安市坚持"保护为主、抢救第一、合理利用、加强管理"的文物工作方针，创新文物工作思路，加强城市考古、大遗址保护、实施重点文物保护工程，推进城市建设、促进文旅深度融合，让文物保护利用成果反哺城市、惠及人民。以国有博物馆为主体、行业博物馆为骨干、非国有博物馆为补充，门类新颖齐全、布局科学合理、富有地域特色的"博物馆之城"格局呼之欲出。稳步实施文物保护工程，注重文物的日常保养维护，加强濒危文物的抢救保护与修缮，市文物局先后组织实施西安城墙、钟楼、圣寿寺塔、小雁塔荐福寺明清建筑群、鄠邑区公输堂、隋唐长安城中轴线重点遗址群等一批重要文物保护工程。同时，推进西安世界文化遗产数字化档案库建设，实施革命文物保护利用工程，建立文物安全长效机制。开展将文物保护利用融入城市生态的"西安行动"，全市文博系统坚持博物馆资源"开放共享"的原则，通过课程研发、馆校共建、研学旅游、教学教育基地建设、博物馆进校园、文化惠民工程实施等方式，使博物馆公众教育职能不断强化。通过开展"博物馆进学校、进社区、下农村""博物馆进双百校""博物馆双进""博物馆五进"等各类社会服务活动，不断扩大文化惠民成果，融入各族群众生活。

（三）产业发展升级，打造文旅融合的"西安模板"。深度挖掘周、秦、汉、隋、唐等历史文化资源，通过加强文化建设促进文化旅游融合发展，将现代科技、时尚艺术、特色饮食完美融合，打造推出"博物馆之城、书香之城、音乐之城、演艺之城"等一批城市文化IP。一部动画电影IP《长安三万里》，在全国范围掀起"唐诗潮""长安潮"，拓宽了西安文旅融合的新场景塑造，让西安人文之美在游人心中"种草"；以陕西历史博物馆、秦始皇帝陵博物院领衔的西安博物馆IP大军，用自带的文化内核绽放魅力，让西安城市空间半径不断拓展；《长恨歌》《驼铃传奇》《西安千古情》一众文旅演艺IP在全国叫响，游客"用脚投票"的结果兑现了认同感与价值感的统一。除此之外，西安赛事名城、音乐之城等逐步深入人心，"文学陕军""影视陕军""话剧陕军"兼具文学性、艺术性和时代性，不断走红出圈。通过打造文旅新场景、新业态，把文化元素植入景区景点、融入城市街区、嵌入美丽乡村，提升旅游的文化底蕴和特色魅力，重构文化旅游新玩法、新体验、新印象。全面激活夜游经济，组织"长安夜·我的夜"夜游经济嘉年华，举办啤酒节、音乐节、美食节、帐篷节、电竞节等系列活动，策划推出历史研学、丝路寻踪、红色记忆、山水民俗、网红打卡等系列产品，持续激发文旅消费活力。借助第十四届全国运动会，进一步拓展西安"文旅＋"的边界，围绕"文旅＋体育＋商业"的政策创新、资源整合、品牌营销、业态消费，以及电竞体育等新兴产业的文旅融合发展，为文旅注入更多发展新动能。

西安市立足自身优势，深入挖掘、整理、开发各民族交往交流交融的历史事实、遗址遗迹、活态遗产等，探索将文物嵌入鲜活的社会中，谱写"活"的丝绸之路史与中华民族交往交流交融史，在不断提升旅游发展的文化内涵、深入推进"文化＋旅游"融合发展的同时，深刻表达中华文化特征、中华民族精神和中国国家形象，让各族群众在一景一物之间，踏寻历史足迹，追求文化内涵，共筑精神家园，在旅游中不断深化交往交流交融。

经验启示

西安市做好优质文化资源的整合文章，聚焦文旅需求，在擦亮历史文化"特色名片"中，实现以文化人、以文惠民、以文润城、以文兴业，走出了一条独属于西安的文旅产业高质量发展之路。

2024 年 2 月，西安城墙灯会永宁门夜景

（一）弘扬中华文明要立足优势资源。西安市将自身优势资源作为弘扬中华优秀传统文化的鲜活生动教材，打造具有鲜明特色和深刻内涵的文化品牌，使各族群众了解到中华民族交往交流交融的生动历史事实，在挖掘文物和文化遗产的多重价值中，推动"旧物件"以更鲜活的方式走进各族群众日常生活，展现时代风貌。

（二）讲好西安故事要打造艺术精品。西安市通过各种艺术形式，展示多姿多彩的中华优秀传统文化，在推动中华优秀传统文化创造性转化、创新性发展中，共同开拓了祖国的辽阔疆域，共同缔造了统一的多民族国家，共同书写了辉煌的中国历史，共同创造了灿烂的中华文化，共同培育了伟大的民族精神。

（三）增强文化自信要增强历史自信。西安市依托人文资源和文化底蕴，把打造"一带一路"国际枢纽城市与推进铸牢中华民族共同体意识建设相结合，在发挥旅游优势的同时，引导各族游客从中华民族五千年的光辉历史中汲取智慧和力量，不断坚定历史自信，不断增强道路自信、理论自信、制度自信、文化自信，为中华民族伟大复兴贡献力量。

新疆生产建设兵团为推动新疆发展、增进民族团结、维护社会稳定、巩固国家边防作出了不可磨灭的贡献。兵团人铸就的热爱祖国、无私奉献、艰苦创业、开拓进取的兵团精神，是中国共产党人精神谱系的重要组成部分，要用好这些宝贵财富。

——2022 年 7 月 12 日至 15 日，习近平在新疆考察时的讲话

地方实践

打造"戈壁母亲"品牌　谱写"兵团精神"新篇
——新疆生产建设兵团第七师胡杨河市 126 团传承红色基因构筑共有精神家园

多年来，新疆生产建设兵团（以下简称"兵团"）第七师胡杨河市创新思路、多措并举，汲取兵团精神、胡杨精神和老兵精神，以"文"铸魂、以"文"润心、以"文"弘业，着力打造"戈壁母亲"文化品牌，积极履行兵团先进文化示范区功能，奋力谱写"兵团精神"时代篇章，构筑各族群众共有精神家园。

一、背景情况

第七师胡杨河市（以下简称"师市"）位于准噶尔盆地西南部的奎屯河流域，南面天山，北接古尔班通古特沙漠，西与乌苏市、博尔塔拉蒙古自治州精河县毗邻，师市境域分布在新疆奎屯市、乌苏市、克拉玛依市及沙湾市、和布克赛尔蒙古自治县境内，2018 年被中国民间文艺家协会命名为"军垦文化之乡"。第七师胡杨河市 126 团

始建于 1957 年，距师市机关驻地 80 公里，是水、电、路"三到头"的团场，也是大风、冰雹各类自然灾害频发区，以张桂英、郝素玲、于青云为代表的老一代兵团人在这里战风沙、抗严寒、斗酷暑，逐渐形成了"戈壁母亲"这一群体，著名军垦作家韩天航在此生活 18 年，根据这些生动形象创作的小说《母亲和我们》，被改编成电视连续剧《戈壁母亲》在央视播出，该剧荣获第 27 届中国电视剧飞天奖和第 11 届"五个一工程"奖，126 团因此被称为"军垦文化胜地 戈壁母亲故乡"。多年来，师市走访近千人，记录相关典型事迹，集中反映以兵团女性群体为代表，在新疆白手起家、战天斗地、戍边卫国的"戈壁母亲"形象。

二、主要做法

（一）强化顶层设计，打造"戈壁母亲"红色教育基地。第七师胡杨河市以勤忠俭容的"戈壁母亲"文化为主题，以"戈壁母亲"红色教育基地为载体，以"戈壁母亲"文化艺术旅游节为抓手，以促进各民族交往交流交融为宗旨，形成了"一主三辅一核"的"戈壁母亲"文化建设总布局，投入 1.2 亿元，建成了以"六馆两场两中心一园一居"的"戈壁母亲"红色教育基地。六馆包括："戈壁母亲"红色记忆收藏馆、"戈壁母亲"美术馆、"戈壁母亲"钱币收藏馆、"戈壁母亲"工业博览馆、"戈壁母亲"照相馆、"戈壁母亲"廉洁文化教育馆；两场包括："戈壁母亲"广场、"戈壁母亲"演艺场；两中心包括：党员教育活动中心、综合文化活动中心；一园："戈壁母亲"文化创意园；一居："戈壁母亲"旧居。"戈壁母亲"红色教育基地在现有资源基础上，还融合师市廉政警示教育基地、民兵实训基地、军垦生产生活体验基地等形成集群效应，招引有实力企业参与一体式开发经营，打造融理论学术研究、研究成果转化、党员教育培训、情景体验感知、研学拓展训练为一体的研学游教育基地，基地运营以来，年均接待各族游客量超 10 万人次。"戈壁母亲"红色教育基地大力弘扬兵团精神、挖掘军垦文化丰富内涵、创作军垦题材文艺作品、征集军垦老物件、还原塑造军垦生活实景原貌，并通过讲好"戈壁母亲"群像的感人事迹，充分发挥"戈壁母亲"文化在精神引领上的作用，激励第七师胡杨河市各族职工群众锐意进取、砥砺前行。第七师胡杨河市依托"戈壁母亲"红色教育基地这一公共文化服务综合体，着力打造全域旅游示范区，军垦文化集中展示体验区和全国红色文化示范区，着力构建一个山清水秀、天蓝地绿，闻得着花香、记得住乡愁的"军垦文化胜地 戈壁母亲故乡"。

（二）发挥资源优势，唱响文化品牌。随着经济社会的发展，各族职工群众对精神文化生活的需求更加迫切、形式更加多元，第七师胡杨河市以丰富活跃各族职工群众精神文化生活为目的，利用"戈壁母亲"红色教育基地在各族职工群众中影响大、口碑好、文化惠民作用显著的优势，努力把 126 团底蕴深厚、特色鲜明的"戈壁母亲"文化打造成传得开、叫得响的文化品牌。2022 年，围绕"喜迎二十大·礼赞新时代"主题，在"戈壁母亲"红色教育基地举办文艺活动展演、基层文化能人大赛、"戈壁母亲"美食大赛、美术作品巡展、李永梅军垦剪纸作品展、金胡杨杯摄影作品展等高品质、多形式的文化艺术活动，重点提升《戍边战歌》《花开的季节》等军垦文化题材演艺剧目品质，不断丰富活动内容，提升品牌影响力，打造各族职工群众广泛参与、深度体验的新业态。以点带面，促进文化服务与各族职工群众生产生活多方位融合。通过团队建设、培养优秀文艺骨干、结对辅导、经费支持等方式帮助和指导团、连、社区业余文艺团体发展，进一步提升创演水平和服务能力。主动邀请兵团豫剧团、兵团猛进秦剧团来第七师胡杨河市开展"送文化下基层""戏曲进乡村""非遗进校园"等文化惠民活动，推动秦腔非遗传承实践基地落地 126 团，在传承弘扬中华优秀传统文化中，提升各族职工群众文化参与感、获得感、幸福感，推动各民族广泛交往、全面交流、深度交融。

（三）深化文旅融合，促进各民族共同走向现代化。第七师胡杨河市充分挖掘师市特色人文资源和文化底蕴，着力提升红色旅游发展质量，重点以"戈壁母亲"红色旅游景区为核心，聚焦做大做强红色旅游融合发展事业，将 123 团、125 团、126 团、128 团、131 团串珠成链，合力打造"戈壁母亲"之旅兵团精品红色旅游线路。注册"戈壁母亲"商标形成品牌效应，推动军垦题材以及彰显"戈壁母亲"文化的特色文创产品开发，目前以"戈壁母亲"吉祥物、LOGO、伴手礼袋为代表的 11 种文创产品已走向市场，受到消费者的广泛关注与喜爱。以旅游促进各民族交往交流交融，126 团的"戈壁母亲"文化艺术旅游节集"戈壁母亲"文化传承弘扬、群众文化展示展演、红色旅游宣传推介、特色美食品鉴、特色农副产品展销等活动于一体，吸引百余家单位共同参与，活动知名度和影响力不断扩大。2021 年，"戈壁母亲"文化艺术旅游节被列入《新疆生产建设兵团"十四五"旅游业发展规划》旅游节庆品牌之一，以此为契机，支持指导 126 团开展"戈壁母亲"主题节庆活动，形成师市、团场及景区三级联动机制，围绕"戈壁母亲故乡"的名片，持续放大"戈壁母亲"深厚文化效应，推动文化和旅游双向赋能，以旅游业高质量发展推动各民族全方位嵌入。仅 2022 年"戈壁母亲"文化艺术旅游节期间，游客就达 1.8 万人次，经济收益达 800 余万元，有效助推师市第三产业发展，促进各族职工群众共享旅游发展红利，使旅游业在服务民族地区经济社会发展、增强人民精神力量等方面的作用更加凸显，推动各民族共同团结奋斗、共同繁荣发展。

第七师胡杨河市通过挖掘文化资源，打造有形有质的红色教育基地，唱响"戈壁母亲"文化品牌，向人们展示军垦人艰苦创业、无私奉献的精神，在红色旅游融合发展中，让曾经的戈壁荒滩有了代代相传的生命，让新中国屯垦戍边事业实现绵延不断的传承，给各族儿女们以丰富的精神滋养，是新时代发扬"热爱祖国、无私奉献、艰苦创业、开拓进取"兵团精神的伟大实践。

经验启示

"献了青春献终身、献了终身献子孙、子子孙孙守国土、世世代代兵团人。"以勤忠俭容为核心的"戈壁母亲"文化，是对中华优秀传统文化的继承与发展，是对兵团精神的赓续与弘扬，激励着各族职工群众耕耘荒原、接续奋斗，对于在传承红色基因中谱写"兵团精神"时代篇章具有启示意义和借鉴价值。

2023 年 6 月，兵团杂技团在第七师胡杨河市 126 团"戈壁母亲"
文化艺术旅游节上表演节目

（一）打造红色教育实践载体，构筑共有精神家园。"戈壁母亲"红色教育基地搭建了各族职工群众互相了解、互相学习的桥梁，让各族群众切实感受到红色文化和"戈壁母亲"艰苦奋斗、自强不息的奋斗精神，推动师市成为传承历史、弘扬正气、积蓄正能量的高地，成为有形有感有效构筑各族职工群众共有精神家园的重要阵地。

（二）发挥聚合效应，擦亮军垦文化品牌。第七师胡杨河市发挥红色教育多元化效应，探索"'戈壁母亲'＋现代农业观光＋戈壁风情"的旅游模式，打造以军垦文化名城为核心的红色旅游 IP，全方位带动辖区产业链升级，促进各族职工群众不断加深了解、增进感情，生动诠释中华民族多元一体格局、各民族交往交流交融历史及"四个与共"的共同体理念。

（三）传承红色基因，讲好"戈壁母亲"故事。第七师胡杨河市将中华优秀传统文化、兵团红色文化有机融入团场建设中，通过挖掘"戈壁母亲"文化内涵，凝聚正能量，提振精气神，用好红色文化资源，打造文化品牌，讲好"戈壁母亲"故事，让中华文化通过实物实景实事得到充分展现、直抵人心。

总书记的话

地方实践

扎根红色沃土　弘扬沂蒙精神
——山东临沂市书写社会主义核心价值观建设新篇章

长期以来，山东省临沂市坚持把沂蒙精神作为弘扬社会主义核心价值观、加强精神文明建设的生动教材，真正融入血脉、注入文化、走入生活、深入人心，书写新时代沂蒙精神新篇章，激励全党全国各族人民为发展中国特色社会主义、实现中华民族伟大复兴而团结奋斗。

一、背景情况

临沂市地处山东东南部，是沂蒙精神的发源地。全市常住人口 1100 万人，少数民族常住人口 6.3 万余人，有汉族、回族、蒙古族、苗族等 51 个民族。从 1926 年马克思主义在沂蒙地区开始传播，到 1927 年建立党组织，再到 1937 年卢沟桥事变，沂蒙大地的党组织从无到有，星星之火渐成燎原之势。在抗日战争和解放战争时期，中国共产党举起抗日救国的大旗，肩负起民族独立和人民解放的神圣使命，在长达 12 年的革命斗争岁月里，八百里蒙山沂水间发生过大大小小的战斗 4000 余次，在当时根据地 420 万人口中，有 120 万人拥军支前，20 多万人参军参战，10 多万人血染疆场，涌现出"沂蒙六姐妹""沂蒙母亲""沂蒙红嫂"等拥军模范。在沂蒙革命根据地的创建和壮大过程中，我党政军文艺工作者一边战斗一边创作，深入战地和农村，创作了许多脍炙人口的沂蒙经典红歌，一首《沂蒙山小调》唱颂了沂蒙山的巍峨壮丽与沂水的源远流长，更传承了新时代"党群同心、军民情深、水乳交融、生死与共"的沂蒙精神。中华人民共和国成立以来，沂蒙各族人民在党的领导下，整山治水、摆脱贫困，发家致富、奔向小康，涌现出高家柳沟、王家坊前、厉家寨、九间棚、代村等时代典范，创造了率先实现革命老区整体脱贫、胜利完成脱贫攻坚和全面建成小康社会、成功创造"中国市场名城""中国物流之都"等社会主义建设与改革的奇迹。正是在这样的特殊背景下，才诞生出和延安精神、井冈山精神、西柏坡精神一样具有伟大感召力的沂蒙精神。2021 年，沂蒙精神被纳入共产党人精神谱系。临沂市积极传承"听党话、跟党走"的红色基因，筑牢"为人民、靠人民"的价值追求，树牢"最好的弘扬是践行"的思维导向，自觉把践行沂蒙精神贯穿于城市发展全过程，不断提高全市科学文化素质和思想道德水平，建设中华民族共有精神家园，促进各族人民团结稳定、发展进步。

二、主要做法

（一）讲好红色故事，凝聚城市文化之魂。红色，是临沂最鲜亮的底色。沂蒙精神在临沂这片红色热土上，历久弥新，薪火赓续。为加强理论研究，曾承办"学习习近平总书记重要讲话　弘扬传承沂蒙精神"理论研讨会等 20 余次，形成理论研究成果 530 余篇，推出《中国共产党的精神谱系与沂蒙精神》等一批高质量研究成果，组织编写《沂蒙精神故事读本》《临沂优秀传统文化故事读本》等专项图书，立项"沂蒙精神研究"省社科课题 20 余项、市社科课题 324 项。为加强文化创新，充分挖掘红色文化的时代价值，以《化解危局》《水乳交融》《铜墙铁壁》为主题拍摄 3 集纪实片《国家记忆·红色沂蒙》，在央视播出。联合中国传媒大学创作话剧《青春榴火》，创新推出《红色沂蒙 365》短视频集，举办"民歌唱响沂蒙山"音乐节，在央视推出"一首歌　一座城"《沂蒙山小调》节目。推出红色文艺作品 140 多部，制作专题片《沂蒙》、影视剧《同心》，长篇报告文学《百年沂蒙》入选国家出版基金项目，京剧《燕翼堂》荣获"五个一工程"优秀作品奖。加强载体建设，讲好新时代沂蒙红色故事。颁布《临沂市红色文化保护与传承条例》，建设各类教育基地 31 处，红色专题纪念馆、博物馆 24 家，"跟着共产党走"沂蒙精神革命文物展等精品展陈入选中宣部、国家文物局推介名单。出台《临沂市红色旅游促进办法》，结合"道中华·齐鲁行"品牌，打造中华民族共同体体验行精品线路 11 条，使游客沉浸式体验红色旅游的魅力。以群众喜闻乐见的方式，实施"百部沉浸式情景小剧"创演工程，推出《沂蒙四季·红嫂》《永远跟党走》等情景演出，以文化人、以文惠民，不断提升社会文明程度，推动成为教育各族人民、引导社会发展的巨大精神力量。

（二）增进文化认同，夯实宣传教育之基。沂蒙，是临沂最响亮的名片。沂蒙精神在千万沂蒙儿女中代代相传，成为铸牢中华民族共同体意识不可或缺的红色元素，在新时代闪耀着不朽的光辉。先后在中央和省级媒体刊发沂蒙精神相关稿件 230 多篇，其中《老区经济腾飞的"沂蒙样板"》《传承沂蒙精神　谱写发展新篇》等 50 多篇重头稿件被《人民日报》、新华社等媒体采用；《在践行沂蒙精神中走好群众路线》等市委主要领导署名理论文章 20 余篇于《学习时报》刊发，临沂被中宣部列为"新思想引领新征程·红色足迹"行进式调研采访全国 10 条线之一。推动沂蒙精神进机关，将沂蒙精神纳入各级党委理论学习中心组学习研讨内容，围绕沂蒙精神学习共计1200 余次，沂蒙党性教育基地累计培训学员 41 万余人；推动沂蒙精神进校园，免费发放《沂蒙精神教育读本》190 万余册，组织学生志愿宣讲团赴全国 300 多所高校宣讲 600 多场，线下线上听众 10 万余人；推动沂蒙精神进军营，组织开展"沂蒙精神沂蒙兵万里行""沂蒙精神红嫂文化进军营"活动。利用北京、上海等地的沂蒙精神展馆，嘉兴的"沂蒙精神图片展"，广泛开展红色主题教育活动；联合海北藏族自治州举办"两弹一星精神"和"沂蒙精神"展览，推动红色精神交流交融；推出大型民族歌剧《沂蒙山》，已在全国巡演 70 余场、观众达 10 万余人。沂蒙精神已经成为坚定文化自信的重要源头，不断增进各族儿女的民族自豪感、自信心，不断增强民族凝聚力、向心力。

（三）突出担当奉献，谱写新的时代华章。奉献，是临沂最质朴的答卷。无私奉献的品质已融于沂蒙人民的血肉中，激励着各族群众在新时代共同团结奋斗、共同繁荣发展。推动"党群同心"走深走实，坚定不移走群众路线，先后选派 365 名"红领书记"进企业、进社区，选派 1.4 万名"第一书记"到农村任职，着力打通乡村振兴的"最后一公里"。全市 31 个村实现驻村帮扶全覆盖，全部实现"四个一"目标（即有 1 个以上特色产业项目、1 家民营企业共建帮扶、1 名电商人才对口推介、1 名法律顾问结对援助），年集体收入全部超过 10 万元。以"用心用情用力解决群众问题"为出发点，开发建设"12345·临沂首发"融媒集智平台，被《人民日报内参》、中央电视台等刊发报道，成为关爱群众、关注民生的典范。倡导志愿服务，演绎无私奉献的沂蒙赞歌，将沂蒙精神融入志愿服务活动，2023 年全市注册志愿服务组织达 22649 个，志愿者超过 222 万人；全年开展志愿服务活动 28.1 万余场次，惠及群众 276.3 万人次。花埠圈村在河南水灾、甘肃地震发生后自发捐款捐物 100 余万元支援灾区，形成"爱心志愿服务""沂蒙红石榴"等品牌，涌现出"中国好人"马成文、"全国优秀农民工"李金芳等优秀代表。突出示范引领，用榜样力量开辟沂蒙文化新纪元。临沂各族群众把沂蒙精神融入生产生活的一点一滴，涌现出新时代企业家楷模赵志全、乡村振兴的"领头雁"王传喜等 5 位"时代楷模"，优秀乡镇党委书记许步忠等 6 位"齐鲁时代楷模"；也涌现出任职 46 年的民族村党支部书记、全国人大代表李树睦，27 年坚持与民族村居群众结对帮扶的企业家、"全国民族团结进步模范个人"韩来社，38 年扎根民族小学写大爱、"齐鲁最美教师"李京春等为民族团结进步事业付出毕生心血的优秀代表。临沂人民用实际行动推动沂蒙精神在全社会、各民族间薪火相传，为沂蒙精神赋予新的时代内涵。

滔滔沂河水，流淌着党与人民血肉相连的鱼水深情；巍巍沂蒙山，耸立着党和人民生死与共的历史丰碑。临沂市作为沂蒙精神的发源地，始终坚持以文铸魂、以文聚力、以文兴业，讲好红色故事，赓续红色血脉。在这片红色热土上，沂蒙精神已成为最独特的政治优势、最鲜明的城市标志、最强劲的精神力量，激励着各族群众团结奋斗、不断进取，为厚植新时代文化自信、实现中华民族伟大复兴中国梦浸润人心。

经验启示

无论是革命战争年代还是和平时期，无论是改革开放还是走进新时代，临沂市自觉把践行沂蒙精神融入党群同心、发展建设、开拓进取的伟大实践中，不断筑牢红色文化思想阵地，让红色基因融入各民族血脉，激励实干担当，凝聚奋进力量，形成全市域齐推进、全社会齐参与、全环境齐践行的生动局面。

（一）讲好沂蒙故事，增强发展内生动力。临沂市深刻把握沂蒙精神的精神实质，把"对党忠诚"品质转化为坚定不移听党话、跟党走的思想自觉和行动自觉，把各族群众团结在中国特色社会主义伟大旗帜之下，引导各民族从中汲取历史智慧、精神力量，鼓舞和激励各族人民自力更生、艰苦奋斗，使沂蒙精神真正转化为临沂现代化振兴发展的强大力量。

2021 年 10 月，建党 100 周年之际，临沂市郯城县归昌乡姜湖贡米
稻田一角

（二）依托红色文化，增强各族群众"五个认同"。临沂市始终深入挖掘、整理红色文化资源，坚持以红色文化为媒固本培元，用红色精神育人铸魂促融，在续写新时代新篇章中，继承和弘扬党的光荣传统和优良作风，不断增强各族群众对伟大祖国、中华民族、中华文化、中国共产党、中国特色社会主义的认同。

（三）践行沂蒙精神，汇聚创新发展磅礴力量。临沂市把弘扬沂蒙精神融入社会主义核心价值观教育、融入学校教育、融入基层宣讲、融入党的建设，倾力打造沂蒙精神"文艺创作"品牌、"党性教育"品牌、"红色旅游"品牌，用践行沂蒙精神的创新举措，使沂蒙精神成为经济社会发展的助推器、精神文明建设的引领者、党员干部教育的好教材，有力助推山东经济社会各项事业快速发展。

总书记的话

博物馆是保护和传承人类文明的重要场所，文博工作者使命光荣、责任重大。希望同志们坚持正确政治方向，坚定文化自信，深化学术研究，创新展览展示，推动文物活化利用，推进文明交流互鉴，守护好、传承好、展示好中华文明优秀成果，为发展文博事业、为建设社会主义文化强国不断作出新贡献。

——2022 年 7 月 8 日，习近平给中国国家博物馆老专家的回信

地方实践

擦亮首都"金名片" 讲好中国"新故事"
——北京创新打造铸牢中华民族共同体意识教育实践基地

近年来，北京市充分发挥首都博物馆特色优势，坚持首善标准，挖掘首都文博优质资源，率先在全国开展博物馆铸牢中华民族共同体意识教育实践基地创新实践，开启博物馆里的中华民族共有精神家园打造之路，以北京市作为我国统一多民族国家典型缩影讲好铸牢中华民族共同体意识故事。

一、背景情况

北京拥有着 3000 多年建城史、870 年建都史，沿中轴线、长安街两条关键空间轴线，一批地标性博物馆串联成群；由中心城区向外，一个个重点文博区与城市空间和功能充分融合；百余家"小而美"的博物馆、类博物馆星罗棋布，为城市添彩。截至

目前，北京备案博物馆总数已达 226 家，平均每 10 万人拥有一座博物馆，已经形成全国规模最大、实力最强的博物馆集群。2022 年 9 月起，北京市充分发挥博物馆资源丰富、"博物馆之城"建设取得丰硕成果的资源富集优势，与 31 家博物馆签署合作协议，以博物馆为载体率先打造铸牢中华民族共同体意识教育实践基地，面对社会大众，用最直观生动、最有说服力的方式宣传中华民族共同体意识。

二、主要做法

（一）高位推动，协同合作。2022 年 10 月 28 日，北京市在首都博物馆召开"在博物馆率先打造铸牢中华民族共同体意识教育实践基地动员部署会"，制定下发专项工作方案，正式启动基地打造工作。2023 年 2 月，发布《北京博物馆之城建设发展规划（2023—2035）（征求意见稿）》。发展规划将博物馆事业主动融入首都经济社会发展大局，以正确的政治方向为博物馆之城灵魂、以体系布局为博物馆之城骨架、以高质量发展为博物馆之城血肉、以社会舆论氛围为博物馆之城脉络，发展社会主义先进文化、弘扬革命文化、传承中华优秀传统文化，满足各族群众日益增长的精神文化需求，巩固全党全国各族人民团结奋斗的共同思想基础，不断提升国家文化软实力和中华文化影响力，为全面建设社会主义现代化国家、全面推进中华民族伟大复兴作出积极贡献。北京市民族宗教委、市委统战部、市文物局、北京博物馆学会通力合作，将铸牢中华民族共同体意识与"博物馆之城"建设工作同步谋划、相融互嵌，积极推进教育实践基地建设，以首善标准打造教育实践基地，在基地打造过程中形成了统战工作部门牵头协调、民族工作部门聚焦主责主业推动实施、文物工作部门通力合作的工作机制，在人力财力和资源分配上给予倾斜，逐个单位逐个项目对接，共同研究落实方案。组织成立 7 个工作组赴各博物馆实地调研，突出主线筛选打造对象，遴选出故宫博物院等首批 31 家铸牢中华民族共同体意识工作基础条件较好、合作打造意愿强、建设论证充分的博物馆，列入打造计划，签署合作协议，邀请专家开展专题培训，加强对入选博物馆的分类指导和政策辅导，全面推进铸牢中华民族共同体意识教育实践基地与博物馆之间的相融互嵌。

（二）发挥特色优势，构建工作矩阵。入选博物馆涵盖面广、特色鲜明，首批 31 家博物馆中，中央部委所属 9 家、市属 12 家、区属 6 家、非国有 4 家。涵盖了不同属性、不同层级、不同主题，既有展示中华民族优秀文化民族题材的民族文化宫，也有全面反映中华民族发展史的中国国家博物馆；既有主题突出的中国人民革命军事博物馆等国家级行业博物馆，又有特色鲜明的北京奥运博物馆等市属专题博物馆；还有反映地域文化的密云、延庆等区属博物馆以及代表中华优秀传统文化的燕京八绝、金漆镶嵌艺术等非国有博物馆，形成了点上有特色、面上有氛围的铸牢中华民族共同体意识阵地矩阵。协调召开多次工作推进会，围绕铸牢中华民族共同体意识主线确立建设目标，组织"铸牢中华民族共同体意识大讲堂"专家授课，为每家博物馆安排专门联络员，编发打造经验交流材料、组织互观互学，实现基地建设的上下联动、左右互动、整体推动。指导各入选博物馆在既有优势基础上，彰显共同体元素，将铸牢中华民族共同体意识主线贯穿于教育实践基地建设全过程各方面，在讲解词、展陈展示、展览路线等内容上广泛植入中华民族共同体理念。通过软目标和硬指标相结合，广泛吸引组织北京市及全国范围内的各族干部群众参观学习。首都博物馆深入挖掘文物内涵、策划相关展览，用珍贵的文物、精致的展览吸引各族群众来到这里，接受中华文化的洗礼；在燕京八绝博物馆，体验非物质文化遗产的独特魅力；在延庆博物馆，领略一段别有风韵的乡土史；在北京奥运博物馆，感受奥运精神；在中国国家博物馆，了解中华民族发展史……首批 31 家博物馆依托学科优势、专业优势，从不同角度不断探索文物、展陈蕴含的铸牢中华民族共同体意识意义，形成了相关研究成果及各具特色的特展临展，在发挥教育实践基地独一无二的优势作用中彰显中华文化的独特魅力。

（三）聚焦发力，以首善标准全力推进。挖掘名人故居、文物建筑、工业遗产等存量资源，坚持精心规划设计、科学合理布局、打造精品基地，选派民族研究和博物馆等领域专家学者与博物馆共商基地培育提升，从形式到内容进行优化，从展览打造、讲解团队建设、宣传教育、科研出版、文创开发等方面，全方位提升教育实践基地建设水平，讲好中华民族共同体故事。通过开展专题培训、参与设计策划等加强分类指导和政策辅导，重点在展陈内容、解说员培训、线路设计等方面，打造适应青少年学生、机关企事业单位、社会大众等不同群体的"套餐"式服务模式，探索沉浸式、体验式宣传，增强宣传教育针对性、有效性，促进各族群众牢固树立"四个与共"的共同体理念。加强学术研究，组织馆内外相关专家开展多学科、跨领域的历史研究和价值阐释，深入挖掘文物背后各民族交往交流交融故事，助力构建中华民族共同体意识完整的史料体系、话语体系、理论体系。提升博物馆建设水平，全景式、立体式、延伸式打造教育实践基地，增强博物馆对各族群众的吸引力。通过严格评估保障博物馆类基地建设效果，对达到标准条件的场馆命名并授牌，确保首批打造的博物馆成为北京乃至全国教育实践基地的标杆。截至目前，几乎所有博物馆都通过了专家评估验收。2023 年博物馆类基地铸牢中华民族共同体意识宣传教育受众已达千万人次。31 家博物馆基地积极创新、亮点纷呈，发挥出"头雁效应"，示范引领景区、企业、学校等不同领域深化内涵、丰富形式、创新方法，持续打造铸牢中华民族共同体意识教育实践基地。

北京市打造博物馆类铸牢中华民族共同体意识教育实践基地一年多来，在全社会引起良好反响，搭建起体现民族文化融合、实证中华民族多元一体格局形成历程的展览展示平台，讲好铸牢中华民族共同体意识的博物馆故事、北京故事，构建起首都文化中心"新地标"。

经验启示

北京市将铸牢中华民族共同体意识与北京"博物馆之城"建设相结合，把铸牢中华民族共同体意识像"芯片"一样植入博物馆、融入文化传承发展，让文物"活"起来，为全国打造教育实践基地提供北京实践和北京方案。

（一）立足首都文化中心功能讲好中国故事。北京市以博物馆作为宣传阵地，向

2022 年 10 月，中共北京市委统战部、北京市民族宗教委、北京市文物局在首都博物馆召开"北京市在博物馆率先打造铸牢中华民族共同体意识教育实践基地动员部署会"

各族群众宣传各民族共有共享的中华文化符号和中华民族形象，展现绵长而灿烂的中华历史文化，推动博物馆的海内外社会影响力进一步扩大，不断构筑中华民族共有精神家园，促进各族群众共同团结奋斗，为中华民族伟大复兴汇聚伟力。

（二）紧贴各族群众精神文化需求提高博物馆展陈质量。北京市对全市博物馆进行全面遴选，严格标准、优中选优，依托丰富馆藏文物，挖掘文物深刻内涵，运用各类文献资料，持续深入挖掘各民族交往交流交融历史史实和故事，让各族群众在参观博物馆全过程润物细无声地学习中华民族历史，感悟中华文化的博大精深，感受中华民族共同体强大的生命力和凝聚力，培育休戚与共、荣辱与共、生死与共、命运与共的共同体理念。

（三）构建文化矩阵促进各族群众坚定文化自信。首批 31 家博物馆充分利用北京市得天独厚的地理、历史和红色文化优势，挖掘自身潜力，打造活态文化空间，活化利用博物馆及馆内藏品，建立起覆盖全市的纵向、横向铸牢中华民族共同体意识阵地矩阵，提升探寻中华优秀传统文化的主观能动性，进一步坚定文化自信、增强文化认同，为不同领域开展铸牢中华民族共同体意识宣传教育提供生动范例，擦亮北京历史文化这张"金名片"。

总书记的话

　　革命传统教育要从娃娃抓起，既注重知识灌输，又加强情感培育，使红色基因渗进血液、浸入心扉，引导广大青少年树立正确的世界观、人生观、价值观。

　　——2016 年 4 月 24 日，习近平在参观安徽金寨县革命博物馆时的讲话

地方实践

"三个聚焦"做深做实红色教育

——贵州铜仁市万山区打造新时代红色研学路线传承红色基因

　　近年来，贵州省铜仁市万山区以"走新时代路线，看新时代发展，学新时代思想"为主题，打造出一条经典的红色研学线路，讲好万山故事，广泛吸引各族青少年走进万山研学，让中华民族共同体意识的种子深深根植于各族青少年心中，绽放出各族青少年心手相牵、亲如一家的最美友谊之花。

一、背景情况

　　万山区，隶属于贵州省铜仁市，是中国第一个县级行政特区，全区国土面积 842 平方公里，辖 6 个乡、1 个镇、4 个街道，总人口 20.43 万人，其中少数民族占比 78.93%。汉族、侗族、苗族、土家族等 36 个民族在悠悠漭都旁、滔滔木杉河畔相互融合、和衷共济、共同发展、攻坚克难，谱写了一曲曲民族团结的时代乐章，先后有 2 个单位和企业获得全国民族团结进步模范集体表彰。万山区因盛产朱砂被誉为"中国汞都""朱砂王国"。在 20 世纪 50 年代，万山汞矿工人们秉承"团结拼搏、无私奉

献"的精神，不论民族、不分工种、不计得失，齐声唱响"八小时内拼命干、八小时外作奉献"的壮美战歌。50年间生产的朱砂和水银占全国同期总量的70%以上，创下了9个世界之最、10项全国第一，涌现出国家级和省部级劳模100多名，万山汞矿被周恩来总理亲切地称为"爱国汞"。2008年，万山区遭受特大凝冻灾害，时任中央政治局常委、中央书记处书记习近平同志冒着风雪来到万山察看灾情和慰问群众，给万山人民带来了极大鼓舞。2013年5月4日，习近平总书记在贵州省委专报件中对万山发展转型作出重要批示，鼓励万山持续加大工作力度，用好国家扶持政策，加快推动转型可持续发展。2014年3月、2017年10月，总书记又两次关心询问万山群众生产生活情况。2023年10月21日，习近平总书记再次对万山汞矿申报世界文化遗产工作作出重要批示。习近平总书记5次关心万山，10年间两次专门作出重要批示，这在全国区县中是少有的，在全省是唯一的，充分体现了习近平总书记对万山工作的特别关心，对万山人民的深情厚爱。万山区充分挖掘和利用本地丰富红色文化资源，通过建设红色教育基地，加强文化建设，各族教师、学生"踏"上红色研学路，近距离学习百年党史，感受红色文化，传承红色基因，为实现中华民族伟大复兴的历史画卷增添一抹"万山"红。

二、主要做法

（一）聚焦"爱国汞"，打造特色研学基地。抓好统筹谋划、强化规划制定、找准市场定位、聚焦地理优势，依托朱砂古镇景区对原国有汞矿区房屋进行升级改造契机，为各族青少年提供学习"第二课堂"，也为"身临其境"感受万山转型发展、革命前辈感人励志故事、朱砂古镇历史文化、各民族文化和新时代爱国主义教育精神开辟新阵地，逐渐形成文化教育与旅游经济互增共赢的产业发展新格局。2023年4月，建成占地面积4000多平方米，集实训、文旅融合、研学实践、素质拓展、休闲度假为一体的"红色万山"研学基地。基地拥有可供200人住宿的营房、200人同时用餐的餐厅、2000人同时进行拓展训练的多个活动广场以及一个可供200人培训的多功能会议室，成为万山区综合研学品牌引领者。截至目前，"红色万山"研学基地已接待全国各地青少年研学旅游团队100余批次，共计4万余人次。各族青少年在参观基地的同时学习红色文化，揭开"爱国汞"的红色密码，穿梭地下长城感受朱砂的生长气息，了解汞矿工人们的采矿故事，参加篝火晚会感悟本地文旅特色，体验"沉浸式"研学之旅，深刻感悟万山红色历史、红色文化、红色精神的厚重内涵，厚植爱党爱国情怀。

（二）聚焦"点成线"，树立青年研学品牌。充分挖掘和整合资源，把朱砂古镇、九丰农业博览园、旺家社区、青年之家等项目有机结合起来，将红色景点、自然景点、人文景点、易地扶贫搬迁社区、青年街区连点成线，打造出一条万山区独特的集红色历史文化资源研学、资源枯竭型城市转型发展研学、易地扶贫搬迁社区治理研学、青年友好型成长型城市建设研学为一体的多样化经典红色研学精品路线。将行程中涉及的吃、住、行、门票及优惠购物等进行全线整合，以"消费得起、游得放心、研有收获"的务实定位向各族青少年重叠开放，实现更广范围、更深层次、更高水平的融合发展，有效推动万山区青年友好型成长型城市建设和全省中长期青年发展规划试点县域建设，助推万山区旅游经济及相关产业发展。承接省级"青春遇见贵州·感受多彩魅力"示范活动，组织实施"青春遇见贵州 感受多彩魅力·全国高校大学生研游万山"活动2期，持续邀请100余名全国高校学子来万山研学。实施希望工程升级版"壮苗计划"，组织140余名各族青少年开展示范活动3期。开展青少年体验"非遗＋研学"、青少年铸牢中华民族共同体意识研学等活动，让青少年切身体验侗族鼟锣、中国传统手工扎染工艺和拓印文化的魅力，把现场转为课堂，让青少年进一步了解万山历史文化、民族文化，深刻领略中华优秀传统文化的内涵和特点，在听、看、学、践的过程中广泛交往、全面交流、深度交融。

（三）聚焦"服务牌"，营造浓厚研学氛围。研学作为第三产业，主打就是"服务"。万山区在"服务"上做文章、下功夫，成立万山区三角岩社区旅游发展有限公司，市场化运营研学基地，广泛"招贤纳士"，吸引专业人才，不断提升研学基地的管理能力、接待能力、创收能力，做大做强、做精做优研学基地。提出"研学＋旅游"发展模式，探索多元运营主体，与景区进行洽谈，提出合作，即研学基地利用自身资源提供生源、客源和研学、培训服务，景区利用现有条件提供游玩、消费服务，在客流超出双方住宿承载力的情况下，相互引流达到双赢目的，让"研学热"带动经济发展，更好地激发乡村振兴"新活力"。随着"朱砂古镇＋红色万山研学"旅游名片的擦亮，"红色万山"研学基地的曝光度和知名度持续攀升，万山区已成为热门的红色旅游打卡地，带动了当地旅游蓬勃发展。各族群众踏上红色故土，在旅途中聆听党史，在行走中感受红色文化，在休闲游玩的同时接受红色精神的洗礼。万山区积极发展壮大旅游产业经济，充分激活消费市场，不断推进红色研学提质升级，带动各族群众参与产业发展、务工就业。越来越多的群众享受到旅游的红利，周边服务业迅速兴起，带动 32 名群众在景区内自主创业，创业收入每月达 5000 元以上。各族群众的农副产品售卖愈发红火，他们在家门口吃上了"旅游饭"、做起了"小老板"，在"红色"氛围中共同致富、共谋发展。

万山区突出"融"的导向、提升"联"的质效、做好"拓"的文章，延伸红色产业链条，丰富红色研学教育内容，发展"红色研学＋民族文化＋实景体验＋文艺周边"的新产品新业态，让蕴含朱砂文化、红色元素的万山新时代爱国主义教育基地成为各族游客寻访朱砂古镇的"首站"，让各族群众在红色研学中润物细无声地铸牢中华民族共同体意识。

经验启示

万山区充分利用丰富的红色资源和深厚的红色文化，打造以朱砂古镇为核心的多样化经典红色研学精品路线，构成了一条有历史、有层次、很丰富、有形象、有内涵的红色研学线路，引领各族群众踏寻前辈足迹，感怀峥嵘岁月，聆听红色故事，传承红色基因，成为红色旅游的"打卡"新地，不断增强红色文化的表现力、传播力、影响力。

（一）突出"红"内涵。万山区强化红色文化育人、化人功能，把红色研学真正

2024 年 3 月，苏州市苏城外国语学校师生在铜仁市万山区朱砂古镇研学

打造成"行走的思政课堂",让各族青少年通过红色研学接受革命传统教育、爱国主义教育和红色洗礼,为各族青少年提供丰富的红色养分,推动各族青少年将红色文化基因内化为对党和国家的认同感和自豪感,外化为切实履行革命精神和革命传统的实际行动。

(二)提升"联"质效。万山区发挥地域优势、整合社会资源,依托深厚的红色历史文化资源打造红色旅游景点,增加更多沉浸式元素,精心策划独特的、知名的、具有核心竞争力的新时代红色研学精品路线品牌,为红色研学提供丰富支撑和坚实载体,大力提升万山红色研学品牌知名度,讲好新时代万山故事,让各族群众走有所思、看有所感、学有所获。

(三)做深"链"文章。万山区深挖红色文化与地方文化融合内涵,丰富红色研学教育内容,延伸红色研学产业链。开发青少年红色研学主题文创产品,发展"红色研学+"新产品、新业态,提升红色研学旅行的综合价值。吸引来自全国各地各族群众到万山接受红色文化熏陶,让万山红色研学辐射省内外、走向全国,促进文化产业和旅游产业高质量发展。

总书记的话

东北抗联精神、北大荒精神、大庆精神、铁人精神激励了几代人。今天，我们仍然要用这些精神来教育广大党员、干部，引导他们发扬优良传统，在全社会带头弘扬新风正气。

——2016 年 5 月 25 日，习近平在黑龙江考察调研时的讲话

地方实践

让红色血脉在白山黑水间散发时代光芒
——黑龙江牡丹江市弘扬东北抗联精神凝聚奋进力量

长期以来，黑龙江省牡丹江市紧紧抓住孕育、发展、弘扬东北抗联精神，坚持深挖抗联历史、传承红色基因、发扬红色传统，使东北抗联精神成为牡丹江塑造城市人文精神、提升城市发展理念的重要载体和支撑，推动各民族在这片热土上繁衍生息，共同团结奋斗、共同繁荣发展，为高质量发展汇聚起不竭精神动力和力量源泉。

一、背景情况

牡丹江市，黑龙江省辖地级市，地处中国东北地区，位于东北亚经济圈中心地带上，与俄罗斯边境线长 211 公里，是"中蒙俄经济走廊"、龙江丝路带的重要战略支点、中国对俄沿边开放的桥头堡和枢纽站，素有"塞外江南""鱼米之乡"的美誉。全市面积 3.88 万平方公里，常住人口 229 万人，有 46 个民族，是多民族融合散居边疆城市。牡丹江具有光荣的革命传统，是中国共产党在东北最早建立组织并开展活动的地区之一，是抗联第四军、第五军的创建地，是抗联精神的发祥地。东宁要塞群是

第二次世界大战最后的战场，远东战役东宁之战是第二次世界大战的最后一战……在长达 14 年的抗日战争艰难岁月中，东北抗日联军与穷凶极恶的日本侵略者展开艰苦卓绝的斗争，在生与死、血与火的磨砺中熔铸成东北抗联精神。2012 年，在全国评选出的"100 位为新中国成立作出突出贡献的英雄模范人物"中，在牡丹江与侵略者血战到底的"八女英烈"（人物名单中为"八女投江"，此处为表述需要，采用"八女英烈"这一称谓）和"特级侦察英雄"杨子荣光荣入选。2015 年，习近平总书记在吉林考察时强调，要把抗联的历史发掘好、研究好、宣传好，组织好相关纪念活动，为加强党的建设和推进改革发展稳定凝聚正能量。2021 年 9 月，党中央批准了中央宣传部梳理的第一批纳入中国共产党人精神谱系的伟大精神，东北抗联精神被纳入其中。牡丹江把红色资源与民族团结教育相结合，将东北抗联精神刻上新时代的烙印，引领各族群众在黑龙江的广袤大地上牢固树立"四个与共"的共同体理念，筑起顽强拼搏、敢于牺牲、精诚团结、奋发进取的精神筋骨，让东北抗联精神成为各族群众战胜一切艰难险阻的强大精神支柱和力量源泉。

二、主要做法

（一）依托抗联精神，赓续红色文化。牡丹江立足丰富的红色文化历史资源，将"打造红色城市新名片"列入经济社会发展总体规划，突出规划引领，开展红色文化保护、研究、开发、创作、教育五大建设工程，组织开展红色文化专题调研，对红色文献、资料、实物、遗迹和文艺作品等资源进行全面调查、分级分类、登记备案，编制《重点革命遗址名录》《革命纪念设施名录》《著名革命英烈名录》，编制完成牡丹江红色文化地图，形成完整、准确、生动的文字记录和影像资料。科学有序推进革命遗址（旧址）、著名事件发生地、重要会议召开地等保护性修缮工作，对尚未设立纪念碑（馆）的遗址遗迹，统一设置永久性保护标志，备案建档。启动实施"东北老航校遗址""嘎丽娅牺牲地""关家小铺 107 烈士牺牲地""共和牛心东山抗联密营址""团山子抗联秘密通道遗址"等 18 个新发现红色遗址遗迹的修缮保护。发挥新开发的和平天使嘎丽娅纪念馆、中共六大历史资料馆、国家安全教育馆、中东铁路记忆馆、88 旅主题小镇等一批新红色文化纪念场馆、设施的宣传教育作用。绥芬河秘密交通线纪念馆开放馆藏资料 1000 多万字、图片 2 万多张、文物 500 余件；东宁要塞陈列馆经过 17 年的发展和完善，成为全国著名的要塞群遗址博物馆，据统计，截至 2024 年 4 月底，东宁要塞共接待游客 27 万人次，较 2023 年同期增长 30%；牡丹江建设的全国第一个位于首都之外的"空军红色基因传承教育基地"，被认定为"人民空军起飞地"……这些珍贵的文化资源，再现了中国共产党人艰苦卓绝的斗争历程，为各族儿女提供了战胜一切艰难险阻的强大精神支柱和力量源泉。

（二）传承红色基因，凝聚奋进力量。牡丹江市通过开展"强基铸魂"工程、"思想聚力"行动，凝聚各民族团结奋进力量。围绕"重走抗联路、共筑民族魂"主题，穆棱市孤榆树东北抗联密营教育基地凭借"红色教育＋红色旅游"的独特模式，赢得广泛认可，截至 2024 年 4 月，共接待省内外教育团队 4000 余个，游客 35 万余人次，成为干部教育现场教学基地和牡丹江师范学院等 13 所高校思想政治教育基地。2018 年，利用牡丹江大学原海林校区，打造东北首个抗联精神党性教育基地，该基地已成为全省乃至全国的党性教育平台。挖掘区域内红色资源，将八女投江遗址纪念馆、绥芬河秘密交通线遗址、东宁要塞、林口八女投江纪念地等革命遗址遗迹和展馆全部纳入现场实训教学点，推出一系列精品课程，面向全省乃至全国党员干部开展"弘扬东北抗联精神、锤炼党性修养"主题教育培训。组织开展纪念"八女英烈"殉国周年系列活动，中央电视台新闻频道进行现场直播，央视《新闻联播》推出采访报道。举办"传承红色文化基因、打造红色文化之城"红色文化图片展，组织开展烈士公祭日公祭仪式、"传承红色基因、争做时代新人"开学第一课、主题升旗仪式等纪念活动，营造浓厚社会氛围。开展"讲红色故事、鼓奋进力量"主题宣讲，红色经典诵读，红色文化主题思想政治"慕课"大赛，红色文化百题知识竞答等形式多样的教育活动，常态化开展红色历史文化宣传，推动红色文化基因更好走进时代、走进各族群众心里。

（三）立足红色资源，服务宣传大局。2000 年以来，已有 200 多部影视作品主要取材于牡丹江这些宝贵的红色文化资源，如电视剧《八女投江》《林海雪原》及电影《智取威虎山》（3D 版）等。牡丹江还拥有隶属于中共中央党史研究室的国家级研究中心——中国抗联研究中心，牡丹江师范学院推出了大型音乐舞蹈史诗《永不磨灭的信念》，演出近百场，不断收到全国邀约，产生良好的社会反响。此外，中共六大历史资料馆以及由俄罗斯总统普京题词的绥芬河市友谊和平天使纪念碑（嘎丽娅纪念碑）等，时刻提醒各族人民"不忘初心跟党走，牢记使命奔复兴"。依托东西部协作和对口支援计划，与省内地（市）相关学校以及广西南宁、百色，新疆阿勒泰，西藏日喀则等地广泛建立联系，签署联创共建协议，在资源共享、联创共建、教学共助、研学共育等方面广泛开展帮扶和交流合作，与哈尔滨、亚布力旅游区深度合作，共同探索红色旅游与白色冰雪文化的双重融合，扩大中华优秀传统文化的辐射与社会服务功能，促进各民族交往交流交融。

时代变迁，精神永恒。东北抗联精神已经被牡丹江各族儿女刻上新时代的烙印，它引领各族群众在黑龙江广袤大地上牢固树立休戚与共、荣辱与共、生死与共、命运与共的共同体理念，筑起顽强拼搏、敢于牺牲、精诚团结、奋发进取的精神筋骨，形成人心凝聚、团结奋进的强大精神纽带，成为龙江儿女战胜一切艰难险阻的强大精神支柱和力量源泉。

经验启示

革命文化是中国共产党在实现中华民族独立和国家富强过程中所凝聚和积淀的、以中国化时代化的马克思主义为内在本质的红色遗存和红色精神。东北抗联精神是革命文化之一，也是牡丹江人民的宝贵精神财富。牡丹江以"弘扬东北抗联精神我先行"的历史担当，用红色文化浸润心灵、引领实践，形成全方位、全过程的全员育人格局，汇聚起各民族团结奋斗的磅礴伟力，不断增强各族群众的"五个认同"。

（一）以抗联精神赓续红色血脉。牡丹江市充分挖掘东北抗联精神，用党的奋斗历程和伟大成就鼓舞斗志、指引方向，用党的光荣传统和优良作风坚定信念、凝聚力

2023 年 4 月，牡丹江市中小学生在"八女投江"雕塑前举行清明祭英烈主题纪念活动

量，用党的历史经验和实践启迪智慧、砥砺品格、继往开来、开拓前进，把革命先烈流血牺牲打下的红色江山守护好、建设好，努力创造不负革命先辈期望、无愧于历史和各族人民的新业绩。

（二）以抗联精神鼓起新时代的精气神。牡丹江市始终坚持弘扬和宣传东北抗联精神，生动再现各族群众在中国共产党的领导下团结一心、不屈不挠、不怕牺牲、保家卫国的历史场面，让各族群众在抗联精神的激励感召下，广泛交往、全面交流、深度交融，增强各族群众对伟大祖国、中华民族、中华文化、中国共产党、中国特色社会主义的认同，鼓起迈进新征程、奋进新时代的精气神。

（三）以抗联精神汇聚磅礴伟力。牡丹江市通过多种形式传承和弘扬东北抗联精神，从红色基因中汲取丰厚的精神营养，在推动牡丹江全面振兴、全方位发展中，保持"越是艰险越向前"的英雄气概，保持"敢教日月换新天"的昂扬斗志，做到逢山开路、遇水架桥，使东北抗联精神在新时代历久弥新、薪火相传，凝聚起全面建设中国式现代化的磅礴力量。

> 促进各民族交往交流交融，要从青少年抓起。要将铸牢中华民族共同体意识融入办学治校、教书育人全过程，有序推进各族学生合校、混班混宿，让孩子共同成长进步。
>
> ——2021 年 8 月 27 日至 28 日，习近平在中央民族工作会议上的讲话

地方实践

"金种子"培育工程让"红船精神"生根开花
——浙江嘉兴市开展万名青少年交流主题活动

近年来，浙江省嘉兴市聚焦红色传承、团结进步、共同成长、共富帮扶、实践教育五大方面，开展万名青少年交流主题活动，推动铸牢中华民族共同体意识"金种子"培育工程，促进各民族在空间、文化、经济、社会、心理等方面的全方位嵌入，扎实推进党的诞生地的铸牢中华民族共同体意识工作，谱写各族群众和谐发展新篇章。

一、背景情况

嘉兴市地处浙江东北部，全市常住人口 555 万人。1921 年 7 月，中国共产党第一次全国代表大会在浙江嘉兴南湖的一条游船（即"红船"）上胜利闭幕，庄严宣告中国共产党的诞生。从此，中国的新民主主义革命就有了坚强的领导者——中国共产党。作为中国革命红船启航地，嘉兴市以"浙里石榴红·同心享亚运"为主旨，以"红船引领·逐梦青春"为主题，制定了《红船引领·同心追梦——万名各族青少年红色传承研学交流活动方案》，邀请对口支援协作的新疆维吾尔自治区沙雅县和四川

省阿坝藏族羌族自治州（以下简称"阿坝州"）若尔盖县、九寨沟县、茂县、黑水县、松潘县的各族青少年走进嘉兴，沉浸式感受嘉兴这座江南水乡文化名城，使伟大建党精神、红船精神等融入各族青少年血脉，推动各族青少年广泛交往、全面交流、深度交融。

二、主要做法

（一）聚焦"红色传承"，举办"山海同域"主题研学活动。围绕建设铸牢中华民族共同体意识先行市工作目标，发挥红船精神诞生地的红色资源，依托"互联网＋"打造各族青少年红色研学新路径，串联起"红船银晖·初心讲师团""红船小讲解""金平湖小讲解"等特色品牌讲解队伍，开展"云端"民族团结主题团队课、红船精神"云上课堂"、红色足迹寻访等线上线下互动交流活动，不断加深各族青少年对党团队组织发展历程的全面认知和深刻理解。开展"浙里石榴红·同心享亚运"嘉阿青少年"红船引领·逐梦青春"交流活动，来自四川省阿坝州和新疆阿克苏市沙雅县共计600多名各族青少年参加，浙江卫视中国蓝研学网实时同步直播交流活动情况，共有158万人次浏览。通过"重走一大路"、民族文化交流等实地研学活动，进一步培育各族青少年的家国情怀和爱国精神，传承红色基因，为民族团结提供新路径。

（二）聚焦"团结进步"，谱写"同心逐梦"主题融情篇章。嘉沙两地共计200名青少年参加了为期7天的"小小石榴籽·共筑中国梦"主题融情实践夏令营活动。开展"小小石榴籽·共绘民族情"、"相约融情·共跳民族舞"、足球、篮球、围棋等文化体育、艺术团建活动，进一步促进了两地学生交往交流交融。开展"情系沙雅·点亮希望"主题关爱活动，组织认领沙雅青少年微心愿3000余个，串联起嘉沙两地的温暖爱心。打造"红船领航"品牌，唱好援疆工作主旋律，让沙雅青少年切实感受到来自党的关爱和"红船"旁的温暖，共同绘就两地爱心圆。选树援疆干部、新疆籍优秀青年为市县十大杰出青年，鼓励青年到祖国的边疆去，到祖国需要的地方去，两地青年共同展现时代担当。通过参观教育基地、体验农业生产等方式，凝聚"嘉沙一家亲"的共同认知，让两地青少年成为团结进步纽带，带动嘉沙两地家长、家庭结对，让浓浓嘉沙情滋养民族团结的种子在两地青少年心中生根发芽。

（三）聚焦"共同成长"，建设"嘉乌结对"主题常态机制。积极主办"嘉乌青少年书信手拉手"共建活动，组织嘉兴市秀城实验教育集团、上海外国语大学秀洲外国语学校、海盐县天宁小学、海宁市实验小学、桐乡市茅盾实验小学学生2500人与乌鲁木齐市第三十三小学、第八十八小学（现为乌鲁木齐市第十三小学星光校区）和乌鲁木齐县小东沟小学、甘沟中心小学、灯草沟中学各族青少年学生2500人结成"手拉手"伙伴，建立定期书信往来、视频交流、节日祝福、主题队日活动等常态化交往机制，持续拓宽结对范围、丰富结对形式，架起嘉乌各族青少年的沟通桥梁。

（四）聚焦"共富帮扶"，开展"我爱浙疆"主题助力活动。认真组织开展"我爱浙疆——点亮微心愿，放飞大梦想"活动，联合团市委共同做好援疆共富工程，利用"浙里青年携手共富基金"，以小额众筹的方式，聚焦新疆困难青少年群体，开展助学、纾困等帮扶工作，打造两地结对爱心工程。截至2024年4月，组织认领沙雅微心愿3000余个，串联起嘉沙两地的温暖爱心，增进了各族青少年的友谊。

（五）聚焦"实践教育"，打造"五彩一心"主题工作品牌。依托现有的2家国家级、12家省级和39家市级研学教育基地（营地），充分植入民族团结进步元素，分类分学段精心打造5条彩色研学路线，即"红色·传统革命教育""蓝色·科教融合""青色·历史人文""金色·生产生活劳动""绿色·自然生态"，全年举办100场实践教育活动，构建起"五彩一心"研学主题工作品牌，为擦亮"浙里石榴红"集群品牌贡献嘉兴力量。

嘉兴市深入挖掘红船精神的内涵和时代价值，通过开展万名青少年交流活动，将民族团结教育贯穿立德树人全过程，培育一颗颗民族团结的"金种子"，促进各族青少年交往范围不断扩大、交流层次不断扩容、交融程度不断加深，以红船精神厚植新时代的家国情怀，坚定各族青少年的文化自信，为嘉兴市推动各族群众共居共学、共建共享、共事共乐贡献青春力量。

经验启示

嘉兴市深挖红船启航地的丰富红色资源，开展万名各族青少年交流系列活动，倾心倾力培育民族团结"金种子"，促进各族青少年思想认同、情感认同、文化认同，为常态化、机制化促进各族青少年广泛交往、全面交流、深度交融提供了具有鲜明嘉兴特色的新途径。

（一）立足红色资源"固根"。嘉兴市充分发挥红船精神优势，整合各方红色文化资源，强化各族青少年思想政治引领，以党史教育为重点，融入团队史学习教育，突出党建带团建、队建一体化建设，构筑了党团队史一体学习观，进一步夯实了各族青

2023 年 7 月，阿坝州茂县青少年在南湖红船旁接受初心教育

少年知史爱党、知史爱国的思想根基。

（二）丰富实践活动"养根"。嘉兴市通过开展"文化润疆"、青少年"筑基"等主题教育活动，为各族青少年搭建互动载体，助力红船精神更好融入青少年教育，引导各族青少年学生向革命先辈学习，树立远大理想，奋发进取，投身于实现中华民族伟大复兴的实践之中，争做奋斗者、开拓者、奉献者。

（三）坚定文化自信"润根"。嘉兴市从红船精神中汲取智慧和力量，让广大青少年认识到红船精神是我们党在腥风血雨的革命战争年代战胜敌人、夺取胜利的强大精神力量，是革命文化的集中体现，是中国共产党人独特的精神优势和宝贵的精神财富，为青少年提供了强大的精神支柱，在传承和弘扬红船精神和革命文化的教育实践中，进一步坚定文化自信。

实施中华优秀传统文化传承发展工程，研究和挖掘中华传统文化的优秀基因和时代价值，推动中华优秀传统文化创造性转化、创新性发展，繁荣发展社会主义先进文化，构建和运用中华文化特征、中华民族精神、中国国家形象的表达体系，不断增强各族群众的中华文化认同。

——2023 年 10 月 27 日，习近平在中共中央政治局第九次集体学习时的讲话

地方实践

穿上时代"新衣" 活化非遗文化
——云南红河州打造"非遗＋"传承中华优秀传统文化

近年来，云南省红河哈尼族彝族自治州（以下简称"红河州"）坚守弘扬中华文化立场、传承中华文化基因，坚持创造性转化、创新性发展，贯彻"保护为主、抢救第一、合理利用、传承发展"工作方针，通过政府引导、部门协同、社会参与，努力开创全州非物质文化遗产保护传承新局面，为推动中国式现代化、铸就社会主义文化新辉煌发挥非遗的强大功能。

一、背景情况

红河州，云南省辖民族自治州，地处云南东南部，因美丽的红河穿境而过得名。全州有汉族、哈尼族、彝族、苗族、傣族、壮族、瑶族、回族、布依族、布朗族、拉

祜族 11 个世居民族。2023 年地区生产总值 2889.42 亿元，位居全国 30 个自治州第一、云南各市（州）第三。近年来，红河州深入实施非遗保护传承工程，扎实推进"非遗＋"融合发展新模式，在传承中保护、在发展中传承，让绵亘千年的红河非遗瑰宝闪耀出中华民族文化的璀璨华光。

二、主要做法

（一）创新模式，注入发展活力。与时俱进，积极探索"非遗＋文旅""非遗＋直播""非遗＋研学"等"非遗＋"融合模式，深入挖掘非遗项目内涵、讲好非遗背后故事、传承非遗项目基因，为非遗文化保护传承和创新发展注入不竭动力，展现红河州非遗魅力。在"非遗＋文旅"方面，打造以马帮古城、撒玛坝万亩梯田两大景区为主要元素，寓意深刻且种类丰富的文化创意产品。举办"开秧门"暨"仰阿娜"文化旅游节，推出一批具有鲜明非遗特色的主题旅游线路，近万名各族游客走上街头齐跳国家级非物质文化遗产代表性项目"乐作舞"。在"非遗＋直播"方面，通过网红达人直播带货，为红河非遗"石屏豆腐""彝族剪纸""彝族刺绣""哈尼古树茶""建水紫陶"代言，吸引各地网友购买。通过知名文化与美食博主现场直播，展示花式体验非遗，挑战花式吃豆腐、听海菜腔、了解彝族刺绣。在"非遗＋研学"方面，围绕哈尼梯田这一世界级文化品牌打造"哈尼古歌"系列文化品牌，创作演出《哈尼四季生产调》《开秧歌》等农耕文化精品，通过非遗沉浸式体验，在游玩中进行研究性学习，培养学生文化认同，领略非遗独特的文化魅力……"非遗＋"模式是拓展非遗传承传播的需要，更是推动非遗全面融入各族人民生产生活的重要途径。"非遗＋"已融入现代生活、旅游文创产业、公共文化服务体系，实现了社会和经济效益共赢，为非遗文化保护传承和创新发展注入了新活力。

（二）聚焦传承，激发内生动力。"活"起来的非遗才能焕发出旺盛生命力，在传承人较集中、传承基础较好的地区，依托具有影响力和传承能力的教育机构、企业和个人工作室，设立传承点，举办各级传承人培训和展演展示活动。截至 2023 年，全州共有各级传承人 1984 人，其中国家级 13 人、省级 87 人、州级 395 人、县级 1489 人，设立非遗传承场所 163 个。举办云南艺术基金资助项目"建水紫陶工艺传承与创新人才培训"、国家艺术基金人才培养资助项目"哈尼族八声部民歌演唱人才培养班"等活动。推进非遗进校园展示活动，促进学生近距离体验非遗、了解非遗、爱上非遗，加强传承人后备力量建设。其中，由元阳县非遗中心承担完成的国家级非遗项目"四季生产调"代表性传承人朱小和抢救性记录工作获评全国 25 个优秀项目之一。2023 年 1 月，《云上梯田长出的音乐——哈尼族多声部民歌》《红河南岸哈尼族彝族乐作舞遗存集》入选国家新闻出版署公布的中华民族音乐传承出版工程精品出版项目（2022 年度）名单。在弘扬传统文化、保留传统习俗的同时，提升非遗传承人素养，激发群众的参与感、获得感、幸福感。

（三）建章立制，夯实保护基础。制度建设让非遗保护传承有章可循。颁布实施《红河哈尼族彝族自治州非物质文化遗产项目代表性传承人保护条例》《关于进一步加强红河州非物质文化遗产保护工作的实施意见》，积极制定并不断完善哈尼古歌保护传承与发展工作方案，加强各级非遗代表性传承人的认定和管理工作。开展非遗档案库建设和非遗资源普查工作，不断建立健全国家、省、州、县四级保护名录体系。截至目前，全州共有各级非遗保护项目 1196 项，其中国家级 16 项、省级 86 项、州级 190 项、县级 904 项。

（四）搭建平台，成果落地开花。平台建设助推非遗"火"起来。建立非遗保护中心数据库，对开展的非遗展演、民俗活动和非遗代表性项目以及代表性传承人、非遗宣传片等相关资料进行数字化储存，并通过红河非遗数字展示平台与博物馆、图书馆等实现资源共享。建立校企联合招生、联合培养、一体化育人的生产性实训基地。2023 年 6 月 29 日，中国四大名陶之一的非遗项目建水紫陶在建水县成立首家"建水紫陶产业学院"，依托紫陶学院、民族师范学校陶习苑等 4 个实训基地，与中国美术学院、西安美术学院等院校建立人才培养合作关系，成立"上海交通大学—建水紫陶联合研究中心"。紫陶文化产业示范园区已成功上榜"国家级文化产业示范园区""全国版权示范园区"。截至目前，全县紫陶企业和个体工商户达 2600 余户，紫陶从业人员 6 万余人，当地 3 家企业被认定为第一批省级非遗工坊。建立数字展示平台，搭建校企合作桥梁，在谋求保护与实训相结合的进程中推动非遗创造性转化、创新性发展。

红河州坚持保护传承与合理利用相结合，不断创新理念、完善机制、拓宽渠道，为非物质文化遗产的内核、精神、技法穿上时代"新衣"，助力非遗技艺在各民族中的流布与融合，通过非遗走进千家万户、走进大众生活、走向全世界的视角，推开遍览"何以中华民族共同体"的多彩生活之门。

经验启示

　　非遗是中华文明绵延传承的生动见证，是中华民族生生不息、发展壮大的丰厚滋养，是联结民族情感、维系国家统一的重要基础。红河州以"非遗＋"模式为切口，深挖中华优秀传统文化与中华民族发展的内在关系，推进非遗相关制度建设，探索激发非遗保护的内生动力，为非遗的活态传承提供对策和建议，对于进一步推动中华优秀传统文化保护和传承、增强各族群众的中华文化认同具有启示意义。

　　（一）健全协作机制才能推动在非遗保护中铸牢中华民族共同体意识。通过创新模式、聚焦传承、完善机制和平台搭建，逐步建立较为完善的非遗保护传承体制机制，为非遗的开发和输出提供良好的政策环境。努力推进公众参与，动员各族群众加入非遗保护的意愿，扭转政府主导带来的非遗保护传承的"被动"局面，营造良好的传承中华文明的浓厚社会氛围，让非遗深嵌于各族人民现代生活。

　　（二）建强人才队伍才能找到传承中华优秀传统文化的突破口。突出"在传承中华优秀传统文化中推进文化创新"的精神，重点培养一批以非遗践行铸牢中华民族共同体意识、具备较强传承能力和创新能力的传承人，加强传承梯队建设，促进传统传承方式和现代教育体系相结合，拓宽人才培养渠道，不断壮大传承人队伍，接稳传好非遗保护传承的接力棒，教育引导各族群众更好认同中华民族。

　　（三）传承与创新融合才能实现非遗创造性转化、创新性发展。聚焦非遗文化创

世界文化遗产——红河州哈尼梯田

新与应用牵引，坚持将非遗保护传承纳入铸牢中华民族共同体意识的进程之中，找到非遗与现代生活的连接点，推动文化产品生产模式与商业模式创新，促进内容生产与传播手段现代化，推广特色应用技术与场景，为中华优秀传统文化传承发展提供多元化解决方案，让非遗在新时代焕发新的光彩。

农村移风易俗重在常抓不懈，找准实际推动的具体办法，创新用好村规民约等手段，倡导性和约束性措施并举，绵绵用力，成风化俗。

——2022 年 12 月 23 日，习近平在中央农村工作会议上的讲话

地方实践

风俗变革浸乡土　文明新风润人心

——青海西宁市湟中区在移风易俗中焕发新气象

近年来，青海省西宁市湟中区建立移风易俗工作机制，持续推动移风易俗拓展深度广度，革除陈规陋习，树立文明新风尚，不断实现移风易俗经常化、婚丧事务规范化、民间习俗文明化，促进农村精神文明建设工作再上新台阶，激发和汇聚助推乡村振兴战略的强大精神动力和道德支撑。

一、背景情况

青海省西宁市湟中区，位于青海东部，全区有汉族、回族、藏族、土族、蒙古族等 25 个民族。移风易俗工作开展之前，受陈旧的风俗习惯、攀比心理及市场经济功利倾向等影响，湟中区存在"彩金"负担沉重、丧葬传统攀比成风、赌博恶习屡禁不止等问题。近年来，湟中区坚持把树立文明乡风、推动移风易俗作为精神文明建设的有力抓手，通过完善机制、拓展阵地、榜样引领等方式，推动移风易俗深入人心，文明新风蔚然成风，焕发乡村文明新气象，在有效降低脱贫群众返贫风险、维护社会稳定中，绘就乡村文明风尚新画卷，助推民族地区实现乡村全面振兴的步伐。

二、主要做法

（一）破旧俗树新风，建立移风易俗新机制。突出问题导向，落细落实针对性政策举措，成立农村婚丧嫁娶监督委员会，制定移风易俗监督委员会工作流程，建立健全新时代文明实践工作职责及工作制度，成立 6 支志愿服务队，以"讲、评、帮、乐、庆"5 种形式开展各类活动，严格落实移风易俗及文明实践站工作责任制，倡树喜事新办、厚养薄葬、节俭养德、文明理事的社会新风，遏制红白事大操大办、铺张浪费陋习，助力乡村振兴和美丽乡村建设。成立由党支部书记任组长的移风易俗工作领导小组和监督委员会，建立红白理事会、村民议事会、禁毒禁赌会、道德评议会，积极开展邻里互助、道德评议等活动，推动婚丧礼俗倡导性标准的执行，引导农民群众自觉践行移风易俗。以新时代文明实践中心（所、站）为重要阵地，组建移风易俗志愿队 380 个，运用多种载体和形式，宣传移风易俗，普及文明礼仪规范，开展倡导科学文明健康生活方式活动共 1488 次。打造"湟水新声"宣讲品牌，整合新时代文明实践中心（所、站）等各类宣讲平台和资源，围绕移风易俗开展宣讲 80 余场次，受众 2500 余人。与 156 户家庭签订《移风易俗承诺书》，在婚丧事中共计节省 10 万余元。提倡简化订婚、讲礼、送彩礼等婚前程序，摒弃"压柜钱""改口钱""眼泪钱"等不良习俗，简化结婚仪式，在充分尊重群众意愿的基础上，结合各村实际，指导细化村规民约、居民公约实施标准。截至 2024 年 4 月，全区 380 个行政村、17 个社区均已完成村规民约修订。推广励志爱心超市，以行动换积分，以积分促新风，积分越多，拿到的奖品越多，现在家家做好事、户户争先进。多措并举，对文明行为给予相应的精神激励、物质奖励，调动群众的积极性，为培育文明新风注入新动能，让文明有礼成为各族村民日用而不觉的行为准则，进一步推动社会主义核心价值观在民族地区落地生根。

（二）惠民生促发展，为各族群众减负担解难题。认真开展好"我为群众办实事"实践活动，围绕群众反映的难点问题担当作为，及时组织党员干部解决村民饮水难问题、土地平整项目遗留问题、垃圾场生活垃圾填埋问题等。同时，对蓄水池修建、醋厂项目、农牧民居住条件改善工程项目、绿化带建设和村级财务收支等重大事项进行"三议"决策、"三榜"公示，推进村级事务管理公开、公平、公正，凝聚了民心，促进了发展。2023 年以来，积极开展高价彩礼、人情攀比、厚养薄葬、铺张浪费专项整治行动，全区共落实婚事新办 951 件、丧事简办 1359 件、其他喜事不办 120 余件，各乡镇（街道）因地制宜破除陈规陋习，厚植新风正气，农民群众的婚嫁彩礼负担明显减轻。此外，各部门各单位结合实际，开展"移风易俗我践行""义务理发助推移风易俗""移风易俗文艺节目演出"等移风易俗相关志愿服务活动共 113 场次，惠及群众 3000 余人，各族群众参与移风易俗的内生动力极大提高。

（三）广宣传立典型，细雨润物塑造文明标杆。坚持培育和践行社会主义核心价值观，在治理陈规陋习的同时，创新引导方式、丰富活动内容，邻里守望、敬老爱幼、家庭和睦等新风尚在广袤乡村蔚然成风。树立榜样，形成崇德向善好风气。为持续推动移风易俗走深走实，各乡镇（街道）积极开展五星级文明户、最美家庭、"文明村镇"等创评活动，以群众性文明创建活动作为推进移风易俗的重要抓手，通过发挥先进典型引领作用，用身边榜样来影响群众、带动群众。截至 2024 年 4 月，全区共创建区级以上文明乡镇 12 个、文明村 204 个、"五星级文明户"6.1 万户，评选表彰"最美家庭"115 户、"好媳妇""好婆婆"260 余人。营造氛围，让文明的种子根植心田。将"最美志愿者""最美媳妇""最美女婿"等典型事迹在文化长廊进行展示。德化人心，好氛围凝聚向心力，从宣传栏到新媒体平台，创新宣传教育方式，不断扩大主流阵地，在"大美湟中"APP，"微湟中""湟中融媒"微信公众号、"湟中融媒"视频号、抖音号、快手号等开设移风易俗专栏，编发"拒绝升学宴，文明毕业季""移风易俗怎么做？"等一批移风易俗媒体宣传信息。在 7、8 月升学宴高峰期，组织准大学生及家长举办集体升学庆祝仪式，以村委会名义进行集体搭红祝贺。各族村民自发组建文艺小分队，坚持把本村曲艺文化特色同丰富群众文化生活有效结合起来，在群众集聚点不定期开展巡回演唱活动，寓教于乐，寓教于学。组建广场舞、大合唱等表演队，每年农闲时节组织文体爱好者开展民间曲艺演唱、篮球比赛、拔河等活动，引导各族村民树立和践行社会主义核心价值观，逐渐形成健康文明的生活方式。

西宁市湟中区深化文明创建、文明实践、文明培育，推动移风易俗落到实处，推动文明乡风落地生根，把移风易俗工作融入农村精神文明建设全过程，进一步形成移风易俗合力，持之以恒、久久为功，以实际行动推动乡村绽放出更加绚丽怡人的文明之花。

经验启示

湟中区以培育新农民、倡导新风尚、营造新环境为重要工作，积极创新形式手段，狠抓精神文明建设，让文明风尚深入每位村民心间，让移风易俗在潜移默化中推

2024 年 1 月，西宁市湟中区开展移风易俗集中宣传活动

进，各族村民群众道德文化素质明显提升，农村环境面貌更加整洁，各族群众生产生活水平显著提高。

（一）文明实践搭建移风易俗新平台。湟中区运用多种载体和形式，宣传移风易俗，普及文明礼仪规范，倡导科学文明健康生活方式，搭建丰富文化生活的舞台、倡导移风易俗的平台，涵养淳朴民风、良好家风、文明乡风，以德治辅助法治，营造出各族群众崇德向善的良好氛围。

（二）敦风化俗凝聚强大文化力量。湟中区坚持以创建精神文明先进村为契机，以弘扬社会主义新风尚为目标，把移风易俗作为精神文明建设、乡村振兴的重要内容，引导各族群众积极参与，在全区形成"移风易俗、节俭养德"的文明风尚，展示了新时期民族地区新农村新风貌。

（三）群众实惠推动移风易俗见实效。湟中区加强宣传教育，提高人民群众的思想道德素质和科学文化素质，大力提倡文明节俭的丧葬新风和不大操大办婚礼等，在加快乡村经济发展中，引导群众摒弃陈旧习俗观念，各族群众普遍享受到移风易俗带来的实惠，推动文明乡风建设取得新成效。

文化自信，是更基础、更广泛、更深厚的自信。在 5000 多年文明发展中孕育的中华优秀传统文化，在党和人民伟大斗争中孕育的革命文化和社会主义先进文化，积淀着中华民族最深层的精神追求，代表着中华民族独特的精神标识。

——2016 年 7 月 1 日，习近平在庆祝中国共产党成立 95 周年大会上的讲话

踏歌起舞逐梦前行　展示中华文化之美

——重庆彭水县"一节一赛"打开文化自信之门

近年来，重庆市彭水苗族土家族自治县（以下简称"彭水县"）紧紧围绕"两点"定位、"两地""两高"目标要求，聚焦重庆"山水之城·美丽之地"目标定位，突出全县"民族、生态、文化"三大特色，铸文化之魂、兴文化之业，积极探索出一条具有彭水特色的文化强县之路。

一、背景情况

彭水县位于重庆市东南部，三山相拥，乌江穿城而过，水润之地，生活着汉族、苗族、土家族、蒙古族等 33 个民族。彭水，古称黔州，依山而立，傍水而兴，靠江而生，距今有 2000 多年的建制史，孕育了巴渝古老的"黔中文化"和"盐丹文化"，曾被评为"中国民间文化艺术之乡"。这里有宋朝诗人黄庭坚留下的优秀诗词书法艺

术，有相传最爱吃"鸡豆花"的唐太子李承乾流传千年的"爱情故事"，更有每年举办的"中国乌江苗族踩花山节暨中国·彭水水上运动大赛"（以下简称"一节一赛"）。彭水按照"以节为媒、文化引领、发展旅游"思路举办的"一节一赛"，被评为"重庆十大影响力区县节庆"。

二、主要做法

（一）深挖文化资源，推动传统文化创造性转化。彭水结合地方特色文化资源，积极探索"文化＋"融合发展之路，推动中华优秀传统文化创造性转化、创新性发展，让中华优秀传统文化活起来、传下去。挖掘红色资源，讲好彭水红色故事。深入挖掘彭水烈士陵园、汉葭街道红军渡广场、桑柘镇红三军司令部旧址、黄家镇红军街等红色经典故事，以革命烈士为原型，编撰《一张留言条的故事》《碧血初心——中共彭水早期地方组织革命活动故事》《革命志士彭济民》等红色经典故事 30 余篇（部），开展沉浸式现场教学 500 余场（次）。以"我们的节日"为主线，上好青少年开学第一课，开展爱国主义教育系列活动，让红色资源真正"活"起来。挖掘非遗文化，讲好彭水历史故事。彭水初步形成了覆盖国家和市、县三级非物质文化遗产保护传承体系。目前已有"鞍子苗歌""高台狮舞" 2 项国家级非物质文化遗产、35 项市级非物质文化遗产、245 项县级非物质文化遗产，国家级代表性传承人 2 人、市级代表性传承人 31 人、县级代表性传承人 56 名、县级"歌师傅" 10 名。推动非遗与景区融合，各景区入驻非遗项目 16 项，衍生推出香包、围巾、鞋垫、装饰画等多款文创产品，显著提升了旅游景区的文化质感。积极开展非遗文化进校园、进社区等文化活动，提升公共服务覆盖面。挖掘节庆资源，讲好彭水民俗故事。结合春节、五一、国庆等节庆，打造每年从 5 月到 10 月的"一节一赛"节赛品牌，将彭水的民俗文化、传统节日、竞技体育、非遗传承整合策划成 2 个大类共 16 个子活动。其间，舞林会、民歌会、相亲会等文化活动精彩纷呈，品美食、看比赛、享漂流，体验不一样的民族风情。农历四月初八（蚩尤祭祀节），"一节一赛"开幕，各族儿女穿着节日盛装，万人同唱"娇阿依"、共舞"踩花山"！

（二）坚持守正创新，助力民族文化创新性发展。运用科技手段激发文化创新活力，为大众提供更高质量文化服务，真正实现文化认同，不断强化中华民族凝聚力和向心力。注重"科技"赋能。以科技诠释现代视角，打造体感互动、声光影交互的全新"九黎秘境"看展体验，大幅拓展了文化产品新形态。与腾讯公司签署战略合作协议，开发"云游彭水"文化旅游小程序，创新推出"线上游戏＋线下旅游"新文旅模式。建设"未来教室"，打破时空限制，为文化腾飞插上科技翅膀。巧借"外力"提质。中共中央外事工作委员会办公室争取 5000 万元中央专项彩票公益基金项目落地彭水，在红三军曾经战斗过的根据地黄家镇，打造红色文化教育示范基地；组织北京大学 12 名师生来到彭水鹿鸣书院，开展一对一结对帮扶，目前鹿鸣书院诵读《诗经》已成常态；协调腾讯等科技企业与彭水合作，推进文化产业 IP 化。强化"宣传"推介，用好"融媒体思维"，创新提升民族文化传播力。举办"一节一赛"期间，重庆电视台、彭水电视台全程直播"中国摩托艇联赛重庆彭水大奖赛"。邀请全国百家融媒体记者到彭水采风，观看水上运动大赛，零距离感受乌江上的"速度与激情"。各大主流媒体广泛报道，微信、微博、抖音等新媒体平台讨论度高，兴起"一节一赛"关注热潮。

（三）推动以文融旅，文化传承发展注入新活力。在推进旅游发展的征程中，坚持以文点睛、以文强旅，全面梳理具有彭水特色的文化元素，"巧融"到游购娱、吃住行等旅游产业各个环节，凸显彭水文化个性魅力。打造文艺精品，推动旅游高质量发展。原创实验话剧《怀清台》被搬上舞台，民族舞蹈《黄丝蚂蚂》《踩花山》等多次参加各类舞蹈大赛，创作整理的民歌《娇阿依》《梭乃惹》《包谷调》两度登上中央电视台青歌赛舞台，多次获得国家级、区域级大奖，同时还收集、整理、创作出版了《彭水民间音乐》《彭水民间歌谣谚语》《彭水娇阿依》《彭水民族民间器乐曲集》等艺术作品。将文化元素注入阿依河等五大精品景区中，规划建设一批民俗文化博物馆、体验馆等，丰富景区文化内涵。搭建交流平台，汲取各地精品文化荟萃。推动由中共中央台湾工作办公室、国务院台湾事务办公室授权的海峡两岸交流基地和由中华全国归国华侨联合会授权的中国华侨国际文化交流基地落户彭水，2023 年累计吸引海外侨胞及港澳台同胞 6.1 万余人次参观旅游。深化渝台两地交流合作，团结凝聚"台侨之心"。创办文学艺术兼学术研究期刊《黔中文化》，为研究"黔中文化"搭建平台。推出文创新品，打造符合彭水特色的专属 IP。主办"山海九黎·文创新光"设计大赛，将彭水民族文化通过文创新潮形式多元表达，依托游戏 IP 研发推出具有彭水文化特色的文创 IP 产品。先后在彭水取景拍摄电影《寻找女神＠娇阿依》《张三丰传奇》《战友》《终极对垒》《牧蜂姑娘》《家春秋》以及央视定制剧《深山仁心》等 10 余部电视剧。传承中华文明精髓，推动文旅融合高质量发展，为彭水经济社会发展注入新的生机和活力。

文化的力量，犹如春风化雨，悄无声息地滋润心田；又似激昂澎湃的洪流，鼓舞前进的步伐。彭水县锚定新目标，拿出"只争朝夕，不负韶华"的魄力，厚积文化软实力，赋能发展"硬支撑"，为更好展示中华文化之美、推动文化强国建设和中华民族伟大复兴贡献彭水力量。

经验启示

文化自信是一个国家、一个民族发展中最基本、最深沉、最持久的力量。彭水县以"一节一赛"为契机，深挖中华优秀传统文化的丰富内涵，探索创新转化方式，对增强各族群众的文化自信具有启示意义。

（一）根植本土文化，增强文化自信。深挖民族文化、民间艺术、地方美食等元素和内涵资源，彭水通过举办节庆、打造精品、搭建平台、创办刊物等方式，借助科技赋能，宣传共享文化资源，切实提高各族群众对中华文化的认同感和自豪感，增进各民族深厚友谊，进一步丰富和发展中华文化，在"各美其美"中实现"美人之美，美美与共"。

（二）创新转化方式，有效对接需求。从微信小程序到新媒体平台，再到专属 IP

重庆彭水县"一节一赛"活动内容之一：蚩尤九黎城万人踩花山

打造，彭水以创新的形式传承中华优秀传统文化，将文化创新和群众需求紧密结合，使中华优秀传统文化与现代社会相协调、与人们精神文化需求相契合，实现以文化人、以文润心，多元化呈现，使中华优秀传统文化在传播中焕发新的魅力。

（三）坚持以文塑旅，推动深度融合。以文化赋能旅游产业发展，彭水推进旅游品牌建设，将本地优秀传统文化与现代生活紧密联系起来，在提升旅游体验和品位中，不断丰富各族群众的精神文化生活，让各族群众更加了解中华优秀传统文化的价值，促进中华优秀传统文化的传承和发展。

总书记的话

> 要加强中华民族共同体历史、中华民族多元一体格局的研究，充分发掘和有效运用新疆各民族交往的历史事实、考古实物、文化遗存，讲清楚新疆自古以来就是我国不可分割的一部分和多民族聚居地区，新疆各民族是中华民族大家庭血脉相连、命运与共的重要成员。

——2022 年 7 月 12 日至 15 日，习近平在新疆考察时的讲话

地方实践

让文物"发声"　让历史"说话"

——新疆乌鲁木齐市以特色文博弘扬文化自信

近年来，新疆维吾尔自治区乌鲁木齐市坚持"保护第一、加强管理、挖掘价值、有效利用、让文物活起来"的新时代文物工作方针，充分挖掘、整理和阐释文化遗产中的文化密码，依托特色文博品牌，传承红色基因，展示文化自信，在推动文博事业创造性转化、创新性发展中，打开传承历史文脉、接续奋斗的新局面。

一、背景情况

乌鲁木齐市，新疆维吾尔自治区首府、地级市，地处中国西北地区、新疆中部、亚欧大陆中心、天山山脉中段北麓、准噶尔盆地南缘，它是世界上距离海洋最远的百万以上人口的内陆城市，是一个多民族聚居的城市，有汉族、回族、维吾尔族、哈萨克族、满族、锡伯族等 52 个民族。乌鲁木齐市有丰富的文化资源，乌拉泊古城、

巩宁城城墙遗址实证千年前中央政权在新疆的治理，陕西大寺、水西沟娘娘庙印证多种宗教在新疆和睦并存，峡口古城确证中华民族多元一体和丝路文化交流，八路军驻新疆办事处、毛泽民故居等纪念馆见证中国共产党在疆革命历程……这些文化资源是集中体现各民族密切交往交流交融的载体，是我国历代中央政权有效治理新疆和中华民族共同体发展历程的重要见证，也是展示中华民族文化自信的生动素材。乌鲁木齐市深挖历史文化、红色文化丰富内涵，积极整合文旅资源，将铸牢中华民族共同体意识有机融入顶层设计、内涵挖掘、基础设施建设、特色品牌打造各个环节，推动各项弘扬中华优秀传统文化、赓续历史文脉的伟大工程，打开文化建设新局面。

二、主要做法

（一）深挖文博资源，强化顶层设计。立足古丝绸之路、新北道重镇的独特区位优势，本着对历史负责、对人民负责的精神，充分挖掘各民族交往交流交融的瑰丽历史文化和共同抵御外敌、保卫祖国的红色文化。立足长远、科学规划，将文物和文化遗产保护利用放在突出位置，推动出台《乌鲁木齐市贯彻落实〈自治区关于贯彻落实关于让文物活起来扩大中华文化国际影响力的意见〉的实施意见的工作方案》。着力解决巩宁城城墙、八路军驻新疆办事处等遗址保护的瓶颈问题，先后投入45万元实施文庙、文昌阁重新开放保养维护项目，投入360余万元对巩宁城城墙遗址开展围栏保护、环境整治，争取自治区336万元实施乌鲁木齐文庙、毛泽民办公室及宿舍旧址安防工程，投入280万元实施中苏友好协会旧址修缮工程（二期），投入930万元实施乌鲁木齐文庙建筑本体保护工程，投入174万元实施陕西大寺大殿油饰保护项目。推进文物保护单位"四有"工作，54处市级以上文物保护单位均实现划定保护范围及建设控制地带、作出标志说明、建立记录档案、安排人员管理。对乌鲁木齐市邮政大楼修缮等涉及文物保护单位保护维修项目进行严格审核。落实重点建设项目文物先行勘察制度，对新疆达坂城抽水蓄能电站项目等即将实施的大型基本建设工程提前介入，对工程范围内可能埋藏文物的区域进行勘探，依法依程序做好相关工作，防止历史文化遗产遭到破坏，守住文物安全底线。2020年5月，在保留旧址基础上，新建八路军驻新疆办事处纪念馆新馆，并于2021年庆祝中国共产党成立100周年之际开放，该馆现有馆藏文物4000件，其中16件被列为国家一级文物藏品。2020年乌鲁木齐市博物馆迁至乌鲁木齐文化中心2号馆，新馆建筑面积3.45万平方米，设有"乌鲁木齐历史文化陈列""家园记忆"和非物质文化遗产展，通过文物、照片、图表等形式，从文化、经济、城市建设、民风民俗等多方面展示乌鲁木齐历史文化，勾勒展现多元一体的中华文化之乌鲁木齐篇章，该馆已成为"全国爱国主义教育基地""全国廉政教育基地""新疆统一战线教育实践基地"。

（二）创新保护利用，传承红色基因。乌鲁木齐市结合新时代关于红色革命文物保护新要求，统筹做好保护、管理、运用等各项工作。在传统展陈基础上，新增声、光、电、VR、语音导览系统等现代科技手段，开辟"党性教育课堂"，擦亮"红色底色"。实施八路军驻新疆办事处纪念馆、毛泽民故居红色基因库项目，打造完成毛泽民故居、西路军纪念馆 720° VR 数字化网上展厅，并在"乐游乌鲁木齐"微信公众平台线上展示 VR 成果。打造市博物馆 720° VR 数字化网上展厅、青少年考古研学厅，启动市博物馆文物库房预防性保护项目、市博物馆可移动文物数字化保护利用项目。挖掘整理《一盏煤油炉的故事》《五颗红星》等革命文物背后的故事 30 余个，制作系列微视频在线上宣传推广。打造红色舞台剧《小麻雀》，丰富沉浸式游览活动内容。举办陈潭秋、毛泽民等烈士牺牲 80 周年纪念活动。将铸牢中华民族共同体意识与展厅设施建设、讲解解说等深度融合，提升八路军驻新疆办事处纪念馆等红色纪念馆基础陈列、办公环境、院落绿化等，让各族群众认识新疆自古以来与中原地区历史相沿、文化相通、人文相关、根脉相连，进一步引导各族群众树立正确的国家观、历史观、民族观、文化观、宗教观，不断增强"五个认同"。

（三）打造特色品牌，推动文旅融合。投入 400 万元实施市博物馆陈列布展提升项目，推出沉浸式体验项目，开展"我在博物馆里过大年""我家有宝"市民文物鉴宝等主题活动，依托"5·18"国际博物馆日，2023 年首次推出"博物馆月"系列活动，策划推出"博物馆奇妙夜"，将相声、汉服秀、真人秀、真人角色扮演等元素融入活动，打造"古风古韵、国风国潮"等沉浸式体验项目，通过新奇且有趣的角度去解读历史、体验历史，真正让文物活起来，展示其独有的文化历史魅力，提升各族游客参观游览体验感。打造研学品牌，开设"文博讲堂"，持续深化流动博物馆、青少年研学教育、"小小讲解员"志愿服务等活动品牌。2023 年 12 月，乌鲁木齐市博物馆（乌鲁木齐市革命历史纪念地管理中心）"传承红色基因，促进文化润疆——乌鲁木齐市三馆联动整体提升项目"获评第四届（2022）全国革命文物保护利用十佳案例。2023 年，市博物馆接待游客 100 余万人次，组织"新疆四史"等专题展览进基层巡展 203 场次，开展研学参观活动 1334 批次，参与人数 20 万人次，招募小小讲解员 60 名，参与讲解服务工作 700 余场，"小小讲解员"志愿服务项目成功入选 2022 年度全国学雷锋志愿服务"四个100"先进典型。市博物馆已成为首府文化旅游新地标、各族群众享受公共文化服务的重要打卡点。

厚重的历史，不言的文物，赋予了这座城市永恒的使命——向世人印证新疆自古以来就是中国领土不可分割的一部分。乌鲁木齐市用现代的方式不断丰富革命文物活化的载体，有形有感有效讲好革命故事，使历史文脉得到更好的保护传承，传承红色基因，赓续红色血脉，使各族群众感悟到革命的精神、汲取到奋进的力量。

经验启示

乌鲁木齐市充分挖掘、整理和阐释文化遗产中的文化密码，以文物讲述中华民族共同体及文化认同故事，让文物更接地气、更有亲和力。在推动中华优秀传统文化创造性转化、创新性发展中，引导各族群众弘扬伟大民族精神，不断增强民族自豪感、文化自信心。

（一）注重文化遗产展示平台建设。乌鲁木齐市深入研究和整理挖掘史料，充分发挥文物历史见证意义，不断提升展陈质量，使丰富的实物和文化遗存为阐明中华民族共同体、多元一体格局等提供有力支撑，增强新疆各族人民的爱国情感和民族自豪

2023 年 9 月，西路军纪念馆开展"月圆人团圆　家国情更浓"中秋节活动

感，培养各族人民对中华民族休戚与共、荣辱与共、生死与共、命运与共的历史事实的认同。

（二）注重革命文物活化利用创造性转化。乌鲁木齐市通过推进革命文物活化利用，多形式多手段呈现革命先烈在新疆艰苦奋斗的鲜明记忆，见证中国共产党坚守初心的红色基因，保护好革命文物、利用好红色资源、传播好红色文化，让各族群众更好地领悟、传承、坚守和践行党的初心使命。

（三）注重"证史、资政、育人"作用协同发挥。乌鲁木齐市加强文物和文化遗产保护利用工作，有效发挥资政育人作用，持续讲好中国新疆文物故事，使文物和文化遗产成为各族群众增自信、润民心、聚合力、促发展的宝贵资源，巩固和发展"中华民族一家亲、同心共筑中国梦"的良好局面。

文化产业和旅游产业密不可分，要坚持以文塑旅、以旅彰文，推动文化和旅游融合发展，让人们在领略自然之美中感悟文化之美、陶冶心灵之美。

——2020年9月22日，习近平在教育文化卫生体育领域专家代表座谈会上的讲话

地方实践

开启文化"密盒"　助力文旅"出圈"
——河南洛阳市以文旅融合激活发展动力

近年来，河南省洛阳市立足历史文化底蕴深厚禀赋，在继承中创新，突出"颠覆性创意、沉浸式体验、年轻化消费、移动端传播"，让丰富的文化资源"活"起来、"火"起来，使各族群众从真实的历史中更好认识和认同中华文明、坚定文化自信。

一、背景情况

洛阳市，简称"洛"，古称神都、洛邑、洛京，地处河南西部，横跨黄河中下游南北两岸。洛阳市常住人口707.9万人，是少数民族散居地区，有汉族、回族、满族、蒙古族等45个民族，有5000多年文明史、4000多年城市史、1500多年建都史，是中华文明的重要发祥地之一、丝绸之路的东方起点、隋唐大运河的中心。历史上先后有13个王朝在此建都，有二里头遗址、偃师商城遗址、东周王城遗址、汉魏洛阳故城遗址、隋唐洛阳城遗址五大都城遗址，龙门石窟，大运河（回洛仓和含嘉仓遗址），丝绸之路（汉魏故城、隋唐洛阳城定鼎门、新安汉函谷关遗址）3项6处世界文化遗产。从北魏孝文帝迁都洛阳实行改革到"洛阳家家学胡乐"，从戎人遗址徐阳墓地到

艺术瑰宝龙门石窟，见证了各民族文化互鉴融通的悠久历史。洛阳先后获评"中国优秀旅游城市"、"世界文化名城"、首批"国家历史文化名城"、"全国文明城市"等荣誉称号。洛阳市充分挖掘历史文化资源，打造沉浸式文旅目的地，以文旅融合"破圈"，通过一个个"创意"，产生强大的文旅 IP 效应，让各族群众行走洛阳、读懂历史、感知中华。

二、主要做法

（一）挖掘深厚的文化内涵，在守正创新中展底气、显朝气。洛阳聚焦新时代主题，坚持创意驱动、科技赋能、跨界融合、移动传播的新思路，让各族群众享受沉浸式的文化盛宴，领略灿烂文化魅力。在古都洛阳的二里头夏都遗址博物馆、洛阳博物馆等地举办全国首个历史人文类博物馆"夜宿"项目，睡"古墓"、宿运河、和国宝过夜，创新文物的"打开"方式，让"躺着的历史"活起来，把国宝背后的故事讲好、传开，让文物"活"起来、"火"起来。一面是传承千年的文化艺术瑰宝，一面则是现代演艺、剧本娱乐、数字文旅的科技化展示……如今，文旅产业融合在这里生根发芽、开花结果。以古都文化为底蕴，以整座城市为载体，打造更多沉浸式新项目、新产品、新场景，形成"一秒穿越"的沉浸体验，从全城剧本杀带来"人在城中、又在剧中"的奇妙，到满城汉服小姐姐带来"三步一娘娘、五步一公主"的惊艳，沉浸式、互动式的体验，成功把"流量"变"留量"。积极"触网"，邀请网络文旅达人线上推介，放大互联网引流效应，举办"行走河南·读懂中国"进高校、进社区、进企业系列推广活动，不断引爆文旅新热点。实施洛阳 IP 联动计划，政企联动同向发力，构建国内首个城市 IP "洛阳宇宙"。举办全球文旅创作者大会，依托隋唐、龙门、牡丹等超级文旅 IP，持续提升热度、关注度。一句"老君山上吃泡面"的段子，更是吸引各族游客前来打卡。通过线上线下创新举措，让各族群众细品耐心寻味的历史故事，欣赏灿烂的中华优秀传统文化，实现"穿越千年古都、梦回隋唐盛世"，实体化、具象化呈现中华历史、中华文化，不断拓宽各族群众交往交流交融渠道。

（二）构造文化展示矩阵，在文脉绵延中增认同、聚人心。洛阳市扎实做好历史文化资源的保护开发、活化利用，系统性彰显历史文化内涵，深入推进中华文明探源工程，拓展二里头遗址为代表的二里头文化研究，揭开尘封的中华文明起源和记忆，赓续中华优秀传统文化的血脉基因，让各族群众更好地认知中华文明的演进历程，感受"文明曙光"，凝聚起各民族共圆中国梦的磅礴力量。积极推动隋唐洛阳城中轴线保护展示工程、五大都城遗址博物馆群等重大项目，恢复洛阳古都历史中轴线气象，赫赫夏都、偃师商城、东周王城、汉魏故城、隋唐洛阳城……在洛阳，沿洛河东西绵延 30 多公里的范围内五大都城遗址一字排开，以"五都荟洛"的气势描绘出河洛大地早期王朝的起源历程，展示着中华文明的灿烂成就，在构建独属于洛阳的"中华文化超级 IP 矩阵"中，讲好中华优秀传统文化故事，不断增强中华文明传播力和影响力。进一步加强与抖音、小红书等平台合作，着力构建洛阳沉浸式文旅营销矩阵，创新宣传方式和话题策划，打造一批立得住、叫得响、传得开的文旅品牌，不断提升城市文旅热度，让"网红"变"长红"。在抖音、微博等平台发起"四月为爱 奔赴洛阳""洛阳实力宠客""总要来洛阳穿穿汉服"等话题，相关视频播放量超 20 亿次，总话题阅读量超 55 亿次。积极参与"行走河南·读懂中国"品牌体系建设，打造"黄河文化""盛世隋唐""伏牛山水""国花牡丹""工业遗产""红色记忆"等具有核心竞争力的区域文旅品牌矩阵，让历史说话、让城市发声，让各族游客在行走洛阳中触摸历史、感知文明，增强各族群众对中华民族的认同感、归属感、自豪感，使各民族人心归聚、精神相依。

（三）激发共同发展新动能，在融合创造中兴产业、共富裕。洛阳市积极开展"同心圆·共发展"活动，激发文旅产业发展新动能，促进各民族手足相亲、守望相助、共同富裕。打造"牡丹文化节""苹果文化节""稻田音乐节"等旅游项目，培育"农业＋文旅"结合村 20 个，举办"杜康文化节""柏树红薯节""刘店艾草节""小店甜瓜节等""农业＋文旅"系列活动，推进汝阳县"百里画廊"道路建设等项目。以三屯镇东保村（回汉族群众融居村）千亩稻田为基础，向周边村辐射延伸，建设集循环农业、生态旅游、农耕文化、研学实习等为一体的农业综合体"稻田小镇"。依托《风起洛阳》《唐宫夜宴》等优质 IP，着力打造沉浸式体验项目，创作"梦里隋唐，尽在洛邑"等实景剧本杀，为沉浸式文旅注入新动能，把客流量转化为消费量，赋予文旅产业更持续的驱动力。将好玩、新颖、绚丽的文旅消费新场景融入厚重的历史文化底蕴中，创新打造一系列国风活动，激活汉服古韵，让游客从"看景"到"入景"，2023 年，洛阳连续 6 个月被评为抖音最受欢迎的汉服打卡地，汉服相关商家达 2000 家以上。创新旅游组织方式，改变过去依靠旅行社揽客的方式，通过网络平台推出一系列新玩法，吸引大量年轻消费者来洛阳打卡。根据携程等在线旅游平台数据，2023 年来洛游客线上下单人次、总消费额分别较 2019 年同期增长 122%、132%。2024 年元旦假期接待游客 189.6 万人次，旅游总收入 10.71 亿元，同比分别增长 42.58% 和

70.93%……实现"开门红"，通过文旅产业、文旅项目、文旅活动，持续带动各族群众共同团结奋斗、共同增收致富。

文明因交流而多彩，文明因互鉴而丰富。凝聚千年历史、饱含文化内涵的洛阳，将历史文化与国潮美感融合，为各族人民提供了赏景的全新"打开方式"，在游览和体验的过程中"一秒入戏""一眼阅千年"，各族群众在沉浸式感受中华民族悠久历史、灿烂文化中，为强国建设、中华民族伟大复兴长志气、硬骨气、蓄底气。

经验启示

洛阳市盘活历史文化资源，注入时代内涵，推进文旅融合创新发展，促进各族群众在共同感受中华文化的凝聚力和感召力中广泛交往、全面交流、深度交融，助力构筑中华民族共有精神家园，做到精神文明和物质文明双丰收。

（一）传统文化走得更远需要挖掘无尽宝藏。洛阳市激活文化这座"富矿"，活化利用历史文化资源，把深厚的文化底蕴变成"出圈"的丰富旅游资源，不断优化各族群众对中华优秀传统文化的体验感，让各族群众在感悟中华文化、增强文化自信的过程中，激发民族复兴的思想自觉、行动自觉。

2023 年 9 月，洛阳市汝阳县举办稻田音乐节

（二）文旅发展需要与时代同频共振。洛阳市创意追求颠覆性、体验注重沉浸式、消费拥抱年轻化、传播奔向移动端，运用"实景＋沉浸式剧情"等新创意、新方式，推动文旅向"新"而生，推动中华优秀传统文化创造性转化、创新性发展，使厚重的中华优秀传统文化在新时代焕发蓬勃生命力。

（三）持续增收需要创新消费业态。洛阳市坚持市场化方向，在拓展旅游发展空间的同时，构建旅游消费新业态，赋予文旅产业更高效的推动力，为中华优秀传统文化传承拓宽渠道，使文旅产业成为推动中华优秀传统文化广泛传播的有力助手和推动各族群众共同富裕的新生动力。

总书记的话

> 从历史的角度看，包括儒家思想在内的中国传统思想文化中的优秀成分，对中华文明形成并延续发展几千年而从未中断，对形成和维护中国团结统一的政治局面，对形成和巩固中国多民族和合一体的大家庭，对形成和丰富中华民族精神，对激励中华儿女维护民族独立、反抗外来侵略，对推动中国社会发展进步、促进中国社会利益和社会关系平衡，都发挥了十分重要的作用。

——2014 年 9 月 24 日，习近平在纪念孔子诞辰 2565 周年国际学术研讨会暨国际儒学联合会第五届会员大会开幕会上的讲话

地方实践

深耕人文沃土　谱写时代华章
——山东曲阜市开启"中华行"文化传承之旅

长期以来，山东省曲阜市扛牢守护历史文脉、传承发扬中华优秀传统文化的使命担当，积极推进文物保护利用和文化遗产保护传承，挖掘中华优秀传统文化历史传承和创新发展的多重价值，办好儒风雅韵的中华文化盛典，呈现出弦歌不辍、与时偕行的中华优秀传统文化之美，为中华民族伟大复兴立根铸魂。

一、背景情况

曲阜市地处山东西南部、济宁市东北部，常住人口 61 万余人，有 35 个民族，这里是春秋时期著名思想家、教育家、儒家创始人孔子的故里，是他诞生、讲学、墓葬和后人祭祀之地，是国务院首批公布的 24 个国家历史文化名城之一，是东方文化的重要发祥地和世界历史上最古老、最伟大的文化圣地之一，被誉为"东方圣城"。儒家思想作为中国传统文化的重要组成部分，被视为中国文化的精髓，是中国古代的主流意识形态，对于中国政治、文化、道德和社会都产生了深远的影响。为纪念孔子的杰出贡献，弘扬中华优秀传统文化，自 1989 年开始，于每年孔子诞辰期间举办的中国（曲阜）国际孔子文化节（以下简称"孔子文化节"），已成为具有国际影响力的文明互鉴交流平台，被国际节庆协会评为"中国最具国际影响力的十大节庆活动"，"祭孔大典"被列入第一批国家级非物质文化遗产名录。曲阜市以孔子文化节为平台，集众智、汇众力深入挖掘阐释孔子及儒家思想智慧，进一步讲好孔子故事、山东故事、中国故事，为弘扬中华优秀传统文化、建设中华民族现代文明、促进世界文明交流互鉴贡献曲阜力量。

二、主要做法

（一）坚持守正创新，增强吸引力。孔子是各民族共有共享的中华文化符号和中华民族形象，今人祭孔就是要体现现代中国人对中华优秀传统文化的继承和弘扬。通过祭祀仪式来表达后人对至圣先师的礼敬，进而让民众更加亲近传统、热爱文化。每年的孔子文化节期间，祭孔大典是最具历史底蕴和儒家文化特色的核心活动，活动庄严、肃穆、典雅，全方位展示以儒家思想为代表的中华优秀传统文化。祭孔大典经历了 2000 多年赓续不绝，如今，曲阜市更是坚持创造性转化、创新性发展，在传承中不断完善提升，形成了由开城、开户、开庙、乐舞告祭、敬献花篮、恭读祭文、行鞠躬礼等组成的祭祀仪程，成为全球最主要的弘扬中华优秀传统文化的重要活动之一。2022 年的开城仪式环节，创新推出交响合唱《和合大同》，"讲仁爱，重民本。守诚信，崇正义。尚和合，求大同……"的歌词，将儒家思想以通俗易懂、喜闻乐见的方式加以展现，既保留了古代释奠礼的部分内容，又融入符合当代精神的创新元素，体现了对中华优秀传统文化的继承发展。在参祭集结、行进、祭祀、礼送整个过程中，无伴奏《论语》合唱、经典诵读和庄重肃穆的祭祀音乐贯穿始终，清音雅唱声婉转悠扬、空灵动听。依托"三孔"、孔子研究院、尼山圣境等 23 处现场点，聚焦挖掘传承中华优秀传统文化，采取"旅游＋参观"、培训、交流等形式，创新实施"课堂＋现场＋体验＋礼乐"四位一体教学模式，在各现场点增设"同心手工坊"等体验区，精心设置书法、投壶、拓片、拜师礼等 20 余项传统文化体验活动，让各族群众在尊孔祭孔沉浸式体验中深刻感悟中华文化魅力。创新打造立体式"《论语》矩阵"，展示"国人不可不知的五句《论语》经典"、交响合唱《论语〈尽善尽美〉》、神道路立体《论语》名句、礼成后无伴奏合唱套曲《论语》节选"五合一"。曲阜市在守正中寻求改变，带给参祭者多重体验，让现场各族群众沉浸式感受儒家文化传承的盛世华章，让各族群众从中华优秀传统文化中汲取认同的力量。

（二）拓宽展示渠道，提升影响力。曲阜市运用科技手段激发文化创新活力，线下线上提高各族群众参与感，为大众提供高质量文化服务，不断强化中华民族凝聚力和向心力。祭孔大典与全球"云祭孔"大型直播活动同频共振，尼山世界儒学中心海外分中心、海外孔子文化中心大力支持、积极参与"云祭孔"，海内外 60 余家文庙、书院、儒学机构、孔子学堂，70 余家海内外媒体百余个直播平台共同参与"云祭孔"，通过跨平台、多形式、集群式直播，全方位呈现海内外祭孔盛况，多形态展示中华礼乐文化，再现中华优秀传统文化的时代魅力，各平台累计在线观看人数突破 2100 万。特别邀请云南墨江文庙等少数民族地区孔庙、中国最南端孔庙海南三亚崖州学宫等多家具有代表性的孔庙参与 2023 全球"云祭孔"活动，在各地孔庙现场参加祭孔活动的社会各界人士超过 3 万人。韩国泗川乡校、泰国格乐大学、印尼大道文化研究中心孔子学堂、俄罗斯哈巴友好协会、泰国中国国际学校也通过直播和录播的形式展示当地独具特色的祭孔活动。设立公祭孔子大典官方网站，全新升级"网上祭孔平台"，设置祭拜孔子、儒学问答等 7 个版块，各族群众通过虚拟现实、短视频、H5 互动等多种前沿科技，参与献花、敬酒、鞠躬，身临其境体验隆重的祭孔仪式。平台还特别开设"2023 全球云祭孔"专题，全方位呈现各地祭孔现场画面，真正打造全球、全年、全天候的线上祭孔大典，160 余万人次在线祭祀先师，让各族群众深入了解传统礼乐文化知识，感悟中华文化的时代魅力，积极推动中华优秀传统文化活态传承，在中华优秀传统文化的传承中厚植中华民族精神，助力构筑中华民族共有精神家园。

（三）搭建交流平台，壮大生命力。曲阜市抓住"孔子热""汉语热"的有利时机，成功举办全球孔庙联合祭孔，首次在联合国教科文组织总部所在地法国巴黎共同举办"孔子文化周"活动，搭好世界华人同祭孔的广阔平台。每年孔子文化节期间，外国政要、国际组织和机构负责人、驻华使节、知名国际友人以及友好城市代表等均前来参加活动，180 多家海内外知名媒体和网站进行全方位跟踪报道，孔子文化节在海内外的影响力不断扩大，已成为坚定文化自信、提升文化软实力、宣传曲阜、展示中国的重要窗口。曲阜市邀请有影响的"孔孟颜曾"后裔和各界著名人士来曲阜祭孔、拜祖，曲阜孔庙和台北孔庙、台南孔庙同步举行"同根一脉·两岸祭孔——2006祭孔大典"，不断增强海内外华人的中华文化认同感，极大提升了中华民族凝聚力。连续举办留学生和海内外儒商高层次人才祭孔大典专场，成为留学生的文化寻根之旅，让每一位留学生和海外华人都能成为中华优秀传统文化的传播者和践行者。2023年，山东省侨联授予公祭孔子大典"山东省侨联华侨儒家文化研学项目"称号。孔子文化节期间还先后举办 8 届"世界儒学大会"、10 届"尼山世界文明论坛"和"世界思想家巅峰论坛""国际礼乐教育论坛"等一批规格高、影响深远的学术活动，40 个国家和地区的 2000 余名专家学者等各界人士，齐聚圣城，共襄儒学，儒家的交流与对话、包容与互鉴的和合思想，不仅在五千年中华文明的赓续和传承中发挥着积极作用，也为世界不同民族交流合作、不同文明互鉴融通提供了重要启示。

曲阜市坚持地域"全覆盖"、各族群众"全参与"、各类主体"全涉及"，全面保护好历史文化遗产，统筹好旅游发展、特色经营、古城保护，将精品路线、精彩现场、精髓文化广泛推广、深入民心，让儒家文化以新的形式展现新的时代风采，促进各族群众广泛交往、全面交流、深度交融，为提升国家文化软实力和中华文化影响力献出曲阜力量。

经验启示

曲阜市以中国（曲阜）国际孔子文化节为契机，深挖中华优秀传统文化的丰富内涵，推动中华优秀传统文化创造性转化、创新性发展，弘扬与发展儒家思想中"和而不同"的价值观、"推己及人"的伦理观、"协和万邦"的治理观，为中华民族形成发展、中华文明传承延续提供了丰厚滋养，也为各民族和谐共存、全人类文明进步提供了有益启示。

（一）丰富表达载体，加固中华文化精神纽带。曲阜市开拓思路、与时俱进，接稳传好中华优秀传统文化传承的接力棒，在不同路径上探索优秀传统文化创新表达，教育引导各族群众更好认识和认同中华民族，为中华优秀传统文化的保护和传承提供了重要的载体，让中华优秀传统文化发挥出连接全世界华人的桥梁纽带作用，为中华

2023 年 9 月，第九届尼山世界文明论坛开幕式在曲阜市举行

民族伟大复兴汇聚磅礴力量。

（二）注入时代活力，坚定文化自信。孔子思想历经千年薪火相传，对中华文明乃至世界文化都产生了极大影响。曲阜市不断拓宽孔子文化节的对外影响渠道，挖掘祭孔的时代价值与文化内涵，切实降低各族群众参加孔子文化节的"门槛"，不断加深各族群众对中华优秀传统文化的感知，促进各族群众树立奋斗精神、厚植家国情怀，增强文化自信和自强底气。

（三）传播优秀文化，打造对外精品窗口。曲阜市通过打造中国自主的话语体系，向全世界传播孔子思想、讲述中国故事、传递中国声音，充分展示了自信、开放和包容的中华文化，充分释放出中华优秀传统文化的时代生命力、强大凝聚力，让更多的海内外受众了解祭孔活动、感受儒家文化。孔子文化节影响力与日俱增，已成为中华民族重要的文化品牌和世界读懂中华文化的平台窗口。

总书记的话

历史文化遗产是不可再生、不可替代的宝贵资源，要始终把保护放在第一位。发展旅游要以保护为前提，不能过度商业化，让旅游成为人们感悟中华文化、增强文化自信的过程。

——2020年5月11日至12日，习近平在山西考察时的讲话

以文赋旅　讲好中华民族"三交"故事
——山西大同市为旅游发展注入文化内涵

近年来，山西省大同市发挥自身历史文化资源优势，用"各美其美、美人之美、美美与共、天下大同"的"大同"文化升华大同文旅的品质和内涵，讲述各民族"三交"的历史故事，以文赋旅、以旅彰文，着力做好旅游促进各民族广泛交往、全面交流、深度交融的民族团结工作，着力构筑中华民族共有精神家园。

一、背景情况

大同市，古称云中、平城、云州，山西省辖地级市，是国务院公布的首批24座国家历史文化名城之一、中国十大古都之一。因地处华北地区、晋北大同盆地中心、晋冀蒙三省区交界、黄土高原东北，是全晋之屏障、北方之门户，且扼晋、冀、蒙之咽喉要道，北隔长城与内蒙古乌兰察布接壤，是历代兵家必争之地，有"北方锁钥"之称，一直是各民族交往交流交融的核心之地。2300多年的大同民族融合史，贯穿中华民族共同体形成的全过程，云冈石窟、北岳恒山、长城、桑干河以及其他主要文化

遗产都是民族融合历史和融合文化的见证。近年来，大同市深刻挖掘自身历史文化遗产内涵，实施旅游促"三交"计划，以文塑旅、以旅彰文，稳步推进旅游促"三交"各项工作走深走实。

二、主要做法

（一）立足文旅资源特征，深挖"三交"新内涵。构建科技、能源、农业、文旅"四大产业新赛道"，全面加大以挖掘各民族交往交流交融为重点的旅游促"三交"工作，成立大同市铸牢中华民族共同体意识工作领导小组、市文旅产业高质量发展领导小组、市建设国际知名文化旅游城市工作领导小组，制定《关于以铸牢中华民族共同体意识为主线　推进新时代党的民族工作高质量发展的实施意见》，编制《大同国际知名文化旅游城市建设发展规划纲要》，出台《古城文旅业态发展扶持办法》等政策，增强文旅产业发展新活力。针对旅游资源丰富的实际，梳理出以云冈石窟为代表的雕塑和佛教文化、以恒山为代表的多元一体文化、以长城为代表的军旅商贸文化、以桑干河古人类起源为代表的史前文化"四大版块"，深入挖掘以云冈石窟、悬空寺为代表的北魏文化，以华严寺、善化寺等为代表的辽金文化，以边塞长城、大同古城为代表的明清文化等民族融合文化内涵，从不同维度探究历史上北方各民族在大同地区交往交流交融的众多史实和蕴藏其中的休戚与共、荣辱与共、生死与共、命运与共的共同体理念。在多民族融合历史文化力量的不断加持下，大同文旅产业焕发出新的生机，云冈石窟、大同市博物馆、大同古城的文化之旅成为各族游客大同之行的首选。2023 年度，全市 6 家重点监测景区累计接待游客 827.16 万人次，同比增长 333.25%。其中，云冈石窟景区累计接待游客 302.76 万人次，同比增长 479.89%；华严寺景区累计接待游客 92.37 万人次，同比增长 538.8%。

（二）注入文化因子，精塑"三交"新品牌。以多元融合、承上启下等北魏历史关键词，联动大同历史文化资源，开发"云冈＋"系列文化产品项目，用文化留住游客、让游客带走文化。编排的歌舞剧《北魏长歌》和舞蹈诗剧《天下大同》荣获山西省第十三届精神文明建设"五个一工程"奖；推出代王府沉浸式演艺《天下大同》，全年演出 176 场，接待游客 13 万人次。2024 年春节期间，以大同古城为中心，推出 6 个主题 43 项地方特色浓郁、群众参与度高的文化活动，结合大同历史文化打造的《千年微笑》《昭君出塞》《金榜题名》《花木兰》等演出吸引游客流连忘返，营造出红红火火热热闹闹的古都大同春节文化氛围。针对本地区民族融合时间跨度长、层次深、民族融合文化内容丰富但又庞杂的实际，充分调动云冈研究院、大同大学云冈学院、大同长城学会、大同三晋文化研究会、古城保护和修复研究会等高校、研究机构、社会团体专家学者"智囊团"作用，创新开展《大同地区中华民族交往交流交融史》编纂出版工作。进一步塑造"昭君出塞""花木兰""千年微笑"等民族融合独有文化IP，打造《天下大同》《北魏长歌》《如梦大同》《云冈乐舞》等演艺产品。依托大同古城内历史文化街区打造沉浸式演艺街区，积极培育文旅融合多元业态产品，使各族游客在景区游览过程中感受中华优秀传统文化的魅力，在参与体验中了解中华民族历史、认同中华民族共同体。

（三）加强区域合作，广拓"三交"新空间。2023年，组织6批次49人次的专家学者先后赴河南、内蒙古、黑龙江、辽宁、甘肃、山东等省区相关地市进行考察，探究大同与相关省市之间在历史不同时期多民族交往交流交融的传承关系和历史印记，并与部分地市初步达成合作研究、共同开发的意向。在考察调研的基础上，积极筹划鲜卑拓跋嘎仙洞—大泽—盛乐—大同—洛阳的南下之旅、辽金五京研学之旅、长城及石窟文化发展之旅3条跨省民族文化旅游线路，形成大联合、大开发的文旅发展格局。积极提升大同文旅影响力、拓展"朋友圈"，与大连、大理、大庆3市建立"连理同庆"友好城市协作合作关系，与北京、天津、张家口、承德、秦皇岛、保定6市签订文旅区域合作协议，"京津冀晋蒙""连理同庆"和"延张乌同"三大区域文旅合作机制初步形成，实现政策互惠、客源互送、产品互推。同时，积极通过顶流网红、本土星推官、文旅系统资源三级宣推发力，推出《中国年　大同味》《云动天下　潮起大同》等爆款视频10部，创作短视频2150个，累计播放量突破5.5亿次，让全国各族群众充分感受到大同多民族融合的独特魅力。

山水有相逢，来日皆可期。大同市深入挖掘蕴含在历史文化遗产中的各民族交往交流交融的内涵，弘扬大同"开放进取包容融合"的地域文化特质，展示大同地区"各美其美、美人之美"的融合智慧经验，以文化旅游业高质量发展推动各民族在空间、文化、经济、社会、心理等方面全方位嵌入，使各族游客在休闲娱乐游览中浸润中华优秀传统文化、铸牢中华民族共同体意识。

经验启示

大同市以本地民族融合史观资源禀赋优渥、民族融合文化灿烂丰富的实际为依

大同古城

托，以文旅产业高质量发展为主线，深入挖掘整理最具代表性的各民族交往交流交融生动实践，积极打造国际知名文化旅游目的地城市，建设以云冈石窟为核心的民族融合旅游片区，唱好中华民族共同体之歌。

（一）做好旅游促"三交"，需要以深挖资源为基础。大同市深挖自身丰富的民族融合文化资源，以文赋旅、以旅彰文，在展现民族融合文化内涵中，阐释中华文明多元一体，引导各族游客从源远流长的历史连续性来认识中国，不断拓展各民族交往交流交融的深度和广度，进一步满足各族人民旅游需求、增强各族人民精神力量。

（二）做强旅游促"三交"，需要以高质量发展为前提。大同市在做大做强核心景区的同时，合理开发利用本地多民族融合文旅资源，充分发挥旅游促进各民族文化交融互鉴的有效载体作用，满足各族游客不断升级的个性化、多样化旅游消费需求，推动大同文旅产业全方位高质量发展。

（三）做优旅游促"三交"，需要以文化传承为载体。大同市以增进共同性为目标，打造经典文化产品项目，用创新艺术形式展现中华民族对团结统一的追求，在广泛宣传中华优秀传统文化中，以物证史、以史增信，让各族群众"知来处，明去处"，真切感悟中华文化的博大精深，不断增强民族自豪感。

第四部分　社会建设

习近平总书记强调，我们要实现好、维护好、发展好最广大人民根本利益，紧紧抓住人民最关心最直接最现实的利益问题，坚持尽力而为、量力而行，深入群众、深入基层，采取更多惠民生、暖民心举措，着力解决好人民群众急难愁盼问题，健全基本公共服务体系，提高公共服务水平，增强均衡性和可及性，扎实推进共同富裕。完善社会治理体系。健全共建共治共享的社会治理制度，提升社会治理效能。社会建设是建设现代社会文明、发展和谐中国的基础。全面建设社会主义现代化国家，一个民族也不能少。工作中，要以保障和改善民生为重点加强社会建设，在幼有所育、学有所教、劳有所得、病有所医、老有所养、住有所居、弱有所扶上持续用力，推动形成人人有责、人人尽责、人人享有的社会治理共同体。通过深化社会建设，在社会层面不断完善社会治理体系、提高公共安全治理水平、加快建设法治社会，共同构建和谐的社会治理共同体，共同提高思想觉悟、道德水准、文明素养，共同深化各民族交往交流交融，为建设互嵌共融的中华民族共同体打造社会合力。

　　要有序推进易地搬迁扶贫，让搬迁群众搬得出、留得下、能致富，真正融入新的生活环境。

　　——2017 年 12 月 28 日，习近平在中央农村工作会议上的讲话

易地搬迁突出"融"　集中安置增进"同"

——云南曲靖市会泽县打造全国最大易地搬迁安置点样板

　　云南省曲靖市会泽县始终树牢"各民族都是一家人，一家人都要过上好日子"的理念，围绕"决不让一个兄弟民族掉队、决不让一个贫困自然村落伍"的发展目标，精心谋划布局，坚持共建共享，立足稳定增收，精准提出易地扶贫搬迁的战略决策，创造了 8.2 万人一步跨越进新城的历史创举，积极探索出一条确保搬迁群众"稳得住、善治理、能发展"的路子，打造了各族群众互嵌互融、交融发展的全国最大易地搬迁安置点样板，为确保与全国同步全面建成小康社会奠定了坚实基础。

一、背景情况

　　会泽县地处滇东北乌蒙山主峰地段，位于滇黔蜀三省交界处，国土面积 5886 平方公里，截至 2023 年底，有 45 个民族，总人口 107.4 万人，是典型的多民族聚居和少数民族散居地区，曾是国家级扶贫开发重点县和乌蒙山片区集中连片特困县，也曾是云南 27 个深度贫困县之一。历史上，会泽县贫困面大、贫困程度深、贫困现象复杂、贫困类型综合，居住在山高坡陡、高寒冷凉、地质灾害频发等"六类区域"的群众达 38 万人，其中建档立卡对象涉及汉族、彝族、回族、壮族、苗族等 45 个民族

90864 户 340340 人。很多自然村地处两山之间的峡谷地带，大部分群众居住在茅草房里，日照时间短，不通公路、不通水，人们出行得靠"人背马驮"，环境恶劣，生存条件极差，生活水平低下。消除贫困，切实改善民生，实现共同富裕，是全县各民族的迫切期盼，也是社会主义的本质要求。会泽县为破解"一方水土养不好一方人"的困境，综合考虑城市总体功能布局，作出"引导 10 万人搬迁进城"的重大战略决策部署，把集中安置点选址于县城西部。这里距县城中心仅 2 公里，渝昆高速、302 省道穿境而过，以礼河贯穿全境，区位优势明显，交通便捷，水资源便利。2020 年 4 月，8.2 万搬迁群众全部入住集中安置点，并设立 2 个街道（钟屏街道、以礼街道）、9 个社区、193 个居民小组，成为全国最大的易地扶贫搬迁县城集中安置点，极大地改善了各族搬迁群众的生产、生活条件，为各族搬迁群众尽快脱贫致富奔小康打下坚实基础，实现了"搬得出、留得下、能致富"。

二、主要做法

（一）精心谋划布局，建好易地搬迁集中安置点。立足各民族大分散、小聚居、发展滞后等特点，建立健全"进得来、留得住、过得好、能融入"的服务体系，让搬迁群众"既来之，则安之"。会泽县紧紧抓住中央和省市大力实施易地扶贫推进脱贫攻坚优惠政策"窗口期"，高位统筹谋划，在规划设计和体制机制上大胆创新，提出易地扶贫搬迁 10 万人进城的战略决策，制定出台《会泽县巩固易地扶贫搬迁脱贫攻坚成果实施方案》，建成易地搬迁集中安置点，让各族搬迁群众实现了"挪穷窝、断穷根"的美好愿景。聚焦搬迁群众急难愁盼问题，同步规划建设安置房、学校、医院、新时代文明实践中心、就业创业服务中心、便民服务窗口等公共服务设施；标准配置水、电、路、通信等基础设施；配套完善超市、主题广场、体育活动场所、扶贫车间等生产生活设施。把来自全县 21 个不同乡镇的各族群众聚居在一起，营造"入住充分、生活便利、邻里和睦、精神充实、内外相融"的和谐大家庭，切实构建嵌入式居住、生活、学习、就医、就业的便利环境。聚焦搬迁群众关心关注的民生问题，进一步完善配套政策体系，保障搬迁群众既能享受城市便利的生活条件，又能保留迁出地的土地、林地等农村权益。如：教育保障方面，在集中安置点新建初高中 3 所、小学 3 所、幼儿园 5 所，整合辖区教育资源，通过"人才引进""特岗教师"等方式配置优秀教师 1221 名，新增学位 16302 个，确保辖区适龄儿童 100% 就近入学，让搬迁群众子女在"家门口上学"；医疗保障方面，有中心卫生院 2 个、卫生服务站 9

个，群众就医半径不超 500 米，真正让搬迁群众实现"在家门口看病"；土地权属方面，搬出群众土地权属不变，继续享受土地承包经营权，对无法流转的整体搬迁村土地实行经济补贴，过渡保障 3 年；生活保障方面，做好社保衔接，低保对象继续享受相应政策，搬迁群众中的 7264 名特困人员全覆盖落实民政兜底保障等救助政策。

（二）坚持共建共享，打造易地搬迁互嵌互融新样板。坚持以人民为中心的理念，通过精细化管理服务，帮助搬迁居民转变生活方式、尽快适应新环境，切实增进民生福祉。推行网格化管理，坚持街道、社区和居民小组"三级网格"治理模式，按照街道干部包社区、社区干部包片区、网格员包组包户的工作机制开展基层治理，为社区治理夯实基础。创新开发"智慧管理"服务平台，让数字赋能，以户为单位、以人为落点，根据排查基础数据，对搬迁群众标签化识别、数字化建档、动态化调整。实行"红黄绿灯"分类分级管理，对标注平安建设红灯、黄灯等人群，全面落实红灯亮日随访、黄灯亮周跟踪、绿灯亮月监测机制，实行精准化管理和帮扶。推行人性化服务，成立红哨联盟、欣城大叔、欣枫巡逻队、文化服务队、老乡调解室、老年活动室、童伴之家、居家养老服务 8 支志愿服务队，从居民的生活起居、环境卫生、文化娱乐、心理健康、邻里和谐等方面着手，提高基层治理水平。累计招募辖区志愿者890 余人，常态化开展爱心义检义诊、居家养老等志愿服务活动，月均服务群众 8000余人次。针对辖区留守儿童多、隔代监护难问题，构建家庭抚育、学校教育、社会帮扶、司法保护 4 张"关爱网"，从源头上预防和减少青少年违法犯罪行为。自搬迁群众入住以来，集中安置点"两案"（命案、信访积案）发生率为零。持续抓牢社会融入这个最终目标，培育文明新风尚，结合搬迁群众需求，设置便民餐桌、健康驿站、法律援助站，开展免费电器维修、免费理发等小微服务，把服务做到群众的心坎上。组建 12 支特色志愿服务队、4000 余名志愿者，开展陪同搬迁群众乘一次电梯、坐一次公交、逛一次超市等活动，引导搬迁群众实现"16 个学会""10 个熟悉"，让各族搬迁群众全面融入城市新生活。

（三）立足稳定增收，写好易地搬迁"后半篇"大文章。按照"短期靠就业，中期靠产业，长期靠教育"的发展思路，全力谱写好易地扶贫搬迁"后半篇"文章。做实就业帮扶，针对因照顾家庭而无法外出的群众，引进扶贫车间 71 家，吸纳就业人员 7400 余人，实现搬迁群众"楼上住宿、楼下就业"。开发公益性岗位，让搬迁群众在"家门口就业"，有效解决就业困难群众 9812 人。开展"点对点、一站式"直达服务，有组织地推动搬迁群众有序转移就业，让搬迁群众"出门进车门、下车进厂门"，贫困劳动力转移就业达 4.2 万余人，户均就业 2.7 人。做优产业帮扶，摸清易地搬迁群众土地、林地等闲置资源情况，盘活闲置和复垦"两块地"，通过土地流转、股份合作等模式，发展种植、养殖等生态经济，累计流转土地 40 余万亩，规划产业扶贫项目 200 余个，项目惠及包括搬迁群众在内的 13 万余人。在集中安置点周边区域建成 4 片 1 万余亩易地搬迁产业帮扶基地、220 亩冷链物流园区和 200 亩现代农业产业示范园区，形成了"两园四基地"的易地搬迁后续产业发展格局，通过反租倒包、基地务工等方式，带动 5700 余名搬迁群众就业，人年均增收 1.6 万元以上。整合商铺等资源，鼓励支持搬迁群众领办创办专业合作社和各类经济实体，推动 500 余名各族搬迁群众创业。

会泽县打造易地搬迁集中安置点，是各民族一体化构建嵌入式社会结构和社区环境的最直接、最集中、最有组织性的实践写照，实现了挪穷窝、断穷根，助推各族群众像石榴籽一样紧紧抱在一起，同呼吸、共命运、心连心，鼓舞了各民族共同团结奋斗、共同繁荣发展的信心和决心，有效凝聚了共同建设伟大祖国、共同创造美好生活的思想共识，共同谱写经济发展、社会稳定、民族团结进步的精彩华章。

经验启示

"搬"进新房子，"迁"出好日子。搬迁人口经历了地理位置的大迁徙、融入到互嵌发展的大家庭，各族群众能搬入更能融入、能安置更能安心，挪"穷窝"、换"穷业"、断"穷根"，既富脑袋又鼓钱袋。易地搬迁是发展所需、百姓所盼、民心所向，作为全国最大的易地搬迁安置点，会泽县以实实在在的工作成效践行了共产党人的初心使命，走出了一条特色的搬迁脱贫之路。

（一）以人民为中心，确保各族贫困群众"搬得出"。会泽县以人民为中心，立足县域多民族贫困群众主要居住在集边远、高寒、贫困为一体的山区，基础设施薄弱、生存环境恶劣、经济发展滞后等现状，精心谋划布局，高位统筹推动，全力打造全国最大易地搬迁安置点样板，充分体现了党和政府对易地搬迁群众的关怀，在各民族间形成了人心凝聚、团结奋进的强大精神纽带，增强了中华民族的强大认同度和凝聚力，进一步彰显出道路自信、制度自信。

（二）以互嵌互融为抓手，确保各族搬迁群众"留得下"。会泽县通过打造易地搬迁安置点，构建各民族共居共学、共建共享、共事共乐的美美与共、各美其美的社会

2020 年，新建成的曲靖市会泽县 8.2 万人易地搬迁安置新城全景

环境，营造宜居、宜业的良好氛围，让搬迁群众不是简单地"挪窝"，而是在空间、文化、经济、社会、心理等方面全方位嵌入，让其搬得出、留得住、安得心，在促进人心归聚、精神相依中，构筑我中有你、你中有我、不分彼此的命运共同体。

（三）以增强民生福祉为目标，推动各族搬迁群众"能致富"。会泽县将易地搬迁后续扶持工作摆在重要位置，将提高民众收入作为硬要求，统筹各项政策措施，推进各项工作，取得显著效果，有效改善了搬迁群众的生产与生活现状，拓宽了各族搬迁群众增收致富门路，全面增强了各族搬迁群众福祉。各族群众在共同富裕的道路上同频共振，其获得感和幸福感更加充实、更有保障、更可持续，在感受创造未来的昂扬信心中进一步增强了"五个认同"。

　　"中国天眼"是国家重大科技基础设施，是观天巨目、国之重器，实现了我国在前沿科学领域的一项重大原创突破，以南仁东为代表的一大批科技工作者为此默默工作，无私奉献，令人感动。

　　——2021 年 2 月 5 日，习近平亲切会见"中国天眼"项目负责人和科研骨干时的讲话

地方实践

赏"多彩贵州"之美　探"中国天眼"之秘

——贵州黔南州平塘县打造天文科普教育基地

　　贵州省黔南布依族苗族自治州（以下简称"黔南州"）平塘县依托 500 米口径球面射电望远镜工程设立的"中国天眼"景区，以"旅游＋铸牢中华民族共同体意识"为载体，围绕"天文科普教育基地、国际天文文化体验区、地质生态旅游创新示范区、区域性旅游集散中心、国际天文旅游小镇"五大目标，建设集天文科普、旅游度假、文化交流为一体的国际射电天文旅游目的地，塑造出各民族共有共享的"中国天眼"美好形象。

一、背景情况

　　"中国天眼"坐落于贵州省平塘县克度镇金科村大窝凼，是世界最大、最灵敏的单口径射电望远镜。2016 年 9 月落成启用之际，习近平总书记发来贺信并将其誉为"中国天眼"。凭借望远镜的超高灵敏度，成功探测到纳赫兹引力波存在的关键性证

据，监测到的脉冲星数量已达 883 颗。"中国天眼"从 1993 年立项，到 2016 年建成投入使用，整整 23 年时间，中国天文学家、中科院国家天文台研究员南仁东吃住在工地，为建设"中国天眼"作出了巨大的贡献。2017 年南仁东因肺癌逝世，享年 72 岁。2019 年 9 月 17 日，国家主席习近平签署主席令，授予南仁东"人民科学家"国家荣誉称号。2022 年，国家天文台"FAST"数据处理中心项目在平塘县落地建设，平塘县日渐成为天文学研究的国际开放门户、全球重要的射电天文学术交流中心、国际天文科普研学基地和科技成果转化基地。依托这一国之重器，平塘县坚持以景区为平台、游客为主体、群众为基础的工作思路，建设科普主题特色天文小镇。自 2016 年 9 月开园以来，先后荣获"国家 AAAA 级景区""国家科普教育基地""全国中小学生研学实践教育基地""全国民族团结进步创建示范单位""全国爱国主义教育示范基地"等称号。

二、主要做法

（一）汇聚"中国天眼"保护合力，像珍视自己的眼睛一样保护"中国天眼"。早在"中国天眼"落成之前，贵州省就于 2013 年颁布实施了《贵州省 500 米口径球面射电望远镜电磁波宁静区保护办法》（以下简称《办法》），为"中国天眼"成功建成提供了重要的法律保障。2015 年 10 月，"中国天眼"核心区周边积极实施核心区居民搬迁，以减少人类活动对"天眼"的干扰。搬迁群众 1500 多户近 7000 人。2016 年 9 月 1 日，为了进一步做好"中国天眼"安全运行保护，黔南州出台《黔南布依族苗族自治州 500 米口径球面射电望远镜电磁波宁静区环境保护条例》（以下简称《条例》），规定每年 9 月 25 日为天文科普活动日。2019 年 3 月 28 日，最新修订的《办法》正式公布，以高标准保障射电望远镜安全运行所需电磁环境。2019 年 9 月 1 日，为打通"中国天眼"保护"最后一公里"，"中国天眼宁静区保护法庭"在平塘县克度镇挂牌成立，是黔南州法院历史上的一座里程碑。平塘县法院立足审判职能，全面推进"中国天眼"电磁波宁静区司法保护工作，充分发挥中国天眼宁静区保护法庭职能作用，加大宁静区环境安全保护的法治宣传力度，依法审理好涉"中国天眼"电磁波宁静区保护的各类案件。早在 1994 年，"中国天眼"项目选址设计阶段，"中国天眼"台址还没有通路，南方电网贵州都匀供电局就成立了一支专门服务"中国天眼"工程的技术团队——"天眼供电服务队"，为"中国天眼"勘测、建设提供可靠的电力能源保障。队员们顶着烈日肩挑背扛，往返于 13 公里的羊肠小道，奋战 30 多天，才将一台

20千伏安的变压器建在"中国天眼"边上。由于"中国天眼"电磁屏蔽，无人机无法使用，供电线路的巡视工作只能靠两条腿完成。30年来，"天眼供电服务队"与"中国天眼"结伴成长，演绎出供电人用"三个一流"（设备一流、标准一流、服务一流）守护"国之重器"的一幕幕感人故事。多年来，各族群众争当守护"中国天眼"的卫士，在共同守护"中国天眼"过程中不断激发中华民族的民族自豪感和自信心。

（二）壮大太空科普教育力量，打造各族群众探索浩瀚宇宙的平台。建设中国天眼科普基地瞭望台、天文体验馆、FAST仿真体验、天象影院、动感球幕飞行影院、航天探索中心、FAST光影馆、非遗空间、南仁东纪念馆等，开展富有民族特色、展现民族风情的歌舞节庆表演、非遗传承项目展示等文化活动，让景区不仅成为天文科普场所，更成为体现民族文化特色和铸牢中华民族共同体意识的舞台，各族游客可以在这里深层次探索太空奥秘、沉浸式体验民族特色。制作各民族心连心、同甘共苦的励志宣传片，融入"星空影院"映前序幕，结合县域文化资源，邀请策划公司、地方乡贤、学校教师等各界人士优化景点讲解词，将铸牢中华民族共同体意识教育实践生动融入旅游讲解中，提高讲解品质，提升景区软件服务，形成"一个讲解员就是一个宣讲员""一个景区就是一个铸牢中华民族共同体意识宣传平台"的工作格局。与黔南民族师范学院及贵州经贸职业技术学院加强校企合作，与黔南民族师范学院签署《校企合作协议书》《党支部结对共建协议书》，引进人员33人。与省内外5所学校开展师资师源储备合作，进一步完善师资储备体系搭建。以"中国天眼"视觉为主线，常态化开展《你的眼睛能看多远》音舞诗画剧演出，借现代科技手段，嫁接视频特效，以"中国天眼"的视角在地球上仰望星空，用戏剧情节、人物独白、情景歌舞的方式，展现各族人民对全面建成小康社会的感悟和迈向新征程的决心、信心。策划开展"新春美食街""天眼灯光秀""159元到天眼过大年""欢聚中国天眼 探秘浩瀚星空""2023年天眼首届非遗打铁花特技演出暨美食游乐嘉年华""平塘县天眼水龙节暨首届龙虾啤酒节"等活动。拓展携程、抖音、微信视频号等线上宣传渠道，增强民族地区旅游目的地吸引力，2023年宣传曝光量累计达1.5亿次以上，共接待游客112.43万人次。平塘县克度镇依托"中国天眼"新质生产力，完成了从贫瘠村镇到天文小镇的华丽蜕变，助推民族地区旅游业迈上新台阶。

（三）创新"天文科普＋研学教育"，搭建各族青少年交往交流交融平台。通过"天文科普＋研学教育＋乡村旅游"的旅游扶贫新模式，大力推动研学相关产业深入发展。"天文小镇"吸引的游客越来越多，带动群众在家门口就业创业、增收致富。

"天文小镇"及周边的民宿从原来的 6 家增加到 60 多家，餐馆发展到 80 多家，辐射带动 2000 余人就业，各族群众"鼓起口袋、富了脑袋"，更加坚定地感党恩、听党话、跟党走。根据不同地区游客消费习惯，量身打造民族特色旅游线路，深挖县内、州内、州外、省内多民族聚集地区文化旅游要素，结合平塘特大桥等特色旅游资源，研发不同类型旅游产品。在县内推出康养度假线路、研学线路、地质探秘线路。在州内推出以"中国天眼"为核心，围绕天文研学、世遗风光、绿博黔南、洞穴探秘等产品体系，打造"平塘县'中国天眼'—独山县天洞景区—荔波县小七孔景区—都匀市绿博园"线路，围绕爱国主义教育推出"南仁东纪念馆—荔波邓恩铭故居"线路，建成研学基地 6 家，2023 年共接待研学团队 3690 批次，积极为各族青少年搭建广泛交往、全面交流、深度交融的互动平台。注重拓展"天文＋"旅游产业发展链条，以"中国天眼"为核心，融入地质、桥梁、民族文化、非遗传承等特色资源，推出"天眼科普＋民俗"乡村游以及"天眼＋八音弹唱""天眼＋水果采摘""天眼＋民族村寨体验""天眼＋天硐探险""天眼＋天坑探秘"等 11 门研学精品课程，深化铸牢中华民族共同体意识教育实践。整合内外资源，与 23 家省内外研学机构、场馆及营地签署研学政策合作协议和开展研学项目合作，与贵阳十六中、贵阳一中、深圳十四中等 7 所学校开展研学活动，提升天眼研学热度。平塘县充分利用"中国天眼"搭建起促进各民族交流互鉴的平台，各族群众在领略国之重器的科技魅力、聆听科学家的动人故事过程中不断坚定中国特色社会主义道路自信、理论自信、制度自信、文化自信，持续增强实现中华民族伟大复兴的信心。

上接云端，下济民生。"中国天眼"虽身处洼地，却能捕捉来自遥远星系的极微弱信号，让人类看到更遥远的星空。近年来，以"中国天眼"新质生产力为引领，平塘县与科技结缘，经济社会实现跨越式发展，从贫瘠乡镇到"天文小镇"，依托"中国天眼"，面貌焕然一新，一座充满希望和梦想的"天文小镇"正在茁壮成长。

经验启示

位于贵州省平塘县克度镇的"中国天眼"，极大拓展了人类观察宇宙视野的边界。平塘县依托"中国天眼"发展起"天文小镇"，热爱天文、崇尚科学的各族游客纷至沓来，天文科普研学越来越火热。在曾经闭塞寂静的山坳里，"中国天眼"既看到了遥远星河，又点亮了人间烟火，在为人类探索和认识宇宙作出贡献的同时，以新质生

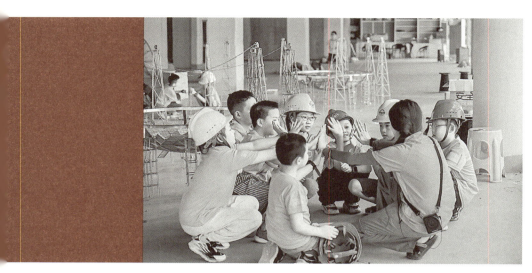

2023 年 4 月，广州学生参与黔南州平塘县天眼模型搭建实践课

产力带动民族地区实现跨越式发展。

（一）因地制宜发展新质生产力。贵州省坚决把保护"中国天眼"的责任扛在肩上，全力支持"中国天眼"落地建设，省州两级出台《办法》《条例》，以法治保障守护好"中国天眼"周边电磁环境，保护"中国天眼"安全运行，紧紧抓住大国重器给予的百年未有之大机遇，推动新质生产力加快形成，构筑竞争优势，赢得发展主动，彰显中国创新、中国力量。

（二）创新方法推动深化全民科普。平塘县打通科普传播"最后一公里"，让各族群众近距离目睹"中国天眼"国之重器风采，领略国之重器雄壮之美，推动全民科学素质提升，在潜移默化中不断提升民族自豪感，持续增强中华民族凝聚力、向心力，促进各族群众交往交流交融，不断引导各族群众增强对伟大祖国、中华民族、中华文化、中国共产党、中国特色社会主义的认同。

（三）示范带动民族地区全方位发展。平塘县充分利用"中国天眼"在全世界具有独特性、唯一性的优势，将传统民俗与科技发展相融合，在传承发扬中华优秀传统文化的同时，为旅游研学注入新鲜血液，打响"中国天眼"旅游品牌，持续带动周边地区各族群众增收致富，以丰富的文化内涵和高质量服务推动民族地区经济高质量发展。

> 　　教育、妇联等部门要统筹协调社会资源支持服务家庭教育。全社会要担负起青少年成长成才的责任。各级党委和政府要为学校办学安全托底，解决学校后顾之忧，维护老师和学校应有的尊严，保护学生生命安全。
>
> 　　——2018 年 9 月 10 日，习近平在全国教育大会上的讲话

地方实践

架起融通桥梁　种下家国情怀

——浙江金华市汤溪高级中学十八载民族班办学的"金华现象"

　　浙江省金华市汤溪高级中学浙江和田高中班是习近平总书记 2004 年担任浙江省委书记时，亲自擘画部署的教育援疆项目。汤溪高级中学和田班设立以来，认真贯彻党的民族政策，坚持融合教育理念，聚焦共同成长、培根铸魂、关键小事，着力坚持三个"互嵌"、锻造可靠"接班人"、暖心呵护"石榴籽"，将浙江和田高中班打造成惠及新疆各族群众的德政工程、民心工程、民族团结工程。这一跨越万里关山和 18 年时空的教育援疆故事在疆浙两地传为佳话，被老百姓亲切地誉为"金华现象"。

一、背景情况

　　金华市汤溪高级中学是浙江省一级重点普通高级中学、省一级特色示范学校，先后荣获"浙江省文明单位""全国和谐校园建设先进集体""全国学校体育工作示范校""全国民族团结进步创建示范单位"。2004 年 9 月，金华市汤溪高级中学光荣承

担了由时任浙江省委书记习近平同志亲自确定的支援和田地区教育扶贫项目——浙江和田高中班的办学任务；2010年浙江转而援建阿克苏后，这一帮扶项目因和田百姓的强烈愿望，又继续保留了10年，由于和田地区教育事业有了长足进步等原因，从2020年起，浙江和田高中班不再招收新生。和田距离金华万里之遥，和田高中班把两地紧紧联结在一起。18年来，和田班累计招收学生16届1280人，学生民族成份涵盖维吾尔族、回族、塔吉克族、满族、蒙古族等8个民族，分别来自和田地区7个县市区。2022年5月，最后一届和田班的147名学生离校返疆，并在此后的高考中取得优异成绩，至此，金华市汤溪高级中学圆满完成了18年民族班办学任务，向新疆人民交出了一份靓丽的高分答卷。和田班高考成绩远超当地同类学校，教育成效有目共睹，2008年首届毕业生回疆高考即取得了2名同学并列全疆第五名、84%上重点、100%上本科的优异成绩；办学18年，16届1280名和田籍学生，大学录取率达97%……在2021年8月召开的中央民族工作会议上，和田班取得的成绩受到了习近平总书记的肯定和表扬。

二、主要做法

（一）聚焦"共同成长"，坚持三个"互嵌"。金华市汤溪高级中学和田班坚持从学校实际出发，以促进民族团结为目标，坚持"学习互嵌""生活互嵌""文化互嵌"。在学习上，采取和田班学生与本地学生"合校学习、混合编班"的办学模式。对预科基础较好的学生，安排其直接进入高一普通班学习，其他大部分学生一年预科结束后再插入普通班，与金华本地学生混合编班，以培养良好的学习习惯，同时提高其普通话水平。此外，允许学生根据意愿选择重回预科学习。这种"合校学习、混合编班"和"弹性编班"大大推进了融合教育，增强了各族学生的认同感和归属感。在生活上，学校也组织混餐和混住实践，打通学校各食堂窗口，统一使用校园"一卡通"；编入普通班的学生与本地生混住，同学之间平等相处，尊重民族习俗，相互学习陪伴。在文化上，学校开设的"大美新疆""和田问玉""塔克拉玛干的诱惑""四史教育""情景剧"等特色课程成为本地学生的特色选修课程，增进了本地学生对真实新疆的了解；校园文化艺术节上，各族学生展示丰富多彩的民族文化。学校还有针对性地组织和田班学生参与当地社区活动、体验江南民俗实践。各项活动课程开辟了融合教育有效路径，促进了各族学生的交往交流交融。

（二）聚焦"培根铸魂"，锻造可靠"接班人"。学校将办学特色、课堂教学、教育实践和校园文化相结合，围绕红色教育、民族团结、文化传承等主题多形式开展教学，让中华优秀传统文化浸润校园生活的方方面面，让中华民族共同体意识宣传教育深度融入各族学生的教育培养全过程。将铸牢中华民族共同体意识教育融入"开学第一课"，举办"民族团结一家亲"主题演讲、主题班会、主题晚会等。成立江南南疆民族工作室，利用节假日组织和田班学生开展山水、工业、城市、户外研学活动，用实践生活激励学生努力学习，用红色基因传承中华优秀传统文化，用时代变化感受伟大祖国的繁荣昌盛，将红色基因思想的力量、榜样的力量，内化于心，外化于行，进一步增强各族学生的"五个认同"，让中华民族共同体意识根植于各族学生心灵深处。18 年来，一批又一批的学子学有所成，陆续成为社会中坚力量，一名学子，就是一条民族交往交流交融的纽带。如 2013 届的米拉迪力·麦麦提阿伍拉同学，他创立的公司组建了全国首个在校大学生公司团支部；他拍摄的弘扬民族团结微电影《做梦都想》，告诉世界一个真实的新疆；他发起的"全国高校新疆文化周"活动吸引全球 20 万名大学生参与；他组建的"新丝路创客驼队"帮助 700 多家农户户均年收入增加 5000 元，带动 6000 多名大学生创业。2016 年，米拉迪力被授予"全国向上向善好青年"等荣誉；2017 年，他被授予"中国青年五四奖章"。2023 年 12 月，他为大学母校捐资 100 万元，设立"石榴籽民族团结奖学金"，用于奖励为民族团结进步事业作出贡献的学生和帮助家庭困难学生。据不完全统计，有近百名和田班学生回疆高考后，又回到浙江求学和工作，他们分布在浙江各行各业。如 2008 届的魏玉艳如今已经回到母校汤溪高级中学任教，在她的"第二故乡"挥洒青春和汗水，延续这一场爱的接力，用自己的方式反哺。在浙江求学的和田学子大学毕业后，绝大多数成为新疆各行各业的优秀人才，成为建设和服务边疆的重要力量，和田市第五中学就有 10 多位老师毕业于浙江和田高中班。

（三）聚焦"关键小事"，暖心呵护"石榴籽"。"来到金华，我们就是一家人。"18 年来，每个春节，学校领导和老师主动放弃与家人团聚的机会，来到和田同学身边，送祝福、派红包，一起贴对联，吃年夜饭……让温暖融入他们的心田，这份温暖的情谊在一届届师生中传承至今。学校从办班以来一直坚持万里护考，每年高三学生回疆高考，汤溪高级中学老师都会陪孩子们从上海乘坐 47 个小时的绿皮火车到乌鲁木齐，再乘坐汽车穿越 22 个小时的沙漠公路到达和田。到了当地之后，体检、自习、送考全程陪护，就像护送自己的孩子高考一样。高考结束后指导学生估分和志愿填报等事宜。老师以身作则始终做民族团结的践行者、国家统一的宣讲者、中华一家亲的示范者，努力培养社会主义事业的建设者和接班人，受到当地家长和百姓的交口称赞，赢得和田人民的高度尊重。浙江人务实的服务精神深深感染了和田人民，"浙江来的老师，就是我们和田最尊贵的客人"已成为和田百姓的口头禅。

浙江和田高中班是各地教育援疆、助推新疆教育事业快速发展的一个缩影。金华市汤溪高级中学18年如一日，以丰富活动促交往、以混编教学促交流、以暖心关爱促交融，确保教育质量，助推民族团结，培养了一批又一批感党恩、听党话、跟党走的民族团结"金种子"。疆浙两地守望相助，谱写了关山万里一家亲的教育援疆团结曲，中华民族一家亲的种子早已在这里播下，同心共筑中国梦的豪情也将从这里再出发。

经验启示

不到新疆，不知道中国有多大；不到和田，不知道浙江的美誉度有多高。十八载民族班办学，老师一任接着一任干，学生一批连着一批来，展现的是浙江风采，更是疆浙情怀。金华市汤溪高级中学坚持融合教育理念，以"教师心"看和田班学生，把和田班学生当作本地生；以"父母心"看和田班学生，把和田班学生当作自己的孩子；

2017年5月，和田高中班师生在包粽子活动中共同感受中华优秀传统文化

以"中华心"看和田班学生，和田班学生是祖国的花朵、民族的未来；用智慧与汗水擦亮教育援疆品牌。

（一）牢记嘱托，一张蓝图绘到底。浙江和田高中班紧密围绕对口援疆这一重要国家战略，发扬"一茬接着一茬干、一张蓝图绘到底"的精神，用实际行动坚持18年，践行"浙江和田高中班办到和田人民认为不再需要为止"的要求，砥砺奋进，持续推进融合教育，培养更多民族地区人才，让疆浙两地各族学生共享教育成果，为新疆教育事业发展贡献浙江力量，为加快民族地区经济社会发展、维护祖国统一、促进民族团结发挥重要作用。

（二）按需办学，构建"互嵌式"校园。浙江和田高中班采取新疆学生与本地学生"合校学习、混合编班"的办学模式，打造互嵌式校园，让学校成为各族学生的精神归宿、精神依托，让各族学生成为中华民族共有精神家园的受益者和传承者，促进各民族学生相互了解、相互尊重、相互包容、相互欣赏、相互学习、相互帮助，像石榴籽一样紧紧抱在一起。

（三）美美与共，疆浙盛开石榴花。浙江和田高中班承担着为国家和新疆培养合格建设者的重要任务。学校坚持教书和育人相统一，学校教职工在出色完成繁重教学任务的同时，始终做民族团结的坚定维护者与宣传者，着重培育各族学生家国情怀，把铸牢中华民族共同体意识贯穿立德树人全过程，营造各族学生广泛交往、全面交流、深度交融的浓厚校园文化氛围，播下一颗颗民族团结"金种子"，盛开一朵朵民族团结"石榴花"。

总书记的话

铸牢中华民族共同体意识，既要做看得见、摸得着的工作，也要做大量"润物细无声"的事情。推进中华民族共有精神家园建设，促进各民族交往交流交融，各项工作都要往实里抓、往细里做，要有形、有感、有效。

——2022 年 3 月 5 日，习近平在参加第十三届全国人民大表大会第五次会议内蒙古代表团审议时的讲话

地方实践

打造"行走的思政课"　从"书本子"走向"心窝子"
——宁夏固原市第二中学连续 28 年组织学生徒步百里开展祭英烈活动

1995 年以来，宁夏回族自治区固原市第二中学（以下简称"固原二中"）以"传承红色基因、赓续红色血脉"为精神动力和精神内核，依托六盘山红色革命教育基地、任山河烈士陵园等校外红色实践基地，将党史教育、爱国主义教育融入学生教育，连续 28 年在清明节前后，组织师生徒步百里，从学校往返彭阳县任山河烈士陵园开展祭英烈活动，打造了"行走的思政课"，有效激发学生的爱国、爱党、爱乡之情，为传承红色基因、赓续红色血脉探索新路径。

一、背景情况

固原市位于宁夏南部六盘山区，是红军二万五千里长征的结束地，六盘山被誉为"胜利之山"，红色是固原的底色，也是固原最靓丽的名片。任山河烈士陵园位于固原

市彭阳县城西北 23 公里处古城镇任河村，是宁夏规模最大的陵园，是全国首批"国家国防教育示范基地"、全区爱国主义教育基地。任山河战斗是西北解放战争中一场激烈的战斗，解放宁夏第一仗从这里打响，园内共安葬近 400 余名烈士。1995 年清明节前夕，时任固原二中校长韩宏决定带领固原二中初一、高一新生徒步 54 公里山路到任山河祭奠英烈，计划提出之初，遭到了来自社会、家长和学校内部等各方面的质疑。但孩子们情绪高涨，纷纷写信要求远足祭英烈。韩宏校长力排众议，带领师生拉开了徒步赴任山河祭奠英烈的序幕。至今，这项活动已坚持 28 年，在全国范围内引起了广泛关注，《人民日报》、中新网、江西卫视等数十家中央及省市媒体全平台推送，自媒体账号更是不计其数。《人民日报》评论："对于曾经参与过的学生来说，这场'征途'不仅是他们青春无法磨灭的记忆，还在成人后继续为他们提供不竭动力。"这项长期坚持的活动已成为固原市实施"青少年学生夯基育苗工程"的重要载体和内容，充分展示了新时代民族地区广大师生心手相牵、团结奋进的良好精神风貌，被誉为"行走的思政课"。

二、主要做法

（一）营造社会氛围，汇聚革命精神合力。围绕"红色固原、绿色发展"战略定位，固原市用足用好六盘山一首诗词、将台堡一次会师、单家集一段夜话、青石嘴一场战斗、新时代一个伟大号召"五个一"经典红色资源，各部门（单位）、各行业、各领域积极组织广大党员干部到六盘山红军长征纪念馆、将台堡红军长征会师纪念园等教育基地广泛开展"缅怀革命先烈、传承革命精神"等主题党日活动，各级各类学校组织学生开展红色教育实践活动。在祭奠英烈活动的感召下，大批市民带着孩子自发前往烈士陵园、英雄纪念碑等地点祭奠英烈，接受爱国主义教育，引领下一代去感受、传承和接续烈士所献身的人民解放、国家富强、民族复兴的伟大事业。很多父母、子女因这个特殊时间节点找到了共同的精神话题；曾经的师生、如今的同事，也因再次走上这条并不平坦的路，重新感知一次远足的教育价值。固原二中连续 28 年组织学生徒步百里开展祭英烈活动，就是在这样的氛围下孕育和形成的。

（二）用好"实景课堂"，赋能民族团结进步新内涵。固原二中把课堂教学和实践教学有机结合起来，运用丰富的历史文化资源，紧密联系中国共产党和中国人民的奋斗历程，深刻领会马克思主义中国化的内在道理，深刻领悟为什么历史和人民选择了中国共产党和社会主义，进一步坚定"四个自信"。每次活动时，凌晨四点半学校师生就在校园操场集合，校门口两侧拉起"心中有信仰、脚下有力量""传承红色基因　铸牢中华民族共同体意识"等横幅标语。凌晨五点整装出发，一路上，大家高举红旗、高唱红歌，手拉手翻山越岭，肩并肩齐步前行。经过 5 个多小时长途跋涉，学生们到达任山河烈士陵园，开展擦拭烈士墓碑、向革命先烈敬献小白花等缅怀祭奠活动，聆听解放宁夏第一仗任山河战斗的故事，接受爱国主义和革命传统教育及铸牢中华民族共同体意识教育，通过"实景课堂"的大众化解读、形象化展示、通俗化描述，不断加深对"五个共同""五个认同"的理解和认识，有形有感有效地开展民族团结进步教育活动，争做新时代新征程的践行者和捍卫者。

（三）打造红色品牌，厚植爱国情怀。固原二中以传承红色基因为主线，以纪念革命先辈为抓手，以红色品牌的特色活动为载体，持续打造红色品牌的工作体制机制。除了组织千名学生徒步百里到任山河烈士陵园开展祭奠英烈红色教育实践活动外，固原二中以深化爱国主义、集体主义、社会主义教育，着力培养担当民族复兴大任的时代新人为主题，每年举办"春之声"红色经典诵读、"夏之风"校园读书月、"秋之实"教育成果展、"冬之韵"元旦文艺汇演活动，"学雷锋"主题团日活动、"五四"系列活动。2023 年 7 月 25 日，举行革命后代"红色之旅宁夏行"座谈会，与会来宾观看"任山河"之行纪录片，与固原二中师生进行了亲切互动，向固原二中捐赠《火种》《我的父亲》《左权家书》《开国上将杨志成》《百战将星杜义德》等书籍。在深入挖掘和整合教育教学资源中，固原二中将红色文化教育深度融入思政课程，通过举办一系列活动，让青少年学生真正体会到今天的幸福生活来之不易，再内化于心中使学生们从小树立爱党、爱国、爱人民的家国情怀，增强文化自信和民族自豪感。

山因脊而雄，屋因梁而固，英烈就是中华民族的脊梁。以课为引，践行为主，固原市深入实施"青少年学生夯基育苗工程"，把红色教育与传承红色基因深度融合，在全市推广"行走的思政课"，教育引导青少年学生弘扬革命传统，不断增强"五个认同"，推动铸牢中华民族共同体意识内化于心、外化于行。固原青少年学生的"祭奠"壮举，体现出新时代青少年肯吃苦、有理想，敢担当、有信仰。"少年强则国强，少年智则国智，少年进步则国进步"，这句话又一次在现实中找到生动的注脚。

经验启示

固原二中自从组织学生徒步百里赴任山河烈士陵园祭奠英烈活动以来，赢得了越来越多的学生响应、家长呼应和社会支持，逐步示范带动各级各类学校开展祭英烈活动、各族群众自发前往革命教育基地接受爱国主义教育，形成了有形有感有效传承红色基因并持续发扬光大的良好局面，对于厚植爱国主义情怀、培养担当民族复兴大任的时代新人具有重要启示意义。

（一）传承爱国精神，跑好时代接力赛。固原二中坚持 28 年开展祭奠英烈活动，真正把传承红色基因践行在教学实践中，用多年从不停歇的"行走"诠释坚持与坚守的力量，帮助学生"扣好人生第一粒扣子"，引领学生从历史中汲取营养、坚定信仰、获取力量，走好新时代的长征路，将爱国主义精神薪火相传，把革命精神存之于心，在不断继承先烈遗志中，永葆战斗精神。

（二）以知促行，推动学思用贯通。固原市以贯彻落实爱国主义精神为起点，深入开展爱国主义教育实践活动，以点带面，全面开创固原全市传承红色基因、赓续红色血脉新局面。这节课，于学生而言，是学习党史、聆听革命故事、接受红色教育的难得机会；于学校而言，是对学生德智体美劳素养的综合培养；于社会而言，是推动全社会形成弘扬红色文化、赓续红色精神的"示范课"，在祭奠英烈的仪式中赓续红色血脉，使红色教育走深、走实，入脑、入心。

（三）抓牢拔节育穗期，增强"五个认同"。固原市第二中学将红色资源、红色

2023 年 4 月，固原市第二中学学生徒步前往任山河烈士陵园

基因有机融入新时代思政教育中,有效落实立德树人根本任务的时代要求,让学生们走出学校、走出课堂、走出书本,在爱国主义教育中种下"强国有我"的种子,在体验红色文化之旅中增强文化自信底气,让思政课从书本走向孩子们的心田,使红色教育有深度、有高度、有立体度,切实增强了广大师生对伟大祖国、中华民族、中华文化、中国共产党、中国特色社会主义的认同。

总书记的话

实施就业优先战略。就业是最基本的民生。强化就业优先政策，健全就业促进机制，促进高质量充分就业。健全就业公共服务体系，完善重点群体就业支持体系，加强困难群体就业兜底帮扶。统筹城乡就业政策体系，破除妨碍劳动力、人才流动的体制和政策弊端，消除影响平等就业的不合理限制和就业歧视，使人人都有通过勤奋劳动实现自身发展的机会。

——2022 年 10 月 16 日，习近平在中国共产党第二十次全国代表大会上的报告

地方实践

"蜂王行动" 促就业　东西协作共发展
——贵州黔西南州望谟县探索建立有组织劳务输出工作体系

　　近年来，贵州省黔西南布依族苗族自治州（以下简称"黔西南州"）望谟县坚持就业优先战略，积极探索"蜂王行动"促进劳动力稳岗就业，持续夯实基层公共就业服务体系，坚持"外输内拓"深化东西部劳务协作，进一步培育"蜂王"务工带动力，不断擦亮"引蜂、育蜂、筑巢、酿蜜"的"蜂王行动"劳务品牌，保持全县外出务工群众总体规模稳定在 8 万人左右，农村劳动力外出务工组织化程度达到 70% 以上，为助力民族地区高质量发展、推进中国式现代化贡献力量。

一、背景情况

望谟县位于贵州省南部、黔西南州东部，居住着汉族、布依族、苗族、瑶族等 19 个民族，总人口 32.74 万人，少数民族占总人口的 80.9%。山高坡陡谷深，产业基础薄弱，资源匮乏，曾是全国 52 个深度贫困县之一，也是典型的劳务输出大县。一直以来，望谟群众都有"亲带亲、戚带戚、村寨带邻里"的"抱团式"务工特点，因当地有养蜂酿蜜的传统，村民便将给他们介绍工作、带他们外出务工的人称为"蜂王"，跟随"蜂王"外出务工的村民则被称为"勤劳的小蜜蜂"。长期以来，由于组织零乱、人岗不匹配、工资收入相对较低，加之未受过相关培训等弊端，"蜂王"搜集岗位信息有限，带动高质量就业明显不足。为提高劳务输出的组织化程度，增强外出务工人员的就业稳定性，2018 年组建的望谟县人力资源服务有限公司，承揽全县劳动力输出工作，并于 2019 年创新探索劳务输出"蜂王行动"，采取"就业全覆盖就业拓展指挥部＋国有公司＋'蜂王'办公室＋劳务协作站＋蜂王＋劳动力"运作模式，不断培育壮大"蜂王"队伍，推动"蜂王行动"成为带动就业、稳定增收的重要抓手。2021 年，该公司与广东惠东县开展东西部协作结对，合力提升"蜂王行动"劳务品牌。如今，该品牌已成为深化东西部劳务协作的"惠黔经验样板"。2023 年全县劳动力人口 16.28 万人，外出务工人数达到 8.66 万人，外出务工已成为望谟县各族群众增收致富的主要渠道。

二、主要做法

（一）"引蜂"，为劳务输出找准带头人。东西协同做好"引蜂"文章，健全"建立一个专班、挖掘三类人员、提供两套服务"工作机制，会同县组织部门、人社部门、人力资源服务企业等，梳理外出务工人员就业区域、就业岗位、就业工种等信息，与县、乡、村三级网格联动挖掘外出务工人群当中有影响力、号召力的"有威望"人员，有企业、人脉、就业渠道等"有资源"人员，有多家公司工作经历、多个工作岗位锻炼并在一定范围内具有组织能力、管理能力、协调能力的"有经验"人员，征得本人同意后确定为区域"蜂王"。如今，望谟县已培育"蜂王"358 名，覆盖 16 个乡镇（街道）171 个村（社区）。建立健全双向协调沟通机制，确保"蜂王"和"蜂群"建立更紧密的联系，依托"蜂王"提供信息，匹配消化就业需求，并为"蜂王"带"蜂群"提供全链条服务，实现从"家门口"到"厂门口"无缝衔接。惠州市 7 个"一县一企"农村劳动力稳岗就业基地目前已吸纳贵州籍劳动力 12000 余人，黔西南籍劳动力近 3000 人，促进两地各族群众广泛交往交流交融。

（二）"育蜂"，让就业人员有"技"可施。2021 年惠东县和望谟县东西部协作结对以来，累计投入协作资金 160 万元，助力"蜂王"培育工程，促进各类"蜂王"快速成长。持续提高劳动技能培训的有效性和针对性，鼓励和动员有培训意愿的劳动力掌握一技之长。按照"一人一技"标准，针对部分有威望、有能力却缺乏实用技能的"蜂王"，充分结合技能需求和培训意愿，考虑到务工人员多在广东的特点，依托东西部协作将"广东技工""粤菜师傅""南粤家政"三项工程精准导入，免费组织开展电工、电焊、厨师、汽修等技能培训，确保每一名"蜂王"既有组织带动能力，又有技能"传帮带"能力，有力增强农村劳动力就业韧性。由县人社局、司法局等单位组成培训工作组，采取线上线下相结合的方式，对"蜂王"进行与就业相关的法律法规培训。线下主要抓住外出务工人员返乡季，组织返乡"蜂王"开展集中培训；线上主要通过微信群等网络平台，推送相关法律法规、典型事例。截至目前，共开展线下集中培训 5 期，培训"蜂王"300 余人，线上推送相关法律法规信息 1000 余条，通过"两线"培训，"蜂王"依法办事、依法维权、规范组织就业水平不断提高。由在外务工人员临时党支部、驻东西部协作城市惠东县劳务协作站组织相应城市、区域的"蜂王"，利用周末及节假日空闲时间，不定期、不定规模，通过组织专题讲座等活动开展能力提升培训，进一步提高"蜂王"组织就业和矛盾纠纷处置能力，为"蜂王"群体搭建交流平台，达到取长补短、共同提升的效果，组织开展"蜂王"服务能力培训300 余人次。惠东县与望谟县还积极对接省级职业技能鉴定考评指导中心，邀请两地职校、职业技能教培机构等，共同做好劳务技能培训工作，提升就业技能，并为通过考核的学员颁发技能证书，帮助他们更好就业。2023 年以来，通过校校合作、校企合作等方式，开办各种劳务协作培训班 67 期，培训 2931 人次。

（三）"筑巢"，让务工群众有"家"可依。望谟县在县、乡（镇街）、村（社区）共建三级"蜂王"综合服务站 105 个，配备 159 个 LED 岗位信息发布平台，联动为务工群众提供就业信息、技术培训、交通、物流、通信、金融等服务。协调惠东县人社局、总工会等多家部门联合望谟县驻惠东劳务协作站点常态化开展"蜂王""蜂群"走访慰问活动。2021 年以来，两地部门协作走访企业及开展政策宣传 130 多家，现场解决群众实际问题 40 多宗，通过电话慰问 50 多人，并发放一批节日慰问物资，让望谟籍务工群众切切实实感受到两地协作热情和家的温暖，进而安心就业。用心服务，筑巢酿蜜，望谟县驻惠东县劳务协作站发挥多项作用——为群众提供临时性免费食宿；为无法通过自身实现就业的群众推荐当地优质的企业岗位；为务工群众办理入职手续、签订用工合同，及时为需要转岗、劳务维权的群众解决困难，消除务工人员后顾之忧；协调企业为群众足额缴纳社会保险，促进在外务工人员稳定就业，把群众稳在务工地，打通就业服务"最后一公里"。协作站还为在外务工的党员群众提供党内活动阵地，节假日期间举办丰富多彩的活动、座谈会等，建立抱团取暖、互帮互助的务工人员之家，用心服务，不断增强在外务工群众的凝聚力，切实增强在外务工群众的幸福感和满意度。

（四）"酿蜜"，让蜂王联动蜂群稳岗增收。"蜂王"带动广泛就业，惠东县和望谟县共同精心培育成型的358只"蜂王"广泛分布在广东、浙江、上海、重庆等全国主要务工地，直接或间接地带着全县各族外出务工群众辛勤"酿蜜"，在奔向幸福富裕的道路上续添动能。"蜂王行动"实施以来，望谟县外出务工人数逐年增长，从2019年的7.6万人，增加到2022年的8.3万人；2021年，望谟县人均月务工工资达到4500元；2022年至目前，人均月工资达到5000元；劳动力家庭的务工就业年收入也从3万元增加到3.5万元，工资性收入约占家庭总收入的78%，全县外出务工收入达30亿元左右，为助推当地县域经济高质量发展奠定坚实基础。2023年全县有组织劳务输出人数达到5.8万人，组织化程度达到73%，其中通过"蜂王行动"返岗直通车的方式输送劳动力就业1718人。"蜂王行动"直接或间接带动望谟县劳动力外出务工8.06万人，提前完成了2023年政府工作报告提出的全县劳动力外出务工8万人以上的"十大民生实事"之一。"蜂王行动"实施以来，村级"蜂王"就业综合服务站、乡镇和街道人社服务中心、县级人力资源市场形成了县、乡、村上下贯通融合的就业带动机制，有效提升了公共就业服务承载力。目前，"蜂王行动"已在黔西南州各地普遍推广。

协作促就业，匠心树品牌。望谟县将就业作为第一民生工程，不断加强"蜂王行动"有组织劳务输出工作力度，探索劳务协作与劳务品牌发展新机制，进一步拓展就业渠道，把"蜂王行动"有组织劳务输出这一劳务品牌打造成民族地区各族群众就业"金名片"，在促进东西部劳务协作深化上发挥了重要作用，赋予各族群众高质量充分就业有力抓手，增强各族群众民生福祉，促进民族地区高质量发展，助力各族人民共同走向中国式现代化。

经验启示

望谟县创新工作思路，加强劳务就业工作，通过组织培育"蜂王"、建设服务站点、深化东西协作、开拓人力资源市场等，不断加强"蜂王行动"有组织劳务输出工作力度，进一步拓展农村地区各族群众就业渠道，探索出一条民族地区可持续发展的公共就业服务新路径。

（一）创新机制是高质量充分就业的"助推器"。望谟县立足当地农村劳动力务工特点和实际，创新就业促进机制，探索形成了"蜂王行动"有组织劳务输出新机制，将其打造成就业容量大、从业人员多、就业更加稳定、收入水平更高、权益更有保障的"金品牌"，打通了服务各族群众"最后一公里"，促进民族地区各族群众实现高质量充分就业。

（二）提升能力是高质量充分就业的"加速器"。望谟县不断扩大"蜂王行动"品牌规模、提升品牌质量，通过"引蜂""育蜂"，建强并规范了"蜂王"队伍，提升了"蜂王"带领各族务工群众就业的能力，降低了各族群众外出务工择业就业的成本，

2023 年 1 月，黔西南州望谟县 2023 年"蜂王行动"暨"春风送真情，就业暖民心"返岗行动启动仪式

有效促进各族群众稳岗就业、增收致富，不断满足各族务工群众对美好生活的需要，提升了各族务工群众的幸福感和满意度。

（三）劳务协作是高质量充分就业的"稳定器"。望谟县不断推动与惠东县的劳务协作提档升级，合力提升"蜂王行动"品牌，加强优势互补，有效激发劳务协作活力，推动人力资源高效有序流动，让民族地区农村劳动力转移就业规模稳步扩大，促进民族地区各族群众稳定就业，为助力民族地区高质量发展贡献力量。

总书记的话

> 要推进各民族人口流动融居，构建互嵌式社会结构和社区环境，创造各族群众共居共学、共建共享、共事共乐的社会条件，持续深化民族团结进步创建工作。
>
> ——2023年10月27日，习近平在中共中央政治局第九次集体学习时的讲话

地方实践

小社区联通大世界

——浙江义乌市建设各民族共享社会主义现代化社区

近年来，浙江省义乌市着眼世界"小商品之都"特殊定位，立足社区这一社会基本单位，以开放包容的大胸怀，改革创新的实举措，实现各民族空间共居、文化互学、经济互通、社会共融，促进各族群众在双向奔赴中，心相通、情相融，构筑流动融居、团结奋斗的命运共同体。

一、背景情况

义乌市位于浙江省中部、金衢盆地东部，古称乌伤、稠州，市域面积1105平方公里，下辖6镇8街道，常住人口190.3万人。历史上，义乌是传统的汉族聚居区，改革开放以来，随着小商品经济的快速发展，全国各族群众大量流入，目前有54个少数民族、24万余名少数民族同胞在义乌工作生活，是东南沿海较为典型的输入型少数民族散杂居地区之一。义乌是一座建在市场上的国际化城市，市场主体总数超100万户，每年到义乌采购的境外客商超56万人次，与全球230多个国家和地区有贸易往来，有100多个国家和地区的2.1万名境外客商常驻义乌。义乌小商品市场被联合

国、世界银行等权威机构誉为"全球最大的小商品批发市场"。习近平总书记为义乌定位世界"小商品之都"。义乌市紧紧围绕世界"小商品之都"定位和发展趋势，以社区为基本单元，实现各民族在空间、文化、经济、社会、心理等方面的全方位嵌入，全域打造各民族手足相亲、团结友爱的和谐家园，守望相助、共同富裕的幸福家园，被评为"全国少数民族流动人口服务管理示范城市""全国文明城市"。

二、主要做法

（一）做"义"家亲的"店小二"，变"流量"为"留量"。为让各族群众来到义乌、融入义乌、爱上义乌，义乌立足长远，以"店小二"的姿态，把连着千家万户的社区打造成和谐幸福家园，让各族群众来了不想走、融得进、留得住、过得好。坚持党建统领，打造"四个一"标准化服务体系，抓牢"一把手"，以"书记抓，抓书记"，压紧压实各级书记这一"关键少数"的主体责任。织密"一张网"，依托"党建＋单元"基层治理模式，把宣传教育、联谊交友、创业就业、语言培训、政策咨询、志愿服务等全部汇集到党群服务中心，依靠1.13万名村社干部、党员、楼道长等，实现全市530余个村社、1880余个网格、7200余个微网格服务全覆盖。打造"一线阵地"，深化培育"之江同心·石榴红"工作品牌，打造鸡鸣山、四季、"彤云""阿依乐·莎莎"等石榴红工作室、石榴红共富基地、石榴红家园等阵地18处，组建"雪莲""四季同心"等石榴红工作者、志愿服务队、宣讲团等队伍20余支，以人本化、生态化、数字化理念将民生服务延伸至社区，实现小事不出网格、大事不出社区，帮助外来各族居民快速融入当地生活。创新居民议事工作机制，邀请社区少数民族代表担任议事员，变服务对象为工作力量，如鸡鸣山社区"乐众惠民"议事会，自2016年以来少数民族议事员累计参与协商议事120余件、落地民生实事60多件，构建各民族多元参与共建共治共享的良好社会环境。深化"最多跑一次""一件事"等数字化改革，开设代办服务专窗，把民生服务集成到线上，全面优化跨部门办事流程，让数据多跑腿，群众少跑腿、不跑腿，为各族居民提供无差别、均等化的公共服务。试点上线"千籽环抱"应用场景，一视同仁提供民生需求、活动预约、场所管理、教育引导等一站式服务，精准、快速响应各族居民的民生诉求，真切提升各族居民的获得感、幸福感、安全感。

（二）做情相依的"连心桥"，变多元为多彩。义乌是一座融入全球的商贸城市，多民族、国际化的社区比比皆是，来自不同民族、不同肤色、不同国家、讲不同语言的中外居民在各社区随处可见。义乌依托石榴红阵地和石榴红队伍，在尊重各国各民族文化的基础上，在社区常态化开展美食、音乐、文化、运动、语言培训等交流活动，打造"我们的节日""民族团结'义'家亲""家门口的孔子学院""国际老娘舅"等工作品牌，搭建多元文化交流交融的平台、各族群众情感交流的连心桥，构建美美与共的多彩社区。组建石榴红宣讲团，用好社区文明实践站、社区文化礼堂、社区党群服务中心等阵地，打响"真理味道、信仰之源"品牌，面向各族群众宣讲《共产党宣言》首译精神，推动党的创新理论和"五史"教育"飞入寻常百姓家"。积极发挥国际贸易枢纽优势和新时代中华文化展示窗口作用，在社区培育有流量的多民族、多国籍传播者，讲好中华民族共同体故事的同时，也聆听来自全球各地的文化声音，互相尊重、互相包容、和而不同、美美与共。如有着"联合国社区"之称的鸡鸣山社区，包含 29 个民族成份的 2100 余名少数民族居民和来自 74 个国家及地区的 1300 余名外国居民，每年开展闹元宵、包粽子、联谊会等活动 300 余场次，类似的"联合国社区"在义乌还有 20 多个；在全国率先对社区有需要的居民开展公益性国家通用语言文字培训，2016 年来已累计服务超 2.9 万人次，以语言相通促进心灵相通、文明相通；精通 8 种语言的维吾尔族姑娘阿依乐·莎莎，在五爱社区开设"五爱学堂"，用中文、英语、阿拉伯语、土耳其语和中亚五国语言为常住在社区的 1.5 万名中外居民讲授中华优秀传统文化和民族特色文化；来自新疆伊犁的锡伯族青年伊小军以红酒为媒，把格鲁吉亚文化和商贸引进中国，同时将中国优秀文化传播至"一带一路"沿线国家，被格鲁吉亚授予"格鲁吉亚文化推广大使"称号。

（三）做共富裕的"孵化器"，变梦想为行动。各族群众来到义乌，都怀着创业致富的梦想，义乌以创造各族群众共建共享、共同富裕的社会条件，为各族群众实现梦想插上腾飞的翅膀。20 世纪六七十年代，敢闯敢干的义乌人摇着拨浪鼓"鸡毛换糖""无中生有"孕育了"小商品之都"；如今，勇立潮头的义乌以创新、开放、包容的一流营商环境吸引各民族、全世界共创共享中国式现代化成果。义乌不断深化"放管服"改革，以未来社区为抓手、"石榴红"家园为载体，主动而为、共创共享，整合社会资源，引导社区、社会组织、社会工作者、社区志愿者、社会慈善资源"五社联动"，创新孵化"一社区一培训""巾帼共富工坊""侨助工坊""跨省就业直通车"等助力各民族致富品牌。拨浪鼓社区发起的社区学院里，藏族小伙桑德开设"创享拨浪鼓·同心共融合"培训课程，覆盖各族居民 1.2 万人；四季社区开设"创业共富"电商培训班，开课 130 余期，服务各族居民上万人次；"巾帼共富工坊"以来料加工产业发展模式帮助省内外山区 26 县及东西部地区发展，带动 3 万多名各族妇女就业；每年初开通中西部跨省"就业直通车"，2023 年新增各族群众就业 3.49 万人，2024 年 1 月 6 日来自云南省怒江傈僳族自治州的全省首趟"就业大巴"抵达义乌，享受"出家门到进厂门"暖心就业服务。新时代以来，义乌坚守"小商品、大市场"定位，积极"走出去、引进来"，早在 2014 年就开设了经新疆阿拉山口口岸出境的最长中欧班列——"义新欧"，各族群众主动融入"一带一路"建设。40 多年来，义乌从不沿边、不靠海的贫困县到"百强县"，从"拨浪鼓"到"义新欧"，从"马路市场"到"世界超市"，货物出口到 233 个国家和地区，同时从 100 个国家和地区引进 15 万种境外商品，年进出口额超 5600 亿元，已成为中国与全球紧密相连的缩影。在这里，看懂中国、理解世界、贸易相通、文明互鉴，一件件小商品承载着中华文明的印记，不断向世界讲述着一个个中华民族共同团结奋斗的美好故事。

义乌作为一座建在市场上的国际化、多元化新兴城市，小社区联通大世界，顺应中华民族从历史走向未来、从传统走向现代、从多元凝聚为一体的发展趋势，对内大力促进多元文化融合，对外积极推动国际交流，在强国建设、民族复兴新征程上，以独特的方式讲好勇立潮头的新时代中华民族好故事，展现中华民族共同体时代张力。

经验启示

一滴水折射出世界，一个社区看到中国。义乌市成为世界物流、商品中心，看似"莫名"，实有"其妙"，正是其瞄准城市定位，着眼中华民族共同体建设与中心工作同频共振、同轴共转、同向共进，以打造标准化互嵌式发展体系，形成和谐相处、和谐创业的良好社会环境，绘出"义"家亲、共圆中国梦新画卷。

（一）开放包容是促进各民族"三交"的根本要求。义乌市以中华文明开放包容的特质、兼收并蓄的宽广胸怀，接纳和融汇不同文明，打造各族群众共居共学、共建共享、共事共乐的各美其美、美美与共的社会条件，营造宜居、宜业的良好社会氛围，接纳各民族广泛融入深度融合，增强各民族的参与感、认同感和获得感，构筑我中有你、你中有我、不分彼此的命运共同体。

（二）合作共赢是助力各民族走向共同富裕的有力举措。义乌市坚持和深化"兴商建市"发展战略，全面打造公平、开放、包容的一流营商环境，吸引各族群众来此

2022 年 3 月，义乌市江东街道鸡鸣山社区组织开展国家通用语言文字培训

就业创业，为保护各族群众合法权益提供平等服务，常态化、机制化保障各族代表参与社会治理和人民民主权利，让各族群众在合作共赢、实现共同富裕的道路上共享强国建设、民族复兴的伟大荣光，以主人翁的昂扬姿态奋进新征程、建功新时代。

（三）讲好新时代团结奋斗新故事是增强中华民族凝聚力的重要途径。义乌市作为"一带一路"重要节点城市，依托国际化商贸平台，发挥各族群众多元文化背景优势，在对内对外广泛交流、深入合作、共同发展中，积累信任、理解、认同，不断增强中华民族的强大认同度和凝聚力，以讲好中华民族共同团结奋斗和美故事，让中国理解世界，让世界读懂中国，对外展示中华民族同世界各国人民携手构建人类命运共同体的美好愿景。

总书记的话

地方实践

凝心聚力　育人铸魂

——复旦大学全方位做好新时代高校民族工作

近年来，复旦大学以习近平总书记关于加强和改进民族工作的重要思想为指导，深入贯彻党和国家民族政策，积极落实《中国共产党统一战线工作条例》精神，进一步构建完善党委统一领导、政府依法管理、统战部门协调、民族工作部门履职尽责、各部门通力合作、全社会共同参与的新时代党的民族工作格局，围绕学校铸牢中华民族共同体意识教育的使命担当与实践创新，聚焦铸牢中华民族共同体意识教育的理论与实践发展，全方位做好新时期高校民族工作，着力培养担当民族复兴大任的时代新人。

一、背景情况

复旦大学校名取自《尚书大传》之"日月光华，旦复旦兮"，始创于 1905 年，原名复旦公学，1917 年定名为复旦大学，是中国人自主创办的第一所高等院校，是教育部直属的全国重点大学、中央直管高校、综合性研究型大学，由教育部与上海市重点共建。复旦大学位列国家"双一流"大学建设高校（A 类）、"985 工程""211 工程"建设高校。复旦大学拥有世界一流的办学声誉，位居世界前 50，位于中国内地前列，文、社、理、工、医五大学科门类均有较高国际声誉，位居世界前 100，现有直属院（系）35 个，附属医院 18 家，各民族在校学生 5 万余人。截至 2024 年 3 月，复旦大学共有少数民族本科生（含预科生）1534 人，涵盖 42 个少数民族；少数民族研究生（全日制学历生）1507 人，涵盖 35 个少数民族。复旦大学高度重视民族工作。2018 年，结合上级部门业务调整，民族工作划归党委统战部管理；同年，学校提升民族与宗教工作领导小组工作能级，由校党委书记担任领导小组组长，进一步加强了党委对民族工作的集中统一领导。学校紧扣"育人铸魂"开展各民族学生全链条培养工作，关心关爱各民族学生成长成才；发挥民族联、红石榴社等团体组织的桥梁纽带作用，服务群众、协调关系、化解矛盾，促进各民族交往交流交融；充分用好高校智力密集的资源禀赋，为边疆民族地区经济社会发展提供智力支持，着力加强民族相关理论跨学科研究，扎实推进新时代党的民族工作的理论与实践创新。

二、主要做法

（一）以育人为先，聚力各民族学生培养。复旦大学始终坚持服务国家发展、对接时代需求，遵循学生成长成才规律和教育教学规律，致力于国家兴旺、社会发展、人类文明进步，培养德智体美劳全面发展的社会主义建设者和接班人。坚持把民族工作理论政策宣讲纳入党委中心组学习、干部培训、教职工入职培训、教职工政治理论学习、新生入学教育等环节。引入中共上海市委统战部、上海市民族和宗教事务局及校内专家资源，抓好校院两级统战工作、思政工作和民族联骨干队伍建设，切实增强开展民族工作的政策水平和实务能力。自 2018 年起，遵循"预本趋同管理"思路，开展民族预科生自主培养，推进"预科—本科"贯通培养，实行双进班＋双辅导员制，预科学生同时编入院系新生班级和预科班级，前者负责学生日常管理、党建、主题教育等，后者负责民族有关的主题教育、学业辅导、教务管理等。自主培养预科生成效显著，学生升入本科后的学习成绩相较于之前委托其他学校培养的预升本学生有明显提升，在自主学习、社会实践、文体艺术参与积极性方面也有很大提高，首批自主培养的预科学生已于 2023 年 6 月本科毕业，其中约 30% 的学生获得升学深造机会。学校还自 2018 年起依托 MPA 项目面向西藏开展公共管理人才专项培养，为西藏发展输送高素质人才,迄今已招收学生 232 人、毕业 128 人,其中藏族学生占比约 20%。配备少数民族辅导员(新疆籍),在院系班级基础上,按年级设置虚拟班级,根据学生发展阶段给予指导,与院系辅导员形成工作矩阵,实现协同育人效果。在新任辅导员上岗培训中,安排专题课程内容;在辅导员日常培训中,将民族工作培训内容列入固定培训计划。学校自 1998 年开始持续开展研究生支教团工作,迄今已有 400 余人次的研究生支教团队员深入宁夏、贵州、新疆、云南、青海等省区的 10 所学校开展支教扶贫服务,为民族地区教育事业发展作出积极贡献。复旦附中自 2002 年开始负责培养西藏民族班学生,构建了以"中国心、上海情、雪域梦"为核心的育人体系,目前已累计培养 600 余名优秀学生,95% 的学生在完成学业深造后回到西藏,成为当地发展建设的主力军。

(二)以铸魂为要,抓好课堂教学主渠道。学校贯彻习近平总书记"大思政课善用之"要求,构建全员全程全方位育人的大思政工作格局,落实复旦"时代新人铸魂工程",启动"强国之路"思政大课建设,构建面向全体一二年级学生的"学思践悟"教育教学体系,努力开创思政课教学和实践育人新模式。积极用好课堂教学主阵地,强化"国家意识、人文情怀、科学精神、专业素养、国际视野"的复旦育人特色,将铸牢中华民族共同体意识教育有机融入思政课程、课程思政以及通识教育等各类课程教学内容。2023 年 12 月 9 日,复旦红树林科普驿站揭幕暨"强国之路"思政大课实践基地揭牌仪式在上海南汇嘴观海公园举行,这是复旦学子学习践行"钟扬种子精神"的重要平台。学校文科资深教授、中国历史地理研究所姚大力开设通识教育核心课程"中国历史上的民族与国家",在课程讲授中追溯各民族共同塑造中国的历史过程,引领学生更全面理解认同中国作为统一多民族国家的属性、中国文明的复数属性等重要理念。思政选修课程"中华优秀传统文化"系统讲授中华民族的文化积淀、历史传统和基本国情,引领学生深刻理解中华优秀传统文化的核心要义,深受学生好评。

(三)依托多元载体,促进交往交流交融。学校依托多元载体积极开展形式多样、内容丰富的民族团结进步创建活动,积极促进各民族广泛交往交流交融。"复旦大学民族联"成立于 1986 年,是学校联系各族师生的桥梁和纽带。在党委统战部门指导下,每年开展各类学习培训、主题教育、联情联谊等活动,不断提升民族联成员综合素质,使"共同团结奋斗、共同繁荣发展"的理念深入人心。由校民族联第六届会长、附属儿科医院徐虹教授发起的民族师生 1＋1 结对助学活动,经过多年的培育,已成为"家在上海"主题实践活动校园模式的特色品牌。"复旦红石榴社"是在校党委学工部指导下于 2017 年成立的由各民族学生组成的学生社团，以铸牢中华民族共同体意识为宗旨，为各民族师生提供交往交流交融的平台。社团成立以来，积极组织师生喜闻乐见的民族文化活动，如举办"民族舞蹈兴趣班"、运营"复旦红石榴社"公众号、承办"民族文化节""民族体育趣味运动会"等，有效促进各族师生的沟通与交流，锻炼培养了一批少数民族学生骨干。2020 年，"医带医路"民族学生成长工作室在复旦大学上海医学院党委学工部指导下成立，以"发挥优势、增进交流、突出共性、团结进步"为目标，围绕"党课教育、安全教育、民族团结教育、适应性帮扶"等主题和方向，开展各项工作，服务各族学生 300 余人次。

（四）加强智力支援，助力边疆地区事业发展。强化智力输出，深入推进面向边疆民族地区的各类援建工作，为边疆民族地区经济社会发展贡献复旦力量。2012 年以来，学校持续帮扶滇西少数民族地区永平县，助力脱贫攻坚和乡村振兴。2018 年以来，学校先后选派年轻干部、专任教师、医疗医生共 111 人次参加各类边疆地区帮扶工作，其中管理干部 16 人次，专任教师 9 人次，医疗人才 86 人次。学校长期对口支援云南大学、西藏大学、河西学院、新疆医科大学、内蒙古大学等高校。其中，钟扬团队长期致力于科研援藏，在团队成员的共同努力下，西藏大学科教水平获得长足进步，先后申请到第一个国家自然科学基金、第一个教育部创新团队、第一个植物学博士点，西藏大学生态学科获评国家"双一流"学科，复旦大学—西藏大学生物多样性和全球变化联合实验室、"钟扬种子实验室"建成并投入使用。学校大力推进与内蒙古大学的部省合建工作，在校党委常委、统战部部长赵东元院士及其团队的加盟和支持下，内蒙古大学先后获批多个国家重点研发项目；内蒙古大学能源材料化学研究院在 2023 年一举获批国家自然科学基金 8 项，超过了该校上一年获批国家自然科学基金项目总数。

（五）发挥研究优势，实现理论政策双轮驱动。充分发挥高校智力丰富、人才密集的优势，积极深化民族领域相关研究，为构建中国自主的中华民族共同体理论体系作出贡献。2023 年，复旦大学获批成为国家四部委铸牢中华民族共同体意识研究基地，依托哲学、政治学、中国史、生物科学等多个"A＋"学科，聚焦中华民族共同体的理论体系、国际比较及中华文明探源等方面开展跨学科研究，建立国家民委系统信息直报点。在民族相关研究方面，学校拥有较为显著的多学科优势和传统，涌现出不少杰出的学科专家，如历史地理研究所谭其骧教授、周振鹤教授、葛剑雄教授，长期从事中国史和中国历史地理的教学和研究，对中国历代疆域、人口、民族迁移等做了大量开创性研究；哲学学院邹诗鹏教授作为四部委铸牢中华民族共同体意识研究基地首席专家，出版了《国家哲学视域下的中华民族共同体研究》专著，并承担了多项国家民委研究课题；社会发展与公共政策学院范丽珠教授牵头开展"人伦日用间的中华民族共同性：西南各族群中华文化认同的民族志研究"等研究课题。同时，学校承接开展《"中华民族交往交流交融史"史料汇编·上海卷》的编撰工作，入选全国重大专项研究子项目。

复旦大学心怀"国之大者"，想国家之所想、急国家之所急、应国家之所需，准确把握新时代民族工作的历史方位、重点任务和工作要求，在人才培养、学科建设、理论研究、社会服务等方面贯穿铸牢中华民族共同体意识教育，积极引导各民族师生牢固树立休戚与共、荣辱与共、生死与共、命运与共的共同体理念，推动新时代高校民族工作高质量发展，加快建设中国特色世界一流大学，为建设教育强国贡献力量。

经验启示

高校是开展铸牢中华民族共同体意识教育的重要阵地。复旦大学坚持社会主义办学方向，坚持立德树人根本任务，发挥课堂教学主渠道作用，搭建各民族交往交流交融平台载体，服务国家战略和边疆民族地区高质量发展需要，深化中华民族共同体建设重大基础性问题研究，引导各族师生牢固树立"四个与共"的共同体理念，为高校做好民族工作提供了有益借鉴。

（一）坚守初心使命，全面落实立德树人根本任务。"高校立身之本在于立德树人"，复旦大学坚持为党育人、为国育才，在加强民族学生培养工作的过程中，注重以课育人、以文化人、以源树人，打造高质量高校思政课，构建课堂教学、教育实践、校园文化建设有机相融的育人平台，探索创新铸牢中华民族共同体意识教育方式，发挥课程的思政功能和引领作用，塑造各民族学生的中华民族共同体认同，促进中华民族共同体意识根植各族师生心灵深处。

（二）加大教育科研力度，服务新时期民族工作理论创新。"所谓大学者，非谓有大楼之谓也，有大师之谓也。"复旦大学立足民族研究领域学科和人才优势，发挥铸牢中华民族共同体意识研究优势，鼓励专家学者和教师开展中华民族共同体理论政策研究、教学教法研究，为加快形成中国自主的中华民族共同体史料体系、话语体系、理论体系提供研究力量和理论支持。

2020 年 11 月，复旦大学举行第二届民族体育趣味运动会

　　（三）服务国家战略，助力边疆民族地区发展建设。复旦大学主动作为，积极对接国家和上海发展战略，发挥科研、人才、教育等领域智力资源优势，提供智力支持和智库作用，有计划地选派德才兼备、有发展潜力的中青年干部人才深入边疆民族地区，坚决完成国家赋予的定点扶贫、东西协作、乡村振兴等各项艰巨任务，在人才队伍建设中厚植中华民族共同体意识，多领域助力支援边疆民族地区高质量发展，在对接党和国家事业发展需要、服务国家重大战略需求过程中体现价值、赢得优势、争创一流。

必须促进各民族广泛交往交流交融，促进各民族在理想、信念、情感、文化上的团结统一，守望相助、手足情深。

——2021年8月27日至28日，习近平在中央民族工作会议上的讲话

地方实践

融情聚力守初心

——石河子大学探索"三位一体""三交"模式

长期以来，石河子大学坚持"以兵团精神育人、为维稳戍边服务"的办学特色，坚守为党育人、为国育才职责使命，以政治引领、教育厚植、融情增进、成长凝聚中华民族共同体意识，以"三进两联一交友"（具体指"进班级、进宿舍、进食堂，联系学生、联系家长，与学生交朋友"）和民族团结联谊活动为抓手，探索构建"三位一体"各族师生融情"三交"模式，促进各族师生广泛交往、全面交流、深度交融，实现人心归聚、精神相依，共同构筑中华民族共有精神家园，推动中华民族成为认同度更高、凝聚力更强的命运共同体。

一、背景情况

石河子大学前身诞生于1949年9月中国人民解放军解放新疆的进军途中，是一所具有光荣传统，流淌着红色血液，与共和国同龄、与人民军队同源、与兵团精神同根的兵团高校，是新疆两所"211工程"重点建设高校之一、国家"双一流"建设

高校、部省合作共建高校、国家西部重点建设 14 所高校之一。学校现有教职工 2721
人，其中少数民族教职工 184 人，在校学生 32262 人，少数民族学生 3409 人。全校
2701 名教职员工与少数民族学生结对认亲，新疆籍少数民族学生结亲率 100%。学校
把铸牢中华民族共同体意识教育贯穿办学治校、教书育人的全过程和各环节，承担好
立德树人、教书育人的根本任务，共同书写石河子大学校园手足相亲、守望相助、亲
如一家的生动画卷。近年来，学校 18 个单位分别获批全国民族团结进步示范单位、
兵团民族团结进步示范单位，2 个单位荣获兵团民族团结进步模范集体，11 个单位获
批自治区级、兵团级"民族团结一家亲"和民族团结联谊活动先进集体。

二、主要做法

（一）强化教育厚植，不断丰富活动内容。学校坚持以社会主义核心价值观为引
领，创新工作载体，丰富民族团结一家亲活动内容，多措并举，将铸牢中华民族共
同体意识教育融入校园文化。持续深入实施中华优秀传统文化传承工程，开展"学论
语""诵国学""练书法""学剪纸"等不同类型中华文化传承活动，各学院相继举办
"民族团结一家亲 浓浓中秋师生情"结对师生共度中秋等活动，参与人数达 3000 余
人，在传承中华优秀传统文化中树牢正确民族观。开展"传承红色基因"行动及党史
学习教育，连续举办纪念"一二·九"运动暨庆祝中国共产党成立 100 周年大学生合
唱节，各学院通过唱红色歌曲、看红色电影、读红色经典、进爱国主义教育基地等方
式，培育和弘扬以爱国主义为核心的民族精神，充分激发各族师生的民族自豪感和国
家荣誉感。开展"践行兵团精神 寻访兵团故事"社会实践活动，邀请金茂芳、曹连
莆、胡友才等 20 多位共和国最美奋斗者和兵团英模讲述兵团故事，开设"兵团精神
育人"思政课程，让学生在学习实践中增强对中华民族的认同。每年通过实施"岗位
能力提升"项目，培训新疆中小学少数民族教师 200 余人，选派 200 余名学生赴南疆
团场、乡镇的教学点开展实习支教，举办"百年征程薪火传 红色经典润校园"三字
一话专业技能大赛、"普通话诵百年伟业 规范字写时代新篇"等国家通用语言文字
推广普及活动，为各族师生交往交流交融架起了桥梁。

（二）强化融情增进，拓展教育功能。全方位推动各族师生同班学习、同食堂就
餐、同宿舍生活、同平台展示，促进各族师生交往交流交融。推动空间上"融"，构
建嵌入式生活学习环境，现有混合班级 810 个、混合宿舍 1966 间，将班级、团支部、
楼栋、宿舍作为民族团结一家亲活动主阵地，命名民族团结进步示范学生宿舍楼 24

栋、示范班级 309 个、示范宿舍 1297 间，促进各族学生互帮互助、共同成长，形成了"你中有我、我中有你"的生动局面。推动文化上"融"，通过培育"一院一品"民族团结联谊活动，开展民族团结一家亲青春走秀、非物质文化遗产研培等活动，让各族师生同唱一首歌、同演一台戏，以文促"融"，坚定文化自信，增强文化自觉。推进情感上"融"，全校教职员工坚持定期进入联系学生班级、宿舍、食堂，了解学生学习、生活情况，指导学生做好学习和职业规划。每年学校结亲老师帮助学生解决就医、就学、就业等问题 2000 余件（次），用关爱和切实行动凝聚人心、汇聚力量。

（三）强化成长凝聚，着力提升活动实效。为党育人、为国育才，用好"四个抓手"，以服务学生成长成才，聚力孕育民族团结之果。抓学习促提升，以优秀党员、学生干部为主体，党员、学生干部与少数民族学生建立"一帮一""多帮一"学习小组，组建各族学生混合团队参加"互联网＋"创新创业大赛、社会实践等活动，在互学互助、实践交流中增进情感认同，培养家国情怀。近年来，10 余名少数民族学生荣获全国、兵团大中专学生志愿者暑期"三下乡"社会实践先进个人；维吾尔族学生苏日耶姆·尼加提荣获全国第二届"学宪法讲宪法"演讲比赛特等奖并入选"全国大学生年度人物"。抓关怀促团结，近年来，资助少数民族学生 11844 人次，发放补助金 1696 万元，为 1972 名学生发放医保费补助 28.72 万元；在肉孜节、古尔邦节等民族传统节日，组织开展联谊活动并走访慰问，让各族师生更加深切地感受到了党和政府的关怀，更加坚定了感党恩、听党话、跟党走的信念。抓就业促发展，通过开展就业"一对一"指导、就业面试技巧实训、举办专场招聘会、给予基层就业奖励、创业补贴等多种途径，助力少数民族大学生就业创业。抓典范促担当，充分发挥典型示范带动作用，开展"我爱我的祖国·我身边的民族团结故事"模范典型宣讲活动，引导各族师生学模范、做模范，激励各族师生坚定理想信念、厚植爱国情怀，涌现出聂新辉、王维山、张桂青等一批典型人物，涌现出"维吾尔族教授和他的汉族老师""80后教师和她的两个孩子""致最牵挂的你——我的桂青妈妈"等一批感人事迹。

石河子大学创新实践"三位一体"各族师生融情"三交"模式，与人才培养、科学研究、文化传承、社会服务等深度融合，着眼于强化中华民族的共同性、增强中华民族共同体意识，引导各族师生牢固树立休戚与共、荣辱与共、生死与共、命运与共的共同体理念，实现人心归聚、精神相依，不断巩固中华民族共同体思想基础，促进各族师生在中华民族大家庭中像石榴籽一样紧紧抱在一起。

2021 年，石河子大学开展结对师生党史学习教育专场读书报告会

经验启示

石河子大学各族师生融情"三交"模式自探索实践以来，始终把增进中华民族的共同性作为前提和方向，通过定期进结对学生的班级、宿舍、食堂，开展家访等方式，密切联系学生和家长，与学生交朋友，把铸牢中华民族共同体意识教育融入日常、做到经常，使各族师生在工作、学习、生活中交往范围不断扩大，交流频度不断增强，交融程度不断加深。

（一）创新工作机制是有力保障。石河子大学将铸牢中华民族共同体意识教育作为义不容辞的政治责任和办学治校的根本方向，本着以学生为本、师生双向互动的原则，不断完善各族师生交往交流交融的体制机制建设，搭建互嵌共融平台、创新载体，形成有效工作合力，确保各族师生在工作、学习、生活等领域全面交往交流交融，共同维护国家统一和民族团结。

（二）增进共同性是首要前提。石河子大学始终以强化中华民族的共同性为使命，传承中华优秀传统文化，以文化人、以文育人，在文化浸润中不断铸牢中华民族共同体意识，持续增强中华民族认同。

（三）促进成长成才是内在动力。石河子大学坚守教育报国初心、勇担筑梦育人使命，将求知求学需要与服务成长成才目标相结合，形成各族师生在"三交"中成才成长双向互动，增进各族师生生活上的包容、情感上的亲近、文化上的认同。

加快体育强国建设。体育是提高人民健康水平的重要途径，是满足人民群众对美好生活向往、促进人的全面发展的重要手段，是促进经济社会发展的重要动力，是展示国家文化软实力的重要平台。

——2020 年 9 月 22 日，习近平在教育文化卫生体育领域专家代表座谈会上的讲话

以球为媒心连心　同心同向同繁荣

——广东广州市打造足球帮扶典范　为建设体育强国凝心聚力

近年来，为深入贯彻落实习近平总书记重要指示精神，广东省广州市深化与贵州省毕节市区域合作，从特色项目开展、扶"智"理念先行、体育产业发展三个方面推进两地教育帮扶，打造足球帮扶典范，助力体育强国建设，推动各族群众互嵌共融共发展、同心同向同繁荣。

一、背景情况

毕节市位于贵州省西北部、川滇黔三省交界、乌蒙山腹地，居住着汉族、彝族、苗族、回族等46个民族，是全国唯一一个以"开发扶贫、生态建设"为主题的试验区。2020年初，广州市在"体育＋帮扶"领域进行深度探索与尝试，发起"广黔同心足球教育帮扶计划"，在毕节市持续实施"引苗行动"，选拔有潜质的运动苗子到广州学习、训练和交流，开展"广黔同心、'足'梦未来""携手沙东读羊城，三元学子

梦飞翔""'ⅰ星未来车票'研学营""创梦启成少年志　系连天河珠江情"等品牌研学活动，对促进山区孩子开阔视野、树立远大志向、激发学习动力等方面影响深远，掀起两地以教育促"三交"新热潮。

二、主要做法

（一）特色活动推动后备人才培养建设。充分发挥广州市资源优势，结合毕节市本地实际情况，积极加强沟通协调，推进开展"明星进运动队"活动。中国足球名宿、中国青训教练范志毅现场与凯尔特人女子足球队的女足新星、元宝小学爱心大使沈梦雨视频连线，与小队员畅聊足球故事和留洋感受，交流比赛体会，传授基本训练技术并现场观摩"足球知识问答"环节，开展"走出大山"活动。组织广州青训梯队的专业教练为元宝学校的小球员量身定制"训练套餐"，开展"锋芒破势之旅"等外出比赛活动，邀请元宝小学女子足球队到广州燕子岗体育场与广州青训梯队进行友谊赛。2021 年 5 月，5 名女足小将带着在广州所学回到老家元宝同心实验学校，参加首届"追风联赛"，夺得西南地区冠军。2021 年 10 月，球员王佳月出现在"欧洲国家联赛"决赛现场大屏幕上，向世界展示一名中国山区足球女孩带领校队勇夺西南地区乡村校园足球冠军的故事，法国著名球星博格巴深受感动并用视频为其送上鼓励。此后，《山区足球女孩登上欧国联决赛大屏》的新闻火速登上热搜，点击量达 600 多万次。2021 年 12 月，以广黔两地东西部协作足球教育帮扶为题材，以王佳月为主角，由乡村校园女足支持项目"追风计划"报送的短片《踢出大山的追风女孩》，在世界各地 2 万余件短视频作品中脱颖而出，获人民日报海外网主办的第三届全球华人生活短视频大赛"社会责任奖"。2023 年，元宝同心实验学校获得"追风联赛"全国亚军。如今，学校足球队已由最初的 5 人迅速发展到 50 多人，学校已有 50 余名学生作为体育特长生被全国各地中学录取，8 名队员被中国足球运动学院西南分院选录。在多方共同努力下，元宝同心实验学校已经成为亚运足球梦想学校、中国足球运动学院西南分院后备人才培养基地，足球运动也由学校向全县扩散发展。

（二）理念先行拓展多元化帮扶功能。广州市各对口帮扶单位开展调研分析，着力从"根"上帮起，汇聚力量、帮扶智慧——既扶"志"也扶"智"。以民生为根本、以体育为主导、以点燃体育积极向上的"星星之火"为目标，在帮扶项目上注入"体育基因"，从人才培养、设施建设、宣传报道等方面，全方位、多层次地拓展体育对口帮扶功能。采取"走出去"和"请进来"多措并举的方式，先后 3 次派出 12 人次高水平教练赴毕节市开展校园足球运动教育，协助开展培养足球专业人才，培训教练员、运动员 155 人次。协调毕节市体育局领导到广州市体育局挂职锻炼，跟班作业，定期组织广州市运动员、教练员到毕节市开展其他体育项目的训练指导，大幅提升了当地游泳、田径等竞技项目运动水平。借助广州市宣传媒体发达的资源优势，广泛传播大山里的孩子在学习、训练、比赛中流血、流汗、不流泪的奋勇拼搏和积极向上精神，将其作为正面教育、立德树人的典型，广泛宣传引导大山里的孩子通过足球运动锻炼健康的体魄，树立勇往直前、敢于拼搏的精神。

（三）因地制宜助推体育产业创新发展。针对毕节市户外运动资源丰富，但利用率相对较低、体育产业起步晚和发展缓慢等实际情况，积极推动体育产业创新发展。协调广州市相关企业和体育社会组织到毕节承接场馆经营与管理、举办和打造品牌赛事，先后推进建设体育设施 11 处，协调 4 家体育企业和体育社会组织在毕节投资体育产业项目。2021 年广州朗途体育公司、广州市登山协会协助贵州省多地举办"体育旅游欢乐季" 26 项系列活动，举办百余场赛事，吸引 100 多万人次参与，成为贵州省体育十大品牌活动之一。积极打造产业帮扶标杆。向优质的体育企业和相关社会力量推荐对口帮扶地区的体育政策和体育优势资源，加大对口帮扶工作宣传力度，做好牵线搭桥工作，吸引更多体育企业和社会组织参与到体育产业创新工作中来，推进帮扶地区体育与企业、旅游、文化等产业的融合发展，精准确定帮扶项目和内容，发挥帮扶工作的示范效应，打造体育帮扶示范村——引进广东省书豪李群体育事业公益基金会等社会力量，以大屯村作为篮球培训基地，为平坝区培训一批高水平的中小学篮球教练；借助广州珠江文体的优质资源，通过媒体推广和邀请国内顶级篮球明星为赛事助力，提高社会关注度。

广黔同心，山海情深，两地探索出一条以中国式现代化引领中国特色社会主义体育发展道路，推动各民族共同走向社会主义现代化。铸中华体育魂，逐民族复兴梦，让体育精神成为中华民族伟大复兴的力量，让现代化建设成果惠及各族人民。

经验启示

发展体育事业是实现中国梦的重要内容。体育承载着国家强盛、民族振兴的梦想。广黔两地的"接力"成才模式是践行体育强国梦想、弘扬中华体育精神、扶志扶智建功新时代的具体实践。

2023 年 6 月，六位"元宝女足"成员赴欧冠决赛现场观赛及参加活动

（一）以球为媒是促进心灵相通的特色载体。以特色足球项目示范为"动力引擎"，不断扩大其影响力，规划好新建项目的发展路径，力争将特色项目做大做强，广黔两地积极探索实施一批校园足球交流培训项目，协力设计推出参与便捷、形式多样的活动样板，以区域协调对口帮扶，激发各民族师生发展体育事业的内生动力，不断推动各民族交往交流交融。

（二）优势互补是促进广黔同心发展的有力保障。结合当地实际，广州市发挥资源优势，推进毕节市特色产业融合，形成"志智双扶"有效契合，为民族地区发展提供强有力的人才和智力支撑，推动各族群众物质文明和精神文明协调发展，促进各民族向更高水平发展和更高质量迈进。

（三）体育精神是中华民族精神的重要组成部分。随着体育领域供给侧结构性改革不断深化，体育正在与经济、社会和文化等领域融合且发挥多重复合功效，社会各界参与办体育的积极性不断提高，中华体育精神作为中华优秀传统文化的重要组成部分，已成为各族群众的共同精神财富，已成为实现中国梦的重要内容。

> 要做好对口支援工作，加强新疆与内地产业合作、人员往来，鼓励和引导新疆群众到内地就业，鼓励和支持内地人口到新疆创业、居住。
>
> ——2023 年 8 月 26 日，习近平在听取新疆维吾尔自治区党委和政府、新疆生产建设兵团工作汇报时的讲话

地方实践

温润如美玉　和睦如兄弟
——河南南阳市创新推进涉疆服务管理工作

长期以来，河南省南阳市牢固树立全国一盘棋思想，主动担当、真情服务、依法管理，探索出一条涉疆服务管理创新实践之路，各族群众的中华民族共同体理念更加牢固，呈现出"中华民族一家亲，守望相助一条心，共同富裕一条路"的生动局面。

一、背景情况

南阳市位于河南省西南部、豫鄂陕三省交界处，是国家历史文化名城、楚汉文化重要发祥地、中国四大名玉之一独山玉原产地、"中国玉雕之乡"。全市有汉族、回族、维吾尔族等 50 个民族，少数民族人口 28.87 万人。隶属于河南省南阳市的镇平县，位于南阳盆地西北侧，辖内石佛寺镇是全国最大的玉雕加工销售集散地。随着石佛寺镇玉雕产业的发展，新疆各民族群众从 2005 年起在当地从事和田玉石料经营，年流动量可达 3 万余人，常住流动人口高峰时段达 3000 多人。南阳市围绕构建互嵌式社会结构和社区环境，落实"三不愁、四保障"（上学不愁、看病不愁、语言交流

不愁、就业有保障、出行有保障、居住有保障、合法宗教活动场所有保障）措施，做实空间、文化、经济、社会、心理"五个嵌入"，探索形成同区居住、同市经营、同班学习、同院就医、同娱同乐、共同富裕的"六同"模式，形成"你中有我、我中有你、谁也离不开谁"的命运共同体。探索形成的涉疆服务管理经验受到中央领导批示肯定，2023 年 1 月，南阳市成为我国中部地区第一个被命名为全国民族团结进步示范区的地级市。

二、主要做法

（一）党建引领，架起民族团结"连心桥"。以创建"红石榴"党建品牌为抓手，在石佛寺镇成立涵盖民族宗教、市场监管等 15 个部门的联合党委，成立流动人口党支部，以组织相加、工作相融开展一体化服务。河南省民宗委涉疆办党支部与南阳市镇平县天下玉源社区党支部开展结对共建，通过政策联学、活动联办、工作联动，提升服务管理的针对性和时效性。优化完善"小城镇服务管理模式"，在"天下玉源"市场建立党群服务中心，开设"行政服务超市"，为各族群众提供便捷的就业创业服务，即证照办理、摊位租赁、困难帮扶、矛盾调解、民族宗教事务、翻译问询等一条龙服务，实现一站式办公、智慧化服务，让各族群众从日常生产生活中切身感受到党的关怀和温暖。组织各族群众中的积极分子成立"红袖标"巡防队，担任楼栋长、妇女专干、义务调解员，实现服务管理的大纵深、全覆盖。组织 285 名机关党员干部与各族群众结对联谊，长期开展一次家访、一顿便饭等"九个一"活动，加强日常感情联系，不断扩大"朋友圈"，密切党群关系、增进感情，赢得了各族群众的支持和拥护。

（二）倾心帮扶，打造和美共富"玉之路"。实施"安居稳心"工程，营造各族群众共居、共学、共建、共享、共事、共乐、共富的良好社会环境。规划建设"天下玉源"南北两个市场，将所有露天经营商户纳入室内市场规范经营活动，形成各族群众携手经营的嵌入式市场，320 家维吾尔族商户与 122 家其他民族商户同市经营，守望相助。投资 4100 万元打造天下玉源社区，采取多民族混居形式打造共建共治共享和美家园。实行义务教育"就近直通入学"制度，帮助各族学生顺利入校、快速融入集体。投资 2.2 亿元在石佛寺镇修建了河南唯一的乡镇一级客运站，打造连通和田、镇平、苏州等地的"玉之路"，方便各族群众经商出行。通过营造各族群众相互尊重、相互包容、相互帮助的良好社会环境，各族群众更加珍惜、同心呵护这条民族团结的"玉之路"，共同"雕刻"新时代和美幸福生活。

（三）语言相通、文化相融，促进"心相通"。用共同的语言和血脉相连的历史文化引导豫疆两地人民人心归聚、精神相依。镇平县连续举办7期新疆少数民族群众国家通用语言文字培训班，累计培训2200余人次，促进语言相通。围绕"五史"等教育活动，搭建活动载体，编印《"豫"见新疆——在豫新疆籍群众的简明文化读本》《民族团结进步通俗读本》等学习材料，每月组织社区群众座谈学习，促进认同、增进共识。以共同过好中华民族传统节日为载体，发挥南阳红色文化、"四圣文化""玉文化"以及"南阳作家群"优势，采用理论文章、历史故事、文艺演出、联欢会等群众喜闻乐见的形式，推出一批具有南阳文化特色、汲取各民族文化滋养的反映"中华民族一家亲、同心共筑中国梦"的文艺精品。利用文化广场和乡村大舞台，举办各族群众参加的"歌声嘹亮，秀发飞扬""深情颂党恩"等文艺演出活动，促进各族群众在理想、信念、情感、文化上团结统一，形成人心相通、团结奋进的强大精神纽带。

（四）深化协作，联手共育"豫疆情"。河南深入贯彻新时代党的治疆方略，积极与新疆有关方面开展沟通合作，形成工作合力。建立涉疆流动人口服务管理联席会议制度，省民宗委增设涉疆服务管理工作办公室，加强涉疆服务管理工作。南阳市政法、教育、民族宗教、公安等部门分别与新疆同级对口部门签订合作协议，建立了信息互通、定期互访、宣传教育、表彰奖励、案件办理等多项合作机制。镇平县与新疆和田地区加强合作，成立了石佛寺镇新疆工作站，组建豫疆干部群众共同参与的李森工作室、艾力调解室，只为团结、无问西东，为服务各族群众发挥积极作用。新疆驻豫工作组和新疆工作站成员深入一线，在镇平县石佛寺镇天下玉源社区居住、办公，与群众打成一片，会同做好法治宣传教育，对群众进行日常服务管理，演绎着手足相亲、肝胆相照的动人故事。在豫疆两地共同培育努力下，南阳已成为各族群众的创业之地、安居之所、幸福之家。

南阳市"以玉为媒"、创新推进"玉润中华"做法，在"交"上下功夫，在"融"上做文章，在"同"上求实效，增进各民族交流与合作，在各民族交往交流交融中树牢"四个与共"理念，不断增强各族群众对伟大祖国、中华民族、中华文化、中国共产党、中国特色社会主义的认同，共同书写新时代"玉成中国"美好篇章。

经验启示

南阳市以开放包容、美美与共的胸怀，务实开展服务管理工作，保证了少数民族

2022 年，第七期在豫新疆籍少数民族群众国家通用语言文字培训班

流动人口能够留下来、安下来、融进来、富起来，形成"你中有我、我中有你、谁也离不开谁"的命运共同体，具有很强的针对性、可操作性。

（一）产业扎下根，打牢各民族广泛交往基础。与新疆各族群众"因玉结缘"后，南阳市因势利导，主动作为，不断优化营商环境，通过玉石产业链把各族群众联结起来，打造民族团结进步"玉之路"，使各族群众生活上联结、致富上联手，促进各民族广泛交往、全面交流、深度交融。

（二）文化润人心，夯实各民族情感相依根基。南阳市以弘扬玉文化为切入口，使各民族心灵相通、情感交融，不断促进各族群众相互理解尊重、相互欣赏包容，在有形有感有效传承和弘扬中华优秀传统文化中，教育引导各族群众铸牢中国心、中华魂，共同迈向团结奋进新征程。

（三）区域协作手拉手，提升服务管理实效。豫疆两地加强沟通协作，形成了职责共担、信息共享、异地互动的工作机制。"两头对接，双向管理"的区域协作，使新疆驻豫机构工作人员和当地工作站人员"肩并肩""手拉手"，充分发挥桥梁纽带作用，让流动人口服务管理工作更有"温度"，引领各族群众共同团结奋斗、共同繁荣发展。

总书记的话

促进各民族交往交流交融，要从青少年抓起。要将铸牢中华民族共同体意识融入办学治校、教书育人全过程，有序推进各族学生合校、混班混宿，让孩子共同成长进步。

——2021 年 8 月 27 日至 28 日，习近平在中央民族工作会议上的讲话

"四个聚力"汇合力　铸魂育人正当时
——新疆生产建设兵团有形有感有效铸牢各族青少年中国心、中华魂

新疆生产建设兵团（以下简称"兵团"）始终坚持以习近平总书记关于加强和改进民族工作的重要思想为指导，着力在思想引领、融情交流、载体拓宽、机制保障方面下功夫，出实招、见真章，有形有感有效铸牢各族青少年中国心、中华魂。

一、背景情况

兵团分布在新疆维吾尔自治区的 14 个地州市、59 个县市内，辖区面积 7.06 万平方公里，下辖 14 个师市、179 个团场，大多分布在沿塔克拉玛干、古尔班通古特两大沙漠周边和 2019 公里边境沿线上，生活着汉族、维吾尔族、哈萨克族、回族、蒙古族等 52 个民族。根据第七次全国人口普查暨人口调查结果，兵团有青少年人口（10 岁至 24 岁）48.35 万人，占总人口的 14.41%，其中汉族青少年人口 34.78 万人，少数民族青少年人口 13.57 万人。

二、主要做法

（一）聚力思想引领，深入引导各族青少年凝心聚魂。以各级各类学校为主渠道主阵地，深入学习宣传习近平总书记关于加强和改进民族工作的重要思想，投入专项资金420万元开展中小学铸牢中华民族共同体意识主题教育实践活动，培根铸魂，不断在各族青少年心灵深处厚植"五个认同"。发挥兵团红色教育资源优势，用好重要节庆、国旗国歌等重要载体，在各族青少年中开展学习"四史"主题团队日、"传统文化我来学"中华经典诵读活动、"寻访老军垦·传承兵团魂"等主题活动，举办少年军校军事技能大赛，建设"中华文化体验馆"，鲜活表达中华优秀传统文化、革命文化、社会主义先进文化，用中华优秀传统文化浸润心灵，推动各族青少年不断增强文化自信。在各族青少年中选树民族团结进步典型，组织青年讲师深入基层运用"青言青语"面向广大青少年讲述民族团结进步的身边人、身边事，广泛宣传党的民族理论和民族政策，用民族团结进步故事振奋精神，推动各民族大团结理念根植各族青少年心底。适应当代青少年"互联网原住民"的代际特征，把加强新媒体建设和运用作为增进文化认同的重要渠道，策划推出更多包含中华优秀传统文化元素、体现社会主义核心价值观内涵的新媒体精品力作。

（二）聚力融情交流，持续打造青少年交流活动品牌。深入广泛实施兵团与内地青少年交流计划，组织1382名青少年赴对口援疆省市参加"我爱我的祖国·石榴籽一家亲"融情交流活动，引导各族青少年充分领略祖国发展取得的伟大成就，不断增强对"四个与共"和"五个认同"的认识。广泛开展兵地青少年"我爱我的祖国·手拉手心向党"融情交流活动，举办兵地少先队建队纪念日主题队日活动、"民族团结一家亲"兵地融合实践营，组织开展兵地青少年融情实践活动168场次，覆盖青少年3.12万余人次，促进兵地青少年在实践中成长、在交往中融合、在交流中增进情感。以"我爱我的祖国"为主题，广泛开展"我爱我的祖国·坚定信念跟党走"青少年国家通用语言文字演讲比赛，吸引40.5万余人次参与，决赛视频通过兵团卫视、胡杨网等全媒体平台广泛传播，切实以书同文、语同音推动各族青少年心更通、情更融。深入实施青年英才培养计划，组织1742名青年人才赴内地培训、挂职锻炼，与内地青年互学互鉴，不断夯实爱我中华的思想基础。深入实施书信手拉手活动，3.54万名各族青少年与疆外青少年通过互通书信、视频交流、主题团日（队会）等方式"手拉手"，不断增进彼此了解，加深民族团结情谊。积极利用新技术开展网上"云聚"融情活动，努力实现民族地区青少年人人都有结对伙伴、人人都能参加交往交流，积极利用网络空间推动互嵌式发展。

（三）聚力载体拓宽，不断深化青年社会实践交流内涵。深化实施大学生志愿服务西部计划，招募5084名内地大学生深入团场连队、深入各族职工群众，积极展示当代大学生青春风采，广泛宣传祖国大美山川风景、优秀文化习俗，引领青年大学生在高质量推进中国式现代化兵团实践中发挥作用。有力实施青年赴疆兴业研究生专项计划，动员内地100名研究生高学历人才赴有关师市、国企、科研院所开展为期3个月的实习服务，组织内地青年人才掌握兵团区情社情，参加民族团结联谊活动，与各族干部群众广交朋友、增进情谊。广泛开展大学生暑期"三下乡"社会实践活动，组织1.14万名师生组建1102支社会实践服务团队，引导内地高校740名大学生"返家乡"，深入团场、连队特别是南疆少数民族聚居地区，开展以民族团结、乡村振兴、科技服务、医疗卫生、文化宣传、政务实习为内容的社会实践，引导各族青年学生感知社会、了解国情，磨炼本领、服务群众，增强伟大祖国的向心力和凝聚力。

（四）聚力机制保障，有力提升青少年"筑基"工程质效。成立兵团实施各族青少年交流计划协调小组，将青少年"筑基"工程作为落实培养社会主义建设者和接班人根本任务的主线工作，推进各族青少年不断铸牢中华民族共同体意识，切实以高度的政治责任感和使命感推进青少年思想政治引领不断走深走实。切实发挥民族工作部门统筹协调作用，组织建立兵地"百团（共青团）连百县"结对共建机制，充分利用对口支援优势，协同发力推进兵团与内地青少年交流计划有效落实。充分发挥"青春兵团"等新媒体矩阵覆盖面广、影响力大的传播优势，通过转载新闻报道、开设学习专栏、宣传青年典型等方式，推送权威媒体理论解读文章、活动信息，推动"四个与共"的共同体理念在各族青少年中入脑入心，总浏览量793万人次，大力营造浓厚舆论氛围。

兵团紧扣铸牢中华民族共同体意识主线，有形有感有效促进各族青少年交往交流交融，引导各族青少年感受中华文明、领略壮丽河山、传承红色基因、收获真挚友谊、共建精神家园，"扣好人生第一粒扣子"，努力把各族青少年培养成为志愿投身维稳戍边神圣事业的中国特色社会主义合格建设者和可靠接班人。

经验启示

兵团牢牢把握、毫不偏离铸牢中华民族共同体意识主线，聚力促进各族青少年交往交流交融，教育引导各族青少年不断增强"五个认同"，把中华民族共同体意识和爱我中华的种子埋入每个青少年心灵深处。

（一）在教育引导青少年中增进政治认同。将党的创新理论的"大道理"转化为青少年能听明白的"小故事"，将共产主义远大理想注入青少年的精神血脉，引导青少年深刻领悟党的领导是历史的必然、人民的选择。用青少年喜闻乐见的方式，让身边人来讲身边事，从"小切口"到"大纵深"，教育引导青少年通过历史对比、国际比较、社会观察和亲身实践，感悟"中国之治"的制度密码。

（二）在弘扬爱国主义精神中增进国家认同。面向青少年讲好爱国主义故事，在青少年中深化党史、国史教育，结合讲好改革开放史、社会主义发展史和新疆"四史"、兵团屯垦戍边史，引导青少年认清爱国主义的内涵是爱党、爱国、爱社会主义的高度统一。重视仪式教育，巩固国家通用语言文字教育成果，让青少年在实践感悟中增强爱国情感、激发爱国情怀。

（三）在传承中国特色社会主义文化中增进文化认同。以培育和践行社会主义核心价值观为引领，加强革命传统教育，大力推进青少年思想道德建设，引导青少年敬仰烈士、崇敬英雄，赓续红色血脉，传承兵团精神和胡杨精神等中国共产党人的精神谱系。深入开展中华文化体验实践，用博大精深的中华优秀传统文化引导青少年增强文化自信、涵养家国情怀。

2023 年，兵团在第八师石河子市军垦第一连组织开展"寻访红色足迹　传承兵团精神"兵地青少年融情实践活动

（四）在交往交流交融中增进情感认同。通过广泛开展兵团与内地、兵团与地方青少年融情教育实践活动，大规模组织各族青少年结对交友、互动交流，深入开展融情夏令营和研学活动，帮助青少年走出边疆、感知内地、观察国情，厚植民族团结深情。引导青少年清醒认识到每个民族都是中华民族大家庭中的一员，都是相互离不开的命运共同体。

总书记的话

　　70 年来特别是改革开放以来，各民族在社会生活中紧密联系的广度和深度前所未有，我国大散居、小聚居、交错杂居的民族人口分布格局不断深化，呈现出大流动、大融居的新特点。我们要顺应这种形势，出台有利于构建互嵌式社会结构的政策举措和体制机制，完善少数民族流动人口服务管理体系，促进各民族共建美好家园、共创美好未来。

——2019 年 9 月 27 日，习近平在全国民族团结进步表彰大会上的讲话

彝汉一家亲　共筑新家园

——江西新余市鹄山镇绵绵用力做实"三交"

　　2003 年，江西省新余市渝水区鹄山镇热情帮助迁居彝族同胞落户、建房、分田，实现了各民族生活上深度交融、文化上真情欣赏。2017 年，共建文化祖庭、共祭祖先、共商村务、共庆节日，谱写了各民族共建共享共有的感人佳话。20 多年来，鹄山镇把"小村庄"建成各民族交往交流交融的"大家园"，打造各民族"三交"新典范。

一、背景情况

　　江西省新余市鹄山镇力塘下村是一个彝汉两族共居的村庄，现有彝族村民 48 人、

汉族村民62人，彝族村民2003年从贵州省六盘水市迁居而来。2003年以前，力塘下村是一个世代汉族居住的村庄，2003年自陈文元等5户贵州六盘水彝族同胞自发迁居力塘下村以来，至今已有11户48位彝族同胞迁居至此。20多年来，鹄山镇推动党政主导、共建共享，以举办火把节、共建祠堂等为载体，不断推动两族村民交融，村民们相互嫁娶、互帮互助，亲如一家，积累了一套少数民族群众与汉族群众深度嵌入、共居共学、共事共乐民族融合模式的独特经验，彝汉两族村民共同创建出了一个远近闻名的彝汉同融同合的社会主义新农村。2022年，鹄山镇被授予"第九批全国民族团结进步示范区示范单位"称号。

二、主要做法

（一）帮扶落户安家，让少数民族群众"留下来"。长久以来，鹄山镇村民素有外出务工传统，时常出现耕地抛荒情况，为此当地党委、政府伤透了脑筋，想方设法吸引外来户前来租种耕地。2003年，长年在外租种耕地的贵州彝族村民陈文元等5户农户，闻讯来到鹄山镇，像往常一样租田种地、借住民房，孩子通过缴纳借读费在当地上学，常年"打一枪换一个地方"的"陈文元"们并不觉得有什么不满足。适逢省、市民宗部门在该镇调研，了解到相关情况后，高度重视，积极协调区、镇政府，宣讲党和国家的民族政策。鹄山镇积极响应，主要领导亲自上门对接，了解情况，倾听困难诉求，"要把他们留下来"。在征得陈文元等人的意见后，该镇第一时间帮助他们解决了落户问题，免除了孩子的借读费，还为每户人家安排了宅基地，帮助他们建房，并为他们分配了耕地，对生活困难的人家通过低保、临时救助等措施给予帮助，村里开办的"颐养之家"对符合条件的老人免费照顾，解除了彝族群众在当地生产生活上的后顾之忧，鹄山镇力塘下村这片见证了他们的奋斗、梦想、收获的土地已成为彝族同胞真正的家。

（二）促进民族团结，让少数民族群众"融进来"。心安下来了，与当地汉族群众能否处得来，是鹄山镇考虑的头等大事。为此鹄山镇把开展民族团结进步创建活动列为中心工作，成立了由镇党委书记担任组长的领导小组，制定了"七个一"创建工作思路，即打造一个民族文化展示厅，创建一个民族团结进步议事中心，建设一套公共基础设施，培育一个增收致富产业，讲好一个民族交融故事，策划好一次民族团结进步活动，拍摄一部民族团结创建宣传片，并责任到人，稳步推进创建工作。加强党的民族政策的宣传教育，充分利用文化活动室、村祠堂文化、山水文化、墙绘文化等公共文化阵地，开展民族团结进步主题宣传活动，弘扬中华优秀传统文化，营造"彝汉一家亲"的浓厚氛围，引导各族群众不断增强对中华民族共同体的认识。积极引导彝族群众与当地村民融合，利用清明节、春节和火把节等传统节日，在村里组织盛大的庆祝活动，彝汉群众载歌载舞，共祭祖先、共庆节日。镇里举办各种节日联谊或庆贺活动时，邀请少数民族群众制作民族特色小吃、唱山歌或编排竹竿舞等节目，既丰富了当地文化生活，又增进了当地彝汉同胞的感情。彝族姑娘王艳、朱小晶分别和当地汉族青年黄毛根、黄鹏自由恋爱，各自组建了幸福的小家庭，成为新一代的力塘下村民，像她们这样和当地村民联姻的已经有 4 对，一时传为佳话。"在力塘下，彝族和汉族已经没什么两样了。"朱小晶坦言。宣传、统战、民宗工作部门同频共振，党群干群一对一结对帮扶，既提升了少数民族群众的归属感，又进一步促进了彝汉两族之间的交往交流交融。2017 年，力塘下村集资 40 余万元建设文化祖庭，彝族群众主动凑了份子钱，共建宗祠、共用祖庭、共敬祖先，在文化祖庭和村里的文化活动中心、议事大厅挂满各种文化活动图片，让各姓氏联系更紧密，加深了彝汉村民的情谊。"我们就是要把它建成促进民族团结进步的一个载体"，力塘下村民说。彝汉两族用实际行动铸牢中华民族共同体意识，进一步加深了彝汉两族交往交流交融，树立了各民族水乳交融、唇齿相依、休戚相关、包容多样的榜样，谱写了共同团结奋斗、共同繁荣发展的动人凯歌，画出了彝汉两族群众的最大文化同心圆。此事被省民宗局誉为民族交往交流交融的典范，并授"民族团结"牌匾悬挂于文化祖庭之上。

（三）打造新农村，让少数民族群众"富起来"。精准扶贫的号角吹响后，鹄山镇第一时间想到了这些从贫困山区搬来的少数民族群众，党委、政府将力塘下村作为精准扶贫和新农村建设相融合的精品点来打造。投入 80 万元，统一规划，大力改造基础设施建设，将彝族农户的住房改造成独具徽派特色的民居。投入 106 万元新建环村沥青路、饮水、公厕、吸水砖步道，打造祖庭文化展厅等。对出村道路、山塘水库进行全面改造整治，改善出行条件和农业生产用水，大幅提升了村庄人居环境，如今的力塘下村，家家户户都住上了漂亮的独栋楼房，用上了无害化厕所，平坦整洁的水泥路、柏油路直通家门口。着力发展特色产业，以"三全"模式重点扶持彝族群众发家致富。即每年举办农业技能培训班，对少数民族村民培训"全覆盖"；邀请市区农业专家进入田间地头，开展水稻、养殖、种植等管理技术指导，对少数民族农户"全覆盖"；以公司＋农户的形式组建种养合作社，发展红心马家柚、水稻种植、青蛙养殖等特色产业，与少数民族利益"全链接"。力塘下村彝族村民朱家胜、朱家云兄弟分别流转了土地 500 亩、400 亩，用来种植水稻，养鱼、鸭、青蛙等，年收入超 20 万元，并带动该村及周边村各族群众 20 多人就业。积极挖掘民族文化和历史资源，打造民族文化风情的乡村旅游景点，2020 年起举办火把节，每年吸引各族游客前来，大家一起祈福祭祀、吃长桌宴、跳竹竿舞……共同感受中华优秀传统文化的魅力；春节前举办"都则力塘下彝族年货节"，进一步打响彝族肉馅糍粑、鹄山大蒜等土特产品牌，促进各族群众增收致富。

（四）彝汉一家亲，让少数民族群众"管上事"。鹄山镇积极推进彝汉村民同村同权，镇党委推举村代表、人大代表、政协委员人选以及征兵等各项工作，都按照政策给予倾斜。彝族村民陈文元 2011 年至 2020 年连续两届当选鹄山镇人大代表、渝水区政协委员，提出的意见建议多次被采纳，所提力塘下村民族团结进步创建的意见得到了市区统战部和民宗局的积极响应，渝水区委常委会还就民族团结进步创建工作进行专题研究部署；"彝二代"朱小晶也是一名村委干部，鹄山话、贵州话、普通话可以随意切换。村里设立了"村民议事厅"，遇到问题时村民聚集议事厅，充分发扬民主，协商处理好各项事务。2020 年为举办好传统节日火把节，村小组召集了彝汉两族人员进行有关事项的商量和安排。村里的大事小情，民主协商、一事一议，两族村民有事好商量、有事多商量。以春节、火把节、中秋等传统节日为载体，彝汉村民共同开展丰富多样的年货节、端午节、中秋节、火把节等节庆活动，欢声笑语、载歌载舞，彝汉一家亲，像石榴籽一样紧紧抱在一起，手足相亲、守望相助，一起追寻美好幸福生活。

此心安处是吾乡。贵州六盘水市彝族同胞自发迁入江西新余市汉族村定居，经过 20 多年互融共居，鹄山镇力塘下村成为彝族同胞的新家园。彝汉两族一家亲，共建共富共振兴，鹄山镇力塘下村彝汉两族群众和睦相处、和衷共济、和谐发展，在理想、信念、情感、文化上团结统一，凝聚起共同奋斗的精神力量，形成了"民族团结、和谐稳定、共同繁荣"的良好局面。

经验启示

从安家—建家—富家—当家—和家，这是一个"家"的故事，既包含着朴素的乡土情感和乡村价值观，又涵养了血缘相连、民族相亲的中国传统"和"文化。自 2003 年彝族同胞移民搬迁至此，鹄山镇力塘下村打造了彝汉融居共筑的新家园，彝汉两族

2022 年 10 月，新余市鹄山镇组织各族村民在村祠堂内集体收看
党的二十大开幕式

群众相互融合、关系融洽，成为各民族交往交流交融的典范，是"中华民族一家亲"
的生动诠释，对各地各民族互嵌式融居发展具有借鉴价值。

（一）高度重视温暖各族心。鹄山镇高度重视民族工作，积极促进少数民族与当
地群众融合共通，及时解决少数民族群众合理诉求，创造各民族共居共学、共事共
乐、共建共享的社会结构和社会条件，温暖各族村民的心，促进了各族群众广泛交
往、全面交流、深度交融。

（二）同心发力浸润各族心。鹄山镇立足"不但扎下根，还要富起来"的美好心
愿，精准对接各族群众需求，大力改善基础设施建设，着力发展特色产业，积极发展
乡村旅游，持续提高群众收入水平，增进各族群众的获得感、幸福感和安全感，在满
足彝汉两族乡亲们对美好生活的向往中，浸润各族群众的心。

（三）丰富形式凝聚各族心。鹄山镇力塘下村充分利用多种文化阵地，多渠道挖
掘少数民族文化和历史，积极搭建各种文化交流平台，开展多种形式的多民族联欢活
动，促进彝族文化和汉族文化深度融合，进一步增强各族群众"三个离不开""四个
与共""五个认同"意识，凝聚各族群众的心。

要推进各民族人口流动融居，构建互嵌式社会结构和社区环境，创造各族群众共居共学、共建共享、共事共乐的社会条件，持续深化民族团结进步创建工作。

——2023 年 10 月 27 日，习近平在中共中央政治局第九次集体学习时的讲话

地方实践

做好"互嵌、促融、共聚"文章

——宁夏银川市打造各民族互嵌式社区环境

近年来，宁夏回族自治区银川市结合实际，以促进各民族交往交流交融为目的，以城市社区为着力点，以居住生活、工作学习、文化娱乐等日常环节为切入点，积极开展一系列实践探索，为各族群众共居共学、共建共享、共事共乐创造社会条件，逐步实现了各民族在空间、文化、经济、社会、心理等方面的全方位嵌入，形成了你中有我、我中有你、谁也离不开谁的中华民族多元一体格局，打造了各民族互嵌式社会结构和社区环境的银川样板。

一、背景情况

银川市 56 个民族俱全，常住人口 289.68 万人，其中汉族人口 211.94 万人，占73.16%，少数民族人口 77.74 万人，占 26.84%。银川市历来是多民族聚居区，各民族相互嵌入式居住生活较为普遍。近年来，银川市进一步顺应新时代各民族大流动、大融居趋势，积极构建各民族互嵌式社会结构和社区环境，不断探索社区民族团结进步

创建与社会治理深度融合的方法路径，有力有效推动民族团结与社会治理共建共治共享，将互嵌式社区打造成各民族交往交流交融的新样态，构建了催生各民族守望相助"石榴籽"效应的实践载体，使中华民族共同体意识更加深入人心，党的基层执政基础更加坚实稳固。全市各族群众在生活上相互帮助、经济上相互依存、文化上相互借鉴、习俗上相互尊重、情感上相互亲近，在中华民族大家庭中手足情深、守望相助。

二、主要做法

（一）让一家亲情聚起来，促进互嵌融居。通过政策引领互嵌，统筹城乡建设规划和公共资源配置，积极推进各族群众交错杂居。摇号分配 2.2 万套保障性住房，"插花"式安置 27.4 万名政策性移民和自主迁徙移民，全市所有学校各族学生合校混班，所有企业平等招收各族员工，全面构建起了各族群众同小区共单元、同村庄共村组、同车间共班组、同学校共班级的互嵌式结构。通过规范管理互嵌，对 42 所以单一民族命名的学校进行更名。对新建楼宇小区销售环节加大监督指导和宣传引导力度，规范房地产销售、二手房中介等行业行为，严防利用民族集聚噱头和宗教信仰等名义非法炒房、刺激卖房行为；在新建小区物业入驻阶段进行全面摸底排查，推进居民交错融居、深度嵌入。通过项目带动互嵌，投资 9.1 亿元谋划实施移民致富提升项目 493个。大力推进美丽乡村建设，8 个高质量美丽宜居村庄建设项目和 5 个重点小城镇建设项目全部开工，完成投资约 24.4 亿元，补充实施 10 个市级高质量美丽宜居村庄建设项目，极大地改善了各族群众的居住环境；坚持产业发展带动、就业扶持联动、消费帮扶促动等形式，促进移民群众收入水平不断提升，全市 13 万移民劳动力实现就业 11.2 万人，让他们"留得住人、定得了心、致得了富"。通过闽宁协作互嵌，用好闽宁协作金字招牌，福建先后选派 12 批 206 名援宁挂职干部、3800 名专业技术人才到闽宁镇工作，银川市组织 112 名乡村振兴人才赴闽学习交流，10 余家福建企业落户闽宁镇，闽宁镇每年有 500 余人赴闽务工，与福建漳州市、厦门市 17 所小学签订帮扶协议，厦门大学在闽宁镇设立研究生支教点，两地青少年积极开展线上"山海情深"、线下"中华民族一家亲"书信往来、暑期实践等活动，两地各族群众共同创业发展、共同团结奋斗、共赴美好生活，切实提升各族群众获得感、幸福感、安全感。

（二）让一域祥和融出来，推动守望相助。示范创建促融，打造"凤城儿女一家亲，民族和美共筑梦"市域创建品牌，推进民族团结进步创建"七进"细胞工程，培育全国民族团结进步示范单位 21 个、自治区级 202 个，营造团结奋进、共谋发展的浓厚氛围，引领各族群众全力投身建设社会主义现代化美丽新宁夏的生动实践。深化治理促融，将全市划分为 6674 个网格，通过"党建＋""综合＋""专职＋""创新＋""联动＋"的"5＋"治理模式，实现基层治理"一张网"。培育"石榴籽"社区警务室、"塞上枫桥"多元调解室、"老王说和室"等一批基层治理示范典型，切实维护各族群众安心、放心的社会环境。倾心服务促融，坚持"一枚印章管审批"，开创"一件事、一个人、一次办"行政审批新模式，切实为各族群众提供优质、高效、便捷的政务服务。积极构建"邻里识、邻里学、邻里亲、邻里帮、邻里乐"服务体系，培育了"同心联盟""680 爱心联盟"等一批社区服务品牌，打通了社区为民服务的"最后一公里"。丰富载体促融，连续 25 年开展"民族团结进步月"活动，举办征文大赛、民族舞健身大赛、民族团结进步杯足球赛等主题活动。常态化开展"心连心""一家亲""我们的节日"等联谊活动，举办"板凳会"邻里讲堂、社区百家宴等邻里活动，把各族群众交往交流交融活动搬进社区、楼栋、家庭。与隔山相望的阿拉善盟开展各族青少年交流活动，引导各族群众做和睦邻居、交知心朋友、结美满姻缘。

（三）让一体共识树起来，持续增进认同。以伟大精神聚共识，广泛开展"强国复兴有我""爱党爱国爱社会主义""今昔对比感党恩、知史永远跟党走""共产党好、黄河水甜"等主题教育宣传活动，举办"赓续红色血脉、坚定历史自信"主题 VR 展等线上线下展览，不断增强各族群众对中华民族的认同感和自豪感，振奋奋进新征程、建功新时代的精气神。以优秀文化聚共识，实施中华优秀传统文化传承发展工程，常态化举办各民族迎春联欢会、黄河非遗文创展、传统文化进基层活动，推出《塞上儿女心向党》《岩石上的太阳》等一批文艺精品，建立非遗传承基地 62 个，不断增强各族群众的中华文化认同，促进心灵相通、命运相通。以宣传教育聚共识，实施"互联网＋铸牢中华民族共同体意识"行动，构建石榴云"1＋6＋N"宣传体系，发布市县两级"1＋6"石榴籽 IP 形象，推出"小宁大讲堂"系列动漫短视频 66 期、手绘长图 25 期、"石榴仔讲故事"116 期，讲好中华民族故事。建成 9 个铸牢中华民族共同体意识主题教育展馆、12 个主题公园（街区），让中华民族共同体意识宣传教育抬头可以看、随手可以学、处处能感知。

建成各民族互嵌式社会结构和社区环境要经历一个长期过程，不可能一蹴而就。银川市通过做好"互嵌、促融、共聚"文章，构建各民族互嵌式社会结构和社区环境，为各族群众在各领域各层次广泛交往、全面交流、深度交融创造有利条件，促进各民族共居共学、共建共享、共事共乐，引导各族群众人心归聚、精神相依，像石榴籽一样紧紧抱在一起，凝聚起共同团结奋斗、共同繁荣发展的强大精神动力。

经验启示

　　建立各民族相互嵌入式的社会结构和社区环境，既是实现各民族交往交流交融的关键实践举措，也是铸牢中华民族共同体意识的重要环节。银川市在空间嵌入、服务嵌入、心理嵌入上下功夫，推动铸牢中华民族共同体意识潜移默化地嵌入心中、融入血液、铸入灵魂，各族群众在中华民族大家庭中手足相亲、守望相助，你中有我、我中有你、谁也离不开谁。

　　（一）空间嵌入是构建互嵌式社会结构和社区环境的重要基础。银川市加强顶层设计，建立完善促进各民族空间嵌入的工作保障机制，通过构建互嵌式社会结构和社区环境，各族群众共居共学、共建共享、共事共乐的社会氛围日益浓厚，各族群众在居住空间上相近、社会交往中相亲、日常生活里相助，打破了生产生活空间壁垒，形成了"你中有我、我中有你"的社区生活模式，各族群众共同投身社区治理，共建美好家园、共创美好生活的价值追求蔚然成风。

　　（二）服务嵌入是构建互嵌式社会结构和社区环境的关键路径。银川市立足推动

2023 年 9 月，银川灵武市西湖社区在石榴籽广场开展"籽籽同心
一家亲　幸福邻里话团圆"第二届百家宴活动

公共服务同质、法治保障同权、精神家园同建、社会和谐同创，积极促进各民族平等共享改革发展成果，让"进得来、留得住、过得好、能融入"的城市公共服务体系不断完善，"一张网"的基层治理模式不断深化，促进各族群众交往交流交融的各类载体平台不断丰富，促进各族群众手足相亲、守望相助，获得感成色更足、幸福感更可持续、安全感更有保障。

（三）心理嵌入是构建互嵌式社会结构和社区环境的核心目标。银川市坚持社会主义核心价值观引领、共同理想信念凝心铸魂、文化认同培根固本，用社会主义核心价值观、中华优秀传统文化浸润人心，为民族地区互嵌式社会结构塑造文化载体、培育心理环境，让民族精神、时代精神融入各种群众血脉，让"四个与共"的共同体理念根植各族群众心灵深处，通过心理嵌入不断增强各族群众对中华民族共同体的认同感和归属感。

总书记的话

要提升民族事务治理体系和治理能力现代化水平。要根据不同地区、不同民族实际，以公平公正为原则，突出区域化和精准性，更多针对特定地区、特殊问题、特别事项制定实施差别化区域支持政策。要依法保障各族群众合法权益，依法妥善处理涉民族因素的案事件，依法打击各类违法犯罪行为，做到法律面前人人平等。

——2021 年 8 月 27 日至 28 日，习近平在中央民族工作会议上的讲话

地方实践

"四化"建设化矛盾、解纠纷

——广东广州市探索新形势下涉民族因素矛盾纠纷处理机制

近年来，广东省广州市积极探索涉民族因素矛盾纠纷"四化"工作法，有效妥善处置各类涉民族因素的矛盾纠纷，推动新时代城市民族工作创新发展，让各族群众在广州安居乐业、守望相助、团结和睦，更好融入广州城市生活，不断巩固和发展平等团结互助和谐的社会主义民族关系。

一、背景情况

广州市，简称"穗"，是广东省省会、副省级市、国家中心城市、超大城市、广州都市圈核心城市，国务院批复确定的中国重要的中心城市，国际商贸中心和综合交

通枢纽，世界一线城市。广州作为常住人口超过 2200 万人的超大型城市，56 个民族齐全，少数民族人口约 83 万人，其中，少数民族流动人口约 72 万人，是全国流动人口包括少数民族流动人口增长最快、增幅最大的城市之一。近年来，各族群众跨区域流动与日俱增，部分少数民族群众由于语言文字、风俗习惯和宗教信仰等方面的差异性，在融入以市民为服务管理焦点的城市生活中，容易出现一些不适应的问题，涉民族因素的矛盾纠纷时有发生。为解决这一问题，广州聚焦提升民族事务治理现代化能力，着力加强信息化、专业化、社会化、法治化建设，取得较好成效。2016 年广州被确定为第一批"全国少数民族流动人口服务管理示范城市"。2019 年 9 月，广州市公安局民族工作队被国务院授予"全国民族团结进步模范集体"荣誉称号。

二、主要做法

（一）加强信息化建设，实现"动态"管理。立足少数民族流动人口占全市少数民族人口主体、流动性强的实际，着眼于动态管理目标，注重运用"大数据"技术，构建来穗少数民族流动人口信息采集、分析、处理的信息系统。在全国率先建立"智慧民宗"大数据平台，对接公安、来穗等多个部门数据接口，汇集 400 多万条涉民族领域数据，实现"数据一张图"，并将数据进行网格化切分，可实时查看少数民族人口、民族工作联络员、清真拉面店等数据，实现全市民族基础信息"全掌握"，做到民族事务治理底数清、动态明，构建起一套从社区网格员到镇（街）、区、市的信息通道。把民族事务纳入了全市 20849 个综合网格职责，把民族信息采集、民族成份更改指引、办理民族殡葬证明等民族事项纳入全市网格化管理，凡进入社区租住房屋的少数民族群众均纳入登记统计，从最基础层面采集人员信息底数。健全一个网络协同民族事务治理机制，依托 12345 政务服务平台、智慧民宗等多个平台，将民族工作向社区、网格延伸，建立"统一受理、按责转办、限时办结、统一督办、统一考核"的全流程工作机制，形成跨部门、跨层级、跨区域的基层协同治理体系。每年通过各类信息化服务平台，各级民族工作部门及时收集、回应各族群众关注的热点问题约 800 多件，切实提高了民族事务治理效能。

（二）加强专业化建设，推进"精准"服务。针对少数民族流动人口在风俗习惯、语言文化等方面的特点和差异，加强针对性服务管理，确保服务更加精准有效。专门成立由维吾尔族、回族、藏族等少数民族干警组成的民族工作队，队中党员民警约占 90%，懂少数民族语言文字的民警超过 60%。民族工作队积极探索城市民族事务治理法治化途径，总结出"早发现、早介入、早研判、早处置"的"四早"工作法，取得了明显工作成效，全市涉民族因素矛盾纠纷逐年下降，建队10年来未发生一起涉民族因素群体性事件。城管部门在少数民族较集中的街道，通过招聘懂少数民族语言的青年，协助做好城管工作；在民族工作任务较重的区和街道（镇）配备民族专干，配合各方共同做好基层民族工作。在少数民族流动人口相对集中的街道（镇）建立一批"羊城石榴籽工作室"，依托"两站一队"（法律援助工作站、国家通用语言培训工作站、志愿者服务队），设立"法援民族情""国家通用语言文字培训""民族志愿服务队"等项目，广泛开展民族团结、法制宣传，加强沟通联络和日常管理。每年由财政安排一定经费，通过向社工机构、科研单位、律师事务所、民族团体以及其他社会团体等购买服务的形式，开展社工服务、法律援助、国家通用语言文字培训、法制宣传、民族工作专题调研等。2023年以来，各级民族工作专业化队伍调解处置涉民族因素矛盾纠纷案事件50余起，有效维护了各族群众合法权益。

（三）加强法治化建设，落实"依法"治理。将依法治国理念贯穿落实到城市民族工作当中，强化法治思维，将城市民族事务管理纳入依法治理轨道。制定城市民族事务治理规范性文件。2016年以来先后制定《广州民族事业发展"十三五"规划纲要》《关于进一步做好我市少数民族流动人口服务管理工作方案》等文件，为加强民族事务依法依规管理提供制度支撑。加强民族政策法规宣传，在少数民族流动人口聚居区、清真寺、服务站、商贸区等重点区域公开设置法制服务宣传栏；印制《广州少数民族流动人员服务指南》，拍摄《来穗少数民族群众生活服务指南》宣传片、拉面行业法制宣传动漫视频等，定期组织开展少数民族流动人员代表参加的法制宣传活动，引导各族群众增强遵纪守法意识。坚持依法处置涉民族因素的矛盾纠纷，严格区分一般问题和民族问题，按照"是什么问题就按什么问题处理的原则"，妥善处置涉民族因素矛盾纠纷，涉民族因素矛盾纠纷呈逐年下降趋势。

（四）加强社会化建设，建立"共建共治共享"机制。根据民族工作涉及方方面面的特点，坚持共建共治共享社会治理理念，建立完善城市民族工作的统筹协调机制。市委、区委均建立由党委主要负责人任组长的民族宗教工作领导小组，加强党委对民族宗教工作的统筹领导和谋划部署，整合各方面力量，构建强有力的民族工作格局。加强流入地与流出地两头对接，市、区两个层面分别与新疆、青海、四川、甘肃等少数民族流动人口主要输出地政府及其驻穗办事处，或签订协作共管协议，或建立协调联络机制，为及时妥善调处矛盾纠纷提供有力保障与支持。引导经济社会主体参与民族事务治理，全市建立市民族团结进步协会、市满族历史文化研究会等14个民族社团，凝聚各民族精英、优秀代表人士，组织开展联谊、座谈、走访慰问、文艺表演等活动，引导少数民族企业家、工商户积极参与民族事务，为少数民族困难群众提供就业岗位等服务，共同促进民族团结进步事业发展。

广州市以"四化"建设提升超大城市民族事务治理现代化能力，通过"信息化、专业化、社会化、法治化"，及时化解民族领域各类风险隐患，走出了一条正确处理新形势下人民内部矛盾纠纷机制的新路径，为各族群众融入城市提供了更加精准化的服务管理，提升了政府职能部门处置民族问题的能力，是城市民族工作的创新举措，有利于进一步推进民族事务治理体系和治理能力现代化，进一步夯实铸牢中华民族共同体意识的法治之基。

经验启示

广州市积极探索提升超大城市民族事务治理现代化能力，2015年到2023年全市涉民族因素案事件年平均下降15%左右，来穗各族群众在融入城市生活的过程中充

2018年11月，广州市组建包含少数民族干警的专业化队伍
在民族风味餐馆进行民族政策宣讲

分感受到广州这座现代化大都市的务实包容、公平正义，对推动民族事务依法治理、促进各民族和谐融居具有重要启示意义。

（一）创新机制提供精准高效服务。广州市创新形式，完善服务管理机制，探索创建数据综合分析应用平台，在摸准底数、抓实基层、做好服务中，全面提升服务管理精准度，久久为功，不断提升解决民族问题、做好民族工作的能力和水平，更好地用法治保障各族群众安居乐业。

（二）协同共建发挥社会力量积极作用。广州市发挥政府"智库"作用，不断激发社会团体协同参与服务管理主动性，发挥各民族优秀代表纽带桥梁作用，使法安天下、德润人心深入各族群众心中，在构建共建共治共享的社会治理格局中，引导各族群众增强对伟大祖国、中华民族、中华文化、中国共产党、中国特色社会主义的认同。

（三）法治原则是民族事务治理的根本准绳。广州市坚持依法保障各族群众合法权益，在妥善处理涉民族因素的事件中，切实发挥法治对民族事务治理的引领、规范和保障作用，引导各族群众自觉守法、遇事找法、解决问题靠法，保证各族公民平等享有权利、平等履行义务，确保民族事务治理始终在法治轨道上健康有序运行。

乡村振兴不能只盯着经济发展，还必须强化农村基层党组织建设，重视农民思想道德教育，重视法治建设，健全乡村治理体系，深化村民自治实践，有效发挥村规民约、家教家风作用，培育文明乡风、良好家风、淳朴民风。

——2022 年 3 月 6 日，习近平在看望参加全国政协十三届五次会议的农业界、社会福利和社会保障界委员时的讲话

地方实践

"一纸村规"助推乡风改变
——湖北恩施州建始县三道岩村聚焦乡风文明助推乡村全面振兴

近年来，湖北省恩施土家族苗族自治州（以下简称"恩施州"）建始县三道岩村在脱贫攻坚和乡村振兴道路上，聚焦乡风文明建设，把法律之外的空白用道德约束起来，让村里的民风更淳朴、村民的日子更红火，团结各族群众共同团结奋斗、共同繁荣发展，实现了脱贫致富奔小康和全面推进乡村振兴的目标。

一、背景情况

三道岩村，是湖北省恩施州建始县茅田乡管辖下的一个偏僻山村。全村面积 6.8 平方公里，耕地 2754 亩，山林 9780 亩，平均海拔 850 米，有 429 户 1339 人，是一个以汉族、土家族、苗族为主的多民族杂居村庄。三道岩村以乡风文明建设为抓手，率先在村里制定"八无八有"村规民约，成立了乡风文明理事会，禁烟花爆竹、禁摆

无事酒，开展农村环境治理等。经过几年的努力，无烟花爆竹的目标得以实现，陈规陋习、铺张浪费的现象得到整治，喜事新办、丧事简办的文明新风蔚然成风，各族群众精神面貌焕然一新，全村呈现出一片欣欣向荣景象。2017 年被评为省级生态村；2018 年登上了改革开放 40 周年国家大型展览，以"一纸村规带来的改变"为题在中央电视台、湖北电视台"伟大的变革"栏目中播出；2019 年 12 月被认定为全国乡村治理示范村。三道岩村在乡风文明建设的影响下，在交通运输部长江航务管理局的帮扶下，大力发展茶产业、开办民宿，村集体经济和各族群众的收入得到了大幅度提升，成为民风正、产业兴、生态美、村民富的美丽村庄。

二、主要做法

（一）"八无八有"定村规。2016 年，针对长期存在的环境污染、摆无事酒、无理上访、好逸恶劳等陋习，三道岩村村支两委通过召开会议、微信沟通、入户上门等方式征求意见，全体党员和村民代表反复讨论、磋商，经过"两上两下"修改和全体村民签字按印，召开党员代表大会、全村群众会提炼并举手表决通过了"八无八有"村规民约（无打架斗殴，有饶人胸怀；无越级上访，有明理本色；无黄赌毒盗，有道德情操；无违章驾驶，有安全意识；无烟花爆竹，有驱霾担当；无死角垃圾，有卫生习惯；无整无事酒，有节俭自觉；无封建迷信，有科学信仰）。建立红白喜事理事会，在全村范围内推行红白喜事报备制度，创新实行"四菜一汤"（每个餐桌四个菜一个汤）和"三个一百"（每桌饭菜、每条香烟、每笔人情不超过 100 元），有效遏止了基层久禁不止的摆无事酒、奢侈攀比和铺张浪费的风气。"八无八有"村规民约刚出台时，村支两委冲锋在前，坚持每场红白喜事都有党员干部到现场、每个人情账簿必须过目、每桌酒水饭菜必须把关，通过长时间坚持，推动了一项项惠民制度落实落地。现在，在三道岩村村委会，屋外展板上有 46 条村规民约的详细内容，各族群众家家户户屋内有村规民约"八无八有"的简版内容。自开展乡风文明建设以来，三道岩村无越级上访、缠访闹访发生，全面禁鞭炮、"三个一百""四菜一汤"为全村老百姓节约开支累计达 400 余万元，各族群众"份子钱"开支下降 70%，让村民得到了实实在在的实惠，乡风文明建设也由此扬帆启航。

（二）宣讲教育提素质。在推进乡风文明建设的过程中，三道岩村围绕村民道德素质和法律素质两个关键，实施"两个素质提升"工程。编印《群众道德素质提升工程宣讲提纲》，列举了"恶人逞强风、不忠不孝风、夫（妇）德低劣风、游手好闲风、垃圾乱倒风、乱挖乱采乱砍风、'五毒'上身风、套取扶贫政策风、遇公骗取好处风、封建迷信风、无理上访风、娇生惯养风、惹是生非风、人情冷漠风"等14种不正之风，以传统"八德"教育为载体，通过小组会、屋场会在全村开展"八德"教育宣讲，并深入持久开展专项整治，让各族群众理解"孝、悌、忠、信、礼、义、廉、耻"的真正含义，促进群众重视家风家教和文明礼仪，为乡风文明建设打下道德基础。编印《群众法律素质提升工程宣传手册》，派出所民警、法律工作者、"尖刀班"成员利用各种机会，运用单独讲解、志愿引导或集中宣讲等方式开展法治宣传，用身边的人和事讲身边的法律故事，着力提升各族群众的法律素质和法治意识，让各族群众掌握法律的"武器"，引导各族群众走法律途径解决矛盾纠纷，达到知法、懂法、守法的目的。如《群众法律素质提升工程宣传手册》中归纳了出嫁的女儿不赡养、父母再婚不赡养、分家不公不赡养、不照料自己的孩子不赡养、不继承遗产不赡养等几种误区，通过宣讲，曾经以种种理由不赡养老人的各族群众从内心深处发生了改变。以前，争低保、"我穷我有理"的现象常有发生。如今，"不装穷争利、有脱贫自信"渐渐成为乡村新风尚，各族群众争做道德高尚、遵纪守法好公民。

（三）共同参与强监督。三道岩村始终坚持"全体村民共同制定出来的村规民约，由全体村民共同监督执行"。如村民吴宗平的儿子结婚时，他按照要求提前报备，严格按照"四菜一汤"和"三个一百"的标准执行。村公示栏中现在还公示有吴宗平的报备书。如今的三道岩村，人人都是村规民约的维护者、监督者。充分发挥无职党员、村民代表、村民小组长的作用，把民政救助、用地规划等审批权限下放给村民代表和村民小组长，切实提高各族群众的参与感，汇聚齐抓共管的强大合力。通过以奖代补的方式大力发展茶叶、甜柿等特色产业，采取乡风文明推进到哪里，产业发展就到哪里，基础设施就配套到哪里的模式，激发各族群众共同参与产业发展的激情和动力，目前已种植绿茶1200亩、白茶200亩、甜柿400亩。在村委的主导下成立乡风文明理事会，建立新时代文明实践站，设置评理说事点，组建乡风文明志愿服务队，健全村民参与的平台和机制，通过文化宣传、群众活动、评理说事等方式全方位推进乡风文明建设。开展"农户文明四色积分"管理，将文明积分分为橘黄色、柠檬色、红棕色、杂色四种颜色段，实行量化管理，建立群众文明积分道德银行，积分可兑换洗衣粉等日常生活用品，以分促进，让党员干部争着干、村民群众比着干，营造人人参与、比学赶超的浓厚氛围，用"小积分"撬动乡村"大文明"，激发乡村新变化、新活力、新气象和各族群众积德行善、注重环境卫生、参加活动的积极性。

三道岩村在推进乡村全面振兴中，坚持把乡风文明建设作为核心灵魂和工作突破口，坚持以铸牢中华民族共同体意识为主线，持续用力、久久为功，促进民族地区高质量发展，为实现乡村全面振兴贡献力量。

经验启示

三道岩村紧盯乡风文明建设，以人居环境改造、陈规陋俗整治为突破口，把乡风文明的种子植入千家万户，有效遏制了摆"无事酒"、红白喜事大操大办等歪风陋习，激发出各族群众团结奋斗的内生动力，全村乡风文明建设得到整体提升。

（一）乡风文明建设要找准突破口。三道岩村以农村陈规陋习为突破口，充分发挥党员干部在移风易俗、拒绝封建迷信、天价彩礼等方面的带头作用，统一各族群众对乡风文明建设的思想认识，引导各族群众培育文明乡风，带动乡风文明建设大提升，凝聚起助力乡村全面振兴的合力。

（二）乡风文明建设要发挥主动性。三道岩村正确把握乡风文明建设的正确方向，因地制宜，因势利导，集中宣讲和单独讲解等方式相结合，强化教育养成作用，让各族群众主动参与到素质提升工程中来，抵制和打击不良风气，增强各族群众对社会主义核心价值观的理解和认同，形成知荣辱、讲正气、促和谐的好风尚。

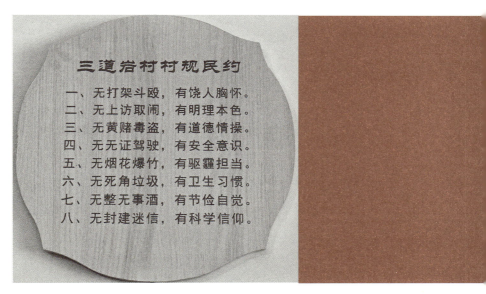

建始县三道岩村村民家中悬挂的简版"村规民约"

（三）乡风文明行稳致远要确保参与度。三道岩村坚持"决策共谋、发展共建、建设共管、效果共评、成果共享"，让各族群众共同参与制定、共同遵守执行、共同管理监督，共同缔造美好环境与幸福生活，共享文明乡风建设成果和红利，调动起各族群众参与乡风文明建设的积极性，建立起一套管用的长效机制，促进乡风文明建设持续推进和良性运转。

总书记的话

地方实践

培根铸魂育人润心　民族团结同心筑梦

——西藏阿里地区把爱我中华的种子融入立德树人全过程

长期以来，西藏自治区阿里地区持续深入开展爱我中华"播种"行动，以立德树人为根本任务，聚焦实践育人工作，全面推进教育系统创建民族团结进步模范区各项目标任务落地落实，以办好思想政治理论课、弘扬中华优秀传统文化来落实立德树人的根本任务，在推动各族师生广泛交往、全面交流、深度交融中，培养时代新人担当民族复兴大任，实现强国建设、民族复兴的殷切期盼。

一、背景情况

阿里地区，西藏自治区辖区，地处我国西南边陲，是世界屋脊的屋脊，面积占西藏总面积四分之一，全地区人口 12.86 万人，居住着藏族、汉族、蒙古族、回族等 34 个民族。阿里地区现有各级各类学校共 147 所，其中幼儿园 100 所、小学 37 所（含教学点 5 所）、初中 7 所、高中 2 所、中等职业技术学校 1 所。因地广人稀、环境艰苦，城乡一体化发展办学、义务教育优质均衡发展困难。近年来，阿里地区紧紧围绕创建全国民族团结进步模范区工作目标，着力构建落实立德树人根本任务新生态新格局，教育引导学生坚定感党恩、听党话、跟党走，促进各族师生像石榴籽一样紧紧抱在一起。

二、主要做法

（一）聚焦立德树人根本任务，携手铸魂育人。启动实施立德树人工程，把思想政治工作贯穿教育教学全过程，实现全程育人、全方位育人，努力开创阿里教育事业发展新局面。实施思想政治教育，把铸牢中华民族共同体意识作为师生思想教育的重要内容，配备专职思政教师 109 名、兼职思政教师 220 名，法治副校长、法治辅导员 89 名。组织各级学校办好"开学第一课"、国旗下讲话、主题班会以及各种重大节点节庆活动，健全学校群团组织和学生社团、兴趣班等 414 个，围绕"培养什么人、怎样培养人、为谁培养人"这一根本问题，开展各种思政德育活动 321 场次、各种主题实践活动 719 场次，推送 27 节思政精品课，努力培育德智体美劳全面发展的社会主义建设者和接班人。制定颁发《阿里地区开展爱我中华"播种"行动实施方案》，开展爱我中华"播种"行动，将社会主义核心价值观教育与培养"四有新人"目标融为一体，深入开展"中华民族一家亲、同心共筑中国梦""我和我的祖国""阿里儿女心向党""做神圣国土守护者、幸福家园建设者"等活动，传承红色基因、赓续红色血脉，不断增强广大师生对伟大祖国、中华民族、中华文化、中国共产党、中国特色社会主义的认同。

（二）聚焦实践育人工作路径，发挥典型示范带动作用。围绕爱我中华"播种"行动，牢牢把握正确方向，丰富活动形式，引导师生怀爱国之情、立报国之志。大力弘扬中华优秀传统文化，实施中华优秀传统文化、红色文化、民间文化、非遗文化等进校园工程，开展中华经典诵读、"典耀中华"等活动。2023 年，开展中华经典诵读、讲好民族团结故事进校园等活动达 520 场次，推送 11 个优秀诵读作品参加第五届中华经典诵写讲大赛，荣获优秀组织奖、自治区级一等奖 1 项、三等奖 2 项、优秀奖 2 项。积极推动国家通用语言文字普及推广，除藏语文用藏语教学外，其他学科全部实现国家通用语言文字教学，完成中小幼学校语言文字达标评估建设，全地区教师普通话等级持证率 100%。大力实施学前教育"童语同音"计划，组织 180 名监测员对 40 所幼儿园 3478 名幼儿进行普通话能力监测。强化教师"三字一话"教学基本功训练，开展教师国家通用语言文字线上线下专题培训，培训率达 100%。开展民族团结进步创建"进学校"工程，深入开展"最美少年""美德少年""新时代好少年"和"民族团结示范学校""民族团结模范班级""民族团结模范宿舍""民族团结模范个人"等评选活动，培树典型引领和示范引导，努力推动教育系统民族团结进步教育形成崭新格局。2023 年，打造自治区级民族团结进步示范学校 2 所，地区级民族团结进步示范学校 4 所，民族团结党建示范点学校 3 所，国防教育示范学校 2 所。以"3·28"西藏百万农奴解放纪念日、儿童节、建党节、9 月"民族团结月"、国庆节、"12·4"国家宪法日、国家公祭日等重要节庆、纪念日为契机，积极开展科普、非遗、生态文明、法治等进校园活动，促使学生感受到中华文化的博大精深，激发学生的民族自豪感、文化责任感，为实现中华民族伟大复兴而奋斗的意识显著增强。

（三）聚焦各族师生交往交流交融，提升民族地区教育水平。依托对口支援教育组团式援藏机制，推动建立优质教育资源共享机制，促进各族师生深入交往交流交融，不断铸牢中华民族共同体意识。建立"请进来"的机制，邀请 61 名援藏两省名校长、名师和学科带头人到阿里开展送教上门工作，共上示范课 54 节次，专题讲座和报告 71 场次，地区 14 所薄弱学校 289 名教师受益，有效增强内地与阿里师生间的感情，进一步铸牢中华民族共同体意识。建立"走出去"的机制，选派 127 名阿里骨干教师、教研员和管理干部赴对口援藏两省交流学习、挂职锻炼、跟岗研修，努力拓宽视野、提升能力。选派边境地区 25 名教研员、30 名体育教师、30 名青年骨干教师、18 名幼儿园园长赴援藏两省参加研学活动，不断提升教师的综合素质。选派 100 名阿里学生前往河北交流研学，组织 89 名学生前往陕西、河北两省开展夏令营活动，组织 14 名学生前往拉萨开展夏令营活动。深化"共建共享"，大力实施"师徒结对""青蓝工程""优质学校带边境学校"等教师培养机制，建立"陕阿教师学习共同体"和"陕西省教学名师阿里工作站"，成立 5 个名师工作室，2023 年，对 1951 名教师开展线上线下能力提升培训。积极协调陕西省教育厅、杨凌职业技术学院从职校学生教育实习、"百名陕厨"培养、职业教育采矿专业以及职业教育合作办学等多方面、全方位进行帮扶，有力地促进了民族地区教育事业现代化发展。

奋进新时代，阔步新征程。阿里地区把民族团结进步教育融入教书育人全过程，在加快建设中华民族共有精神家园上下功夫，以初心使命铸魂育人，以忠诚干净努力办好人民满意的教育，帮助各族学生"扣好人生第一粒扣子"，教育引导各族学生爱祖国、爱家乡，为建设团结富裕文明和谐美丽的社会主义现代化新西藏培养德智体美劳全面发展的社会主义建设者和接班人。

经验启示

阿里地区紧紧围绕落实立德树人根本任务和解决好"培养什么人、怎样培养人、为谁培养人"的根本问题，开展爱我中华"播种"行动，稳步提升教育教学质量，促进民族地区教育事业高质量发展，在显著增强各族人民群众对教育的获得感、幸福感、安全感中推动各族师生交往交流交融。

（一）立德树人，筑牢理想信念根基。阿里地区把握思政育人生命线，办好思政课，引导各族青少年在百年大党的伟大奋斗历程、重大理论创新、独特执政规律的思想洗礼中，确立起感党恩、听党话、跟党走的政治信念，使共产主义远大理想和中国特色社会主义共同理想在各族青少年心中牢牢扎根。

（二）弘扬中华优秀传统文化，固本强基"五个认同"。阿里地区以中国传统节日为契机，持续开展弘扬社会主义核心价值观和中华优秀传统文化教育，使青少年自觉成为伟大建党精神和社会主义新风尚的积极弘扬者和自觉践行者，在增强做中国人的志气、骨气、底气过程中，引导各族师生不断增强对伟大祖国、中华民族、中华文化、中国共产党、中国特色社会主义的认同。

2023 年 4 月，阿里地区噶尔县孔繁森小学开展"缅怀先烈志、弘扬爱国情，党建引领成长路"主题党日活动

　　（三）以量变促质变，提升民族地区教学水平。阿里地区依托对口支援教育组团式援藏机制，深化对口支援合作交流，以量变促质变，助力民族地区教育事业加快发展，在各族师生交往交流交融中，维护西藏长治久安、国家安全稳定，不断提升各族人民群众的获得感、幸福感。

总书记的话

> 用新时代中国特色社会主义思想铸魂育人，引导学生增强中国特色社会主义道路自信、理论自信、制度自信、文化自信，厚植爱国主义情怀，把爱国情、强国志、报国行自觉融入坚持和发展中国特色社会主义事业、建设社会主义现代化强国、实现中华民族伟大复兴的奋斗之中。

——2019年3月18日，习近平在学校思想政治理论课教师座谈会上的讲话

地方实践

绵绵用力强化引领　籽籽同心春满梨城
——新疆生产建设兵团第二师华山中学当好青少年思想政治引路人

如果把各民族比喻为石榴籽，青少年就是石榴花。一直以来，新疆生产建设兵团（以下简称"兵团"）第二师华山中学把促进青少年全面发展、健康成长作为教育的出发点和落脚点，在日常教育中注重突出铸牢中华民族共同体意识主线，把深入推进青少年"筑基"工程摆在更加突出的位置，扎实开展铸牢中华民族共同体意识主题教育实践活动，让校园"石榴花"绽放得更加绚丽。

一、背景情况

兵团第二师华山中学，始建于1960年，是一所十二年一贯制的省级示范性学校。学校现有义务部和高中部两个校区，占地面积共计360余亩，在校学生5617人，

教职工 526 名，其中少数民族学生 437 人，占全校学生总人数的 7.8%，被誉为"兵团基础教育的一张名片"，先后荣获"全国文明单位""全国创先争优先进基层党组织""全国未成年人思想道德建设先进集体"等殊荣。兵团第二师华山中学紧扣铸牢中华民族共同体意识主线，在中小学这一青少年价值观形成的关键期，从加强宣传思想教育、开展结对帮扶、推动教育援助和加强文化艺术活动等多方面营造民族大团结浓郁氛围，不断在校园内增强中华民族共同体意识，让各族师生像石榴籽一样紧紧抱在一起。

二、主要做法

（一）打牢思想基础，上好思政课。立足课堂主阵地，将思政课作为落实立德树人根本任务的关键课程和铸牢中华民族共同体意识的重要渠道，如在五年级《道德与法治》上册第七课《民族团结一家亲》一课中，将锡伯族万里戍边、三千孤儿入内蒙、彝海结盟等民族团结千古佳话贯穿在课堂教学中，通过生动的历史故事，引起学生情感共鸣，让学生了解各民族的生活环境、文化习俗，不断增强各族学生对伟大祖国、中华民族、中华文化、中国共产党、中国特色社会主义的认同。同时，学校大力推行国家通用语言文字教学，要求师生均用国家通用语言交流，教师的教案本、听课记录、学习笔记、板书、作业批改等做到用字规范、书写美观，各年级利用每天早上 30 分钟进行师生大阅读，切实以语言相通促进心灵相通、命运相通。

（二）坚持久久为功，营造校园文化。持续开展以铸牢中华民族共同体意识为主题的升旗仪式及班队会专题教育，开展民族舞活动和"麦西来甫""沙吾尔登"等民族舞蹈比赛，使铸牢中华民族共同体意识教育和文化艺术教育有机结合；各族学生混合编班、混合住宿、共同就餐、结对互助，以"民族团结一家亲"和"三进两联一交友"活动为载体，让学校老师与各族学生结对，与各族家长面对面、与各族学生心连心，积极传播正确的国家观、民族观、历史观、文化观、宗教观，让爱国主义精神在学生心中牢牢扎根；不断增强铸牢中华民族共同体意识教育的文化氛围，打造校园文化长廊，每年播放关于铸牢中华民族共同体意识宣传电子屏 100 余条，制作展板、宣传折页等，让校园里的一草一木、一砖一石都被赋予彰显中华文化的意义。

（三）创新亮点活动，开展主题研学。秉承"读万卷书 行万里路"的教育理念和人文精神，坚持在 10 余年传统游学课程基础上，创新开发实施研学课程体系，每年精心组织 1 至 8 年级学生开展"手拉手同唱团结歌，游西域传承爱国情"等主题活动，参与学生人数 3016 人。同时，以"手拉手"活动和红色之旅为载体，开展红色基因、革命薪火代代相传系列活动 20 余场次。学生们历经 1000 多公里路程，前往皮山农场学校、喀什古城等地开展研学课程，各族学生一起学习玩耍，互相帮助、相互学习、相互交流、共同进步。从 2015 年至今，连续开展了八届以"五月榴花朵朵开 童心共筑团结梦"等为主题的手拉手活动，让皮山农场的孩子们走进华山中学高中部，库尔勒市体育公园、科技馆，兵团第二师铁门关市革命历史纪念馆、图书馆等，探寻兵团维稳成边的光辉历史，通过体验新时代发展的日新月异，感受中华文化的博大精深，重温红色记忆，缅怀革命先烈，"石榴花"们在潜移默化中坚定了对伟大祖国、中华民族、中华文化、中国共产党、中国特色社会主义的认同。

（四）先行引领示范，帮扶带动发展。坚守立德树人教育初心，不断提升教育发展品质内涵，继续强化政治意识和大局意识，围绕"教育稳疆"课题，充分发挥资源优势，通过送教、送课、送研、送文化援助巴音郭楞蒙古自治州若羌县、兵团第十四师昆玉市、皮山农场等教育薄弱地区及个别兵团的 16 所中小学校。充分发挥"邱成国文化润疆工作室"作用，推进国家通用语言文字教育质量提升，大力实施青少年"筑基"工程。如"丝路驼铃"文艺志愿服务队 35 名成员行程 3500 多公里，围绕塔里木盆地的偏远地区及团场的学校开展巡回演出和送教送研活动，借助中华优秀传统文化的力量推进南疆地区教育优质均衡发展。截至 2024 年 1 月，共计有 1 名副校长、10 名中层干部、83 名骨干教师分别在薄弱团场学校、偏远地区和少数民族聚居区中小学任职，并常态化接受上述地区学校师生来华山中学跟岗培训、体验式学习，各民族师生同上一堂课，共爱一个家。

新时代呼唤新担当，华山中学将始终坚持把铸牢中华民族共同体意识作为教育工作主线，聚焦培育担当民族复兴大任的时代新人，坚定不移推进青少年"筑基"工程，着力把学校打造成为促进各族青少年广泛交往、全面交流、深度交融的大家庭，为兵团更好履行"先进生产力和先进文化的示范区"功能不断贡献教育智慧。

经验启示

华山中学聚焦"培养什么人、怎样培养人、为谁培养人"这个根本问题，紧扣铸牢中华民族共同体意识主线，坚持不懈用习近平新时代中国特色社会主义思想凝心铸魂、用社会主义核心价值观铸魂育人，深入开展社会主义核心价值观教育、中国梦教

2017 年 6 月，兵团第二师华山中学邀请 30 余名皮山农场、皮山县
多民族孩子开展共学共居共乐暨结对帮扶活动

育、爱国主义教育、民族团结教育、心理健康教育、诚信教育等，有效发挥学校教育在培根铸魂、启智润心方面的重要作用，对于培育担当民族复兴大任的时代新人具有重要启示意义和借鉴价值。

（一）持续推动思想政治教育精准化。兵团第二师华山中学秉承"用胡杨精神育人、为兴疆固边服务"教育理念，全面构建中小学"大思政"一体化育人体系，深入推进青少年"筑基"工程，丰富拓展思想政治教学形式，让各族师生的心跳与中华民族的发展同频共振，各族学生广泛交往、全面交流、深度交融，形成人心凝聚、团结奋进的强大精神纽带。

（二）持续引导交往交流交融常态化。兵团第二师华山中学以铸牢中华民族共同体意识教育为重点，大力开发中华优秀传统文化精品课程教学资源，全面构建兵地基础教育校际协作交流网络与名校长工作室为代表的兵地融合平台，深化兵地教师互派支教机制，组织兵地中学学生结对交友常态化，在常态化交流互动中不断增强"五个认同"。

（三）持续推进兵地教育资源融合化。兵团第二师华山中学充分发挥兵地名校长、名优骨干教师的示范引领作用，以课堂为主阵地，构建兵地一体的跨区域教育协作发展网络，担负起辐射引领、帮扶带动领航区域基础教育发展的社会责任，不断推动兵地教育高质量发展，真正实现各族群众共享优质教育资源。

总书记的话

要准确把握社会保障各个方面之间、社会保障领域和其他相关领域之间改革的联系，提高统筹谋划和协调推进能力，确保各项改革形成整体合力。要强化问题导向，紧盯老百姓在社会保障方面反映强烈的烦心事、操心事、揪心事，不断推进改革。

——2021 年 2 月 26 日，习近平在中共中央政治局第二十八次集体学习时的讲话

地方实践

"慈"汇点滴爱　"善"传禹羌情

——四川绵阳市北川县创新慈善救助举措构建社会救助新格局

近年来，四川省北川羌族自治县（以下简称"北川县"）坚持以人民为中心的发展思想，加强政府救助与慈善帮扶有效衔接，以《社会救助暂行办法》《关于改革完善社会救助制度的实施意见》为核心依据，创新救助机制，建立"禹羌情"专项救助基金（以下简称"禹羌情"），不断夯实基本民生保障底线，持续提升慈善事业的科学性、专业性和社会影响力，着力推动民族地区慈善事业高质量发展。

一、背景情况

北川县位于四川盆地西北部，古名"石泉"，是"5·12"特大地震极重灾区、少数民族聚居区、革命老区、秦巴山连片特困地区和边远山区"五区合一"的自治县。全县有汉族、羌族、回族、藏族、土家族、布依族等 34 个民族，辖 9 镇 10 乡，行

政村 202 个、33 个社区，总人口 23 万人，常住人口 17.91 万人。2023 年纳入城乡低保 6549 人、特困供养人员 1021 人、孤儿（含事实无人抚养儿童）35 人、困难残疾人 1999 人、低保边缘人口 146 人、失独家庭 441 户 602 人、高龄老年人 6868 人。社会兜底保障人口约占户籍人口总数的 3.3%，占常住人口的 4.3%。

二、主要做法

（一）创新举措，不断健全社会救助体制。建立健全民政部门与慈善组织信息互通、资源共享机制，逐步形成"政府救助＋慈善帮扶"双轮驱动的社会救助新格局。以数据多跑路、群众少跑腿为服务宗旨，通过与全国低收入人口动态监测信息平台等业务信息系统开展信息比对，汇聚困难群众救助帮扶需求及其接受政府救助和慈善帮扶的相关信息，建立困难群众台账。民政、财政、审计、监察等相关部门对"禹羌情"使用情况进行监督检查，防止挤占、挪用、套取等违纪违法现象发生。接到救助申请后，基金管理人员会入户核实，确保真实性。救助金发放前会在镇村进行公示，接受群众和社会的监督。基金当年结余，滚存次年使用。当基金余额低于首次建立规模的 20% 时，按照基金首次建立规模由县财政及时予以补足，确保基金余额及时满足救助需求。截至 2023 年底，"禹羌情"已累计救助帮扶 34 户 104 人，支出 143.3 万元，获得了被救助对象 100% 的满意率和好评率。通过信息共享、精准识别，"禹羌情"不断满足困难群众多样化、差异性救助需求，推动全县社会救助变得更精准、更高效。

（二）多管齐下，拓宽社会力量参与途径。宣扬抗震救灾精神、革命精神所衍生的各民族互助互爱之美，不断激发全社会发扬扶危济困、乐善好施、互帮互助的传统美德，拓宽资金筹集渠道，壮大社会救助参与力量。鼓励党员干部及其家属主动加入"绵阳羌风联盟""大鱼公益""妈妈农场"等公益组织，开通线上、线下捐款平台，为各族群众提供常态化捐款渠道。为慈善行为突出的爱心人士、爱心企业和组织，颁发表扬证书，进行媒体宣传。加强检察系统与残疾人权益保障组织的协作配合，形成多元主体协同保护残疾人权益治理格局，探索无障碍设施建设、信息交流、社会服务层面的公益诉讼保护机制。坚持"自主选择、托底供养"的原则，与北川县中羌医医院签订特困人员生活自理能力评估合同，合理确定特困人员的供养形式和照料护理方式。自"禹羌情"启动以来，公开募捐活动 18 次，发放捐赠倡议书 2.7 万余份，开展宣传活动 28 场，组织捐赠 62 场，得到 5 万余人的爱心捐助，覆盖党员干部、爱心企业、爱心组织、宗教界人士等各个群体，累计筹得善款 238 万余元。"禹羌情"汇聚点滴力量，引导广大群众心怀慈善、参与慈善，不断拓宽社会力量参与社会救助途径，共建和美社会。

（三）扶智扶志，破解贫困群众内生动力。从小处着眼、从碎事做起，形成外部多元扶贫与内部自我脱贫的互动机制，北川县将"劳动能力"作为识别贫困户一个重要标准的同时，加入"智""志"考察变量，将贫困群众更加细化为四种类型。第一类是壮年贫困人口，依托"扶贫专班""农民夜校"等授业解困机制分类开展技能培训，帮助他们开阔眼界，增长本领，树立信念，通过劳务输出、自主创业、县内务工、居家灵活就业和公益性岗位等方式助其迈出自力更生脱贫致富的第一步。第二类是青少年贫困人口，以"控辍保学""免费教育"和"送教上门"三大行动强力出击，全面落实民族地区 15 年免费教育、免费营养午餐等教育扶贫政策，誓将贫困代际传递之根彻底斩断。第三类是完全失去劳动能力，身患残障、重大疾病和年老体弱的困难群众，在以"基本医疗保险""大病医疗保险""医疗救助""民政医疗救助""医药爱心扶贫救助基金""卫生扶贫救助基金"六大防线保证及时看病就医的同时，鼓励贫困群众参与一项力所能及的工作。第四类是从第一、第三类析出的贫困懒散"老大难"，综合多种解困方案，下"绣花"功夫展开多对一帮扶，组织专人专事专办，从根本上做其思想工作，身体力行带动影响，积极为其创造学习、工作机会。党的十八大以来，累计开展社会救助对象联合审核、融入社会组织和志愿者服务活动 230 余场次，惠及各类困难人口近 1 万人。跬步善行，"禹羌情"拉近了与困难群众的距离，丰富了脱贫攻坚的举措，使社会救助成为各族群众过上美好生活的"幸福源"。

社会救助是保民生、托底线、促公平的"暖心"事业。社会的温度，取决于"底线"的刻度。作为一种介入社会救助的创新方式，北川县将"守望相助、扶危济困是中华民族的传统美德"的慈善理念融入各族群众心中，把慈善事业融入社会治理体系，不断增强困难群众的获得感、幸福感、安全感，推动慈善事业高质量发展。

经验启示

各民族只有相互支持、相互帮助、优势互补，才能实现共同发展、共同富裕。依托"禹羌情"，北川县推动救助工作从"兜得住"向"兜得准""兜得好"发展，进一步织密扎牢民生兜底保障安全网，让民生保障更高效、更有温度，推动保障生

2024 年 4 月，北川县举办大型慈善捐赠活动

存型救助制度体系向促进发展型救助体系发展，为探索民族地区慈善和救助工作提供了新路径。

（一）高质量社会救助是实现共同富裕的重要保障。高质量社会救助兜牢了共同富裕底线，共同富裕指明了社会救助事业高质量发展前进方向。北川县针对特殊困难群体，分门别类、精准实施"禹羌情"专项救助基金，动员全社会最广泛的力量参与社会救助，切实筑牢社会保障最后一道"安全网"，缓解贫困，化解社会矛盾，促进社会公平与和谐，巩固脱贫攻坚伟大成就，让各族群众共享发展成果、走向共同富裕。

（二）志智双扶是实现高质量社会救助的关键举措。北川县在推进社会救助建设中，注重激励贫困对象主动作为，把救助与扶志、扶智有机结合，以改革完善社会救助制度、巩固拓展脱贫攻坚成果为重点，不断完善社会救助政策、夯实基本生活救助。

（三）培育社会力量是丰富社会救助的有力抓手。北川县践行"人民至上"重要理念，充分发挥社会力量联系面广、动员能力强、对接救助对象灵活、服务专业的特点，通过广泛筹集慈善资源、倾情开展慈善宣传、深入传播慈善理念等举措，积极推动社会力量参与社会救助，促进政府救助和社会救助良性互动，培育了一股践行社会主义正能量的社会救助重要力量，已成为政府救助的有益补充。

> 实施乡村振兴战略，一个重要任务就是推行绿色发展方式和生活方式，让生态美起来、环境靓起来，再现山清水秀、天蓝地绿、村美人和的美丽画卷。
>
> ——2017 年 12 月 28 日，习近平在中央农村工作会议上的讲话

以民族特色村寨为载体拓宽乡村振兴之路

——天津蓟州区孙各庄乡隆福寺村深入推进特色乡村提升改造

近年来，天津市蓟州区孙各庄满族乡（以下简称"孙各庄乡"）隆福寺村精心谋划推进特色乡村提升改造工程，传承保护乡村风貌、传统村落民居和优秀乡土文化，因地制宜发展特色优势产业，以民族村寨高质量保护与发展带动乡村全面振兴。

一、背景情况

隆福寺村位于蓟州区孙各庄乡东北部，因村北曾建有"隆福寺"而得名，全村 172 户，村民 500 人，其中满族人口 249 人，占全村总人口的 49.8%。隆福寺村充分挖掘少数民族历史文化资源，以建设一个民俗陈列馆、打造一条民族风情街、规划一个遗址公园、协调贯通一条道路、改造一座民族团结进步文化广场、提升一批民族特色民宅、编纂一部蓟州民族乡村故事书、推出一席民族特色美食、展示一套民族风情服饰、推出一系列民俗文化项目为抓手，打造特色乡村品牌。2019 年，被评为全国民族团结进步示范单位；2020 年，被评为第六届全国文明村镇；2023 年 3 月，被列入第六批中国传统村落名录。

二、主要做法

（一）聚焦资源优势，绘就村强民富画卷。突出民族特色、地域特色、时代精神。积极协调引入社会资本，推动隆福寺村与亿联控股集团签署捐赠资助协议，挖掘独特历史文化资源，打造民俗陈列馆、民族风情街等特色乡村品牌，建设乡村振兴示范村，推动各族群众共同团结奋斗、共同繁荣发展。隆六路道路建设项目于 2022 年 10 月底正式完工，打通了河北区域紧邻边界的 1.8 公里断头路。民俗陈列馆、民族风情街、民族团结进步广场、一席民族特色美食等项目主要任务已经完成，正在持续完善优化。2023 年"五一""十一"期间，接待游客 4200 人，实现旅游收入约 100 万元，与 2019 年同比分别增长 178%、254%，以旅游促进民族乡村经济发展和各民族交往交流交融成效初步显现。充分挖掘隆福寺村资源优势，发展民族风情农家院，引导农户根据自身特点，对农家院室内布局进行规划设计，家具、摆设突出民族特色，门口悬挂彰显民族特色的牌匾，房外墙体上绘制民族特色的图画和宣传栏，室内外环境进行彻底整治，以清洁美观的环境，以体验民族风情、品尝民族美食为突破口，迎接游客。现已经发展民族特色农家院 13 户，每户每年增收 5 万元。市级民族工作部门积极筹措近 35 万元资金改善种植环境，多次邀请天津市农作物研究所技术专家和果木研究所技术人员对村民进行农业实用技术培训。隆福寺村林果业经过近几年的发展，已基本实现了品种优良化、栽培区域化、管理规范化，形成速生核桃、板栗特色产业基地。全村核桃栽培面积达到 1000 亩，板栗栽培面积 800 亩，果品人均纯收入达到 9000 元。

（二）聚焦文化认同，构筑共有精神家园。坚持把构筑各民族共有精神家园作为一项基础性、战略性任务来抓，最大限度凝聚价值共识。邀请专业人士设计，投资近 30 万元打造面积达 3000 多平方米的隆福寺村民族团结墙体彩绘"新名片"。墙体彩绘内容充分展示孙各庄乡特色民族文化，深入宣传党的二十大精神、社会主义核心价值观和民族团结一家亲理念等，展现各族群众在党的领导下像石榴籽一样紧紧抱在一起的团结景象，进一步优化美化乡村环境，营造铸牢中华民族共同体意识浓厚氛围。积极指导隆福寺村利用宣传栏、广播等渠道，广泛宣传党的民族政策方针，开展民族团结进步宣传教育活动，以寓教于乐、生动有趣的方式开展送"法"进村活动，普及法律法规知识，增强广大群众的国家意识、公民意识和法治意识。通过开展"农民丰收节"庆祝活动，市民族文化宫"石榴籽文艺轻骑兵"小分队"送文艺下乡"、电商助农直播、文艺展演等活动，集聚全民智慧，促进各民族交往交流交融。

（三）聚焦改善民生，重塑农村人居环境。健全垃圾收运体系，按照"村收集、乡转运、区处理"的生活垃圾收运处理体系，实现村生活垃圾收运处理体系全覆盖；对全村厕所进行标准化改造，全面推进农村无害化卫生户厕建设和改造，提高粪便无害化处理水平，实现农村厕所无害化改造全覆盖；铺设自来水管道，实现全村污水管网全覆盖，提升村污水收集处理能力，逐步消除农村黑臭水体，保证百姓喝上安全饮用水；里巷街道硬化 2.6 万平方米，全部硬化到各家各户，中心大街和支街实现亮化，共安装仿古路灯 60 盏，栽植苗木花卉 1.8 万株，修建街心花园两处，铺砖硬化 600 平方米，绿化 200 平方米，建仿古凉亭一座。

隆福寺村着眼促进各民族共同富裕，坚持把民族团结进步与乡村振兴结合起来，挖掘民族风情，保留乡土味道，塑造美丽乡村风貌，奏响了一曲携手共建、勤奋感恩、和谐友爱的民族团结进步之歌。

经验启示

支持民族村寨保护与发展，是社会主义新农村、新牧区建设的重要组成部分，是民族工作的重要组成部分，也是保护中华文化多样性的重要举措。隆福寺村实施特色乡村提升改造工程，努力营造各民族你中有我、我中有你的生产生活生态良性环境，将各民族聚拢在中华民族大家庭里，在逐步改善农村人居环境、惠泽民生中，打造环境美、人气旺、农民富的中国民族特色村寨。

天津市蓟州区孙各庄乡隆福寺村民俗陈列馆

（一）坚持守正创新，推动良性循环。隆福寺村变革发展理念、转变发展方式，从乡村环境建设到全面发展，从物质文明建设到精神文明建设，抓好乡村产业、人才、文化、生态、组织"五个振兴"，实现农业生产、农村建设、乡村生活生态良性循环。

（二）坚持惠泽民生，凸显制度优势。隆福寺村以民生工程为切入点，突出解决好民生实际问题，切实把民族团结进步创建成果转化为乡村各族群众看得见、摸得着的实惠，努力营造平等公正、宽容自由、尊重法律的社会环境，提高各族群众的认同感、归属感和责任感。

（三）坚持人民至上，提升生活品质。隆福寺村坚持从群众切身利益出发，想群众之所想，急群众之所急，不断解决好农业农村发展最迫切、农民反映最强烈的实际问题，在逐步改善农村人居环境中，提高各族群众生活品质，助力推动乡村全面振兴。

总书记的话

> 要完善共建共治共享的社会治理制度，实现政府治理同社会调节、居民自治良性互动，建设人人有责、人人尽责、人人享有的社会治理共同体。要加强和创新基层社会治理，使每个社会细胞都健康活跃，将矛盾纠纷化解在基层，将和谐稳定创建在基层。
>
> ——2020年8月24日，习近平在经济社会领域专家座谈会上的讲话

创新治理方式　筑牢安全屏障

——云南西双版纳州勐腊县以"三三"工作法开创边疆民族地区基层治理良好局面

近年来，云南省勐腊县积极探索创新"三三"工作法，充分调动社会各单元参与基层社会治理的能动性，汇聚起各族人民群防群治、共建共治的强大合力，全县呈现出民族团结、宗教和顺、边境安宁、社会稳定的良好局面，祖国西南安全屏障更加牢固。

一、背景情况

勐腊县隶属于西双版纳傣族自治州（以下简称"西双版纳州"），位于云南最南端，与老挝、缅甸接壤，国境线长740.8公里，是云南边境线最长的县，境内拥有4个国家级口岸。全县辖9个乡镇，截至2023年底，常住人口30.95万人，居住着汉族、傣族、哈尼族等民族。为确保边境安全稳定、边疆繁荣发展，勐腊县广泛凝聚思

想共识，有效整合各方力量，推动基层社会治理从粗放到精准、从分散到集中、从低效向高效转变，显著提升治理效能。2023 年，勐腊县矛盾纠纷化解数同比上升 4.66倍，三类案件发案同比下降 29.03%，在不断夯实民族地区基层治理"底盘"的同时，打造边疆民族地区基层治理"新样板"。

二、主要做法

（一）推动"三网合一"，以基层治理的"精度"兜牢和谐稳定的底线。按照"需求在网格发现、隐患在网格排查、矛盾在网格化解、服务在网格开展、问题在网格解决"的工作思路，以"全科网格""三级网格""线上网格"推动基层治理精准细化，为维护边疆民族地区安全稳定奠定坚实基础。统筹"专属网格、综合网格、零星网格、村组网格、特殊网格"五类网格，整合各类基层治理力量和各方资源要素，健全完善网格功能，形成职责明确、管理精细、信息共享、渠道畅通、反应迅速、服务高效的"全科网格"，构建各方共同参与、共建共治的"全科网格"治理格局。建立"红、黄、绿" 3 色管控网格体系，划定 61 个治安状况较差、三类案件多发、重点人员集中的红色"重点网格"，划定 149 个治安隐患多、家庭矛盾多、邻里纠纷多、重点人员较为集中但可防可控的黄色"关注网格"，划定 1554 个治安状况较好、矛盾纠纷较少的绿色"常态网格"，做到有的放矢、精准管控。运用"平安版纳"APP，在网格内开展"双服务双报到"、铸牢中华民族共同体意识宣传、矛盾纠纷排查化解、特殊群体服务管理、突出问题整治等活动，实现信息在网格内汇聚、问题在网格内解决，形成"网格吹号、部门报到、群众响应"的工作格局，线上线下协同发力，确保矛盾在网格内化解、问题在网格内解决、服务在网格内满足，不断筑牢基层治理主阵地，夯实基层治理"底盘"。

（二）健全"三项机制"，以基层治理的"深度"维系"四个与共"的底色。严格落实"五级书记"抓基层治理和强边固防责任制，不断完善风险排查机制，推进分析研判机制，建立全员包保机制。常态化开展"拉网式"摸排 3000 余次，及时消除各类风险隐患和受理化解矛盾纠纷，法院新收案件 10 年内首次实现同比下降，辖区命案防控、矛盾风险稳控能力、各族群众安全感满意度得到极大提升，达到 98.55%，依法保障了各族群众合法权益。建立县、乡（镇）、村（社区）联动分析研判会议制度，对基层治理中的重点难点风险进行收集梳理、挂包分派，通过领导主动下访调解，将风险化解在基层一线。充分发挥综治中心在基层治理中信息研判中心的作用，收集矛盾纠纷 4522 件，开展风险隐患分析研判 300 余次，推动更多法治力量向前端用力，有效防范和化解各类风险隐患。健全党政军警民"五位一体"强边固防工作机制，构建统一领导、高效联动的边境治理"一盘棋"指挥体系，全面推行"1 名乡（镇）党政班子成员＋1 名村（社区）干部＋1 名社区民警＋N 名行业管理部门负责人"的"3＋N"管理模式，并坚持"半年一评一调整"，落实全时段、全过程、全区域包保管控责任，明确包保责任清单，化解积案 24 件，最大限度把矛盾和问题解决在萌芽状态，引导各级干部和各族群众牢固树立休戚与共、荣辱与共、生死与共、命运与共的共同体理念，让民族地区基层治理迸发新的生机活力，为实现国家治理体系和治理能力现代化贡献力量。

（三）打造"三支队伍"，以基层治理的"力度"构建互嵌共融的环境。切实抓好综治、普法、联防"三支队伍"建设，夯实基层治理的人才基础，为全面推进基层治理蓄力赋能。以"点、线、面"统管的模式，将党员、人大代表、政协委员、公职人员等纳入专兼职的一专多能网格员队伍；建立村民自治队伍，集中开展访民情、办实事、惠民生等系列活动 210 余次 6200 余人。组建县、乡综治专班队伍驻村蹲点，走访排查中高风险涉边问题重点村寨 40 余次，切实做到"整治一线、带动一片"，持续增强各族群众法治意识。由县委政法委书记担任总队长，公检法"三长"任责任人，抽调 140 余名政法干警、行政执法部门业务骨干组成 3 支专项普法工作队，组织 5000 余名"专兼职网格员""人民调解员""法律明白人"等队伍力量全覆盖下沉到 9 个乡镇 916 个村小组一线开展普法强基补短板工作，并将其作为铸牢中华民族共同体意识法治化建设的重要平台，教育引导各族干部群众自觉维护民族团结。整合派出所、抵边警务室等 1345 名人防力量常态化开展边境巡查，在重点地段、重点通道动态布防 27 个打击跨境违法犯罪查缉点和 42 个管控区，深化"机关＋农村"结对挂钩支援机制，建立 110 个联防所与 148 个抵边村"双向"挂钩机制，完善联防员与基层综治力量、民兵、村民等群防群治队伍的联勤联动体系，切实把工作触角延伸到基层治理末端，推动社会治理过程群众参与、治理成效群众评判、治理成果人民共享，提升各族群众基层社会治理的参与感和满意度。

勐腊县立足"边境"和"多民族"实际，不断深化基层治理体制改革，健全城乡治理体系，完善网格化管理、精细化服务、信息化支撑的基层治理平台，将制度优势更好地转化为治理效能，不断增强各族群众的国家意识、公民意识和法治意识，将休戚与共、荣辱与共、生死与共、命运与共的共同体理念根植于各族干部群众内心深处，凝聚起共同团结奋斗、共同繁荣发展的强大共识和不竭动力，共同书写奋进新征程的勐腊新篇章。

经验启示

勐腊县探索实践"三三"工作法，通过网格精细化重塑、完善矛盾纠纷多元化解机制、强化社会治理队伍建设等举措，有效激活各类社会主体参与基层共治、共管的内生动力，人民群众获得感、幸福感、安全感显著增强，为推进边疆民族地区社会治理现代化提供了实践路径和可鉴经验。

（一）提高网格精准度，提升民族地区治理水平。勐腊县以"三三"工作法为抓手，不断强化基层社会治理能力，持续健全网格化服务管理体系，在治理方式上不断优化、促进协同耦合，激发治理方式"联动效应""共生效应"，稳步推动"三网合一"，形成基层治理工作合力，打造各民族"共居共学、共建共享、共事共乐"的"勐腊样板"。

（二）增强机制创新力，推进治理体系现代化。紧紧围绕"横向到边、纵向到底、

2022 年 7 月，勐腊县创新法治宣传教育载体，在南腊河·星光夜市
开设"法治专摊"，开展现场普法活动

共建共治共享"的治理格局，不断创新工作机制，把边境民族地区基层矛盾纠纷化解的经验高度提炼形成系列制度，把成功推进和拓展中国式现代化的实践经验转化为制度成果，强化制度执行力，为深入推进民族地区治理体系现代化提供制度保障，推动新时代党的民族工作高质量发展。

（三）多方参与汇合力，确保边疆民族地区和谐稳定。聚焦干部队伍建设，将政法队伍、优势互补的服务队伍、德才兼备的法治人才及后备力量等整合起来，各族群众广泛参与，打造人人有责、人人尽责、人人享有的社会治理共同体，从而促使各族群众增强"五个认同"，在中华民族大家庭中手足相亲、守望相助，共同团结奋斗、共同繁荣发展。

总书记的话

> 要探索建立稳定脱贫长效机制，强化产业扶贫，组织消费扶贫，加大培训力度，促进转移就业，让贫困群众有稳定的工作岗位。要做好易地扶贫搬迁后续帮扶。要加强扶贫同扶志扶智相结合，让脱贫具有可持续的内生动力。

——2019 年 4 月 16 日，习近平在解决
"两不愁三保障"突出问题座谈会上的讲话

搬出新生活　扶出幸福路
——广西河池市南丹县以"五治融合"建设易地搬迁群众美好家园

近年来，广西壮族自治区南丹县以易地扶贫搬迁集中安置点为主阵地，构建出一套行之有效的易地搬迁后续扶持机制，有效巩固易地搬迁脱贫成果，确保各族群众搬得出、稳得住、能致富，为奋力建设新时代壮美广西作出积极贡献。

一、背景情况

南丹县，位于广西西北部，地处西南门户，有壮族、汉族、瑶族、苗族、毛南族、水族、仫佬族等 23 个民族，是历史上的"兵家喉地"，是桂、黔、川交通的重要枢纽。"十四五"以来，南丹县以创建全国民族团结进步示范县为目标，坚持政治、法治、德治、自治、智治"五治融合"推进社区治理，高标准打造了占地 1200 亩的"石榴籽家园"示范点——里湖瑶族乡朵努社区，安置易地搬迁群众 1092 户 5996 人，成为有效巩固易地搬迁脱贫成果的样板，形成了"民族团结、社区安宁、人民幸福"

的良好局面。2023 年 6 月，国家发展改革委员会印发专题简报，推广南丹县"五治融合"打造民族团结进步社区先进经验；同年，南丹县被命名为第十一批全国民族团结进步示范县。

二、主要做法

（一）坚持"政治"引领，筑强堡垒推动基层治理。在推进社区治理的过程中，南丹县坚持政治引领，强化基层组织建设。构建"党建＋联动"模式，坚持每日议事和每周例会协调推进社区工作，充分发挥党支部的战斗堡垒作用。社区民警兼任党支部副书记，社区"两委"和其他职能部门干部兼任警务助理，对警务、政务、事务进行综合管理，实现了工作互联、信息互通、人员互动，构建起党委政府领导、政法综治牵头、公安机关主导、职能部门协同的联动模式。构建"党建＋网格"模式，将社区划分为 5 个大网格和 17 个小网格，从基层党员中选拔网格长、网格员，将党的领导贯穿到日常的治安防控、矛盾调解、综合治理、服务群众中。构建"党建＋统战"模式，招聘社区临聘人员时充分考虑各族群众需求，让他们以主人翁的身份参与治理新家园。

（二）坚持"法治"保障，夯实根基维护社区安宁。南丹县紧密结合社区特点和工作实际，坚持法治为基、情法并重、刚柔并举，促进社区和谐安宁。突出法治沁润，设立"三官一律"工作室，充分发挥法官、检察官、警官和律师的特长，主动为群众提供法律咨询服务，化解矛盾纠纷。不定期开展"法治进社区"活动，2022 年以来，共开展普法活动 6 场，发放资料 900 余册，受教育群众达 2000 余人次，有效提高了居民的法治观念。突出刚柔并举，针对摩托车乱停乱放、未成年驾驶摩托车、"鬼火"摩托扰民等突出问题，社区全面加强重点部位的巡逻防控，2022 年以来查处交通违法行为 30 余起，收缴"鬼火"摩托 16 辆，有效整治交通乱象；同时，在依法前提下，以教育引导为主，灵活把握宽严尺度，既维持了社区秩序，又促进了民族团结和平稳过渡。突出维权保障，为关爱保护留守儿童、妇女、老人等弱势群体，设立法律维权岗，提供咨询服务；实行"三色预警"模式，根据警情记录，将"问题家庭"划分为黄色、橙色和红色三个预警等级，分类开展跟踪帮教，有效减少家庭暴力、未成年违法犯罪和适龄儿童辍学等问题。

（三）坚持"德治"教化，培根铸魂树立新风正气。南丹县坚持将邻里互助、包容的传统与社会治理结合起来，弘扬积极向上的道德风尚，采取多种形式褒奖。在社区组织开展"十星平安家庭"创建活动，包含无涉黑涉恶、无刑事犯罪、无治安违法、无非法集资、无传销、无邪教、无非法上访、无矛盾纠纷、无家庭暴力、无肇事肇祸等十项指标。通过创建评比激发群众的家庭荣誉感，引导群众自觉遵纪守法，促进社区邻里和谐。为了引导群众积极参与社区治理、治安防控、纠纷化解、公益活动等，积极探索"警社共建、公益联手、治安群防"多元共治模式，在社区推行积分制管理，弘扬甘于奉献、崇德向善的风尚，构建文明和谐示范社区。为健全长效机制，社区制定完善了《社区居民公约》，通过在社区宣传栏张贴等方式，规范居民的日常行为，引导居民遵纪守法。

（四）坚持"自治"强基，凝聚民心激活内生动力。南丹县坚持社区治理与民族团结并举，完善以群众自治组织为主体、社会各方广泛参与的治理体系，形成了治安联防、工作联动、矛盾联调的良好局面。组建一支包含社区干部、治安积极分子、退伍军人等参与的"瑶乡义警"志愿者队伍，利用人熟、地熟、信息灵、语言通的优势，协助开展治安工作。队伍组建以来，开展治安防控宣传120余次，提供各类线索70余条，协助化解矛盾纠纷60余起。加强日常沟通联络，提供安防培训，组建由民警、辅警和景区企业内保人员组成的"警企联防队"，提升景区自防能力，构建"自防为主、公安协同、联防联控"的格局。队伍组建以来，共联合开展安保活动20余次，治安巡逻50余次，调解矛盾纠纷30余起，景区内各类警情持续下降。组建由社区"两委"、综治、司法、工青妇共同参加的"纠纷调解队"，构建事发地、警务室、纠纷调解委员会"三级调解"体系。涉民族、旅游、家庭的问题和矛盾得以及时发现和化解，实现了"问题和矛盾不上交"。

（五）坚持"智治"支撑，驱动创新提升治理效率。南丹县坚持"社区警务＋智慧警务"双轮驱动，强化大数据运用，延伸防控触角，积极推进智慧社区建设，提升基层治理现代化水平。推动社区安装"百姓天网"监控450余个、"人脸识别"系统3套，同步接入市公安局信息化数据"六大系统"。每日开展"视频巡查"，接收预警信息，对重点区域、重点路段和重点人员进行全面管控，进一步提升社区防控效能。绘制具备360度全景展示、人员信息查询、房屋搜索定位、监控实时调取等功能的3D网格化电子地图，将信息庞大、业务繁琐的社区警务工作整合为"一张图"管理，实现"可视化""智能化""精细化"，大大提高了社区警务效能。依托"平安河池基层治理平台"，积极推进"警务网格＋综治网格"双网融合，按照"警格长＋网格长＋警格员＋网格员＋三官一律＋居民"的模式，在社区的每一个网格内分别建立居民群组，构建"智慧网格"管理架构，由警格长与网格长共同管理群组，实现了矛盾联调、治安联防、管理联抓、平安联创。2023 年以来，社区通过"平安河池基层治理平台"发送预警信息、政务信息、服务资讯 120 余条，接受咨询 30 余人次，搭建起各族群众沟通的桥梁。

南丹县在推进易地扶贫搬迁后续扶持工作中创新思路，探索政治引领、法治保障、德治教化、自治强基、智治支撑"五治融合"乡村综合治理体系，突出重点、精准发力，创新工作方式方法，促进各族群众团结交融，不断提升基层治理体系和治理能力现代化水平，最大限度提升各族搬迁群众的获得感、幸福感、安全感，总结出易地搬迁安置的"南丹经验"，推动实现人民更富裕、生活更幸福、乡村更美丽。

经验启示

南丹县通过开展易地搬迁集中安置点创建"四个先行示范"行动，有效增强搬迁群众和安置点内生发展动力，安置社区治理现代化能力不断增强，各族搬迁群众基本实现共居、共学、共建、共享、共事、共乐、共富、共维等目标，为巩固拓展脱贫攻坚成果和推进乡村振兴提供了可借鉴经验。

（一）推进"五治融合"，探索社区治理有效途径。南丹县坚持以人民为中心，凝

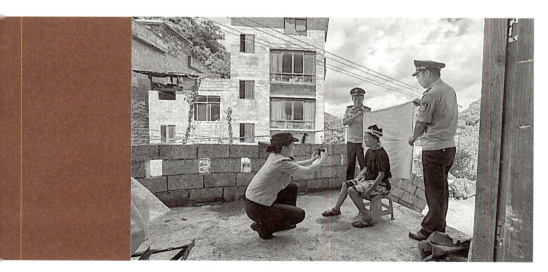

南丹县里湖派出所上门服务，开展居民身份证办理业务

聚起民心民力双向奔赴的内生动力，探索打造"五治融合"新模式，不断完善工作机制，让各族搬迁群众直接参与到脱贫攻坚的奋斗进程中来，推动形成社区治理新格局，为各族搬迁群众美好生活创造了和谐稳定的基础环境，不断增强各族搬迁群众的获得感、幸福感、安全感。

（二）全民参与共治，提升各族搬迁群众归属感。南丹县结合地域特点和实际工作，坚持"五治融合"推进社区治理，构建了平等、团结、互助、和谐的社会主义民族关系，进一步巩固了易地搬迁脱贫成果，在确保搬迁群众留得住的前提下，形成各族搬迁群众共居共学、共建共享、共事共乐新局面，不断增强对中华民族的认同感和归属感。

（三）融入城市新生活，提高各族搬迁群众满意度。南丹县利用现代化信息手段提高管理质量和效率，广泛组织开展各种形式的融入活动，创造各族搬迁群众共居共学、共建共享、共事共乐、共富共维的社会结构和条件，让各族搬迁群众共享和感受社区大家庭的温暖，更快融入新环境，更好适应新生活，拉近社区各族群众之间的距离，促进社区人心凝聚，形成广泛交往交流交融的良好氛围。

总书记的话

> 青少年时期是价值观、人生观和祖国观、民族观形成的关键期。教育是渗进血液、透入灵魂的，一定要从小就抓，从幼儿园就抓。要抓好爱国主义教育这一课，把爱我中华的种子埋入每个孩子的心灵深处，让社会主义核心价值观在祖国下一代的心田中生根发芽。
>
> ——2014 年 9 月 28 日，习近平在中央民族工作会议上的讲话

"零距离"场景助力各族青少年交往交流交融
——浙江宁波市江北区"四维一体"开展铸牢中华民族共同体意识教育

近年来，浙江省宁波市江北区立足深厚的历史文化资源优势，积极探索各族青少年人才培养路径，主动创新各族青少年交流方式，打造形成"特色鲜明、内涵丰富、质量扎实"的各族青少年铸牢中华民族共同体意识"零距离"场景，建设各族青少年互学互鉴的交流平台。

一、背景情况

宁波市江北区是宁波市的中心城区，地处宁波市区西北部，总面积 208.14 平方公里，下辖 7 个街道、1 个镇，常住人口 50.3 万人，有汉族、蒙古族、回族、藏族、维吾尔族、苗族等 36 个民族，全区有义务段学校 36 所，其中公办 34 所、民办 2 所，在校生 4.2 万余名。宁波市江北区深入实施青少年"筑基工程"，率先提出打造铸牢中华

民族共同体意识"零距离"场景和"石榴籽"培育计划，深入推进以文筑魂、以行致远、以情润心、以旅促融，共同夯实各族青少年铸牢中华民族共同体意识的根基。

二、主要做法

（一）以"微场景化交流"实现青少年铸牢中华民族共同体意识教育"有形"。根植中华优秀传统文化，立足慈城深厚历史文化资源禀赋，主动创新铸牢中华民族共同体意识宣教工作，引导各族青少年增强文化认同，牢固树立休戚与共、荣辱与共、生死与共、命运与共的共同体理念。持续以"各族青少年交流计划"续写"丝路"文旅故事，2023 年 9 月，"丝路名城交流互鉴·西安大学生宁波研学活动"在江北半浦园铸牢中华民族共同体意识宣传教育基地启动，畅游"海丝""遗产""工业"三个主题文旅路线，充分发挥文化旅游赋能优势资源，以文塑旅、以旅促融，促进各族青少年交往交流交融。持续以青少年融情工程共筑"甬库"友谊，以青少年交流计划为抓手，加强与民族地区学校"千校结对"交流，深入开展浙（江）阿（克苏）"百校十万'石榴籽'青少年融情工程"之新疆库车—宁波文化研学夏令营活动，以情润心、以心相交，来自新疆库车的 120 多名中小学生走进宁波江北，感受宁波的古城故事、海洋文化、藏书文化、青瓷历史和商帮文化。持续以"四方育人"推进"研学"行稳致远，坚持以"校—地—企—社"四方协同育人模式，加强与各中小学合作，打造铸牢中华民族共同体意识"零距离"体验课堂，为各族青少年搭建学习新平台，拓展实践新空间，创新拓宽各族群众交往交流交融新路径。

（二）以"零距离模式"实现青少年铸牢中华民族共同体意识教育"有感"。以宁波市江北区铸牢中华民族共同体意识示范带为依托，以红色地标为载体，串联朱贵祠、冯定真理园等宣教阵地为红色游线，先后组织 27 批 3000 余名各族中小学生赴真理园等地开展"传承红色基因""我是红色传承人"等主题教育，在青少年"筑基工程"中彰显红色文化引领力，用红色文化培根铸魂。厚植中华优秀传统文化，青少年坚定树立文化自信，以"向善、向真、向美"三大精品研学课程，在青少年"筑基工程"中激活中华优秀传统文化生命力，逐步走进各族青少年的心灵，以文化浸润各族青少年思想根基。以扎染、团扇、中医等非遗文化体验为载体，组织开展"非遗传承向阳生""非遗·亚运风"等系列活动，通过"展示＋体验＋互动"等形式，在青少年"筑基工程"中增强非遗文化吸引力，让各族青少年体验江北丰富的非遗文化资源特色，在实践中"零距离"感受非遗魅力。

（三）以"小特精式研学"实现青少年铸牢中华民族共同体意识教育"有效"。深入开展国学礼仪、非遗手作、农耕体验、姚江毅行等研学活动，不断增强各族青少年坚定对伟大祖国、中华民族、中华文化、中国共产党、中国特色社会主义的认同，在"五个认同"中把握铸牢中华民族共同体意识时代脉搏。围绕"之江同心·石榴红"品牌建设，以实践教育为方法，深入推进铸牢中华民族共同体意识宣传教育基地建设，从"学礼""知礼""守礼"中体验汉服、奉茶尊师礼等，拉紧各族青少年情感纽带，联通各族青少年共同记忆，在记忆传承中坚守中华民族文化根脉，促进各族青少年情感交融。培育弘毅少年，开展姚江毅行，让各族青少年在军旅生活体验中行军人之姿、强少年之躯、感时代之恩，在角色体验中找到情感共鸣，理解"立德、立学、立行、立新"的真正含义，感悟新时代青少年的初心使命，引导各族青少年树立正确的国家观、民族观、历史观、文化观、宗教观。在"寓教于乐"中引导广大青少年传承发展耕读文化，体悟"一粒米"里的各民族交往交流交融史，传承各民族共同的历史记忆，先后组织 75 批次 3.8 万余名青少年"零距离"体验传承千年的农耕文明，多维度、全方位带领各族青少年触摸历史掌纹，不断坚定文化自信。常态化开展好"中华经典诵读大赛"，全面推广普及国家通用语言文字，以语言相通促进心灵相通、命运相通。

宁波市江北区打造各族青少年中华民族共同体意识"零距离"场景这一做法，根植于中华优秀传统文化，立足于本地深厚历史文化资源优势，是抓牢抓实青少年铸牢中华民族共同体意识的"筑基"工程，旨在增强各族青少年"同心、同向、同行"的凝聚力，在有形有感有效铸牢中华民族共同体意识的同时讲好民族团结故事，推动铸牢中华民族共同体意识工作在各族青少年中走在前列、创出特色。

经验启示

宁波市江北区牢牢抓住青少年这一重要群体，依托本地历史文化资源禀赋，搭建跨领域、全方位、多样化的交流平台，以主题课程、实践教育、研学交流等方式，让各族青少年了解中华民族、领悟中华文化、深化对中华民族共同体的理解和认识，具有重要的启示意义。

（一）"形神兼备"拓展铸牢中华民族共同体意识载体。宁波市江北区根植于中华优秀传统文化的时代精华，以"数智"赋能铸牢中华民族共同体意识工作，发挥数字

2023 年 9 月，"丝路名城交流互鉴·西安大学生宁波研学活动"
在江北半浦园启动

技术在中华民族共同体意识培育方面的潜能，让人工智能应用场景成为铸牢中华民族共同体意识的主要载体之一，不断丰富和创新铸牢中华民族共同体意识基地、公园、共富工坊等载体，持续擦亮"之江同心·石榴红"品牌，共同营造共居共学、共建共享、共事共乐的良好格局，引导各族青少年增强中华文化认同。

（二）"与时俱进"丰富铸牢中华民族共同体意识传播方式。宁波市江北区牢牢抓住各族人民对美好生活的向往和对精神文化的需求，提高精神文化创新创造能力，借助各族青少年喜闻乐见的沉浸式、体验式、互动式方式，将中华优秀传统文化、传统技艺融入特色研学课程，不断满足各族青少年多样化、多层次、多方面的精神文化需求，把对中华优秀传统文化的感知和实践一体化融入各族青少年日常行为、生活习惯和身体记忆，将铸牢中华民族共同体意识深植于心、外化于行，丰富各族青少年精神世界，实现"知行合一"，为实现中华民族伟大复兴凝聚更为积极的精神力量。

（三）"青年为本"夯实铸牢中华民族共同体意识思想根基。宁波市江北区坚持把加强各族青少年教育摆在更加突出的位置，持续扩大各族青少年交流规模，打造各族青少年交往交流交融"零距离"新场景，潜移默化开展深入、持久、生动的青少年爱国主义教育，让中华文化成为各族青少年共有的精神家园，增强各族青少年对祖国发展成就的认同感和自豪感，激励和鼓舞各族青少年努力成长为担当民族复兴大任的时代新人，引导各族青少年手足相亲、守望相助，共同维护民族团结和祖国统一，把自己的理想同祖国的前途、把自己的人生同中华民族的命运紧密联系在一起。

总书记的话

> 要促进各民族广泛交往交流交融，以中华民族大团结促进中国式现代化。强国建设、民族复兴的进程，必然是各民族广泛交往交流交融的过程，必然是各民族共同团结奋斗、共同繁荣发展的过程。
>
> ——2023 年 10 月 27 日，习近平在中共中央政治局第九次集体学习时的讲话

地方实践

江南情谊深 互嵌共发展
——江苏无锡市探索就业创业发展路径

自 2021 年以来，江苏省无锡市率先启动"红石榴就业行动"，鼓励支持民族地区各族群众到无锡就业创业，推动各族群众互嵌式发展计划落地落实，积极促进各民族交往交流交融，有效推进民族团结进步事业高质量发展走在前列，不断开创新时代无锡民族工作新局面。

一、背景情况

无锡市，江苏省辖市，常住人口 749.08 万人，辖 2 个县级市、5 个区、1 个经济开发区，现有 55 个民族，常住少数民族人口 9 万人，是典型的多民族散居城市。无锡市素有"太湖明珠、江南盛地""中国第一工商名城"的美誉，是一座产业创新名城、生态宜居名城、交通枢纽名城、山水文旅名城，地区生产总值超过 1.5 万亿元，人均 GDP 达 19.8 万元、保持全国大中城市首位，进出口总额达 1106.5 亿美元，一般公共预

算收入 1133.38 亿元；拥有 10 个千亿级产业集群，物联网、生物医药、高端纺织 3 个先进制造业集群入选"国家队"，科技进步贡献率超 68%、蝉联全省"十连冠"，入围中国企业、制造业、服务业、民营企业四个"500 强"榜单企业数继续保持全省第一，连续 4 年获评中国最佳促进就业城市。2021 年，国家民委在江苏无锡市启动"各族群众互嵌式发展计划"，以就业创业为重要抓手，促进各民族交往交流交融。为此，无锡市创新实施"红石榴就业行动"，积极构建政府引导、部门服务、企业参与、市场运作的合作共建机制，鼓励支持民族地区各族群众到无锡就业创业，推动各族群众互嵌式发展计划落地落实，积极促进各民族交往交流交融，有效推进民族团结进步事业高质量发展走在前列，累计打造省级"红石榴家园"41 家。两年来，全市共吸纳内蒙古、广西、西藏、宁夏、新疆、贵州、云南、青海等省区 1.4 万多名各族群众来无锡就业。2024 年 1 月，无锡市被国家民委命名为"全国民族团结进步示范区"。

二、主要做法

（一）加强统筹推进，优化"红石榴就业行动"协作机制。成立"红石榴就业行动"工作专班，建立健全新疆劳动力来无锡务工协调机制、少数民族来无锡务工情况调度通报机制，制定《"红石榴就业行动"试点工作方案》，组织企业、人力资源服务机构赴云南、贵州、青海等地开展"红石榴就业行动"招聘活动，通过包机、专列等方式，进一步吸纳更多民族地区、边疆地区少数民族群众来无锡就业创业。依托省级人力资源产业园和无锡市人才集团成立"红石榴就业促进服务中心"，构建"1＋1＋8＋N"［市＋市红石榴就业促进服务中心＋8 个市（县）区＋乡镇（街道）、社区、企业的四级就业促进服务网络］。编写《红石榴就业促进服务政策一本通》，提供政策业务咨询、人力资源、法律援助、员工关怀、培训指导、交流联谊等六项服务，为个人自主就业、政府劳务输出、企业市场化用工等各类群体搭建平台，拓宽民族地区各族群众就业创业渠道。2022 年，无锡市举办的"锡山·化隆·水城·钟山"三省四地"红石榴就业行动"直播带岗招聘活动，同时在线人数突破 5.7 万人，收到求职意向 1235 余份，现场达成初步意向 117 人，并成功入选国家民委主办的"中华一脉 同心筑梦——中国共产党民族工作光辉历程和伟大成就主题展"展陈案例。

（二）推动企业参与，打造"红石榴就业行动"品牌亮点。坚持全域统筹、品牌引领、整体推进的原则，通过政府引导、部门服务、企业参与、市场运作等方式，积极打造"红石榴"系列品牌，无锡市先后涌现出新日公司、海澜集团、维尚家居等一批吸纳民族地区各族群众就业的先进典型企业。以江苏新日电动车股份有限公司为试点，支持企业打造"红石榴家园""民族团结同心生产线""同心书屋"等"互嵌式发展"系列工作品牌；设立政企联合培训基地，对各族员工系统开展铸牢中华民族共同体意识教育、国家通用语言培训、岗位技能培训以及美容美发、烘焙、插花等职业技能培训，帮助少数民族员工解决在技能、语言、生活方面的困难；在吸纳新疆克孜勒苏柯尔克孜自治州（以下简称"克州"）阿合奇县柯尔克孜族务工人员并做好管理服务的基础上，主动对接离职的少数民族员工，支持帮助其在家乡开设电动车专卖店或美容美发店、服装店，确保其返回家乡依旧有工作、有收入。2020 年，新日公司包机组织新疆少数民族员工回无锡复工复产，被《人民日报》、新华社、央视新闻等国家级媒体广泛报道。2023 年，新日公司、海澜集团入选国家民委各族群众互嵌式发展计划典型案例。惠山区支持青海省海东市乐都区芦花乡易地搬迁刺绣产业扶持项目，组织培训 500 名刺绣能手，700 多名妇女得以就近就业。新吴区与吉林省延吉市签署《民族团结进步结对共建协议》，支持延吉群众到新吴就业创业、居住生活，鼓励新吴企业到延吉投资兴业、开发建设。乌鲁木齐经开区（头屯河区）工信局与江苏泰信机械科技有限公司签订投资协议，设立中亚桩机综合服务基地，总投资 5000 万元。无锡援疆前方工作组推动新疆克州阿合奇县与锡山区签订《电动车产业发展与跨境贸易战略合作协议》，援建年产 2 万辆电动车的新疆克州"飞凤车业"，年销售额 3000 万元，并首次出口乌兹别克斯坦。自 2022 年以来，无锡市红石榴就业促进中心已举办红石榴专场招聘等活动 30 多场次，服务劳动者近万人次，助力各族群众更好更快实现就地就近就业。

（三）健全保障机制，完善"红石榴就业行动"服务体系。落实就业扶持和社会保险补贴等扶持政策，将外来少数民族职工服务管理工作全面纳入城乡一体化公共就业服务体系，对符合标准条件的外来少数民族职工，从市、区促进就业专项资金中列支或由财政统筹安排补助资金。市、区两级统战、民族、工会等部门定期赴企业了解少数民族职工思想动态，帮助解决就业创业过程中的实际困难，重点解决在技能、语言、生活、入学等方面的困难，让他们"进得来、留得住、过得好"。鼓励民族地区学生来无锡就业创业，与新疆、青海、云南、贵州四省区的职业院校联合开展"乐业无锡"校企对接活动，深化校企间"就业见习""订单培养""顶岗实习"等合作，对四省区少数民族高校毕业生来无锡成功创业的，给予一次性创业补贴 6000 元和 3 年内每年据实给予上限为 1 万元的创业租金补贴。搭建民营企业与边疆地区对接合作平台，全力推动"民营企业进边疆"行动，带动边疆劳动力就近就业。惠山经开区与乌鲁木齐经开区签订东西部共建战略合作协议，共建新惠国际贸易产业园，采取"政产学研资＋国际贸易"新商业模式，搭建以新惠国际贸易产业协同中心为引擎的产业赋能体系，促进创新链、产业链、资本链"三链融合"，形成交流合作、产业促进、深度融合的东西部合作前沿阵地。

无锡市通过发挥开展"红石榴就业行动"先行先试的优势，持续聚焦少数民族群众就业创业，不断完善工作机制，拓展工作领域，做精做强做优工作品牌，营造外来少数民族群众在无锡安居乐业的良好氛围，在与当地各族群众和睦共处、共享改革发展成果中，谱写"手足相亲、守望相助、民族团结一家亲"的动人篇章。

经验启示

"各族群众互嵌式发展计划"和"红石榴就业行动"开展以来，无锡市力求为来无锡就业创业的各族群众打造出一个有特色、有服务、有温度的就业基地，构建起共居共学、共建共享、共事共乐的互嵌式社会环境，探索出一条各族群众互嵌式发展的新路径。

（一）政策引导是少数民族群众融入城市的关键。无锡市坚持重心下移，把着力点放在基层，在技能培训、社会保险、子女入学等方面强化政策引导，帮助少数民族

2022年6月，新日公司组织柯尔克孜族员工开展岗前培训

流动人口主动融入、快速融入城市生活，为他们落下脚、扎下根、安下心成为"新市民"积极创造条件，在满足各族务工群众对美好生活的向往中，提升了各族务工群众的幸福感和满意度。

（二）促进就业是少数民族群众融入城市的基础。无锡市针对不同地区、不同民族就业创业群体，指导各地因地制宜、分类施策，通过政府购买服务、社区培育孵化、企业定向招聘等形式，为少数民族群众精准提供就业创业帮扶，让各族群众在无锡留得住、融得进、有发展，平等地享受到城市发展红利，同步迈向现代化、实现共同富裕。

（三）精心服务是少数民族群众融入城市的保障。无锡市围绕少数民族流动人口服务管理，一体规划、同步实施，高质量打造集民族政策宣传、民族交往交流交融、便民服务咨询等多功能于一体的民族之家，以形式多样的活动为载体，鼓励各族群众互动交流，营造团结友爱、和睦相处的社会环境，极大地提升了少数民族群众的归属感。

第五部分　生态文明建设

习近平总书记强调，要深入贯彻新时代中国特色社会主义生态文明思想，坚持以人民为中心，牢固树立和践行绿水青山就是金山银山的理念，把建设美丽中国摆在强国建设、民族复兴的突出位置，推动城乡人居环境明显改善、美丽中国建设取得显著成效，以高品质生态环境支撑高质量发展，加快推进人与自然和谐共生的现代化。生态文明建设是建设现代生态文明、发展美丽中国的基础。民族地区是我国资源富集区、水系源头区和生态屏障区，党和国家高度重视民族地区生态文明建设和绿色发展。工作中，要牢固树立绿水青山就是金山银山的理念，坚持山水林田湖草沙一体化保护和系统治理，加快发展方式绿色转型，深入推进环境污染防治，把生态文明建设融入经济建设、政治建设、文化建设和社会建设等各个领域，更加自觉地推进绿色发展、循环发展、低碳发展。通过深化生态文明建设，提升生态系统多样性、稳定性、持续性，激发各族群众共同守护美好家园，共同建设美丽中国的内生动力。在共同建设生态文明的绿色之路上，不断深化各族群众对人与自然生命共同体的规律性认识，不断满足各族群众日益增长的优美生态环境需求，促进各族群众的生态家园得以永续发展，为建设生态和谐共生的中华民族共同体巩固绿色支撑。

> 优良生态环境是贵州最大的发展优势和竞争优势，要牢固树立生态优先、绿色发展的导向，不断做好绿水青山就是金山银山这篇大文章。要牢固树立绿水青山就是金山银山的理念，守住发展和生态两条底线，努力走出一条生态优先、绿色发展的新路子。
>
> ——2021 年 2 月 3 日至 5 日，习近平在贵州考察时的讲话

地方实践

做活"水"文章 激活"水"密码

——贵州五级河湖长制促进河湖长治

水是生存之本、文明之源。近年来，贵州省加大对水生态环境的保护力度，扎实推进河湖长制，不断提高保护和治理水平，让河湖保护的过程和成果成为各族群众交流对话的窗口，各族群众获得感、幸福感、安全感稳步增强，以绿水青山的发展底色诠释河畅、水清、岸绿、景美的美好蝶变。

一、背景情况

贵州地处我国西南内陆地区腹地，全省总面积 17.62 万平方公里，共有 6 个地级市、3 个自治州，常住人口 3856 万人，有 56 个民族，是西南地区交通枢纽、长江经济带重要组成部分。贵州河流处于长江和珠江两大水系上游交错地带，是长江、珠江上游地区重要生态屏障。全省水系顺地势由西部、中部向北、东、南三面分流，河流

数量较多，长度在 10 公里以上的河流有 984 条。2009 年，贵州试点推行环境保护河长制。2017 年全面推行河湖长制以来，贵州河湖长制从建机立制、搭建四梁八柱的 1.0 版本，到重拳治乱、改善河湖面貌的 2.0 版本，正向全面强化、标本兼治、打造幸福河湖的 3.0 版本迈进，不断提升各族群众的生态环境质量，促进生态经济效益不断提升。通过不懈努力、持续发力，在国家的各类相关评比表彰中取得了良好成绩，先后四次获国务院表彰。

二、主要做法

（一）完善河湖长制保障机制，河湖生态环境持续向好。贵州在全国率先将全面推行河湖长制写入地方性法规，2017 年以来，出台《贵州省水资源保护条例》《贵州省河道条例》等法律法规，为河湖管护提供法律保障。在全国率先建立"五级河湖长制"，设置 22755 名河湖长，首创四级"双总河长"和"四大班子人人当河长"，河长日常带头巡河，及时发现和解决河湖管理中面临的问题。在全面建立从省到村五级河湖长体系的基础上，制定《贵州省流域河湖长制工作方案》，省、市、县三级 2285 名流域河湖长持续提升流域统筹协调能力和效率。将"保护母亲河·河长大巡河"作为每年 6 月 18 日"贵州生态日"常态机制，激活各族群众河湖保护的"主人翁"意识，2017 年首个生态日超过 3 万名各族群众参加巡河，加强保护水生态、高效利用水资源，筑牢绿色生态屏障。分级、属地聘请民间义务监督员、巡查保洁员，着力解决河湖管护"最后一公里"。每年"贵州生态日"期间，省委、省政府主要领导带头巡河，聚焦环保突出问题督办整改，全省五级河湖长以及各族干部群众累计 7 万余人参与巡河，上下同心共护黔山秀水，带动各族群众、社会各界共同参与到河湖保护中来，形成全社会关爱河湖健康的良好氛围，不断提高各族群众的生活环境质量、幸福指数。2022 年，全省五级河湖长巡河近 2.8 万人次，现场巡河发现问题近 3300 个，现场解决问题近 2900 个，其余问题全部下发跟踪整改完毕。2022 年，全省 119 个地表水国家考核断面水质优良率达 98.3%，247 个省控断面水质优良率为 98%，县级及以上集中式饮用水水源地水质达标率持续保持 100%，汩汩碧水已成为滋润贵州大地、造福各族群众的"幸福之水"。

（二）建立跨区域河湖保护体系，流域治理更加系统完善。针对跨界河湖，立足流域整体，建立合作机制。如发源于云南曲靖的黄泥河，流经贵州六盘水和黔西南，曾因权限不明晰、管理混乱，呈现出水质不佳、水体混浊等环境污染现象，导致沿线各族群众生产生活环境质量不断下降。河湖长制全面推行后，黔西南、六盘水、曲靖共同探索，建立了黄泥河环境保护协同监督工作机制，明晰界河管理责任，三方互派河长，协调上下游、左右岸实行联防联控，各民族共建保护机制、共护一江清水，形成了齐抓共管、共同治理的新态势。近年来，贵州与毗邻省（市、区）签订联防联治协议，建立生态保护补偿机制，开展联合巡查督察和联合执法，从"政出多门各自为政"到"攥指成拳招招管用"，河湖治理能力和水平显著提升。与周边5省（市、区）河湖长制办公室签订跨省河湖联动机制协议，推动跨省河湖共同保护治理，实现了跨境河湖联防联动全覆盖；黔渝川滇四省市检察机关联合出台赤水河、乌江流域跨区域生态环境保护检察协作机制，为构建长江上游生态屏障提供强有力的司法保障；云贵川三省人大常委会分别审议通过了关于加强赤水河流域共同保护的决定，系我国首个地方流域共同立法……随着跨界河流治理的深入推进，贵州流域治理更加系统，在与周边省（市、区）结成了"同饮一江水、共同谋发展"的合作共同体、责任共同体的同时，加强了各族群众交流互鉴，拓宽了各民族互嵌式发展渠道，促进了各民族在空间、文化、经济、社会、心理等的全方位嵌入。

（三）发展绿色经济共建美丽幸福河湖，河湖流域群众生活更加美好。贵州管好用好水资源，与经济发展有机结合，发挥水资源综合效益，系统谋划水资源优化配置格局，既保障实现了"还水于河"，又修复保护了河湖生态，切实发挥了绿水青山的"聚宝盆"作用。近年来，贵州推动铜仁万山汞矿遗址实现由"卖资源"向"卖风景"转变；重塑都匀市剑江河上游的杨柳街河生态环境，达到环境、资源、城市景观和经济效益共赢；修复赤水河流域水土流失、野生动物栖息地遭受干扰等生态环境问题，保护好全国知名的"百里酒廊"……作为唯一一条没有被梯级开发的长江支流、留下红军长征历史佳话的赤水河，天更蓝、水更绿，沿岸的30多个民族形成了赤水河流域地区独特的民族文化，流经地域出产了以茅台为首的大小数十种名酒。河湖保护治理既盘活了周边产业，又美化了乡土家园，更促进了各族群众物质和精神"双丰收"。作为长江、珠江上游绿色屏障建设示范区，贵州牢牢守好发展和生态两条底线，以生态建设为根本，尊重自然、顺应自然、融入自然，把"绿色"融入文化和旅游发展各个方面，形成了山水风光、民俗风情、避暑养生、休闲度假等鲜明的旅游产品体系，吸引了全国各地的各族群众，构建了各民族交往的大舞台。各民族共建美丽幸福河湖，制定出台了《贵州省河湖健康评价实施指南》《贵州省美丽幸福河湖评定管理办法》，明确"河畅、水清、岸绿、景美、人和"五大指标，累计投入各类资金近 40 亿元，完成 37 条美丽幸福河湖建设，有效带动经济模式转变、产业升级，生态、经济、社会效益凸显，受益各族群众达 142 万人，不断带动各族群众就业创业、增收致富，为民族地区高质量发展注入强劲动力，使得民族地区发展更充分、更平衡、更协调。

美丽河湖带来美好幸福生活。贵州河湖长制工作从"有人管""管得住"步入建设美丽幸福河湖、助推高质量发展、满足各族群众美好生活需要的新阶段，从河湖治理、生态修复、环境保护、污水治理到人居环境整治、乡村振兴，有效带动经济模式转变、产业升级，生态、经济、社会效益凸显。如今，逐水而居的各族群众借助河湖长制的东风，重塑人与自然的关系，守护好各民族共同居住的多彩贵州绿色底色，书写人与河湖和谐相融的新篇章。

经验启示

贵州牢记嘱托、感恩奋进、持续发力，连续 7 年组织五级河长"保护母亲河·河长大巡河"活动；积极推动区域协作，实现与周边省（区、市）跨境河湖联防联动全覆盖；深入开展河湖"清四乱""零网箱"等专项行动……推动河长制迈向河"长治"，助推流域地区经济社会高质量发展，全省河湖水质持续向好，河湖面貌明显改善，初步实现了河湖长制"有名""有实""有能""有效"，为推进中国式现代化贡献贵州力量。

（一）五级河湖长制是河湖生态环境保护的基础保障。贵州全面建立河长制，让各族群众叫得出名字、有长流水的河流都有了健康守护责任人，分级招募各族群众担任河湖民间义务监督员，在全国率先设立四级"双总河长""四大班子人人当河长"，实现各类水域河长制全覆盖，构建了省、市、县、乡、村五级河长主抓、主干、主责的河长体系，"政府河长"联手"民间河长"共同推进河长制。常态化开展"保护母亲河·河长大巡河"主题活动，河湖保护观念深入全社会，依托各级河长和各类社会力量，贵州各族群众共有共享的千百河湖得到有效保护。

（二）跨界合作治理是流域治理系统完善的互补合力。贵州积极破解跨界河流治理难题，探索建立环境保护协同监督机制，与相邻省（区、市）签订联防联治协议，建立跨区域生态补偿机制，开展联合巡查督察和联合执法，从"政出多门各自为政"到"攥指成拳招招管用"，跨区域上下游、干支流、左右岸统筹谋划，共同抓好大保

赤水市大同河风光

护，协同推进大治理，贵州与周边省（区、市）各族群众在跨界河流守护中共同担当，河湖治理能力和水平显著提升。

（三）经济绿色共赢是建设美丽幸福河湖的不竭动力。贵州立足流域实际情况，深入践行习近平生态文明思想和"绿水青山就是金山银山"理念，对河湖长制度进行延伸拓展，深入推动河湖长制从"有名"到"有实"再到"有能""有效"，让河湖"清起来""绿起来"带动"富起来"，让绿水青山真正成为各族群众的"幸福靠山"。

总书记的话

生物多样性使地球充满生机，也是人类生存和发展的基础。保护生物多样性有助于维护地球家园，促进人类可持续发展。

——2021 年 10 月 12 日，习近平在《生物多样性公约》第十五次缔约方大会领导人峰会上的主旨讲话

社会各界同参与　只为水清鱼儿欢

——云南迪庆州及毗邻市州合力筑牢长江上游生态安全屏障

长期以来，云南省迪庆藏族自治州（以下简称"迪庆州"）深刻认识金沙江生物多样性保护工作的重要性和必要性，不断增强保护长江上游生态安全屏障的责任感和使命感，充分发挥社会组织力量，切实把金沙江土著鱼类保护抓紧抓实、抓出成效，保护好各民族共有共享的长江母亲河生物资源，持续筑牢长江上游生态屏障。

一、背景情况

迪庆州，云南省辖自治州，位于云南西北部，滇、藏、川三省区交界处，有汉族、藏族、傈僳族、纳西族、白族、彝族等 26 个民族，水资源总量为 112 亿立方米，境内金沙江为长江上游，在迪庆州境内流经了三县（市）的 11 个乡镇 58 个村，干流流程为 430 公里，流域面积 16472.8 平方公里，拥有丰富的生物多样性和独特的自然景观，是我国重要的生态功能区和战略资源储备区。全长 3000 多公里的金沙江，穿越崇山峻岭，沿江有无数逐水而生的人口、村落，流域面积 50 多万平方公里，约占

长江流域面积的 26%。金沙江土著鱼类曾是沿岸各族群众共有的集体记忆，经 2000 年初期调查，金沙江是我国鱼类资源最丰富的河流之一，流域有各种鱼类 75 种左右，其中土著和易危鱼类 20 多种。随着经济社会的发展，金沙江土著鱼类身价"飙升"，为了牟取经济利益，部分渔民采用了竭泽而渔的捕捞方式，金沙江众多独特的土著鱼类等水生物资源面临绝迹的危险，土著鱼类资源保护已刻不容缓，迪庆州及毗邻市州以"政""民"同心为抓手、以协同共治为核心、以上下联动为目标，全力以赴开展金沙江生物多样性保护。

二、主要做法

（一）"政""民"同心，推进金沙江生物多样性保护力量不断加强。2018 年，云南颁布实施了全国第一部生物多样性保护的地方性法规——《云南省生物多样性保护条例》，为保护金沙江生物多样性提供了法律支撑。2013 年，在习近平总书记"绿水青山就是金山银山"理念启迪下，迪庆香格里拉金沙江土著鱼类恢复保护协会（以下简称"协会"）创始人组织亲朋好友、公司员工在香格里拉上江一带开始金沙江土著鱼类保护工作。2015 年，在迪庆州的支持和指导下，协会正式成立，现已有来自汉族、藏族、彝族、傈僳族等 20 余个民族的会员 500 余人，长期安排巡护员在金沙江开展巡护宣传。目前协会保护范围从最初的金沙江干流香格里拉尼西幸福村河口到虎跳峡江面范围扩展到迪庆州及毗邻市州境内金沙江、澜沧江、怒江的干流和支流，覆盖金沙江干流 1000 公里及支流、澜沧江干流 500 公里、怒江 350 公里及支流、黑惠江 341 公里干流及支流、龙川江 167 公里干流及支流，保护范围涉及四川省甘孜藏族自治州（以下简称"甘孜州"）、凉山彝族自治州（以下简称"凉山州"），云南省迪庆州、丽江市、大理白族自治州（以下简称"大理州"）、楚雄彝族自治州（以下简称"楚雄州"）、怒江傈僳族自治州（以下简称"怒江州"）、保山市。协会累计投入资金近 500 余万元（其中发放举报奖金 200 余万元），建立非法捕捞举报奖励制度，专门设立 2 部举报电话，并对举报者给予 3000 元到 10000 元不等的奖励。在政府部门的认可和支持下，协会与迪庆、丽江等地的渔政、公安部门和乡村组织展开联动"护渔"行动，共同在金沙江两岸巡逻，配合渔政、公安部门共清缴网具 13891 张、地笼 4976 个、电鱼器近 260 台，为金沙江生物多样性保护提供了民间协会组织的保护力量。协会还成立了有 324 名成员的公益群，成功组织了 5 场金沙江土著鱼类增殖放流活动。迪庆州社会各界积极参加增殖放流活动，境内水电站、民间协会、寺庙僧侣、保护生态环境人士等积极参与，每年共同增殖放流的土著鱼类均在 80 万尾以上，2023 年开展增殖放流活动 13 次 98.36 万尾，为金沙江土著鱼类和生物多样性的保护注入了新鲜血液。政府、村镇河长、渔政、公安等多方力量协同合作推进长江上游金沙江段生态系统恢复，金沙江及主要支流鱼类资源可持续发展和永续利用的社会保护力量不断形成。

（二）协同共治，形成保护长江上游生物多样性跨区域合力。金沙江生物多样性保护契合了各族群众保护自然、保护生态的心理认同，以及人与自然和谐共生的"香格里拉"人文之美。由于金沙江流域广、支流多，开展渔业监管工作的渔政部门人手少、战线长、护渔工作繁重，迪庆州于 2020 年开始先后与丽江市、四川甘孜州签署长江流域重点水域"十年禁渔"联合渔政执法行动协议。四川凉山州、甘孜州和云南迪庆州、丽江市、大理州、楚雄州 6 市（州）同处金沙江流域，彼此既是山水相连的"好邻居"、人文相亲的"好伙伴"，也是血脉相连的"好兄弟"，长期以来保持着密切的联系与往来。随着协会在金沙江流域不断开展"护渔"行动，成立专职巡护队，加大对沿江区域的宣传、巡护力度，联动会员，协助专家、协会、企业推动民间力量科学恢复土著鱼类、筹款护渔、组织公益活动等，形成了"整合资源、科学方案、公众参与、社区为本"的金沙江土著鱼类保护模式。各族群众生物多样性保护意识不断提高，对生物多样性问题的理解和认识不断增强，保护长江上游渔业资源和生态环境的法律意识不断提升，更加自觉主动地投入到"护渔"行动中，形成了以协会为纽带、毗邻市州各族群众共同参与的"护渔"联盟，在"护渔"行动中促进了各族群众广泛交往、全面交流、深度交融，不断增进各民族间的了解和认可，"护渔"行动已成为凝聚各族群众共识的"大熔炉"。来自各民族、各市州的钓鱼爱好者、村民小组长、村民及曾经的捕鱼人、电鱼人 2000 余人主动加入到协会志愿者的行列中来，共同开展土著鱼苗放流、入户宣传、张贴标语、监视江面、提供线索、劝阻和举报违法行为等"护渔"行动，杜绝发生"电毒炸"渔政案件，竭力保护好金沙江母亲河的生态资源和生物多样性，成为了保护金沙江生物多样性的"眼睛"，为金沙江土著鱼类营造了良好的栖息繁衍庇护所，以实际行动保护好土著鱼类这一各族群众共有的美好记忆和自然财富，激活促进各民族紧密联系的精神密码，为构筑中华民族共有精神家园提供了有效接入点。

（三）上下联动，金沙江生物多样性保护助推长江流域生态环境转好。长江是中华民族的母亲河、生命河，长江独特的生态系统对维护生物多样性、生态平衡，保障国家生态安全具有重要作用，是我国重要的生物基因保护库，是中华民族永续发展的重要支撑。迪庆州各族群众把修复长江生态环境摆在首要位置，保护金沙江生态环境逐渐成为全社会的共识，推动金沙江流域生物多样性保护工作取得了良好成效，各族人民共同守护长江上游的生态安全，有效减少人类活动对生态系统的干扰和破坏，金沙江鱼类资源明显恢复，为支持民族地区走生态优先、绿色发展之路作出应有贡献。"一方水土养一方鱼、家乡人守护家乡鱼"，协会每年在金沙江沿江上千公里沿岸组织民众和保护机构放流 30 万尾以上的土著鱼苗，促进金沙江生态链不断恢复。金沙江沿线生态环境越来越好、生物多样性越来越丰富，各族群众对金沙江生物多样性保护的意识越来越高，各族群众自觉采取了更为环保的生活方式和生产方式，金沙江沿线逐步恢复了"天上有鸟、林中有兽、水中有鱼、美好家园"的秀美画卷。2023 年在国家级、省级渔业监测断面开展水生生物资源监测共 6 期，采集到长江水系土著鱼类 17 个品种，样本 1772 尾，较 2022 年的 15 种增加了 2 个品种。自 2018 年至今每个冬春，金沙江沿江多处都会有大白鹭、秋沙鸭、黑颈鹤、鱼鹰、灰鹤、赤麻鸭等候鸟在江滩上停留捕食。金沙江流域内土著鱼类种类和数量都呈逐年上升趋势，通过长江上游生物多样性保护不断向长江施加正面影响，让水生生物资源在长江流域江河湖泊中从"休养生息"到"生生不息"，促进长江生物多样性呈现恢复向好趋势，助推长江整体实现水清、鱼丰、生态美。例如，深受各族群众喜爱的江豚，被誉为"水中大熊猫"，种群数量从 2012 年的 1045 头增长至 2022 年的 1249 头，首次实现历史性止跌回升。上流"清"才能下游"净"，通过长江流域公益组织的多方合作，推动科学放流项目在长江流域的整体影响力持续扩大，各族群众共同拯救濒危鱼类，助力长江多样性保护，谱写出人与自然和谐相处的美好篇章。

迪庆州及毗邻市州坚持践行"绿水青山就是金山银山"理念，以保护筑牢长江上游生态屏障为目标，通过长期不懈的保护和宣传教育，各族群众的生态保护意识得到不断提高，生物多样性保护工作受到全社会的关心和支持，逐渐形成人人参与保护的良好氛围，人与自然和谐相处的理念已经根植于各族群众内心。

经验启示

金沙江生物多样性保护工作是一项利生态、利民生、利长远的好事，也是一项长期、光荣、艰巨的任务，具有长期性、复杂性、艰巨性。迪庆州以金沙江生物多样性保护为核心，各族干部群众共同努力打造"水清岸绿、鱼群满江"的美丽金沙江，不断筑牢长江上游生态安全屏障，为生物多样性保护提供宝贵经验。

（一）凝心聚力推进金沙江生物多样性保护提质增效。迪庆州充分发挥社会组织、企业公司、环保人士等社会各界人士的作用，激发各族群众共同守护美丽家园的内生动力，形成了共同保护金沙江生物多样性的庞大队伍，汇聚全社会力量助力金沙江生物多样性保护。各民族共同守护金沙江土著鱼类，在向共同目标努力奋斗的过程中相互了解、相互尊重、相互包容、相互欣赏、相互学习、相互帮助，在金沙江生物多样性不断恢复的同时促进各族群众广泛交往、全面交流、深度交融。

（二）精诚协作促进金沙江生物多样性保护系统联动。四川凉山、甘孜，云南迪庆、丽江、大理、楚雄6市（州）各族群众自发形成事实上的"护渔"联盟，加强跨区域生态协同保护，保护好金沙江沿江各族群众最熟悉的土著鱼类，守护好一江清水、爱护好一方生灵，守护好金沙江沿江各族群众共有的美好回忆。土著鱼类从"消失"到"重现"，越来越多的鱼儿回到各族群众的视线中，生态系统和生物多样性不断恢复，形成促进金沙江沿江各族群众人心凝聚、团结奋进的强大精神纽带。

（三）以小促大助推长江整体自然生态系统质量不断提升。迪庆等地牢固树立上游意识，各族群众坚定不移、主动作为共抓长江上游生物多样性保护，尊重自然、顺

2021年10月，金沙江土著鱼保护协会在迪庆州香格里拉市虎跳峡镇举行冲江河土著鱼增殖放流活动

应自然、保护自然，从"护渔"拓展到"护生态圈"，在波涛汹涌的金沙江描绘出山清水秀鱼儿欢的秀美画卷，不断筑牢长江上游生态屏障，守护好各民族赖以生存的一江清水，不断提升金沙江生态系统多样性、稳定性、持续性，助力长江整体自然生态系统持续向好转变，切实维护国家生态安全，为促进中华民族永续发展贡献力量。

> 大自然是人类赖以生存发展的基本条件。尊重自然、顺应自然、保护自然，是全面建设社会主义现代化国家的内在要求。必须牢固树立和践行绿水青山就是金山银山的理念，站在人与自然和谐共生的高度谋划发展。
>
> ——2022年10月16日，习近平在中国共产党第二十次全国代表大会上的报告

提升"颜值" 释放"价值"
——四川奋力谱写新时代民族地区绿色发展新篇章

近年来，四川省努力践行"绿水青山就是金山银山"理念，加大林草资源保护力度，不断提升绿水青山"颜值"，发挥优质丰富林草资源优势，积极探索生态产品价值转化路径，充分释放金山银山"价值"，推动民族地区发展绿色产业，实现经济效益、生态效益、社会效益的有机统一。

一、背景情况

四川位于我国西南部，地处长江上游，素有"天府之国"的美誉。全省面积48.6万平方公里，辖21个市（州），与重庆、贵州、云南、西藏、青海、甘肃和陕西等7省（自治区、直辖市）接壤，有全国最大的彝族聚居区、第二大藏族聚居区和唯一的羌族聚居区。四川是长江上游重要的水源涵养地、黄河上游重要的水源补给区，是全球生物多样性保护重点地区，是全国森林资源大省、草原湿地大省、物种保护大省、

生态建设大省、林草经济大省。丰富的林草资源是美丽四川建设的优势所在，也是民族地区加快发展的基础所在。当前，林草面积占全省幅员面积的74.7%。林地面积3.81亿亩，居全国第1位；森林面积2.6亿亩，森林蓄积18.95亿立方米，均居全国第4位；竹林面积1835万亩，居全国第2位。森林覆盖率35.72%，高出全国平均11.7个百分点，林木覆盖率达到51.84%。全省草地面积1.45亿亩，居全国第6位，草原综合植被盖度82.57%，高于全国平均近32个百分点。湿地面积1846万亩，居全国第6位。全省有高等植物1.4万余种、脊椎动物1400余种，均居全国前3位。全省林业产业基地超过1亿亩，2023年全省林草产业总产值超过5200亿元，竹浆造纸产量及销售收入居全国第1位。四川把推动森林草原的自然属性转化为可永续的经济效益作为根本任务，一手抓生态保护，一手抓产业发展，努力推动民族地区实现由资源优势向产业优势转变、由生态优势向经济优势转变、由欠发展区域向发展前沿转变。

二、主要做法

（一）打好"主动仗"，筑牢维护林草生态安全思想防线。将林草法治宣传与民族团结进步教育紧密结合，充分利用"世界野生动物日""国际湿地日""全国生态日""爱鸟周""植树节"等主题节日和森林草原防火期重要时段，深入农村、牧区、林场、学校大力宣传党的民族政策、林草法律法规政策，引导民族地区广大干部群众充分认识加强林草生态保护的重要意义，不断增强法治意识，推动构建各民族共同保护林草资源、共同发展进步的良好氛围。建立四川打击破坏野生动植物资源违法犯罪厅际联席会议制度，联合重庆市建立成渝地区双城经济圈林草行政执法合作机制，印发《四川省林草行政执法与刑事司法衔接工作办法》，进一步理顺执法相关问题，狠抓执法规范化建设，不断提高执法能力，依法严厉打击破坏林草资源违法犯罪行为，形成强有力的威慑。2023年，全省林草行政案件共立案6786起，行政处罚3306人次，罚款2.35亿元，结案率100%；全年核查涉林草生态环境损害赔偿案件线索4批4943件，及时查核并办理458件，较2022年增长160%。加强行刑衔接，双向移交案件571件，执法效果明显。

（二）种好"责任田"，持续筑牢长江、黄河上游生态屏障。始终树牢上游意识、强化上游担当，牢牢守护绿水青山、碧草蓝天，持续筑牢长江、黄河上游生态屏障。积极实施天然林保护、退耕还林、退牧还草工程，及时兑现公益林生态效益补偿及天然商品林停伐管护补助资金，对全省2.85亿亩国有林、非国有公益林和天然商品林实施常年有效管护。持续巩固退耕还林成果，在阿坝、甘孜、凉山的 48 个县实施草原生态奖补政策。持续加强生态修复，2023 年积极争取国家资金支持，对民族地区重点区域大力开展草原、湿地、荒漠生态系统修复保护。实施人工造林 25.68 万亩、封山育林 21.56 万亩、退化林修复 40.11 万亩，完成沙化土地治理 59.99 万亩、岩溶地区石漠化综合治理 2.96 万亩。积极创建若尔盖国家公园，已申请国家评估验收；出台创建区生产经营活动管控意见，开展减畜降牧试点；实施若尔盖"山水工程"林草项目 80 个，开工率达 97%。组织实施四川黄河上游若尔盖草原湿地山水林田湖草沙冰一体化保护和修复工程，实施全球环境基金四川湿地项目，修复退化湿地 9.4 万亩，色达泥拉坝湿地升级为国际重要湿地。若尔盖国家公园的创建为保护生态、改善民生、促进民族地区高质量发展增添新动能。常态化开展森林草原防火工作，夯实筑牢长江、黄河上游生态屏障"防火墙"，聚焦"三州一市"高火险县，新（改）建防火通道 2.7 万余公里、消防蓄水池 3.6 万个、直升机停机坪 159 个、航空取水点 573 个、瞭望塔 2300 余个，因地制宜构建防火阻隔带 11 万余公里，建立县级地方专业扑火队 117 支、乡镇半专业扑火队 1096 支、村级早期火情处理队伍 3000 余支，配备消防灭火车 773 辆，防火能力持续提升，森林草原防火形势总体平稳，民族地区安全发展生态屏障更加牢固。

（三）牵住"牛鼻子"，高质量发展民族地区林草特色产业。牢牢牵住"天府森林粮库"这个林草产业发展的"牛鼻子"，实施"七大行动"、推动"六大工程"。全面发展木本粮食、木本油料、森林蔬菜、森林药材、林产调料、林产饮料、森林水果、食药用花卉等八类经济林食物，采用林下种植、林下养殖、林下采集三种模式大力发展林下食物，着力构建多元化食物供给体系，切实维护粮食安全，高质量推动民族地区林草特色产业发展。坚持因地制宜，在甘孜、阿坝、凉山地区重点稳定木本油料、林产调料、森林水果规模，扩大林产饮料、林下种养规模，有序开展林下野生食物采集，不断壮大产业发展，拓宽各族群众增收渠道。甘孜、阿坝、凉山地区油茶、油橄榄、核桃种植面积 1800 余万亩，产量达 260 万吨以上，积极发展脱贫攻坚造林专业合作社 1029 个，吸纳社员 3.41 万人，带动脱贫社员人均增收 4000 元以上，实现民族地区增绿、各族群众增收。结合国家公布的甘孜草原、红原草原、松潘草原第一批"红色草原"试点建设，打造草原旅游精品路线和特色品牌，建立全域旅游产业链。在红原县成立全国"红色草原"联盟，发布示范主题游径；在甘孜县建立全省首个"红色草原"旅游小镇——丹霞小镇，打造 317 国道上的最美旅游驿站，推动以红色草原保护利用促进文旅融合、草旅融合，促进草原旅游业多元化发展，各族群众共享发展成果，在推动高质量发展林草产业中，实现生态美与百姓富有机统一，不断满足各族人民对优美生态环境的新期待。

民族地区最大的价值在生态，最大的责任在生态，最大的潜力也在生态。四川坚持以"两山"理念为基本遵循，以绿色发展为牵引，实现林草生态保护、生态安全、生态发展的高度统一，实现生态效益和经济效益双赢互促，探索了一条民族地区生态美、百姓富、经济优的高质量绿色发展之路。

经验启示

四川践行绿色发展理念，利用好优势生态资源，保护好生态资源，构建绿色发展产业链，让生态发展成果惠及各族群众，实现"百姓富""生态美""经济优"的有机统一，走出一条民族地区依托生态资源优势推动经济发展和保护生态环境协同共生的新路径。

（一）利用好生态资源是民族地区高质量发展的基础。四川牢固树立"绿水青山就是金山银山"的理念，坚持走生态优先、绿色发展之路，坚持尊重自然、顺应自然、保护自然，持续加强林草保护、生态修复，牢牢守护绿水青山、碧草蓝天，筑牢民族地区生态屏障，推动各民族共同走向人与自然和谐共生的现代化。

位于木里藏族自治县博窝乡大山里的防火前置点（瞭望哨），10 名
防火人员、4 名瞭望监测人员长期驻扎，吃住在山里

（二）保护好生态环境需要注重人与自然和谐共生。四川因地制宜，立足生态资源禀赋、发展条件和比较优势，践行绿色发展理念，正确处理生态保护与经济发展的关系，把保护好生态环境作为发展的前提条件，让林草资源成为反哺生态发展、助力乡村振兴的钱袋子，找到生态价值转化的实现路径，厚植民族地区高质量发展绿色基底。

（三）发展好生态环境需要保障各族群众尽享生态红利。四川坚持以生态富民为切入点，构建绿色产业链，深入推进生态产业化和产业生态化，让生态保护和生态产业发展相得益彰，把绿水青山变成金山银山，把生态红利做大做强，让良好生态环境成为最普惠的民生福祉，促进各民族共同团结奋斗、共同繁荣发展。

总书记的话

加强荒漠化综合防治，深入推进"三北"等重点生态工程建设，事关我国生态安全、事关强国建设、事关中华民族永续发展，是一项功在当代、利在千秋的崇高事业。要勇担使命、不畏艰辛、久久为功，努力创造新时代中国防沙治沙新奇迹，把祖国北疆这道万里绿色屏障构筑得更加牢固，在建设美丽中国上取得更大成就。

——2023 年 6 月 5 日至 6 日，习近平在内蒙古巴彦淖尔考察并主持召开加强荒漠化综合防治和推进"三北"等重点生态工程建设座谈会上的讲话

地方实践

"沙海精神"作引领　"死亡之海"变绿洲
——新疆喀什地区麦盖提县在沙漠中筑起绿色屏障实现"点沙成金"

多年来，新疆维吾尔自治区麦盖提县以誓将沙漠变绿洲的"沙海精神"为引领，致力于打造宜人、宜居、宜业的发展环境，30 多万麦盖提县各族干部群众以敢叫日月换新颜的勇气，在塔克拉玛干沙漠西南边缘实现了人进沙退、绿进沙退、"点沙成金"。

一、背景情况

麦盖提县位于新疆西南部、喀什地区东部、塔克拉玛干沙漠西南边缘，居住着汉

族、维吾尔族、回族、哈萨克族等 13 个民族，三面环沙，是全国唯一一个嵌入沙漠的县，沙漠面积占全县总面积的 90%，干旱大陆性气候特征极其明显。2010 年以前年均降水量 56.5 毫米、蒸发量 2001.8 毫米，生态环境十分脆弱，沙尘灾害频发，平均每年的沙尘天气达到 150 余天，县城距离沙漠最近的地方一度只有不到 5 公里。恶劣的生态环境对各族群众的生产、生活和身体健康造成严重的损害和影响，导致各类人才难留、难久、难扎根，严重制约着经济社会的持续健康发展。党的十八大以来，麦盖提县沿塔克拉玛干沙漠边缘实施防风固沙生态林建设工程，每到春秋植树时间，各族群众一起植树造林，从过去"晴天一身土、雨天一身泥"到如今白杨成林、梭梭遍地，从沙进人退到沙漠生态红利渐显，风沙弱了，收入提高了，游客也来了……让绿洲之梦照进了现实。

二、主要做法

（一）坚持完善体制机制，打好治沙"攻坚战"。坚持生态立县，成立塔克拉玛干防风固沙生态林建设指挥部，由县委书记亲自任总指挥，一名县领导任常务副总指挥常年坐镇生态林基地，配备组建防沙治沙中心，具体负责指导防风固沙工程建设，积极争取对口援疆省市大力支持，形成"政府主导、企业共建、项目支持、科技保障、全民参与"的造林管护多元投入、多方参与的生态建设新模式。依托得天独厚的沙漠资源优势和唐王湖湿地绿色生态资源，在生态林建设工程规划中同步规划沙漠公园、唐王湖湿地公园、N39° 旅游基地等建设项目，构建以"生态林基地—唐王湖湿地公园—国家沙漠公园—N39° 旅游基地"为一体的生态旅游体系，努力实现生态效益、经济效益和社会效益相统一。

（二）坚持全民参与治沙，打好治沙"保卫战"。自麦盖提县在塔克拉玛干沙漠边缘吹响了向沙漠进军的号角以来，全县上万名各族干部群众牢固树立"打造绿色屏障、共建美好家园"和"功在当代、利在千秋"的思想，同吃一锅饭、同植一片林、同迎一场风沙冰雪，激发与沙漠较量、和自然抗争，不畏艰难、迎难而上的昂扬斗志。在治沙过程中，以中山大学为代表的爱心组织踊跃捐赠 3100 万元资金投入防风固沙林的建设，以朱宜萱教授为模范的全国各地 90 多名志愿者参与到麦盖提县义务植树的公益活动中，连续 10 年 15 次奔赴麦盖提县百万亩防风固沙基地进行义务植树。社会各界以不同的方式义无反顾地投身于百万亩防风固沙生态林建设事业中，各族人民牢固树立起"四个与共"的共同体理念。

（三）坚持久久为功治沙，打好治沙"持久战"。2012 年以来，麦盖提县坚定"绿水青山就是金山银山"理念，积极动员 10 万余名各族干部群众每年春秋两季历时 40 余天，自带锅灶、行李……在这片亘古荒原上进行了 20 余次艰苦卓绝的造林大会战，一干就是 10 余年，共 300 余万人次参与其中。大家白天迎风沙、顶烈日，晚上天当被、地当床，戮力同心、战天斗地，凝聚共种一棵"同心树"、共建一片"团结林"的共识，形成了"誓将沙漠变绿洲"的"沙海精神"，在全民拥护、全民支持、全民参与的可喜局面下，有力促进了各民族广泛交往、全面交流、深度交融。通过 10 余年来的努力，原来茫茫的沙海已定植各类生态和经济林木 2.6 亿株，建成 46.6 万亩生态绿洲。如今，造林基地一望无际的新疆杨、胡杨、沙枣等树木蓬勃生长，一片片绿洲充满生机。森林总面积从 2010 年的 104.52 万亩达到 2023 年的 181.7 万亩，森林覆盖率从 2010 年的 6.4% 提高到 11.11%，风沙天气由 150 多天减少到现在的 50 天以下，年降雨量由 56.5 毫米增加到 110 毫米以上，总体上形成了多林种、多树种、乔灌草、网格状、区域化相结合的森林生态安全体系。

（四）坚持不断夯实生态基础，弘扬"沙海精神"。麦盖提县把"治沙"与"致富"相结合，拓宽各族群众致富增收新渠道，实施就业帮扶机制，组织无地无业困难户前往生态林基地学习林业种植和管护技术，先后带动周边 150 余户群众参与生态林管护，实现 270 余人就业，户均每年收入 4 万至 5 万元，营造出各民族共同繁荣发展的新局面。把"绿洲"与"产业化"相结合，锁住风沙创财富，实现了生态和经济同频共振，随着生态林面积的不断扩大，生态红利也日渐显现。依托防风林基地 26 万亩梭梭林资源发展林下种植，接种肉苁蓉 7.5 万亩，每年可实现产值 2000 万元左右。积极组织和聘用贫困群众参与产业基地管护和肉苁蓉采挖，2000 余名各族群众通过参与肉苁蓉、甘草的管护和采挖增收致富，实现绿色发展、绿色惠民，各族群众的获得感、幸福感、安全感更加充盈。

麦盖提县百万亩防风固沙生态林工程改善了当地的生态环境和生活质量，为各族人民提供了更好的生活环境和发展机会，逐步形成了沙漠治理、沙产业开发、农民增收致富的多赢格局。这一工程的成功是麦盖提县各族干部群众坚韧不拔、自强不息、扎根边疆、甘于奉献的生动写照，得益于全国各族群众的广泛参与和支持，体现了中华民族团结友爱、"一方有难、八方支援"的伟大精神和情怀，反映了各族人民休戚与共、荣辱与共、生死与共、命运与共的共同体理念。

经验启示

　　10余年来，麦盖提县紧紧围绕"绿水青山就是金山银山"的发展理念，坚持"生态建设产业化、产业发展生态化"的发展思路，带领各族干部群众用汗水浇灌希望，以实干笃定前行，茫茫沙海变成一望无际的绿洲，在塔克拉玛干大沙漠边缘建起一道绿色屏障，区域生态环境明显改善，不但基本解除了流沙对县城的威胁，还保护了沙漠前沿地带各族群众的农业生产生活。

　　（一）全民参与防沙治沙，夯实生态保护基础。良好的生态环境是最普惠的民生福祉，生态环境与各族人民切身利益息息相关，沙漠上的侵袭让各族人民都感受到了切肤之痛。麦盖提县启动百万亩防风固沙生态林基地建设工程，积极探索"政府主导、企业投资、科技保障、全民参与"的生态建设新模式，每年春秋两季常态化组织动员10万余名干部群众志愿治沙，绿洲面积逐年扩大，人居环境得到保障，可利用资源发挥出经济效益，各族百姓安居乐业，一幅人与自然和谐相处的绿色画卷正在徐徐展开。

　　（二）久久为功防沙治沙，筑牢绿色生态屏障。麦盖提县勇担使命、不畏艰辛、久久为功，自2012年吹响向沙漠进军的号角以来，一年两次大会战，每次近一个月，全县各族群众自发参与、分工协作，10余年来从不间断。在各族干部群众和来自全国各地志愿者们艰苦卓绝的努力下，各族人民持续与恶劣环境进行斗争，经过10余载艰苦

喀什地区麦盖提县建起的百万亩生态防护林绿色屏障

的造林大会战，矢志不移地推进百万亩防风固沙生态林工程，筑起了一道绿色屏障，有效抵御沙漠的侵袭，全面实现了由"沙逼人退"到"绿进沙退"的历史性转变。

（三）"绿富"双赢防沙治沙，促进生态经济融合发展。生态与经济并重，治沙与治穷共赢。麦盖提县大力实施百万亩防风固沙生态林工程，通过生态环境的保护和建设，挖掘沙区土地价值，不断改善当地各族群众的生产生活条件，让"沙窝窝"变"金窝窝"，走出了"以生态产业养生态工程"的可持续发展道路，走出了"绿富"双赢的生态富民之路，夯实了永续发展的生态基础，使防沙治沙事业有动力、可持续。

总书记的话

前段时间，云南大象的北上及返回之旅，让我们看到了中国保护野生动物的成果。中国将持续推进生态文明建设，坚定不移贯彻创新、协调、绿色、开放、共享的新发展理念，建设美丽中国。

——2021年10月12日，习近平在《生物多样性公约》第十五次缔约方大会领导人峰会上的主旨讲话

地方实践

"象往"的地方　美好的家园

——云南各族群众合力保护亚洲象

2020年3月，16头野生亚洲象走出栖息地西双版纳，历经17个月、行程1300公里，跨越大半个云南北上南归的温暖之旅，既是云南争当生态文明建设排头兵的生动实践，更是云南生态文明建设取得实质性效果的具体体现，向全世界展示了云南各族群众合力保护亚洲象、人与自然和谐共生的云南智慧和云南方案。

一、背景情况

云南是我国生物多样性最丰富的省份，是我国重要的生物多样性宝库和西南生态安全屏障，是我国维护世界生态健康发挥重要作用的关键区域。云南的生物多样性及其生态系统服务具有极高价值，对服务和支持长江、珠江下游中国黄金经济带发展，维护南亚、东南亚多个国家生态健康的溢出效应十分突出。目前有兽类种数313

种，占世界种数 16.1%；鸟类种数 945 种，占世界种数 15.2%；鱼类种数 617 种（淡水），占世界种数 18.2%；脊椎动物种数 2273 种，占世界种数 13.8%……有着"动物王国""植物王国"的美誉。其中，亚洲象是亚洲现存最大和最具代表性的陆生脊椎动物，为国家一级重点保护野生动物，目前仅存于南亚、东南亚和我国云南南部边境地区，是热带森林生态系统的旗舰物种。多年来，云南始终坚持保护优先的绿色发展理念，积极采取措施，寻求实现人象和谐共生的新路径，探索云南生物多样性保护的新模式。云南境内亚洲象种群数量已由 20 世纪 80 年代的 180 头增至现在的 300 头左右，主要活动在西双版纳、普洱、临沧 3 个市（州）。

二、主要做法

（一）完善生物多样性保护体系，树牢"生物多样"的自然观。云南颁布《云南省陆生野生动物保护条例》《云南省自然保护区管理条例》等，并在全国率先出台《云南省生物多样性保护条例》，成为我国第一部地方性生物多样性保护法规，以法治健全夯实生物多样性保护基础，生物多样性保护走上法治化、规范化轨道。每年在全国率先发布省级名录《云南省生物物种名录》《云南省生物物种红色名录》《云南省生态系统名录》，健全生态环境、林草、农业农村、公安、检察、海关等多部门工作协调机制。出台《亚洲象栖息地修复技术规程》《收容救护亚洲象野化训练技术指南》《亚洲象食源地建设技术规程》《亚洲象动态信息预警技术规范》等五项标准，建立一套科学、可操作的亚洲象栖息地保护修复、收容救护、康复饲养、野化训练、食源地建设和预警技术标准，以高效技术体系推动生物多样性保护，进一步完善我国境内亚洲象保护技术体系，促进全国各族群众共同喜爱的亚洲象种群不断发展壮大。截至2023 年，已建设各级各类自然保护地 362 个，90% 的典型生态系统和 80% 的重点保护野生动植物物种得到有效保护。2012 年 12 月，西双版纳国家级自然保护区与老挝北部三省签订合作协议，形成总长约 220 公里、面积约 20 万公顷的"中老边境联合保护区域"，以国际区域联合保护体系助力生物多样性保护，中老两国各族群众共同保障亚洲象宜居栖息环境，共绘人与自然和谐共生的美好画卷。

（二）出台生物多样性保护措施，树牢"象往家园"的实践观。2019 年成立"国家林业和草原局亚洲象研究中心"，授牌 3 个亚洲象野外研究基地，提出了时间跨度为 20 年的远期建设目标，计划到 2040 年恢复以亚洲象为旗舰物种的云南热带森林生态系统，让亚洲象成为云南生物多样性保护的新名片。不断推进亚洲象监测预警和应急处置体系建设，建立亚洲象"天空地一体化监测系统"，聘用专职亚洲象监测员122名。西双版纳国家级自然保护区建设野生亚洲象监测平台，对亚洲象活动分布、迁徙路线进行分析，2023年拍摄照片18万余张，发布亚洲象预警信息1331次，有效缓解人象冲突。普洱市建立"江城大象预警平台"，通过聘请熟悉地形的村民担任亚洲象监测员，持续跟踪野生象活动轨迹，各民族在不舍昼夜"追象""护象"、守护"人象平安"的过程中人心归聚、精神相依。2015年，西双版纳尝试探索建立"大象食堂"，完成面积1000亩的亚洲象食物源基地建设，种植粽叶芦340亩、芭蕉330亩，投放食盐2吨，建设了一定数量的人工硝塘。2017年以来，临沧市建设亚洲象食物源基地800亩，仿野生种植亚洲象喜食的芭蕉、野龙竹、粽叶芦、象草和玉米等食源。2018年，普洱市思茅区建设"大象食堂"，现已开辟种植芭蕉、玉米、粽叶芦等1200余亩，食物源基地建设以来，周边一直活动着45头群象和2头独象。在亚洲象分布区域成立11个自然保护区，总面积达50.98万公顷，建设"中国云南亚洲象种源繁殖及救护中心"，在野象谷内建立我国第一个亚洲象繁育基地，已累计成功救助受伤、受困的亚洲象13头。采取人工修复亚洲象传统栖息地、建设亚洲象食物源基地、建设人工硝塘等方式来修复和建设亚洲象适宜的环境8000余亩，各族群众在共同打造亚洲象种群"象往"的家园中，探索出一条独特的人象和谐相处之路，各族群众参与共建生态文明、共享生态文明成果的理念深入人心。

（三）发扬生物多样性保护传统，树牢"和谐共生"的生态观。云南各民族在长期的历史发展进程中留下了丰富的精神文化，反映了各民族人与自然和谐相处、和谐共生的生态观念。如"神林"文化在各民族文化中占有重要位置，这些自古就有的"神林"至今仍保持着原始的生态状况，对于区域生态环境的保持发挥着重要的作用。通过编写《生物多样性云南史料辑校》《不负青山——云南保护生物多样性故事》《云南野象旅行记》《生物多样性之美：奇妙物种在云南》等书籍，展现不同历史阶段人与自然和谐相处的方式，展示各民族因地制宜保护和适度利用生物多样性的智慧和方法，将"传统生态习惯法"深植各族群众内心深处，传承和发扬生物多样性保护传统，向世界呈现了生物多样性的云南史料，诠释了云南之美的历史溯源。在云南，以大象为题材的文学艺术及雕塑、器乐、织锦、壁画和美术工艺品在民间广泛流传，大象已成为各族人民共同的精神记忆。云南各民族早就与亚洲象建立了和谐友好的共存关系，并形成了保护大象的优秀生态文化，大象已经成为云南各族群众生产生活的一部分，人和象在同一块土地上和谐共生。坚持生态优先、绿色发展，把人与自然和谐共生的理念融汇到每个具体行动、每项细微工作中，一条人象和谐共生的云南保护路径日益清晰、成熟。伴随着大象的北上南归，跨越大半个云南，工作人员的精心守护、各族群众的动物保护意识、大象簇拥着小象抱团睡觉的动人画面，深深打动了人们，引发了国内外的共同关注，全球网友通过图文、短视频、直播等方式"云追象"，向全世界展示中国生物多样性保护取得的历史性成就，展现可信、可爱、可敬的中国形象，各族群众共同守护大象已成为中国促进人与自然和谐共生的生动范例。

云南坚持人与自然和谐共生，不断加强生物多样性保护，全省自然保护地体系日趋完善，生态系统质量稳中向好，为全国生物多样性保护交出了一份满意答卷，打造出一块"金字招牌"，在"象往"的过程中，促进了云南各族群众广泛交往、全面交流、深度交融，是构筑中华民族共有精神家园的生动诠释。

经验启示

云南紧紧围绕努力成为生态文明建设排头兵的战略定位，牢固树立山水林田湖草沙是一个生命共同体理念，全面加强生态修复和生物多样性保护，以保护亚洲象为典型案例，开创了各民族共同保护人类共同生活和守护的家园新路径，生物多样性保护工作走在全国前列，为生态文明建设提供宝贵经验。

普洱市江城县曼老江河边嬉戏的亚洲野象

（一）创新体系构建万物共生的美丽家园。云南始终将生物多样性保护纳入经济社会发展全局，不断完善、创新、拓展生物多样性保护法规体系、技术体系和国际合作体系，凝聚国内外及社会各界合力，在探索实践中积极推动知识、信息和成果共享，全面推广生物多样性保护成功案例，持续增强伙伴认同关系，不断提升国际影响力，为全球生物多样性保护送出"中国礼物"。

（二）多措并举谱写人与自然和谐共生新篇章。云南围绕亚洲象迁徙、生活、救护、繁育全过程，全环节、全要素、全链条推进生物多样性保护，整体式、系统化、全链条推进生态修复，不断提升生态系统多样性、稳定性、持续性，积极参与和推动全球生物多样性保护治理，各民族共同保护生物多样性这一人类赖以生存和发展的重要基础，持续改善生态环境质量，守住西南生态安全屏障，为构建人与自然和谐共生的地球家园贡献"中国力量"。

（三）发扬传统为全球生物多样性保护贡献中国方案。云南各族群众以合力保护亚洲象为抓手，从各民族共有的生物多样性保护历史传承中汲取智慧和力量，充分发挥"传统生态习惯法"在全球生物多样性保护中的作用，深度参与全球生物多样性治理，切实提升云南"植物王国""动物王国""世界花园"在全世界的影响力，为共建地球生命共同体、推动人类可持续发展贡献了"中国智慧"。

良好生态环境是东北地区经济社会发展的宝贵资源，也是振兴东北的一个优势。查干湖保护生态和发展旅游相得益彰，要坚持走下去。绿水青山、冰天雪地都是金山银山，祝愿大家"年年有鱼，年年有余"。

——2018 年 9 月 26 日，习近平在查干湖考察时的讲话

做好"加减乘除" 绘就绿水青山

——吉林松原市查干湖实现生态保护、生态旅游和民族团结"三丰收"

近年来，吉林省松原市在推动查干湖生态保护和生态旅游发展相得益彰上下功夫，开展系统治理，大力发展乡村旅游新业态，把乡村旅游培育成为全市旅游产业的支柱，取得卓越成果，助力乡村振兴，推进生态保护、生态旅游和民族团结"三丰收"。

一、背景情况

查干湖，蒙古语意为白色、圣洁的湖，大部位于吉林西北部的前郭尔罗斯蒙古族自治县（以下简称"前郭尔罗斯县"）境内，是蒙古族、汉族和满族等多民族聚居的地方，总面积 506.84 平方公里，蓄水量约 7 亿立方米，是我国十大淡水湖之一，是国家级内陆湿地和水域生态系统类型自然保护区，在调节吉林西部地区气候、维护生态环境等方面发挥着重要作用。20 世纪 70 年代，查干湖曾"缩水"到 50 多平方公里，

险些干涸，为了抢救濒危的湖水，前后动员各族干部群众 8 万余人，镐刨、锹挖、肩担、背扛，历时 8 年完成引松花江水入查干湖工程。松原市围绕查干湖周边重点开展生态治理，以高品质生态环境支撑高质量发展，区域生态环境质量得到不断提升，生态旅游发展之路也越走越宽，让"生态红利"看得见摸得着，加快推进人与自然和谐共生的现代化。2018 年以来，查干湖累计接待游客 1178.4 万人次，实现旅游综合收入 103.7 亿元。

二、主要做法

（一）坚持"加减乘除"，擦亮金字招牌。松原市立足实现各族群众人与自然和谐共生的共同愿望，始终把查干湖保护治理作为重要工程，守牢生态安全底线，采用"加减乘除"法，对查干湖进行保护治理，取得显著成效，切实提升人民群众生态幸福感、环境获得感，为推进中华民族共同体建设提供绿色支撑。做好生态保护"加法"，统筹推动"三大措施"，上控源、下截污、外引水、内修复，持续修复生态、提升水质。建设水生态修复与治理试点等 24 项工程，实施重点项目 76 个，实施生物性措施，减少农业面源污染，保护生态多样性。做好节能降耗"减法"，建设查干湖生态小镇，应用绿色建筑、清洁能源，致力建设零碳景区，减少旅游业带来的生态环境隐患。做好旅游发展"乘法"，打造特色旅游产品，推出民族文化特色旅游，推出"查干湖风情宴""查干湖全鱼宴"等一批地方特色宴席，促进文化繁荣与经济发展双赢，让旅游成为各族群众增进文化认同的过程。做好污染防治"除法"，实施生态移民，清退影响环境的旅游项目、商贩摊点，实行增殖放流、捕捞定产定量、抓大放小，保障湖内生物链平衡，在持续开展周边村屯人居环境整治中，实现了景区及周边环境同步提升，各族群众生产生活环境明显改善、生活质量持续向好。松原市用实际行动践行绿色发展的理念，提升绿水青山的"颜值"，做大金山银山的"价值"，查干湖生态环境越来越好，并提升了各族群众的获得感、幸福感和满意度，守住了各族群众的心。

（二）加快绿色转型，打造宜居环境。松原市加强民族地区生态优势转化为发展优势的能力，走出了一条生态美、百姓富、民族和睦、团结稳定、融合发展的新路子，用实际行动践行绿水青山就是金山银山的理念，不断推进人与自然和谐共生，生态红利最大化惠及各族群众。聚焦空气、水、土壤环境安全，减污染、降能耗，一手抓绿色发展、一手抓产业转型。坚持精准治污、科学治污、依法治污，深入打好污染防治攻坚战，守牢生态安全底线，全市环境空气质量优良天数比例由 82.5% 上升到 95.3%，国考断面优良水体比例保持 100%，城市建成区黑臭水体全部消除。土壤环境质量保持稳定，森林覆盖率提升至 10.86%，草原综合植被盖度提升至 70%。谋划实施"水网"工程，计划投资 284.06 亿元，逐步实现全市 43 条河流及 107 个湖泊生态水量补充，有效回补地下水，修复改善生态环境，调节区域小气候。初步实现了长治久清，打造出"水清、岸绿、景美、灯亮、自然、群众满意"的宜居城市环境，让各族群众在天蓝地绿水清的"生态画卷"中感受幸福。加速绿色转型，绿色产业是民族地区最具优势的产业，在民族地区脱贫攻坚和乡村振兴的有效衔接中处于主导地位。松原市推动"源网荷储＋装备制造"一体化发展，建设"陆上风光三峡"工程，全力打造"西部国家级清洁能源基地"，前郭尔罗斯县被命名为全国第二批"绿水青山就是金山银山"实践创新基地。

（三）坚持文化搭台，促进民族团结。松原市用文化"搭台"、让旅游"唱戏"，实现文化元素与旅游产业融合发展，升级游览体验，在欢声笑语中促进各民族交往交流交融。挖掘本地传统文化资源，相继出版《查干湖的传说及其郭尔罗斯史话》《查干湖旅游》等一批反映民族历史文化的书籍、画册、光碟，整理完善民族婚俗表演剧本，编排安代舞、渔猎舞等一批特色舞蹈，大力扶持以民族歌舞团和马头琴乐团等为主体的专业演出团体，形成创作、舞蹈、声乐、器乐等文艺生产链，打造大型生态乐舞诗《查干湖》、民族音乐剧《天佑神骏》、民族歌舞剧《天琴·神骏》等一批优秀文艺作品，在沉浸式旅游中，传承中华优秀传统文化，增进民族团结。

查干湖以实际行动递交了一份"生态保护和发展生态旅游相得益彰"的高质量答卷，实现文化元素与旅游产业融合发展，让丰富多彩的民族文化成为增进民族团结进步的重要载体，提升各族群众获得感、幸福感和满意度，让"绿水青山就是金山银山、冰天雪地也是金山银山"成为生动现实。

经验启示

松原市牢固树立高质量发展理念，立足于打造"四季的查干湖、世界的查干湖"，坚持高标准谋划生态旅游项目，突出原生态，打好文旅牌，推动生态旅游与生态保护紧密衔接、相互促进，将查干湖这块"金字招牌"越擦越亮。

（一）生态保护修复是推进融合发展的首要前提。松原市牢固树立和践行绿水青

2023 年 3 月，青头潜鸭、赤膀鸭、骨顶鸡等在松原市查干湖水域栖息

山就是金山银山的理念，用"加减乘除"法促进查干湖保护出实效，改善各族群众宜居环境，促进人与自然和谐共生，让生态文明建设成为中华民族共同体建设新的增量，让绿水青山成为中华民族共同体建设的亮丽底色。

（二）有加有减护绿水是发展生态产业的重要思路。松原市坚持生态优先、绿色发展和综合治理发展理念，坚决摒弃以牺牲生态环境换取一时一地经济增长的做法，按照"景区内部做减法、景区外部做加法"的思路，打好文旅牌，大力开发生态旅游产品，不断推进经济绿色转型，走出一条生态建设产业化和产业发展生态化的发展路子。

（三）文旅融合是促进民族团结进步的有效手段。松原市整合文化旅游资源，积极推进文旅融合，打造"四季查干湖"系列节庆品牌，推出马头琴音乐、乌力格尔、呼麦等非物质文化展演，用好北方渔猎文化遗产，再现古老渔猎文化的独特魅力，让中华优秀传统文化浸润民族团结，成为促进各民族广泛交往交流交融的新平台。

总书记的话

> 经济要发展，但不能以破坏生态环境为代价。生态环境保护是一个长期任务，要久久为功。一定要把洱海保护好，让"苍山不墨千秋画，洱海无弦万古琴"的自然美景永驻人间。

> ——2015年1月19日至21日，习近平在云南调研时的讲话

地方实践

久久为功守护玉洱银苍

——云南大理州推进洱海保护　建设宜居宜业和美乡村

近年来，云南省大理白族自治州（以下简称"大理州"）认真践行习近平生态文明思想，牢记嘱托、攻坚克难、拿出"闯"的干劲，展现"新"的姿态，实施洱海保护"七大行动""八大攻坚战""六个两年行动计划"，建设环洱海铸牢中华民族共同体意识示范圈，让各族群众既守护绿水青山又过上好日子，形成了"洱海案例"和"洱海经验"，民族团结之花在苍洱大地绚丽绽放。

一、背景情况

洱海，古称昆明池、洱河、叶榆泽等，位于云南省大理州大理市，是大理各族群众赖以生存和发展的"母亲湖"，湖区面积252平方公里，蓄水量约29.5亿立方米，西面有点苍山横列如屏，东面有玉案山环绕衬托，空间环境优美。千百年来，大理各族人民亲仁善邻、兼收并蓄、海纳百川，一直与苍山洱海共存共荣，与天地万物和谐共处。随着人口聚集和生产生活方式的改变，从20世纪90年代开始，洱海水质急速

下降，湖水富营养化污染严重，爆发 2 次大规模蓝藻。面对严峻的水体污染，大理开启抢救性保护治理洱海工作，各族群众全力参与洱海治理，凝聚起洱海保护治理强大精神力量。如今，洱海水质总体保持优良水平，全湖未发生规模化藻类水华，洱海保护治理工作取得阶段性明显成效。

二、主要做法

（一）坚持全面攻坚，构建洱海流域保护治理新格局。大理州把洱海保护治理范围从 252 平方公里的湖区扩大到 2565 平方公里的整个流域，推进苍山洱海一体化保护，由省委主要领导担任洱海省级湖长，省级组建了省政府主要领导担任组长的洱海保护治理工作领导小组，大理州委、州政府组建一线指挥部，派驻一线工作队，把每月第一个星期六设立为"洱海保护日"，抓实全民共护洱海宣传宣讲、科普教育，广泛动员社会各界参与，让"洱海清、大理兴"的理念深入各族群众人心，形成了"书记省长带着干、部委厅局帮着干、各族群众齐心干"的全民治湖格局。把科学治湖作为洱海保护的重要基础，编制《洱海保护治理科学技术研究规划（2020—2025 年）》，依托中国环境科学研究院、中国科学院水生生物研究所、中国农业大学、上海交通大学等科研院所力量，为科学治湖提供支撑，上线运行数字洱海监管服务平台 2.0 版本，基本实现监测数据、专家意见和行政决策深度融合。洱海 27 条入湖河流水质优良率达到 100%。大理用绿色手段塑造生态之美，系统布局绿色空间，用绿色理念构建生态家园，打造出人与自然和谐共融的绿色生态圈，形成各族群众"石榴同心护洱海"的良好局面。

（二）坚持理念引领，打造各民族文化融合新场域。大理州始终把生态优先作为洱海保护的重要原则，将新发展理念贯穿保护治理全过程。把"文献名邦"的深厚文化积淀与新时代文化新风尚有机结合，民族文化和生态文明思想相交相融。以洱海生态廊道为依托，把社会主义核心价值观、中华优秀传统文化等融入廊道建设，打造"苍洱处处石榴红"等一批有形有感有效、具有大理特色的中华文化精品视觉形象，在导游讲解词中融入"中华民族一家亲、同心共筑中国梦"的苍洱故事。充分挖掘悠久历史文化"宝藏"和多彩民族文化"富矿"，文化吸引力、影响力持续提升，国家方志馆南方丝绸之路分馆建成运行，非遗数字高峰论坛成功举办，大理乡愁研究院挂牌成立，大理州拥有国家级文物保护单位 31 个、国家级非物质文化遗产 18 项，均居全省第一。开展"共过传统节日、共享中华文化"等系列活动，推动各民族在文化上相互尊重、相互欣赏、相互学习、相互借鉴，实现各族文化的创新交融，以中华文化为魂着力构筑中华民族共有精神家园。

（三）坚持品牌塑造，打造民族地区生态文化旅游新高地。生态旅游资源是大理旅游发展得天独厚的资源，给大理旅游转型发展带来红利。洱海生态廊道坚持大生态保护理念，探索打通绿水青山到金山银山关键路径，为旅游促进各民族交往交流交融搭建平台，承办各类国际国内体育赛事，打造世界健康生活目的地，成为向国内外游客展示大理、了解大理、爱上大理的新窗口。与此同时，"全域旅游＋民族团结进步创建"理念深入人心，全域旅游空间不断拓展，越来越多的各族群众来到洱海网红打卡地打卡留念，让全国乃至世界各地游客在领略大理山水风光、历史文化、民俗风情的同时，有效促进各民族广泛交往、全面交流、深度交融。

"绿水青山"是中华民族共有精神家园的重要底色，推进生态文明、追求美好生活，已经成为各族群众的共同期盼。立足"跳出洱海抓保护、走出流域谋发展"，实现从"一湖之治"向"流域之治""生态之治"的根本性转变，大理让"绿水青山"与"金山银山"和谐共生，交出了一份写在绿水青山间的答卷、一份写在人民心里的答卷，推动洱海筑牢生态文明之基，走好绿色发展之路。

经验启示

如今的洱海，碧波荡漾，湖水清澈，各族群众齐心协力保护洱海"母亲湖"，在共同呵护洱海的过程中，形成人心凝聚、团结奋进的强大精神纽带。扎实推进洱海保护治理和流域转型发展，让各族群众共享洱海保护治理成果的同时，形成共同保护、共同发展、共同富裕的理念，不断擦亮环洱海的生态底色、文化底色、发展底色，交出了一份人与自然和谐共生的最美答卷。

（一）绿色发展是洱海治理保护的治本之策。大理州坚持保护与发展并重，逐步建立与洱海流域环境容量相适应的环境友好型经济结构和产业布局，在调整洱海流域经济结构、流域产业布局、培育壮大节能环保产业、清洁生产产业、清洁能源产业与推进资源全面节约和循环利用上下功夫。

（二）全民参与是洱海治理保护的重要保障。大理州在洱海治理保护中，加强法治和政府责任制度建设，进行体制机制创新，层层分解洱海保护目标，大大增强了"绿色控制"能力和环境保护执行力。各级干部讲政治、顾大局，各族群众齐心干、

2024 年 3 月，大理州洱海生态廊道石岭段航拍图

奋力干，形成党政主要领导负总责、各级各部门齐心协力、各族群众共同参与的责任制度体系和良好工作格局，为洱海治理保护提供了坚实的工作保障。

（三）文化浸润是洱海治理保护的重要支撑。大理州始终把多姿多彩的民族历史文化作为极其宝贵的文化资源，大力挖掘和讲好大理各族群众维护国家统一、民族团结的好故事。在洱海保护治理过程中，将各民族共有共享的中华文化符号和形象与中华文化的深厚内涵融入洱海生态廊道等重点景区和网红打卡点，教育引导各族干部群众牢固树立"五个共同""四个与共"的思想，不断增强"五个认同"，使各民族人心归聚、精神相依。

要坚持山水林田湖草沙一体化保护和系统治理，构建从山顶到海洋的保护治理大格局，综合运用自然恢复和人工修复两种手段，因地因时制宜、分区分类施策，努力找到生态保护修复的最佳解决方案。

——2023 年 7 月 17 日至 18 日，习近平在全国生态环境保护大会上的讲话

石漠荒山展青绿　不辞沧海变桑田

——云南文山州西畴县以"西畴精神"为引领推进山变青产业兴

多年来，云南省文山壮族苗族自治州（以下简称"文山州"）西畴县始终坚持生态优先、绿色发展，各族干部群众治石漠、兴产业、谋发展，推动各族群众在生态上和谐共生、在成果上绿色共享，绘就了各民族共同繁荣发展"新图景"，走出一条石漠化地区绿色发展新路子，整个西畴县发生了翻天覆地的变化。

一、背景情况

西畴县地处云南东南部，常住人口 19.40 万人，有汉族、壮族、苗族、彝族、瑶族、蒙古族等 6 个世居民族，国土面积 1506 平方公里，99.9% 的国土是山区，岩溶石漠化地区占全县国土面积 75.4%，受历史、战争和地理环境等因素的影响，森林覆盖率从 1958 年的 60.2% 下降到 1985 年的 25.06%，是滇桂黔石漠化片区石漠化问题最严重的地区之一，曾被称为"失去生存条件"、罹患"地球癌症"的地方。面对恶劣

的生存环境，西畴各族人民不悲观、不埋怨，从 1985 年起，先后实施"三十年绿化西畴大地""生态立县""十年美化西畴大地"战略，孕育形成了"苦熬不如苦干，等不是办法、干才有希望"的"西畴精神"。党的十八大以来，西畴县秉承"绿水青山就是金山银山"的理念，探索出"六子登科""五法治水"等生态治理模式。2021 年，西畴县被命名为国家第五批"绿水青山就是金山银山"实践创新基地；2023 年，西畴县石漠化治理促生态产品价值实现案例被列为全国第四批生态产品价值实现典型案例之一。

二、主要做法

（一）治石漠，建设各族群众繁荣发展"新家园"。通过实施石漠化综合治理项目、发动各族群众投工投劳等方式，探索出"山顶戴帽子、山腰系带子、山脚搭台子、平地铺毯子、入户建池子、村庄移位子"的"六子登科"石漠化治理模式，累计治理石漠化面积 252 平方公里，植树造林 64 万亩，封山育林 87 万亩，年均实施公益林保护 61.3 万亩，森林覆盖率从 1985 年的 25.06% 提高到如今的 54.83%，森林蓄积量达 344 万立方米。在城区、乡镇、农村、公路沿线、河湖沿岸等区域植绿补绿，基本实现了"目之所及皆绿美"的目标，昔日土地破碎、乱石林立、岩溶密布的荒山已变成绿水青山。坚持炸石造地、土地整治、耕地流出问题整改同步推进，累计实施土地整理 8.2 万亩，高标准农田建设 11.8 万亩，新增和改善灌溉面积 11.14 万亩，炸石造地垒成的石埂长达 5 万多公里，可绕地球赤道一周，人均耕地由不足 0.78 亩增加到 2.08 亩，实现耕地数量质量"双提升"。探索实施"5 分钱"工程，通过农村各族群众每人每天节约 5 分钱与财政补助相结合的方式，筹集农村日常卫生保洁资金，实现农村环境卫生有人抓、有人管，全覆盖建立乡级垃圾中转站，实现农村生活垃圾 100% 收集处理，农村生活垃圾源头减量 40% 以上。

（二）建水利，夯实各族群众繁荣发展"新基础"。探索推行引、建、蓄、管、活的"五法治水"模式，累计建成集中供水工程 258 件，源头性解决了 9.8 万人饮水保障难题，剩余仍依靠小水窖供水的 0.6 万人口将在 2024 年内实现清零销号，有效破解石漠化山区各族群众饮水难题。投入资金 9.19 亿元建设骨干水源工程及管网工程，实施农村供水保障 3 年专项行动项目 25 件，新建骨干蓄水工程 6 件，总库容由 2015 年的 834.71 万立方米增加到 1858.39 万立方米，人均库容从 40.49 立方米提升到 91.28 立方米，集中供水率从 71.59% 提升到 94.6%，自来水普及率达 78.9%。坚持尊重群众主体地位，充分组织群众、发动群众、依靠群众，建立健全管理机构 52 个，组建乡村两级用水协会 4 个，聘请村级水管员 485 名，将部分农村供水移交协会管理，各族群众主动参与治水、管水、用水，共享"幸福泉水"，有效破解农村水利工程管理"最后一公里"难题。科学编制水利发展"十四五"规划，将全县 9 个乡（镇）划分为两个网格片区，突出重点、点面结合，累计建成"五小水利"工程 4.5 万件，全力保障了 19.4 万人、5.54 万头大牲畜的饮水安全，新增和改善灌溉面积 11.15 万亩，确保人畜饮水安全保障实现全覆盖，为民族地区经济高质量发展提供用水保障。

（三）兴产业，迈开各族群众繁荣发展"新步伐"。全面实施"生态＋"战略，推动生态产品价值实现，全县 GEP 核算总值 249.03 亿元，当好绿水青山的"守护者"和金山银山的"创造者"。探索形成群众主动、精神鼓动、干部带动、党政推动的农村公路"四轮驱动"建设模式，补助资金 1.6 亿元，带动各族群众自筹资金和投工投劳 8.2 亿元，修通农村等外公路 3100 公里，破解各族群众出行难题。实施 326 条（段）公路新建和提档升级，硬化农村公路 876 公里，全力解决好群众出行"最后一公里"问题，平均公路密度达到全省平均水平的 3 倍，铺筑了一条条"走出大山、回归家园、守护乡愁"的幸福之路。成功申报并推进"云药之乡"建设，发展以林果、林药、林禽等为重点的"八林经济"，建成生态蔬菜基地 4.5 万亩，实现高原生态农业总产值 27 亿元、农业产业增加值 11.5 亿元、林草总产值 8.7 亿元。推动西畴工业经济发展换道超车。提出"低碳绿色＋新兴科技＋出口贸易"新型工业发展路子，引进 IC 封测＋LED 产业链以及新能源材料产业链，预计到 2025 年将实现规模以上工业产值 100 亿元，可为各族群众新增就近就地就业岗位 1 万个，创造了西畴的招商引资由"筑巢引凤"向"先引凤后筑巢"转变。推动"通道经济"向"口岸经济""园区经济"转变，工业能耗逐年下降，园区工业产值同比增长 17.65%。发挥生态资源优势，累计建成香坪山、东升公社、金钟山、汤谷 4 个 AAA 级景区和三光国家石漠公园 1 个 AAAA 级景区，成功承办 2022 年中国山地自行车联赛首战赛、2023 年中国公路自行车职业联赛总决赛和中国山地自行车联赛总决赛，"康养西畴""体育西畴"品牌影响力持续提升。2023 年共接待游客 190 万人次，实现旅游综合收入 20 亿元，良好的生态正在为西畴创造源源不断的绿色财富，成为各族人民的"绿色银行"和"幸福不动产"。

西畴县生态文明建设的实践表明，要从根本上解决生态文明建设"两难"，必须认真践行"两山"理念，解决好群众要增收致富和走新的绿色发展道路的问题，形成新的产业形态，绿水青山就一定会变成金山银山。如今的西畴，山绿了、水清了、村美了、人富了，各族群众生活水平得到了全面提升，呈现出经济持续发展、社会和谐稳定、各民族交融汇聚、人民安居乐业的良好局面。

经验启示

西畴县各族人民不悲观、不认命，始终铭记习近平总书记"幸福都是奋斗出来的"的谆谆教诲，与石漠抗争、向贫困宣战，加快推进绿色循环低碳发展，形成了以石漠化治理为核心，林草产业、生态农业、生态工业、生态旅游业融合发展的模式，探索出一条可复制、可推广、可借鉴的石漠化综合治理路径，带来了生态、经济、社会"三重效益"。

（一）"干"出来的绿水青山。西畴县始终把生态文明建设摆在突出位置，深入学习贯彻习近平生态文明思想，牢固树立"两山"理念，坚持生态优先、绿色发展，坚持以人为本、创新实干，以"西畴精神"为引领，形成党员干部领着干、各族群众自发组织、全民上阵参与的石漠化综合治理局面，全县森林、草原、湿地和生物多样性得到有效保护和修复，石漠化土地逐年缩减，森林植被覆盖率逐年增加。

（二）"治"出来的幸福甘泉。西畴县通过积极主动探索推行治水新模式，全力在

文山州西畴县开展"山水林田路电村"石漠化综合治理

治水、管水和用水三方面做好"水文章"，完善工程性、资源性缺水较为严重的石漠化地区饮水设施，破解石漠化地区群众饮水难题，守住了各族群众贫乏多年的"生命之源"，各族群众喝上了干净水、放心水、安全水，在共同参与治水、管水、用水的过程中加深相互理解、增进相互认同、促进心灵契合，为推动民族地区高质量发展夯实水资源支撑。

（三）"变"出来的致富产业。西畴县践行"绿水青山就是金山银山"理念，以植树造林、封山育林、退耕还林、生态公益林保护为重点，走"生态建设产业化、产业发展生态化"的发展道路，探索绿色发展新型产业，走出了"机制活、产业优、百姓富、生态美"的发展新路子，引领各族群众走上绿色生态发展的增收致富道路，结束了长期以来"有粮吃、无钱花"的局面，推动各民族共同走向社会主义现代化。

要按照绿色发展理念，实行最严格的生态环境保护制度，建立健全环境与健康监测、调查、风险评估制度，重点抓好空气、土壤、水污染的防治，加快推进国土绿化，切实解决影响人民群众健康的突出环境问题。要继承和发扬爱国卫生运动优良传统，持续开展城乡环境卫生整洁行动，加大农村人居环境治理力度，建设健康、宜居、美丽家园。

——2016 年 8 月 19 日至 20 日，习近平在全国卫生与健康大会上的讲话

地方实践

草色青青村庄美　生态治理焕新颜
——甘肃甘南州推进生态文明小康村建设

近年来，甘肃省甘南藏族自治州（以下简称"甘南州"）以全面提升农牧村现代化生活水平为目标，加快基础设施建设，着力建设特色村寨，持续改善人居环境，全力推进生态文明小康村建设，切实增强各族群众的获得感、幸福感和安全感，走出一条具有时代特征的生态优先、绿色发展之路。

一、背景情况

甘南州，甘肃省辖自治州，黄河、长江的水源涵养区和补给区，国家确定的生态主体功能区、生态文明先行示范区，地处我国西部地区，甘肃西南部，青藏高原与

黄土高原过渡的甘、青、川三省结合部，是全国"六大绿色宝库"之一、"五大牧区"之一，有汉族、藏族、回族、土族等 33 个民族。受气候条件、自然环境等因素制约，甘南州农牧业基础薄弱，属于全国"三区三州"深度贫困地区，加之农牧村基础设施落后、人居环境差，"脏乱差"等现象长期存在，各族群众增收困难。从 2015 年开始，甘南州以新发展理念为引领，提出以自然村为单元，以生态文明建设为统揽，以环境综合治理为切入点，深度融合社会主义新农村、旅游专业村、脱贫致富村、和美乡村建设的标准要求，推动农牧村发展转型，走上生态优先、绿色发展、特色村寨的现代化之路。2016 年以来，每年投入 30 亿元以上资金大力支持生态文明小康村建设。2019 年，甘南州实现整体脱贫，农牧民人均可支配收入由 2014 年的 4589 元提升至 8437 元，被联合国人居环境发展促进会评为"中国最具民族特色旅游目的地和旅游胜地"，并荣获 2019 年亚洲旅游红珊瑚奖。2020 年，世界旅游联盟发布的 2018 年至 2020 年 100 个"旅游减贫案例"中甘南州荣获 3 席，位列全国市州第一。如今，甘南州实现 4.5 万平方公里"全域无垃圾"目标，城乡面貌发生彻底改观、景区环境大幅提升、全民公德意识和文明素养显著提高，营造了整洁、亮丽、文明的宜游宜居宜业环境。

二、主要做法

（一）加快基础设施建设，补齐公共服务短板。制定出台生态文明小康村建设规划方案，明确工作目标、重点任务和建设标准。按照国家关于乡村建设的部署要求，细化完善深化建设标准，紧盯产业、人才、文化、生态、组织"五大振兴"，继续高标准高品质打造生态文明小康村，努力实现全州全覆盖。结合农区、牧区、林区和半农半牧半林区的区位特点，坚持"先川后山、先近后远、先重点后一般、先急后缓"和合理规避地质灾害的推进原则；坚持因村制宜、统筹安排、合理布局，补齐村庄基础设施和公共服务短板；坚持在保护中发展、在发展中保护，推进文化与旅游、城市与乡村融合发展；坚持分阶段分批次逐村差异化制定建设方案，充分利用现有基础、防止大拆大建，彰显个性特色、防止风貌同质化。自 2016 年生态文明小康村建设以来，累计投资 212 亿元，建设生态文明小康村项目 2341 个，覆盖 84% 的自然村，惠及 8.76 万户 39.7 万人；累计投资 2.6 亿元，建设文化旅游标杆村 17 个，全域旅游示范村 103 个，具有旅游功能的生态文明小康村 706 个，培育精品民宿和农牧林家乐 3000 多家。随着生态文明小康村建设的深入推进，各族群众生产生活便利化程度进一步提升，农村住房现代化水平稳步提高，生活方式发生了巨大转变，文明素质和现代意识极大提升。

（二）大力实施生态工程，持续改善人居环境。实施生态人居工程，推进农牧村危旧房和村貌特色化改造，配套建设综合性文化体育休闲场所、幼儿园、卫生室等公共服务设施，动员各族群众绿化美化自家庭院、房前屋后、路旁河畔和村庄周边环境，全面提升村容村貌、居住环境和硬件设施。实施生态经济工程。聚力打造"两大首位产业"，大力发展牛羊育肥、牦牛藏羊繁育、奶牛养殖、特色种植、林产品精深加工等产业；坚持"一村一品""一家一特"，集中连片发展"农牧林家乐"，引导鼓励和支持农牧民发展休闲、度假等乡村旅游新业态。实施生态环境工程，有效保护村落自然生态资源。推进退耕还林还草、草原禁牧休牧轮牧和农牧村土地综合整治，大力实施生态护坡和护村护田工程，开展村庄绿化行动。推广光伏发电等新型能源利用，安装太阳能热水器、煤气灶和节能炕，城镇周边村庄还安装了天然气管道。实施生态文化工程，对传统文化、红色文化、民俗文化、民间艺术、民居文化等进行传承保护，打造弘扬传统生态文化重要阵地。开展尊重自然、保护自然、顺应自然、人与自然和谐相处的生态文明教育，广泛宣传绿色、低碳、环保的生态理念，树立现代文明生活新风尚，让绿色生产生活方式深入人心，各族群众生活幸福指数逐年升高，真正实现了从"环境美"到"发展美"，从"外表美"到"内心美"，从"一时美"到"长久美"的转变。截至目前，甘南州有城乡保洁人员8317人，垃圾收运车1468辆，垃圾收集点（箱）12204处，在民族地区打造出全域无垃圾的"生态名片"。

（三）坚持多措并举，着力发展特色产业。坚持把产业扶贫与生态文明小康村建设相结合，积极创新"党支部＋龙头企业＋合作社＋农牧民"等带动发展模式，出台《关于引导和促进全州农牧民专业合作社规范提升发展的实施意见》，在奖补、人才、信贷、土地使用等方面制定了优惠政策，引导和支持农牧民专业合作社规范发展，加快构建政策体系，整合资源条件，将贫困群众的利益紧密地联结在产业链条上。高质量推进农牧业品牌建设，围绕特色、特产等优势资源，加快培育一批"三品一标"认证农畜产品，不断提高产品质量和竞争力。"甘加"羊、"安多"牦牛肉等具有甘南高原特色的品牌不断涌现，一批"藏"字头高端、精品拳头农牧产品畅销国内外。持续加力扶持农牧民专业合作社发展，2011年至2012年，甘南州对33家州级农牧民合作社示范社给予财政奖补；2016年至2017年，全州落实天津援建资金340万元，扶持农牧民合作社38家，树立了合作社带贫样板；2018年，全州落实中央及省级补助资金 1760 万元，扶持贫困村合作社及省级以上示范社 172 家；2019 年，全州落实财政扶贫专项资金 8348 万元，扶持合作社 509 家。2022 年，《华羚牦牛乳产业　助力牧民脱贫增收——公私伙伴关系助力甘肃牧区产业升级案例》荣获"第三届全球减贫案例征集活动"最佳减贫案例，是甘肃唯一入选案例。突出农牧村资源禀赋特点，注重共建共治共享和丰富各民族精神文化生活，全方位挖掘村庄的个性和特色，着力打造红色旅游、生态体验、休闲度假、民俗文化、特色产业和城郊融合等不同类型村庄，做到一村一品、一村一景、一村一韵。夏河县曲奥乡太阳沟村全体村民入股组建旅游公司，年接待游客 4 万多人次，旅游收入达 100 多万元，成为国家 AA 级景区和典型的生态体验型小康村。迭部县旺藏镇茨日那村采取"党员创业示范户＋公司＋农户"的模式，建设红军长征主题广场、红军驿站、青稞酒厂和民俗博物馆，新建停车场和排水管网，村庄面貌发生了翻天覆地的变化，年接待游客 3 万多人次，形成了很好的致富效应。碌曲县尕海镇尕秀村结合牧民定居点建设和易地扶贫搬迁，实施生态文明小康村建设项目，建成"环境革命"标杆村，依托尕海湿地草原、独特的民族文化和历史文化古迹，成立东喀尔集体经济开发有限公司，着重发展乡村旅游，常年组织开展马术、射箭、弹唱、锅庄等民族文化表演，参与农户每年增加工资性收入 1.5 万元以上。生态文明小康村建设助力甘南州打造全域旅游大景区，2023 年吸引国内外游客 2000 万人次，实现旅游综合收入 100 亿元，连续 5 年保持两位数增长。

从"一村美"到"村村美"，甘南州全力建设生态文明小康村，为甘肃巩固拓展脱贫攻坚与乡村振兴成果有效衔接、全面推进乡村振兴、坚定不移走以生态优先、绿色发展为导向的高质量发展路子，为民族地区推动生态文明建设，不断走向社会主义现代化提供了新的路径选择。如今，甘南州面貌焕然一新，天蓝地绿、山清水秀，人与自然和谐共处，波澜壮阔的生态文明小康村建设为甘南各族群众在绿水青山和金山银山之间架起了一座"彩虹之桥"。

经验启示

甘南州把建设生态文明小康村作为推动各民族共同走向中国式现代化的有力抓手，通过主要资金围绕"生态"聚集、主要举措围绕"文明"聚焦、主要力量围绕"小康"聚合，致力于促进农牧村绿色发展和可持续发展，全州上下各族群众奋发有为，实现从"点上开花"到"面上结果"的升华。

甘南州玛曲县阿万仓镇沃特村全景俯瞰

（一）以绿色发展为目标推进生态文明建设。甘南州依托自身的绿色资源优势，倡导绿色发展理念，把国家生态保护和建设大局与自身可持续发展的实际紧密结合，深入开展生态文明小康村建设工作，推动生态环境保护落实落地，生态环境保护成效日益凸显，环境质量不断提高，各族群众的生态环境获得感、幸福感、安全感不断增强。

（二）以实现共同富裕赋能民族地区转型发展。甘南州把生态文明小康村建设作为推动甘南由"经济跟跑者"向"生态领跑者"转变的实践平台，正确处理高质量发展与高水平保护的关系，发展各具特色的乡村旅游业，在提升各族群众文明素质和现代文明意识中，推动民族地区实现转型发展，走出一条绿水青山源源不断向金山银山转化的绿色共富之路。

（三）以创新产业模式拓宽各族群众致富之路。甘南州把建设生态文明小康村作为改善民生、凝聚人心的治本之策，依靠农牧村独特资源优势，因地制宜、积极创新发展模式，打造乡村特色产业，提高乡村产业韧性和综合竞争力，不断拓宽各族群众增收渠道，以"绿色"厚植发展底色，着力构建各美其美、美美与共的生态体系，让各族群众享受到更多的"生态福利"。

总书记的话

广西生态优势金不换，要坚持把节约优先、保护优先、自然恢复作为基本方针，把人与自然和谐相处作为基本目标，使八桂大地青山常在、清水长流、空气常新，让良好生态环境成为人民生活质量的增长点、成为展现美丽形象的发力点。

——2017 年 4 月 19 日至 21 日，习近平在广西考察时的讲话

地方实践

"追青逐绿"绘就绿城发展底色
——广西南宁市持续推进绿色发展

良好的生态环境就是最普惠的民生福祉。近年来，广西壮族自治区南宁市深入践行习近平生态文明思想，以人民为中心，推动经济社会发展全面绿色转型，扎实推动生态环境质量持续改善，不断提升城市生态宜居水平，生态美、产业兴、百姓富交织成绿城大地上一幅幅美好图景，绿城发展底色愈发鲜明。

一、背景情况

南宁是广西壮族自治区首府，辖 7 个城区和 5 个县（市），总面积 2.21 万平方公里，有汉族、壮族、瑶族、苗族、侗族等多民族聚居，全市常住人口 894.08 万人，素有"中国绿城""天下民歌眷恋的地方"等美誉。这些年，南宁市统筹产业结构调整，让传统产业"脱胎换骨"、新兴产业"强筋壮骨"，以深化各族群众享受公共空间的程度为抓手不断提升城市的舒适度，近 5 年来空气质量优良率稳定保持在 94%以上，环境空气质量连续 8 年稳定达标，"南宁蓝"成为南宁城市名片，先后获评全国首批"国家生态园林城市"、全国首批海绵城市建设优秀试点城市。如今的南宁，自然风光秀美，文旅资源丰富，处处呈现出人与自然和谐共处的生态之美，让"建"在城市空间的绿、"嵌"入产业发展的绿、"走"进各族群众生活的绿组成了令人向往的宜居之地。

二、主要做法

（一）以"绿"为底，绘就生态画卷。在整治那考河黑臭水体治理过程中，南宁以"全流域全要素治理"和"海绵城市"相结合的治水理念，统筹做好生态修复和控源截污"加减法"，实现了流域高质量绿色发展。在那考河流域治理模式和理念的带动下，沙江河、心圩江、水塘江、朝阳溪、二坑溪等城市内河"化茧成蝶"，重焕生机。南宁市还严格落实"三级"河长巡河制度，补齐污水处理设施短板，原有的 38 段黑臭水体水质达标率 100%，提高南宁市宜居度，为各族群众幸福指数加分。持续推进蓝天、碧水、净土保卫战，全面做好加强生态环境保护"减法"，南宁市主要流域地表水水质优良比例保持 100%，市、县两级饮用水水源水质达标率保持 100%，2023 年市区空气质量优良天数比率 98.9%，农用地安全利用进度任务完成率 100%，51 条农村黑臭水体完成治理 46 条，医疗废物集中处置能力从 57 吨 / 日提升至 115 吨 / 日，生活垃圾焚烧处理能力达 5450 吨 / 日，厨余垃圾处理能力达 1700 吨 / 日。大气、水、土壤环境质量持续稳中向好，让各族群众望得见青山、看得见绿水，满足了各族群众对蓝天白云、清新空气的需求，增强了各族群众的获得感和幸福感。2023 年，那考河入选全国第二批美丽河湖优秀案例，昔日的黑臭水沟如今成了"城市生态客厅"。

（二）逐"绿"而行，壮大生态经济。近年来，南宁逐"绿"而行，在环境保护和经济发展之间，推进传统产业调整产品结构、提高产业技术等级、降低资源能源消耗、减少污染排放，引导企业在工艺上集成产品生产、能源转换、废弃物再利用等多种功能，全面推广精密化、轻量化、绿色化等先进制造技术。持续构建绿色低碳能源体系，能源结构持续优化，2023 年南宁市电源总装机 501.7 万千瓦，可再生能源电源装机 311 万千瓦，占比 62%；全市总发电量 143.2 亿千瓦时，可再生能源发电 69.1 亿千瓦时，占比 48%，两项指标均优于全区平均水平。不断加快战略性新兴产业发展步伐，开辟新能源汽车发展领域新赛道，通过引进比亚迪等"链主"，吸引一批产业链上下游企业落地，塑造发展新动能新优势。通过引导、鼓励企业开展绿色制造体系示范创建工作，南宁市绿色制造体系规模不断壮大，目前共有 19 家绿色工厂、3 家绿色工业园区进入国家级绿色制造体系名单，有 31 家绿色工厂、3 家绿色工业园区、18 家企业的 45 种绿色设计产品进入自治区级绿色制造体系名单。累计组织策划生态环保类项目 12 个，总投资 37.19 亿元；签约节能环保产业链招商项目 5 个，总投资 58.02 亿元，不断把生态优势转化为经济优势，以高水平保护推动高质量发展，为各族群众创造高品质生活，实现"绿色颜值"和"金色产值"双丰收。

（三）拥"绿"入怀，共享生态成果。南宁以人民为中心，促进生态环境持续改善，打造宜居宜业的绿色环境，百姓的日常生活有了更多的"绿色选择"，各族群众共享绿色发展成果。绿色公交、绿色出租、共享自行车，更多节能低碳的交通方式，不断满足各族群众的出行需求；推动"轨道＋公交＋慢行"三网融合发展，绿色交通"串联"各族群众通勤"全过程"；轨道交通接驳公交率达 95%，绿色出行比例达 80.28%，成为广西唯一一个全国绿色出行创建达标城市……各族群众的选择是对绿色出行最真切的回应。南宁见缝插绿、见缝布景，进一步拓宽绿化空间，把街头当景点，把城市变景区，"推窗见绿、出门见景、人在景中"已真正融入各族群众的生活。目前，南宁市城市建成区绿地面积达 16377.74 公顷，城市绿地率 37.01%，城市绿化覆盖率 43.03%，公园绿化活动场地服务半径覆盖率 91.37%。垃圾分类工作由点到面、逐步启动、成效初显，一种全新的生活理念正悄然改变着各族群众的生活习惯，逐渐成为城市的新风尚，居民小区生活垃圾分类覆盖率达 90% 以上。如今，"绿色低碳"已潜移默化地渗透到市民生活的方方面面，各族群众在绿色发展中共享绿色福祉，各族群众的生活品质不断提高，满意度不断攀升，"中国绿城"品牌越擦越亮。

南宁市统筹发展与保护的关系，既守好生态环保底线，又支撑服务保障好经济平稳运行和发展向好，以高水平保护推动经济高质量发展，在绿色发展中增强各族群众的归属感，筑牢中国式现代化生态根基，打造出一座各族群众满意的"水清、岸绿、河畅、景美"的生态宜居家园，让各族群众在绿水青山中共享自然之美、生命之美、生活之美。

经验启示

南宁市坚持以习近平生态文明思想为指引，树牢并践行绿水青山就是金山银山理

"绿城"南宁市绿意盎然

念，坚定不移走生态优先、绿色发展之路，持续深入打好污染防治攻坚战，协同推进降碳、减污、扩绿、增长，探索出守"绿"塑生态、逐"绿"谋未来的可持续发展道路，让良好的生态环境成为高质量发展的鲜明底色。

（一）绿色发展不断满足人民优美生态环境需要。南宁坚定推进生态环境保护和经济绿色转型百年大计，全地域全方位加强生态环境保护，全领域全过程推动发展绿色转型，持续提高生态环境质量，提供更多优质生态产品，守护好各族群众赖以生存和发展、寄以深情和挚爱的美好家园，不断满足人民群众日益增长的优美生态环境需要，增强各族人民的民生福祉。

（二）绿色发展深化各民族人与自然和谐共生。南宁持续推进蓝天、碧水、净土保卫战，坚持生态惠民、生态利民、生态为民，推动发展绿色转型，持续提高生态环境质量，在共同建设生态文明、推进经济绿色发展的过程中，不断深化各族群众对人与自然和谐共生的理念认识，提高各族群众推进绿色发展、循环发展、低碳发展的自觉性，为建设中华民族共有精神家园提供绿色支撑。

（三）守好生态底线保障民族地区经济高质量发展。南宁坚定守好生态环保底线，走以生态优先、绿色发展为导向的高质量发展新路子，端牢生态碗、吃上生态饭，从生态里"掘金"，让好山好水有"颜"更有"值"，从生态底色到发展成色，再到转型亮色，不断拓宽新时代南宁绿色低碳转型路子，实现生态保护和经济发展"双赢"。

总书记的话

保护生态环境就是保护生产力，改善生态环境就是发展生产力。良好生态环境是最公平的公共产品，是最普惠的民生福祉。青山绿水、碧海蓝天是建设国际旅游岛的最大本钱，必须倍加珍爱、精心呵护。

——2013 年 4 月 8 日至 10 日，习近平在海南考察时的讲话

念好"生态经"　开出"文旅花"
——海南昌江县王下乡"黎花里"生动践行"两山"理念

近年来，海南省昌江黎族自治县（以下简称"昌江县"）王下乡让"两山"理念的生动实践落地，充分发挥生态环境和民族文化等资源优势，让"绿水青山"变成百姓能够抓得住的"金山银山"，曾经不通车、不通电、不通网、偏远的民族乡镇不断蝶变，黎族同胞在家门口吃上"旅游饭"，持续深化新时代生态文明建设，不断夯实中华民族永续发展的生态基础。

一、背景情况

王下乡是海南最为偏远的黎族乡镇，昌江县下辖乡，地处海南热带雨林国家公园生态核心区，全乡土地面积 345 平方公里，户籍人口黎族占比 100%，被原始森林和群山环抱，森林覆盖率达 98% 以上，是海南第一大河南渡江的发源地。辖区内有国家一级保护动物海南黑冠长臂猿，有见血封喉、坡垒等名贵树种，盛产高品质海南黄

花梨，有"十里画廊""皇帝洞"等自然景观，有距今约 6 万年的古人类遗址钱铁洞、"黎族村落活化石"洪水村金字形茅草屋遗址等人文景观。曾经的王下乡虽然自然资源十分丰富，却是全省最偏远的贫困地区，当地群众只能"捧着金饭碗要饭吃"。为了让各族同胞脱贫致富，昌江县充分发挥王下乡生态环境和黎族文化等资源优势，创新推动"两山"理念落地生根，通过巧妙"落笔"、匠心"着墨"，在王下乡绘出了气韵生动的山水画卷，使这个曾经全县最偏远、最贫困的黎乡，一跃成为海南乡村振兴的"样板间"。王下乡先后获得"全国绿水青山就是金山银山实践创新基地""全国文明村镇""全国民族团结进步示范乡镇""全国乡村旅游重点乡"等荣誉，所辖浪论村和洪水村分别入选第三批、第四批"全国乡村旅游重点村"。

二、主要做法

（一）坚持系统规划，以文化手法破解"两山"转化密码。昌江县系统研究王下乡目标定位，出台《践行"绿水青山就是金山银山"理念打造王下乡乡村振兴样板的实施方案》，全力打造"黎花里"文旅项目。聘请专业文旅团队进行策划设计，以文化为魂，结合民族传统文化和考古文化的内涵，突出民族风情、木棉之乡、传统聚落等元素，让生态旅游插上文化的翅膀，助力王下乡生态旅游产业提档升级。用文化手法将王下乡的偏远宁静转化成稀缺的旅游元素，融合区位条件、资源禀赋、发展基础、文化底蕴为一体，策划"黎花一里·诗里画里·三派村""黎花二里·时光里·洪水村"和"黎花三里·酒里歌里·浪论村"美丽乡村建设方案，突出厚重的人文内涵、绝美的生态景观，打造强大的文旅 IP。"木棉花开时，我在黎花里，等风又等你""一步一里一风情，一草一木黎家情"等宣传语成功出圈，让深藏在热带雨林深处的王下乡逐渐广为人知，吸引越来越多的游客前来游玩打卡。不断完善基础设施建设、加强人居环境整治、提升旅游承载和综合接待能力，逐步探索出了一条既符合王下乡实际，又遵循市场规律的发展路径，不仅守护了"绿水青山"，更通过"旅游饭""生态饭"获得了"金山银山"，打造出各族群众向往的诗和远方。

（二）坚持因地制宜，以持续投入夯实"两山"转化基础。昌江县坚持整体规划、因地制宜、分步实施、梯度推进的原则，突出"两就两化"和"三护五变"设计思路，仔细研究策划细节，力求做到就地取景、就地取材，注重村民生活旅游化、村民生活场景景区化，保护好各村的原生态环境、原生态文化、原生态民风民俗，实现乡村变舞台、村民变服务员、百姓变演员、田园变市集、特产变文创产品。坚持一张蓝图绘到底、分期推进项目建设，2019年至2020年，启动王下乡"黎花里"一期、二期项目建设，建成生态停车场、游客中心、"黎山麓"观景台、黎寨歌舞广场等旅游配套设施，基本实现对外开放目标。2021年开始，实施"黎花里"文旅三期项目，打造两个美丽乡村、十里画廊观景台和爱情"田园里"等文旅项目。经过3期项目的实施，完成了"霸王—王下"旅游公路升级改造，实现了山海互通旅游公路全线贯穿，村庄巷道硬化率达到100%，彻底改变了"晴天一身灰、雨天一身泥"的旧貌；光纤铺设到全部自然村，实现网络信号全覆盖，开通补盲4G基站5个，新建5G基站5个；完成13个饮水工程，实现农村安全饮水进村入户。此后，"两山理念"文化园、牙劳驿站和"黎山麓"观景台、大广坝和十里画廊观景台等配套项目相继建成，增强了企业投资兴业的信心，吸引了来自全国的各族游客，促进各族群众在共赏青山绿水、碧海蓝天中广泛交往、全面交流、深度交融。

（三）坚持企业带动，以特色产业加快"两山"转化步伐。昌江县引进云画（海南）文旅开发管理有限公司、海南客栈产业发展有限公司等文旅企业，投入2000多万元分别在浪论村、洪水村打造"浪悦·黎奢"和"黎奢·时光里"民宿，极大提升游客体验，助力浪论村和洪水村分别获评省级五椰级乡村旅游点和四椰级乡村旅游点。厘清政府、农民和企业各自的角色定位，探索"政府＋企业＋科研院所＋合作社＋农户"多元合作发展模式，推动各行政村成立专业合作社，同龙头企业成立合伙公司，抱团发展旅游、林下经济等产业，三派村帐篷营地、钱铁村田园里共享农庄等成为新的打卡点和赢利点，走出了一条政府资金"输血"引导、市场主体"造血"运营、村民集体"热血"参与的闭环开发道路。在企业带动下，村集体大力发展民宿产业，浪论村新建1000平方米民宿项目即将竣工，三派村新建民宿即将开工建设，将成为吸纳游客住宿的重要场所。企业还发挥自身资源优势，邀请网红、文旅大咖等来王下乡亲身体验，宣传推广美丽乡村。2020年5月黎花里项目开始运营至今，王下乡已累计接待游客46万余人次，旅游收入7000多万元。村民们利用自家庭院开办民宿、农家乐，蜂蜜、寄生茶等特色农产品广受游客欢迎，更有群众以邮寄的方式把特产卖到北京、上海等地，赚足了"外快"，真正吃上了"旅游饭"，切实促进民族地区经济高质量发展。

昌江县推动生态优势转化为发展优势，实现了"绿水青山""碧海蓝天"向"金山银山"转化，让各族群众共享改革发展成果，实现了村民对美好生活的向往，各族群众获得感、幸福感、安全感大幅跃升，走上了绿色可持续高质量发展之路，助力推动各民族共同走向社会主义现代化。

昌江县在习近平总书记"两山"理念指引下,充分发挥王下乡生态资源和民族文化优势,汇聚各方力量,系统性创新发展生态旅游产业,破解绿水青山到金山银山的转化密码,为海南探索"生态产业化、产业生态化",推动民族地区绿色可持续高质量发展提供了有益经验。

(一)创新发展推动绿水青山转化成金山银山。昌江县出台《践行"绿水青山就是金山银山"理念打造王下乡乡村振兴样板的实施方案》,始终保持创新性思维,充分利用王下乡的人文与风貌等资源禀赋,科学系统规划文旅产业发展,推动文旅产业快速发展,村民在靠山吃山中找到了新路子、尝到了新"甜头",绘出一幅民族地区乡村振兴的"蓝图"。

(二)原滋原味助力绿水青山转化成金山银山。昌江县充分利用好资源富集、水系源头、生态屏障、文化特色等优势,运用好原生态对全国各族游客的吸引力,深

昌江县王下乡浪论村民族元素与现代审美融为一体的民宿

耕民族文化、做强生态品牌，把资源优势、区位优势、生态优势转化为高质量发展优势，依托优势把现代农业、文化旅游产业、康养产业等特色产业做大做强，推动民族地区高质量可持续发展。

（三）龙头引领带动绿水青山转化成金山银山。昌江县坚持系统思维，积极探索多业态融合发展模式，因势利导用好产业融合这一现代产业发展的必然趋势，以生态环境资源为优势，推动"乡村旅游＋农业生态＋民族文化融合发展"，走出了一条因地制宜、特色鲜明的绿色致富道路，让村集体经济强起来、村民腰包鼓起来，夯实推动各民族逐步实现共同富裕的生态基础。

总书记的话

地方实践

绿色低碳转型释放发展新动能
——河北承德市围场县闯出生态优先、绿色发展新路径

近年来，河北省围场满族蒙古族自治县（以下简称"围场县"）以"蓝天、碧水、增绿、净土"行动为抓手，积极实施"塞罕碳谷"战略，打造全国绿色能源生产基地，把绿色资源转化为经济发展新引擎，多措并举统筹产业结构调整和污染治理，生态环境质量显著改善，绿色低碳转型迈出新步伐。

一、背景情况

围场县位于河北最北部，隶属于河北省承德市，地处内蒙古高原和冀北山地的过渡带，为阴山山脉、大兴安岭山脉尾部与燕山山脉的接合部，总面积 9037 平方公里，是河北面积最大的县，全县大的地貌单元分为坝上冀北高原和坝下冀北山地两大部分。围场县总人口 53.1 万人，生活有汉族、满族、蒙古族、回族等 38 个民族，是国

家重点生态功能区、京津冀水源涵养功能区，是全国"绿水青山就是金山银山"实践创新基地和全国生态文明建设示范区。1962 年，自围场县北部成立塞罕坝机械林场以来，塞罕坝建设者创造了"沙地变林海、荒原成绿洲"的人间奇迹，铸就了"牢记使命、艰苦创业、绿色发展"的塞罕坝精神。进入新时代，围场县认真践行"两山"理念，大力弘扬塞罕坝精神，一以贯之狠抓生态建设，加快推进绿色高质量发展，总结出"高山松戴帽、果树围山腰、坡地梯田化、沟膛杨柳坝"等成功经验，带领各族人民共同走向社会主义现代化，闯出了生态优先、绿色发展的新路径。

二、主要做法

（一）坚持高位统筹，"两制一线"推动生态文明建设。围场县修订完善自治条例和 4 个单行条例，将绿色生态建设写入条例，先后出台《关于禁止野外用火的决定》《生活污水治理长效运行机制》等多项规范性文件，不断完善制度体系，严格执行重大生态环境决策法制审核和风险评估制度，以最严格的制度、最严密的法治保护生态环境，优化绿色治理。成立以党政主要负责人为组长的生态建设管理委员会、塞罕坝机械林场及周边区域生态保护工作领导小组，制定实施《深入贯彻落实习近平总书记重要指示精神　加强塞罕坝机械林场及周边区域生态保护工作方案》《生态建设十年规划纲要》等多个政策性文件，推动机制建立，将生态优先、绿色发展的理念贯穿各项工作始终，坚定不移走绿色低碳的高质量发展道路，积极融入承德国家可持续发展议程创新示范区建设，大力发展绿色低碳循环经济，努力把生态优势转化为经济优势，引领绿色方向。精准科学划定生态保护红线 3543.24 平方公里，占县域面积 40%，同步推动与塞罕坝机械林场的工作对接、规划衔接和项目承接，科学划定 541.82 平方公里的核心保护区、生态保育与可持续发展区、植被恢复重建区、生态宜居示范区和绿色产业引导区，建立完善生态保护红线监管平台、监管网络体系与预警机制，守牢绿色本底，让生态红线成为民族地区现代化建设中不可碰触的"高压线"。

（二）坚持保护提升，多措并举筑牢生态环境屏障。以刚性措施强化林业"防火墙"，认真落实《塞罕坝森林草原防火条例》，全力打造"17435"大网格管理体系，突出以塞罕坝机械林场为核心，建立 7 个防灭火区域大网格，4 支靠前驻防分队，打造塞罕坝周边乡镇及各区域内 30 分钟防灭火应急救援圈，相邻区域 50 分钟防灭火应急支援圈，有效预防和扑灭塞罕坝森林火灾。深化林长制体系建设，将林长网格与森林草原防火网格"双网"融合，1815 名三级林长与 3597 名护林员、技术员和警员共同构建"一长＋三员"责任网格 3029 个，形成覆盖全域、触角到村的林长组织体系。以硬性举措织密环境"防护网"，积极开展"百万棵树"造林绿化行动，村庄绿化率提升至 45.6%，建成省级美丽乡村重点村 79 个；构建完善大气污染防治"1 ＋ 17"政策体系，空气质量优良天数始终保持在 300 天以上，被誉为"中国天然氧吧"；深入开展水污染综合治理、河湖"清四乱"和河道生态治理，水源地水质和出境断面水质达标率均保持 100%，各族群众的生产和生活环境得到了有效保护和提升。以韧性建设筑牢生态"保护盾"，目前全县共有国家级自然保护区、国家级森林公园、国家湿地公园、国家沙漠公园 7 个，省级森林公园、省级湿地公园、风景名胜区 5 个，保护区和景区面积达县域面积三分之一以上。1978 年以来，围场林地面积由 249 万亩增加到 816 万亩，森林覆盖率由 18.4% 提升到 60.25%，水土流失面积减少了 3020 平方公里，森林资源总量居河北省首位，打造出各族群众共建共有共享的美好家园。

（三）坚持绿色发展，生态引擎推动生态产品价值实现。借"碳"生金，践行"双碳"战略，与国家生态环境部环境发展中心、塞罕坝机械林场签订《关于共同推进绿色低碳发展推动实现碳达峰碳中和战略合作备忘录》，三方战略合作共建"塞罕碳谷"，与清华大学碳中和研究院签订碳中和战略合作框架协议，计划合作实施碳中和、低碳零碳项目，探索推广碳汇价值、品牌溢价、经营收益、分红收入相统一的"一碳生四金"发展模式，加快实现双碳与乡村振兴协同、减污与降碳协同。借"林"生财，打造特色林业产业，坚持林业一二三产业融合发展，连续 5 年制定出台支持经济林发展政策，发展水果类、浆果类、干果类经济林 185.8 万亩，苗木基地 12.2 万亩，年产各类果品 25 万吨，销售各类造林绿化苗木 0.9 亿株，加工沙棘及各类果蔬 8 万吨。同时，积极培育森林工业、造型松产业，大力发展森林生态旅游，林业产业年产值在 20 亿元以上，促进民族地区各族群众共同富裕。借"优"生资，发展清洁能源产业，发挥"国家首批绿色能源示范县""绿电"富集、碳足迹小的显著优势，目前已建成清洁能源项目 60 个，并网装机容量达到 448.8 万千瓦，年上网发电 100.7 亿千瓦时，产值 37.1 亿元，上缴税金 6.3 亿元；在建项目 18 个，总装机 310 万千瓦。预计到 2025 年，全县清洁能源电力装机将达到 900 万千瓦以上，新增发电量 112 亿千瓦时；氢能产能达到 7000 标方 / 小时，每年可为京津地区提供绿氢 5400 吨，为京津冀区域经济发展提供了"绿色动能"，促进民族地区高质量发展。

围场县坚持高位统筹、保护提升、绿色发展，以塞罕坝机械林场及周边区域固碳项目实现生态价值转化为突破，创新建立降碳产品价值实现机制，打造"塞罕碳谷"，推动风光储氢清洁能源产业高质量发展，形成了各族群众赞叹不已的紫塞大地良好生态，为生态优先、绿色发展提供了可借鉴、可复制的"围场经验"。

经验启示

围场县以建设首都水源涵养功能区、京津冀生态环境支撑区为着力点，充分利用好县域风光资源丰富、生态环境较好的优势，取得了明显推进效果，发出了绿色生态建设"最强音"，为民族地区绿色低碳转型提供了有益经验。

（一）完善条例体系凝聚生态文明保护合力。围场县坚持生态优先、绿色发展，不断完善生态文明建设自治条例体系，出台全域生态保护工作方案和十年规划纲要，建立党委领导、政府主导、部门协同、各族群众参与的工作机制，牢固树立尊重自然、保护自然、顺应自然的观念，推动生态保护与经济发展良性互动，促进民族地区人与自然和谐共生。

（二）坚持从严保护助推民族地区绿色发展。围场县坚持因地制宜、整体保护、系统修复，时刻保持生态文明建设战略定力，积极引导各族群众自下而上全民参与生态文明建设，让各族群众的共同家园天更蓝、山更绿、水更清、环境更优美，在深入

承德市围场县御道口牧场风电项目

探索将生态优势转化为经济优势的发展路径中，将生态资本变现为"金山银山"，为各族群众创造良好生产生活环境。

（三）聚焦"双碳"战略探索民族地区发展新路子。围场县践行新发展理念，抢抓碳达峰、碳中和"双碳"机遇，把碳达峰、碳中和纳入全县经济社会发展和生态文明建设整体布局，进一步发挥自身清洁能源的独有优势，推动风光储氢清洁能源产业高质量发展，打造出全国绿色能源生产基地，探索出一条民族地区绿色发展新路径。

第六部分　党的建设

　　习近平总书记强调，铸牢中华民族共同体意识、推进新时代党的民族工作高质量发展，是全党全国各族人民的共同任务。各级党委和政府要坚持中国特色解决民族问题的正确道路，认真贯彻落实党的民族工作的各项方针政策，及时研究解决本地区本单位涉及民族工作的重大问题。各级领导干部要深入学习贯彻党关于加强和改进民族工作的重要思想，提高做好民族工作的本领，为推进民族团结进步事业作出应有贡献。党的建设是强国建设、民族复兴的根本保证。工作中，必须把中华民族的复兴事业与中国特色解决民族问题的正确道路统一起来，全面推进党的政治建设、思想建设、组织建设、作风建设、纪律建设，把制度建设贯穿其中，深入推进反腐败斗争，为建设牢不可破的中华民族共同体提供强大领导力、引领力、组织力与号召力。通过深化党的建设，把党的领导贯穿民族工作全过程，推动形成新时代党的民族工作格局，强化党的建设对加强和改进新时代民族工作的引领作用，更有针对性加强基层民族工作机构建设和民族工作力量，加强民族地区基层政权建设，充分发挥基层党组织战斗堡垒作用。

> 要持之以恒净化政治生态。坚持激浊和扬清并举，严明政治纪律和政治规矩，严肃党内政治生活，破"潜规则"，立"明规矩"，坚决防止搞"小圈子"、"拜码头"、"搭天线"，有力打击各种政治骗子，严格防止把商品交换原则带到党内。坚持不懈整治选人用人上的不正之风，推动形成清清爽爽的同志关系、规规矩矩的上下级关系，促进政治生态山清水秀。
>
> ——2024 年 1 月 8 日，习近平在二十届中央纪委三次全会上的讲话

地方实践

强化政治监督　护航民族团结

——四川甘孜州在守护政治生态中筑牢基层政治保障

　　四川省甘孜藏族自治州（以下简称"甘孜州"）纪委监委忠实履行党章和宪法赋予的职责，紧扣推动纪检监察工作高质量发展主题，以忠诚干净担当的实际行动负重前行，坚定不移推动全面从严治党、党风廉政建设和反腐败斗争向纵深发展，为全州保持平稳健康的经济环境、国泰民安的社会环境、风清气正的政治环境提供坚强纪律保障。

一、背景情况

甘孜州，四川省地，是新中国成立后建立的第一个专区级少数民族自治州，地处川西北高山高原、横断山脉核心地带、青藏高原东南缘，面积15.3万平方公里，辖18个县（市）、289个乡（镇、街道），常住人口110.7万人，有汉族、藏族、彝族、羌族、回族等42个民族。由于特殊的地理位置，长期处于反对分裂、维护社会稳定的前沿阵地，甘孜州纪检监察干部聚焦"国之大者"开展政治监督，坚守在监督执纪前沿、案件办理现场、为民服务一线，扎实开展跟进监督、精准监督、全程监督，用实际行动保障党中央重大决策部署在民族地区落实落地、守护政治生态、推动民族团结进步，其中优秀代表魏国权被授予"全国纪检监察系统先进工作者"称号。

二、主要做法

（一）以监督反分维稳，建造民族团结"高压线"。甘孜州纪检监察系统紧扣甘孜稳藏安康的战略地位，以铁规严纪筑实政治纪律分界线、高压线，筑牢夯实团结稳定是福、分裂动乱是祸的政治基础。围绕维护地区长治久安，以"雪域清风"专项整治行动为统揽，坚定不移推进全面从严治党、党风廉政建设和反腐败斗争，坚决查处妄议党中央决策部署、与党离心离德、对党不忠诚不老实、当"两面派"做"两面人"等严重违反政治纪律和政治规矩问题，深入开展"清风2023"十项突出问题专项整治，查处政治意识、大局意识较差，对党不忠诚不老实，阳奉阴违的"两面人""骑墙派"等违反政治纪律案件53件77人，以铁的纪律压实在党言党、在党忧党、在党为党的政治责任，营造了风清气正的政治环境，以党的团结统一持续捍卫民族团结统一，为维护祖国统一、民族团结、社会稳定作出积极贡献。

（二）以监督护航发展，织密共同富裕"保障网"。甘孜州拥有丰富的水能、太阳能、风能和地热资源，是国家"西电东送"的重要能源基地，也是川藏铁路建设的重要地段。甘孜州纪检监察系统始终胸怀"国之大者"，深化政治担当、主动作为，发挥监督保障执行、促进发展作用，出台《关于服务保障川藏铁路（甘孜段）项目建设的十四条措施》《促进民营经济高质量发展的十条措施》，推行"9·5"泸定地震灾后恢复重建"1＋6＋7"联合监督模式，持续深化工程项目招投标领域突出问题治理，规范政商交往，查处工程领域问题46件54人，带动形成"亲""清"政商关系，全方位护航重大项目工程建设。甘孜州巴塘县拉哇水电站是党中央关心支持甘孜州经济社会发展的重大项目，资金量大，2017年4月，甘孜州巴塘县拉哇村个别党员、村干部多次组织村民以堵路、拦车、威胁等方式，干扰拉哇水电站正常施工，造成了十分恶劣的影响。接到问题线索后，巴塘县纪委立即成立由县纪委书记魏国权担任组长的专案组，深入一线开展线索处置、摸排了解、调查取证等工作。不到 1 个月时间，该案成功告破，组织参与的 8 名党员均受到严肃处理。以魏国权为代表的纪检监察干部，把监督融入重大发展战略、重要政策举措、重点项目任务的落实之中，以有力有效监督保障促进党中央政策落实落地，以风清气正的政治生态凝聚人心、汇聚力量，激发各族人民共同团结奋斗、共同繁荣发展内生动力，保障民族地区融入国家发展大局，推动各民族共同走向社会主义现代化。

（三）以监督守护民生，筑牢各族群众"幸福线"。甘孜州曾是全国"三区三州"深度贫困地区，贫困量大面广程度深，脱贫任务艰巨。甘孜州纪检监察系统聚焦巩固拓展脱贫攻坚与乡村振兴有效衔接、粮食安全、医药领域腐败、统计造假等重点领域，紧盯群众急难愁盼问题，深入整治群众反映强烈的突出问题，开展乡村振兴领域重点帮扶县相关政策落实和资金审计，通过"雪域清风""纪委书记盯粮库"行动等，严肃查处了一批侵害群众利益的"蛀虫"，用情用力保障各族群众合法权益。2018年，甘孜州某乡原党委书记高某涉嫌贪污扶贫资金被立案调查，然而随着工作推进，发现该案涉及人数多，加之高某任职时间长，在当地深耕多年，导致取证难度大、说情干扰多，案件查办一度陷入僵局。面对这一急难险重的任务，纪检监察干部横下一条心，偏就"不信邪"，组成专案组下云南、进西藏、赴成都、到雅安……先后辗转7000 多公里，翻越了 7 座海拔 4000 多米的雪山，通过 3 个月的连续奋战，最终查清14 名党员干部违纪违法事实，将扶贫款项全部追回。甘孜州纪检监察系统从解决各族群众最关心、最直接、最现实的利益问题入手，持续加强对惠民富民政策落实情况的监督检查，深入整治民生领域的"微腐败"和妨碍惠民政策落实的"绊脚石"，推动全面从严治党向基层延伸，在守护民生、改善民生中凝聚人心，不断增强各族群众获得感、幸福感、安全感。

政治监督关乎全局、关乎长远、关乎"国之大者"。甘孜州从维护各民族根本利益的必然要求出发，把维护统一、民族团结摆在首要位置，发挥纪检监察纠偏正向、压责促行、纯正风气、凝聚人心的作用，在敢于斗争、善于斗争中，有力保障中华民族共同体建设，为强国建设、民族复兴保驾护航。

经验启示

甘孜州纪检监察系统坚持让监督重点与重大决策部署同频同步、见人见事，以具体化、精准化、常态化的政治监督，促使政治生态不断向好，在巩固党的执政根基中维护祖国统一、促进民族团结，凝聚起各族人民团结奋进新征程的磅礴力量。

（一）推进政治监督向具体聚焦。甘孜州聚焦维护祖国统一、民族团结开展监督检查，推动中央重大决策部署开展监督检查，推进乡村振兴、共同富裕开展监督检查，做到奖之有道、惩之有效，使党的方针政策落地生根，使发展成果更多更公平惠及各族群众，通过严肃执纪、严格执法、严厉问责，树立鲜明导向，有力保障了党的领导和民族团结大好局面。

（二）推进政治监督向民生聚焦。甘孜州站稳人民立场，主动把监督送到基层各族群众身边，监督保障惠民政策落实到"最后一公里"，推动解决各族群众急难愁盼问题，让各族群众感受到共产党就在身边、全面从严治党就在身边、党内监督就在身边，在落实监督为民、执纪为民、正风为民中，推动实现各族群众对美好生活的向往，以正风肃纪的实效暖民心、聚民心，不断厚植党的执政基础，为守护政治生态夯实基层基础。

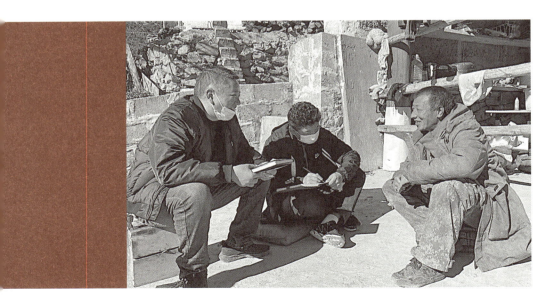

甘孜州乡城县纪检监察干部走村入户摸排问题线索，了解县乡党员干部作风情况

（三）推进锻造忠诚钢铁卫士。甘孜州强化政治引领，在实践斗争中铸造了一批政治过硬、纪律过硬的纪检监察干部，他们政治立场坚定，用坚决的行动做反分维稳忠诚卫士，诠释对党忠诚、践行"两个维护"，有效推动民族工作和纪检监察工作同频共振，在维护党的政治纪律中，保障各族群众的切身利益。

总书记的话

地方实践

引人才"活水"　浇团结之花
——云南楚雄州推动人才发展与民族振兴同频共振

近年来，云南省楚雄彝族自治州（以下简称"楚雄州"）以建设人才强州为使命，坚持把民族事业与人才振兴工作深度融合，构建引育人才新生态，发挥人才聚合效应，厚植人才发展沃土，着力打造充满生机活力的民族地区人才高地，为民族地区高质量发展提供坚实的人才保障和智力支撑。

一、背景情况

楚雄州，位于云南中部偏北，有汉族、彝族、傈僳族、苗族、傣族、回族、白族等民族。人才资源是现代经济增长的核心资源。近年来，楚雄州深入实施人才强州战略，持续推进"滇中崛起区域人才中心、现代农业和绿色产业创新创业人才高地、民族文化艺术人才聚集宝地"建设，努力蹚出一条人才赋能民族振兴的"楚雄路径"。

二、主要做法

（一）紧扣引育大局，激发人才源头活水。坚持党管人才，紧扣省委"3815"战略发展目标和楚雄"滇中崛起增长极、现代农业示范区、绿色能源与绿色制造融合发展示范区、民族团结进步示范区"建设，健全新时代人才政策体系，全面优化人才工作 1＋3＋N 政策体系，形成新时代楚雄人才政策"40 条"。紧贴产业需求靶向引育人才，加快打造与产业发展相匹配的人才雁阵格局，围绕建强"滇中硅谷""滇中钛谷""滇中药谷"的现代产业体系目标，深入实施"高精尖缺"引才工程，大力实施"兴楚英才"培养、"高精尖缺"引才、"青年人才"成长、"乡村人才"振兴、"人才质量"跃升的人才强州"五大工程"，引进优秀硕博人才 192 人、急需紧缺人才 1469 人，建成院士专家工作站 164 个，众创空间、星创天地、孵化中心 21 个，人才科研平台 252 个。破除唯学历唯资历的人才评价标准，通过举办优秀农产品经纪人评选、技能人才大赛、乡村致富带头人等本土人才技艺技能大赛，让"土专家""田秀才"脱颖而出。扎实开展基层人才对口培养、百名专技下基层、"千名硕博进楚雄"等专项工作，实施"一乡一名研究生""一村一名大学生"计划，确保每个乡镇至少 1 名以上研究生，每村至少 1 名以上大学生，向 701 个乡村振兴重点村选派优秀干部 2014 人，担任驻村第一书记和工作队员。楚雄州聚焦乡村振兴、产业发展重点任务，持续深化人才发展体制机制改革，不断从源头扩大人才增量，充实爱才引才蓄水池，疏通民族地区引育人才"源头活水"。

（二）打好人才"组合拳"，汇聚人才新力量。坚持战略定位，聚焦全州重点产业和重要民生领域，实施"兴楚英才"培养工程，累计培育"兴楚产业技术领军人才""兴楚电商创业领军人才""兴楚名匠"等 9 类专项人才 323 名。深挖民族文化资源，成立彝绣专家工作站和彝绣专家智库，打造"彝绣库"，大力培育彝绣大师和传承人，全州共有 3 名彝绣技能大师获评云岭首席技师、"兴楚名匠"彝绣行业高技能人才 17 名，形成了一大批彝绣产业领军人才，带动全州彝绣产业发展壮大，年产值达 10 亿元。培养扶持文博类人才，形成了一批楚雄文博领域翘楚，建成全国 30 个少数民族自治州中规模最大、独具特色、藏品丰富的综合性博物馆——楚雄彝族自治州博物馆。创新开展"百名专技下基层""基层人才对口培养"工作，每年择优选派一批青年后备人才到中央、省、州重点院校、科研院所研修深造，有针对性地从州级选派 100 名农业、科技、林业等涉农领域专业技术人才到县市、乡镇开展技能人才培养帮带服务。实施"万名人才兴万村"行动，选派 1046 名专家人才全覆盖联系服务 1105 个村（社区），到村开展技术帮带，乡土人才培育工作。依托区位优势建设近悦远来人才"洼地"，累计培育引进高新技术企业 41 家，吸引留学归国人员 41 人，柔性引进高层次人才 87 人（博士 30 人），培育高层次人才 29 名；与大专院校、科研院所全面开展合作，搭建柔性引才平台，中国农业科学院在元谋建立云南繁育种基地、签约火麻研究院，中国农业大学云南现代种业研究院在楚雄挂牌成立，全国 105 家科研机构入驻元谋。围绕楚粳稻、中（彝）医药、新材料、绿色食品产业发展优势，培养楚粳稻骨干成员 7 人，引育中（彝）医药急需紧缺人才 242 人，引进新材料、绿色食品技术团队 4 个（其中 1 人获省政府"彩云奖"，2 人入选省委联系专家）；云南国钛金属股份有限公司建成全球最大海绵钛生产基地。楚雄州坚持以人才引领产业转型升级和未来新产业培育，让人才链支撑产业链、创新链、资金链，为发展新质生产力汇聚形成强大的人才支撑，为民族地区经济高质量发展持续注入澎湃动能。

（三）强化服务保障，营造人才发展良好生态。坚持党建引领，持续深化人才发展体制机制改革，积极向用人主体放权、为人才松绑，出台人才激励"10 条"，旗帜鲜明地支持用人主体育才引才、鼓励各类人才创新创业，组建"双创"服务中心，在全省率先推出新型科技金融产品"人才贷""人才投""创新指数贷"，建成科技企业孵化器 1 个、国家级众创空间 1 个、省级众创空间 6 个、省级创业园 5 个、省级校园创业平台 3 个、省级企业技术中心 21 户、州级企业技术中心 78 户，新孵化科技型企业 5 个。加大人才补助力度，每年财政投入近 2000 万元，最高给予 100 万元安居补助、企业引进培育人才最高奖补 500 万元，创新项目最高扶持资金 1000 万元，创新创业投资最高给予引导基金 2000 万元。对本土行业顶尖人才、领军人才实行"一事一议""一人一策"，全力支持人才开展项目合作、技术创新研发和成果转化。全面落实领导干部分层分类联系服务专家人才制度，先后遴选确定州委联系专家 3 批 175 人，设立"兴楚人才奖"，给予首批 12 人 50 万元、10 万元的一次性奖励。出台《楚雄州"兴楚惠才卡"实施细则》，全面落实、不断扩展"兴楚惠才卡"服务事项，为 552 名楚雄各领域人才发放首批"兴楚惠才卡"，一卡集成 12 方面 27 项服务事项，为人才医疗就诊、家属安置、子女就学、金融服务等领域提供优质服务。推进人才公寓、特色人才小区、人才服务中心（站）建设，建成 2829 套人才公寓和保障性住房。

认真落实有利于人才长期发展的优惠政策，打造"才聚楚雄"服务品牌，为人才提供个性、精准、优质服务，提升人才幸福感、获得感、归属感，在营造敬才爱才的良好氛围中，持续增强民族地区人才吸引力，实现人才情归楚雄、团聚兴业的美好愿景。

功以才成，业由才广。楚雄州把"党管人才"贯穿到人才工作全过程，创新引才育才模式，优化人才发展环境，发挥民族区域优势禀赋，着力把优秀人才集聚到当前重点工作中来，积极推动人才工作与经济社会发展同频共振、良性互动、深度融合，为民族地区发展和乡村全面振兴注入不竭人才动能。

经验启示

国家发展靠人才，民族振兴靠人才。楚雄州把加强人才队伍建设作为推动民族地区高质量发展的重要保证，拿出好政策、提供好环境，不断厚植人才创业沃土，形成人才引领产业、产业汇聚人才的良好局面，实现人才成长与楚雄发展的双向奔赴。

（一）创新人才引育是汇聚民族地区发展力量的重要内容。楚雄州依托资源优势，从畅通引育人才源头到激励人才发展，再到保障人才留得住，多措并举、环环相扣，不断提高招才引智水平，全力打造人才工作新格局，努力把优秀人才聚集到全面助推民族地区社会经济发展大局中来。

2022 年 11 月，楚雄州高层次人才研修班暨人才工作者培训班开班

（二）聚焦资源优势是构筑引才聚才高地的重要抓手。楚雄州持续深化人才发展体制机制改革，搭建好政策扶持、创业发展、投资服务、融资对接等平台，让人才迈开步子，让其谋事有舞台、干事有机会、成事有空间，做到因才施策，释放出人才与基层双向奔赴的澎湃动能，有效解决民族地区人才需求的"燃眉之急"。

（三）做好人才保障是营造诚心留才新环境的关键举措。楚雄州积极营造敬重人才、拴心留人的政策环境、工作环境和生活环境，充分调动人才的积极性、主动性、创造性，增强人才成就感和荣誉感，进一步激发人才干事创业、服务民族地区发展的内生动力，开创新时代民族地区人才工作高质量发展新局面。

总书记的话

> 坚持大抓基层的鲜明导向，抓党建促乡村振兴，加强城市社区党建工作，推进以党建引领基层治理，持续整顿软弱涣散基层党组织，把基层党组织建设成为有效实现党的领导的坚强战斗堡垒。

——2022 年 10 月 16 日，习近平在中国共产党第二十次全国代表大会上的报告

地方实践

探索基层治理新解法　唱响超大城市团结曲
——四川成都市坚持党建引领　将城市民族工作有机融入基层治理

近年来，四川省成都市牢固树立大抓基层的鲜明导向，聚焦基层治理存在的突出矛盾和问题，坚持以体制机制创新为突破，激活超大城市基层治理的"满盘棋"，以党建为引领破解超大城市基层治理难题，并将城市民族工作有机融入基层治理，持续厚植各民族和谐的基层治理根基，切实构建起各民族共居共学、共建共享、共事共乐的美好生活图景。

一、背景情况

成都市，简称"蓉"，是四川省省会、副省级城市，是西南地区重要的中心城市、我国 8 个超大城市之一、首批国家历史文化名城之一。全市 56 个民族齐全，常住人口 2140.3 万人，户籍人口 1598.2 万人，其中少数民族户籍人口 24.21 万人，来蓉登记人口 776.8 万人，其中少数民族来蓉登记人口 35.66 万人，少数民族人口年均流

动量超 400 万人次。成都气候温暖、经济发达、生活舒适，对各民族素有包容友善的传统。目前，在成都生活的常住藏族人口约为 16 万人。随着人口大流动大融居趋势不断增强，成都吸引了越来越多的各族群众来蓉务工经商、求学就业、安居定居、投资兴业、工作生活，使城市空间形态、生产方式、社会结构、人口分布发生了深刻变化，传统基层治理体制带来的"九龙治水""上面千条线，下面一根针""看得见管不了、有权力不愿管、愿意干做不好"等难题愈发凸显。近年来，成都主动适应城市社会群体结构和社会组织架构变化，创新推进党建引领基层治理转变，建设人人有责、人人尽责、人人享有的社会治理共同体，构建起具有成都特色的超大城市基层治理新格局，让成都成为各民族和谐交融的共享之城。

二、主要做法

（一）突出党建引领，构建一核多元的共建共享格局。设立市、区两级基层治理议事协调机构城乡社区发展治理工作领导小组，编制《城乡社区发展治理总体规划》，推动基层治理纳入党组织书记抓党建述职评议考核内容，充分发挥全市 3045 个社区（村）党组织政治优势和广大共产党员示范作用，构建起"责任清晰、条块联动、高效协同"的基层治理工作格局。纵向明确责任，明确区（市、县）党委履行基层治理"一线指挥部"的主要责任、街道（镇）党（工）委统筹推动区域党建和基层治理的直接责任、社区（村）党组织全面领导辖区基层党建和基层治理的具体责任，建立市、区、街道、社区四级党建联席会议制度和上级领导班子成员联系下级党组织制度，实现四级协同联动、全域一体推进。横向强化互动，吸纳驻区单位、"两新"组织、业主委员会等 3500 余名党员负责人作为街道（镇）、社区（村）兼职委员。强化机关、国企、学校、医院等党组织与驻地党组织互联互动，推动全市 1000 余家企事业单位面向各族群众开放公共资源，共建 8 个铸牢中华民族共同体意识实践基地。全覆盖组建市、区两级快递、互联网、交通运输等行业党委，对接头部平台企业组建以快递员、外卖配送员为主干的志愿服务队伍。促进"三治"融合，建立一社区（村）一法律顾问制度，组建社区"石榴籽调解室"和"民族一家亲法治宣传队"等平台队伍。建立基层党组织领导下的居（村）民议事会制度，在多民族共居社区、小区创新"组织联建、事务联议、活动联心"等基层治理工作机制，团结带领各族群众参与基层治理，共建美好家园。

（二）增进民生福祉，构建精准精细的服务供给机制。全域推进平急高效转换、管理服务并重、线上线下联动的党建引领网格治理机制，打通基层治理"最后一公里"。实施党群服务阵地"亲民化"改造，全覆盖推进以"去形式化、去办公化和改进服务"为主要内容的社区（村）党群服务中心改造，打造"党建＋民族团结"展馆、"石榴花开民族家园"展厅、吉福会客厅等党组织活动阵地和社区服务空间。成都锦江区沙河街道汇泉路社区按照"一核多点"思路，构建起以铸牢中华民族共同体意识宣传教育展厅为核心，新时代文明实践基地、天府家风博物馆、社区音乐艺术学院、宝墩书房等为支撑的"铸牢"宣传教育阵地，让各族群众在"家门口"就能接受到全方位、多层次、多维度的"铸牢"宣传教育。推动政务服务事项"一站式"办理，深化基层政务服务"只进一扇门""一次能办成"改革，推行便民服务内容"网格化"供给，组建网格党组织（党小组）6.4 万个，细化设置微网格 13 万余个，形成涵盖 100 余项服务的社区服务供给链。成都市武侯区晋阳街道吉福社区邀请辖区内退休干部、大学专家学者、法律工作者和各民族代表人士等组建的"石榴籽"党代表工作室，不仅协助妥善处置本社区内的涉民族因素案（事）件，更帮助武侯区及成都市域内其他区（市）县成功调解多起矛盾纠纷，被作为"枫桥经验·四川践行"典型推广。整合原有"12345 助企热线""蓉易办"等社情民意收集渠道，形成融合政务信息公开、12345 热线市民服务等功能为一体的快速响应平台，搭建起线上民情总枢纽和城市"总客服"，实现所有来电快回应、合理诉求必解决，诉求平均办理周期压减至 1.35 个工作日。聚焦未诉先办当好群众"贴心人"，深挖响应平台数据价值，精准分析民生诉求痛点、社会治理堵点、城市安全风险点，推动"接诉即办"向"未诉先办"提升，将城市发展成果转化为各族群众可感可及、普遍受益的幸福体验和社会认同，为各族群众创造更舒适、更便捷、更温馨的美好家园。

（三）优化基层力量，构建强基赋能的基层保障模式。规范基层权责关系，制定街道（镇）职责任务、公共服务、属地管理"三张清单"，厘清 10 个重点领域 97 个行业部门与街道（镇）属地管理责任划分和工作边界。纵深推进社区（村）减负工作，将民族工作纳入社区依法自治事项 23 项、协助行政事项 43 项之中，并明确负面工作事项 7 项，配套建立新增事项审批备案和违规下沉事项责任追究制度，使基层有精力有能力解决各族群众急难愁盼问题。壮大基层骨干队伍，统筹调剂 2200 余个行政和事业编制下沉街镇，全市街镇平均编制员额数大幅增长。创办基层党务学院、社区学院等 13 所基层治理特色院校，年均培训各族基层干部 10 余万人次。强化基层资金保障，建立保障与激励双轨并行的城乡社区服务群众专项经费制度，为社区（村）

拨付保障资金，用于党组织服务群众、社区志愿服务等小微民生项目。鼓励有条件的社区募集社会资金，通过项目创投等方式培育孵化社区社会企业 226 家，吸纳困难群体就业 3000 余人，经营收益全部反哺社区公益事业，不断擦亮幸福城市的动人底色。四川天府新区安公社区设立安公慈善基金并下设"社区民族关爱帮扶项目"，年募集服务资金 60 余万元，帮助解决各族居民生产生活困难，社区还联合四川省新疆商会、四川省西藏商会、甘孜州商会等民间组织，成立"安公社区红石榴联合会"，打造社区民族特色区域资源整合平台，为各族群众年均提供就业机会 1100 余个。教育引领广大被服务对象成为新的服务力量，成为社区党组织的坚定支持者，涌现出藏族居民阿奇端午节期间向社区居民赠送 2000 个粽子等感人事迹。成都已经成为青藏高原地区各民族选择退养、居住、就医、观光购物、求学创业、实现梦想及享受现代都市生活的主要目的地之一。

成都市坚持"党是领导一切的"这一根本要求，通过推动基层党建和基层治理深度融合、科学发展和有效治理良性互动，让基层党组织在回应各族群众关切中"以事聚人"，在破解民生难题中"聚人成事"，不断增强党的向心力、凝聚力、号召力，让党成为团结带领各族群众共建共治共享幸福城市的主心骨。如今的成都，已成为对周边地区辐射力极强、影响极大的城市，各族群众在此共同生活、共同奋斗，汇聚起绘就中国式现代化万千气象成都图景的强大合力。

经验启示

成都市深刻把握超大城市治理规律和特点，牢牢抓住党建引领这个根本，推动党的组织和工作在基层治理薄弱环节全覆盖，以高质量党建引领超大城市基层治理现代化，持续厚植各民族和谐的基层治理根基，打造各族群众共居共学、共建共享、共事共乐的"美丽成都"。

（一）坚持党的全面领导是推进基层治理体系和治理能力现代化的根本保证。成都市把党的领导贯穿基层治理全过程各方面，充分发挥党建在基层治理中的引领作用，健全总揽全局、协调各方的党的领导制度体系，不断强化基层党组织政治功能，推动基层党建与基层治理深度融合，为推进基层治理体系和治理能力现代化提供坚强保证，使基层治理始终沿着正确方向健康发展，让各族群众在党的领导下持续互嵌共融，促进各民族广泛交往交流交融。

成都市武侯区晋阳街道吉福社区"石榴籽"党代表工作室
开展矛盾纠纷调解工作

（二）把党的组织优势转化为城市基层治理的效能优势。成都市不断织密建强党的基层组织网络，发挥基层党组织坚强战斗堡垒作用，以党建贯穿基层治理、保障基层治理、引领基层治理，充分发挥基层党组织统一思想、凝聚力量、联系群众的优势，以党建带群建社建，更好地守望各族群众的幸福，实现组织功能、组织优势、组织力量最大化，提升来蓉各族群众对城市的认同感、归属感。

（三）把党的群众路线贯彻到党建引领基层治理全过程。成都市始终把老百姓放在心上，解决好人民群众关心的突出问题，实现民有所呼、我有所应，提高城市基层治理精细化水平，确保各族群众进得来、留得下、富得起，不断把人民群众对美好生活的向往变成现实，厚植党执政的群众基础，让党心民心更加凝聚，开创城市民族工作新局面。

总书记的话

> 各级党委（党组）要坚持党管青年工作原则，加强对共青团工作的领导和支持，建立和完善在党的领导下各部门齐抓共管青年发展事业的工作格局，支持共青团创造性开展工作。各级领导干部要倾注热忱做青年朋友的知心人、青年群众的引路人。

> ——2023年6月26日，习近平在中南海同团中央新一届领导班子成员集体谈话时的讲话

地方实践

党带团薪火相传　跟党走矢志不渝

——云南怒江州深入开展党建带团建　让共青团焕发新活力

多年来，云南省怒江傈僳族自治州（以下简称"怒江州"）以开展团员和青年主题教育为契机，以党建带团建为抓手，多措并举不断提升全州广大青年精神素养，持续增强广大青年的志气、骨气、底气，引领广大青年思想上得到深刻锤炼、精神上得到洗礼升华、作风上得到有力锤炼、工作上得到强力推进，奋力跑出青年精神素养提升"加速度"。

一、基本情况

怒江州，云南省辖自治州，是我国民族成份最多和人口较少民族最多的自治州。共有共青团员21808人，占总人口的3.8%。现有团的领导机关5个，基层团委43个、团工委13个、团总支141个、团支部1274个、新社会组织领域团支部83个、

非公企业领域团支部 140 个，团的领导机关团干部 39 人、基层团干部 2808 人。自 2011 年起，怒江州将党建带团建作为重大政治任务，把加强和改进党的群团工作纳入督查内容，不断凝聚青年力量、激发青春动能，让各族青年在党团联建过程中受教育、长才干、作贡献，引导各族青年任何时候都要将自己的个人追求与国家发展紧密联系在一起，将理想信念和爱国主义融入到个人成长发展，坚定不移感党恩、听党话、跟党走。

二、主要做法

（一）突出政治引领，绘好育人蓝图。坚持党团建设同步研究，将群团工作与党的中心工作有效融合，统筹整合党建、团建资源，全州、县（市）两级党委、政府出台 16 份方案、意见、规划落实各阶段党建带团建各项工作，将抓党建带团建工作纳入各县（市）党委、州委各工委基层党建考核和基层党建重点任务，纳入党委（党组）书记抓基层党建述职评议考核的重要内容，层层压实各级党委（党组）责任，通过深化党建带团建工作，不断彰显党团共建合力。明确各级党委常委会和各单位党委（党组）每年至少听取 1 次共青团工作汇报并进行专题研究，各级党委领导为团员青年讲思政课，对共青团工作提出要求、作出指导，使共青团工作主动融入党建工作大格局，与党建工作同规划、同推进、同考核。充分发挥共青团在组织群众、宣传群众、教育群众、引导群众等方面的独特优势，全州 1274 个团支部开展思想旗帜、坚强核心、强国复兴、挺膺担当等专题学习，覆盖率达 100%。积极探索、深入挖掘新时代各民族交往交流交融的好故事，通过开展"强国有我、请党放心""争做新时代好队员""红领巾心向党"等主题教育实践活动，有效增强了各族青年理论学习的沉浸感、亲近感、认同感。

（二）坚持多点共融，提升育人实效。坚持发挥文化环境的隐性润育作用，注重将党组织、团组织力量有效融合，认真贯彻落实各族青少年交流计划，讲好怒江各族青少年民族团结进步故事。结合"万名党员进党校""万名团干上讲台　当好思想引领员""一专一站两联"，开展"坚定信仰追求"青年读书学习、"感悟思想伟力"学习交流研讨、"汲取奋进力量"基层宣讲及各类体验活动 3470 场。发掘"奋斗者，正青春""青联榜样说""怒江青听"等一大批青年专栏和青春榜样，树立一批脚踏实地、苦干实干的怒江青年表率，如：怒江昂可达生物科技开发有限公司总经理李后江获第十届"云南青年创业省长奖"，怒江峡谷优果农产品有限公司总经理王鑫获第十届"云南青年创业省长奖"提名奖，南方电网云南怒江贡山供电局独龙江供电所、国家税务总局福贡县税务局上帕税务分局、云南省怒江州兰坪县消防中队 3 个青年集体被命名为"全国青年文明号"，14 个青年集体被命名为"云南省青年文明号"，怒江峡谷优果农产品有限公司获评"云南创新创业之星"。深入实施绿美怒江青春行动，带领 2.9 万余名青年踊跃投身绿美怒江建设、农村人居环境整治提升等志愿服务活动，促进各族青年在共建绿美怒江的过程中广泛交往、全面交流、深度交融。持续深化实施边境团建长廊，开展边疆各族青年同心营、"云岭青年心向党 青春情暖走边关"等实践活动，通过学习交流，引导边疆各族青年强化家国情怀、强健精神素养、涵育斗争精神，成长为有理想、敢担当、能吃苦、肯奋斗的新时代好青年。

（三）强化"资""智"融合，创新育人方式。怒江州先后组织团员青年投身经济发展、创新创业、卫国戍边、统一战线、公益服务、权益维护等六个领域专项工程，实施"服务三大经济 青企建新功"结对引资引智，促成 20 家省民营企业家协会成员与州内 21 家青创企业结对共建。开展"草果之星"电商人才培育等行动，举办青耘中国直播助农、中国青年年货节等消费帮扶活动，引入"云南好物，怒江有礼"专场直播活动，助推草果、咖啡、蜂蜜等本地农特产品走出峡谷、融入市场，销售金额达 400 多万元，为怒江实现中国式现代化贡献青春力量。实施"筑巢"工程，探索搭建怒江青年创业创新展示交流、资源对接、项目孵化、结对共建的互惠互助平台，不断推动青年创新链、产业链、资金链和人才链深度融合。促进和维护青少年普遍性权益发展，拍摄防欺凌法治教育微电影《没有如果》，长效化建立心理咨询师培育机制。不断提升边境团组织的战斗力，泸水市三河村、片马村等边境团建示范点的 13 支强边固防青年突击队在乡村振兴和卫国戍边中与当地干部群众团结一心、守望相助，落实好党建带团建工作的"最后一公里"，在共同工作、生活、学习和服务中增强各族干部群众对伟大祖国、中华民族、中华文化、中国共产党、中国特色社会主义的认同，成为一支建设美丽家园、维护民族团结、守护神圣国土的青春力量，让各族团员和青年的奋进形象在边境一线熠熠生辉。

怒江州充分发挥党建带团建的引领作用，不断彰显党团共建合力，不断夯实基层组织基础，实现党团工作共建共促共发展、深度融合贯通，从思想、队伍、组织等方面着手，全面提升团的组织力、引领力和服务力，有效构建各族青年全周期的政治成长路径，以"硬举措"激发"青"活力，为建设和谐美丽幸福新怒江汇聚青春力量。

经验启示

怒江州坚持党建带团建，团建促党建，将党建优势转化为团建发展优势，不断增强各族青年的爱国热情和责任意识，助推各族青年成长为有知识、有品德、有作为的新一代建设者，走出了一条党建带团建助力民族地区经济社会高质量发展的"青"路子，有效引领共青团焕发新活力。

（一）坚持党的领导谱写青春华章。怒江州以党建为统领，牢牢把握为党育人、为国育才的根本任务，突出思想政治引领、发挥实践育人优势、建强意识形态阵地，团结带领全州广大团员青年时时处处同以习近平同志为核心的党中央保持高度一致，为新时代怒江社会主义现代化建设汇聚青年智慧、凝聚青年力量。落实意识形态工作责任制，守正创新、担当作为，教育引导广大青年坚定不移感党恩、听党话、跟党走。

（二）坚持党建带团建搭起连心桥。怒江州坚持弘扬"党有号召、团有行动"的光荣传统，时刻对标对表党中央决策部署，充分发挥共青团组织优势，全州党员、团员和社会各界力量共同参与，推动各族青年交往交流交融、相知相亲相惜，在建设和谐美丽幸福新怒江实践中充分发挥生力军作用，在实践中有所作为、体现价值，"中华民族一家亲、同心共筑中国梦"已成为怒江州各族青年坚定的理想和信念。

2020 年 11 月，怒江州新时代文明实践中心开展易地搬迁安置点
志愿服务"情系乡亲　暖心安居"巡回示范活动

（三）坚持多元合作提升团组织服务效能。怒江州以党建为引领，以团建为抓手，履行好组织青年、引导青年、服务青年、维护青年合法权益"四项基本职能"，在为青年办实事解难题上主动作为，积极引导各族青年参与经济发展、创新创业、卫国成边、统一战线、公益服务、权益维护等社会实践，让各族青年在调研实践中为民办实事、解难题，不断增强青年的获得感和幸福感，用实实在在看得见摸得着的工作成效和参与感把各族青年紧紧凝聚在党的周围。

总书记的话

　　社区是基层自治的基本单元，是国家治理体系的基层基础。通过社区这个平台，办好"一老一小"等民生实事和公共事务，积极回应群众关切，是中国特色基层治理的显著优势，要把这一优势发挥好。

　　——2023 年 12 月 14 日至 15 日，习近平在广西考察时的讲话

地方实践

讲好同心共建壮美边疆"兴"故事

——广西东兴市以"国门党旗红"引领基层治理

　　近年来，广西壮族自治区东兴市立足边境国门实际，坚持以"治国"的高度看待"治边"，以"国门党旗红"党建引领基层治理，推动民生改善、民心凝聚、民族团结、边防稳固。

一、背景情况

　　东兴市，广西壮族自治区辖县级市，由防城港市代管，位于我国大陆海岸线最西南端，与越南北方最大经济特区芒街市仅一河之隔，是我国通往越南以及东盟国家最便捷的海陆河新通道。东兴市海陆边境线 89 公里，辖 3 个镇 31 个行政村和 11 个社区，常住人口近 21.8 万人，共有汉族、壮族、瑶族、京族等 27 个民族，是京族唯一聚居地。近年来，东兴市以抓基层、打基础、固根本、强品牌为核心，以实施"国门党旗红"党建工程为引领，着力将党的政治优势、组织优势、群众工作优势转

化为治理优势，推动实现固边富民固防，走出了一条具有国门特色的党建引领基层治理新路子。

二、主要做法

（一）建强战斗堡垒，夯实治理根基。实施"强基"工程，持续开展软弱涣散（后进）村党组织整顿提升，严格规范党务工作制度，推动工作规范化标准化，不断增强党的组织优势、组织功能、组织力量。实施"头雁工程"，选优配强村（社区）"两委"班子，组织全市 42 名村（社区）支书、主任进行专题培训，打造一支政治引领力强、综合能力强的"双强"型基层党组织书记队伍。围绕"有形""有实""有魂"，深入打造防城港市"百里边关红""千里滨海红"特色党建带，形成"中越友谊、守护和睦"口岸社区、"跨境合作、幸福宜居"跨境社区、"互市兴边、党建固边"边关社区、"暖侨爱侨、共同发展"兴侨社区等党建品牌，把党支部打造成民族团结的"政治引领中心"，各族群众的"致富信息中心"，维护海域安宁的"海上红色堡垒"，基层党组织在各族群众中的亲和力、凝聚力和感召力不断增强，各族群众团结奋进新时代的基础更加牢固。

（二）注重培根铸魂，厚植家国情怀。发挥基层党建思想引领作用，开展"国门大讲堂、文化进万家"等系列主题活动，让党的创新理论"飞入平常百姓家"、入心入脑入行，潜移默化增强各族群众"五个认同"。以培育和践行社会主义核心价值观为引领，利用"东兴支部纪念碑""中越友谊纪念碑""钟竹筠生平事迹展馆""东兴侨批馆""竹山村大清国一号界碑"等教育基地，构筑中华民族共有精神家园，铸就中国心、铸造中华魂，涵养"和美与共"基层治理文化生态。立足边海人文教育，开展"红领巾护界碑""党员护旗护碑"等丰富多彩的教育实践活动。挖掘边境地区革命斗争史和保家卫国史，推出多条红色教育精品线路，传播红色文化，传承红色基因，赓续爱国优良传统，激发各族群众爱国情怀、守边热情、兴边动力和固边活力，各族群众既是守边员，也是宣传员，并用实际行动延续着守边护边强边的中国故事。

（三）推动兴边富民，引领共同奋斗。创新"党建＋"发展模式，充分把"边"的优势转化为产业优势。搭建"属地党（工）委＋联合党组织＋商圈党支部"组织体系，积极探索"互市商圈党建共同体"建设，推动互市商圈党建、边境贸易、边民互助、互市区管理深度融合，在引领共同富裕、提升治理水平中，使各族群众坚定感党恩、听党话、跟党走，同心共筑中国梦。深入推进"党建引领＋产业发展＋乡村旅游"发展模式，构建金花茶等特色产业党建联盟，围绕沿边绿色加工制造业、现代物流业等"六大项目"攻坚，大力发展壮大集体经济，带动各族群众增收致富。2023年，全市所有村（社区）集体经济收入均超过 5 万元，全市集体经济收入 880.78 万元，同比增长 30.8%。发挥文旅党员先锋带头作用，策划跨年篝火晚会、中越青年界河对歌和"东南沿海行——最美国道 228"骑行活动等系列文化体育旅游活动。2023年 1 月至 11 月，全市接待游客 1412.6 万人次，旅游消费 134.05 亿元，开创兴旅兴边新局面，不断促进各族人民广泛交往、全面交流、深度交融。

（四）创新党建机制，提升治理效能。全覆盖建立乡镇"大党委"，健全"大党委"议事机制，将辖区内市直机关、企事业单位、驻东兴单位、"两新"党组织作为成员单位，推动形成党建工作联做、基层治理联抓、边境联防联控、紧急事项联动的一体化党建工作格局，实现资源共享、事务共管，及时解决各族群众关心、关注的身边事，不断提升各族群众的获得感、幸福感、安全感。完善社区组织网、服务网、信息网"三网"体系，推行领导挂钩联系、工作协调联动、单位帮扶联助、服务群众联办"四联"机制，通过力量下沉、资源下沉、服务下沉做到"有呼必应、有难必帮、有求必解"，实现"一网管全街，小事不出网格，大事不出社区"。健全完善党政军警民合力强边固防工作机制，推行"市镇党员干部＋驻地民警、村屯干部、边民"模式，组建各族党员干部群众组成的沿海沿边护村队、巡防队，开展边境线、海岸线巡防巡查工作，夯实"村村是堡垒、家家是哨所、人人是哨兵"群治联防共建共治共享社会基础，走出了边海村屯各民族共画基层治理"同心圆"的新路子。

（五）引领"四治"融合，推进治理现代化。坚持在党的领导下，将自治、法治、德治、智治"一盘棋""一体化"推进，开通党员群众在线互动、网上接访等新功能，引导各族群众依法实现自我管理、自我服务。围绕"走遍大街小巷，服务千家万户"，组织 213 名各族党员干部成立"国门铁骑"服务队，为基层治理增添"新"动力。以市、镇、村（社区）三级综治中心为指挥平台，形成了"党建＋网格＋大数据"综合治理模式，引导各族群众应用科技手段参与社会治理。深入挖掘中华道德文化精髓，开展精神文明建设，不断厚植崇德向善的社会氛围，促进各族群众手足相亲、守望相助。在全市 42 个村（社区）配备 124 名"三官一律"，广泛宣传新时代党的民族政策和国家法律法规，提升各族群众法治观念和法律素养，养成办事依法、遇事找法、解决问题用法、化解矛盾靠法的良好习惯，成功调解各族群众矛盾纠纷 742 件，解决反映问题 287 次。在京族聚居地成立"哈亭"调解室，通过"庭长＋亭长＋村长"调解模式，将矛盾纠纷高效化解在萌芽状态，助力社会治理现代化。

基层治理是国家治理的基石。东兴市不断加强党对基层治理的领导，把党的政治优势和组织优势转化为治理效能，汇聚起团结一心、共同奋斗的强大合力，开创了同心共筑中国梦的基层治理新格局，在实现基层治理体系和治理能力现代化中讲好共圆复兴梦想"兴"故事。

经验启示

东兴市以"国门党旗红"党建工程为引领，在基层治理中强化党建固边、党建兴边、党建强边，带领各族群众在树立良好国家形象、维护国家主权安全、固边强边兴防中讲好"五个共同"故事。

（一）党建引领是确保基层治理正确方向的根本保证。东兴市以"国门党旗红"引领基层治理，发挥党的领导核心作用，建强组织堡垒，探索形成"党建＋"的基层治理新模式，创新机制、打造平台，将党的领导融入基层治理各个方面，切实增强各族群众对伟大祖国、中华民族、中华文化、中国共产党、中国特色社会主义的认同，各族群众感党恩、听党话、跟党走的决心更加坚定。

东兴市海上守碑护边党支部

（二）组织优势是建设基层治理共同体的有力支撑。东兴市构建党组织统一领导、政府依法履责、各类组织积极协同、各族群众广泛参与的大治理工作格局，增强基层党组织的政治领导力、思想引领力、群众组织力、社会号召力，确保群众在哪里，党组织就延伸到哪里，始终同各族人民想在一起、站在一起、干在一起，引领各族群众在共治共建共享中共创美好未来。

（三）善治善为是推动基层治理现代化的根本要求。东兴市不断优化服务供给、促进资源共享、不断提高治理效能，构建起公平、公正、和谐的社会环境，让各项决策和措施更加符合群众利益、更能赢得群众支持，为边境地区基层治理提供强大支撑，凝聚起促进边境地区各民族共同发展的思想共识和精神动力，增强各族群众的凝聚力和向心力，共同维护国家统一和民族团结。

总书记的话

地方实践

基层理论宣讲接地气、冒热气、聚人气

——四川绵阳市安州区打造党的创新理论宣讲矩阵

近年来，四川省绵阳市安州区坚持以基层理论宣讲为抓手，创新"三三"工作机制，打造"3＋N 次方"党的创新理论宣讲矩阵，走出了一条接地气、冒热气、聚人气的共同体理论宣讲之路，形成人心凝聚、团结奋进的强大精神纽带。

一、背景情况

安州区是四川省绵阳市主城区之一，面积 1181.14 平方公里，辖 10 个乡镇 117 个行政村 34 个社区，共有汉族、羌族、回族、藏族等 34 个民族，总人口 45.6 万人，其中少数民族人口 8268 人。安州区作为多民族散杂居区域，如何在新形势下统筹抓好构筑中华民族共有精神家园工作，推动党的民族理论政策"飞入寻常百姓家"是一项极具挑战性和开创性的工作。安州区以"寓教于乐、春风化雨"宣讲模式为抓手，持续浓厚团结友爱、亲如一家的社会氛围，广泛形成人心凝聚、团结奋进的强大精神纽

496

带。先后荣获"全国文明城市""国家卫生城市""全国科普示范区""全省乡村振兴先进区""全省平安建设先进区"等荣誉称号。

二、主要做法

（一）完善"三个体系"聚强力量，让"独角戏"变"大合唱"。为深化体系建设，着力在组织、人才和供给上下功夫，建强"全域化、分系统、立体式"的宣讲体系，不断夯实理论宣讲根基。"统分结合"，宣讲主体网格化。安州区成立了理论学习和宣讲专班，建立联动机制，用好组织、宣传、统战、党校、教体、乡镇、村（社区）等资源，打造出由"美丽花城"铸牢中华民族共同体意识宣讲团牵头、22支宣讲分队支撑、多支宣讲小分队组成的"1＋22＋N"组织体系，实现宣讲网络全覆盖。"专兼并行"，宣讲队伍多元化。为让党的民族理论和政策能够真正做到"飞入寻常百姓家"，安州区以多业态宣讲连接各年龄层群众，打造"全链条"宣讲格局，建立专兼职两支宣传队伍，将懂政策、知民情、会讲演的机关党员、干部和宣讲员近100余人纳入基层理论宣传专职队伍库；同时，引导和培育社会先进典型、知名专家学者、乡村致富能手等近千位成为兼职优秀宣讲人才，目前，全区共开展宣讲3000余场次，受到各族干部群众广泛好评。"三维原创"，宣讲内容具象化，从思想价值、知识创新和情感表现三个维度进行创作，形成了《石榴花开　籽籽同心》《青春逢盛世　奋斗正当时》《从优良家风中汲取力量》《赓续红色血脉助推乡村蝶变——老望沟村变形记》《旅游业点燃乡村振兴梦》等上百条具体的"宣讲菜单"，为各族群众送上一道道内容丰富、风味十足的理论宣讲"大餐"，推动理论宣讲常态高效开展。

（二）创新"三单机制"全程走心，变"我讲你听"为"你选我讲"。立足"群众需要什么，我们就讲什么"，安州区制定"群众点单—中心派单—队伍接单—群众评单—党政奖单"理论宣讲工作流程，凭"单"达意，以"单"为信，借"单"传情。畅通"点单"模式，精准化对接群众意愿。建立社交媒体、视频网站、手机客户端等传播云平台，发布理论宣讲菜单310余个，线上开通群众点单路径。同步印制纸质项目清单，群众通过登录小程序、扫描手机二维码点单或到现场点单。细化"派单"模式，滴灌式开展宣讲活动。中心对点单信息梳理分类后，依托182个区、乡镇、村（社区）和统战、民宗、文联、党校等资源，将任务单派发至对应的宣讲分队（小分队）。宣讲分队（小分队）接单后主动联系服务对象开展活动，目前，分类整合并"派单"1179项，各宣讲分队（小分队）接单率为100%，直接服务基层群众1万余人次。完善"评单"模式，实时化评价宣讲效果。开通"服务评价"功能，中心每月收集群众反馈问题，及时调整服务项目。目前，共收到群众"评单"19045份，满意度达98%。对宣讲分队（小分队）及其成员的宣讲参与情况以及群众"评单"情况，进行加权汇总、拉通排名，作为评先评优的重要依据。

（三）做实"三个融合"传递好声音，变"要我听"为"我要听"。理论宣讲不仅要"高大上"，更要"接地气"。为丰富宣讲内容，安州区在理论宣讲过程中做实故事、文艺与网络"三个融合"，构建"理论＋故事＋互动"的新模式，不断提升覆盖面和吸引力。融合故事讲理论，群众"听得懂"。根据不同领域受众的特点，推出《以产业兴旺带动乡村振兴》《家庭医生服务百姓健康》等本土气息浓厚的宣讲课程，通过讲故事、"摆闲条"等方式，引起各族群众共鸣，做到讲得通俗、听得明白。融合演出讲理论，群众"学得进"。组织文艺骨干结合党的二十大精神等，创作金钱板《我们一起向未来》、四川清音《美丽中国正扬帆》、舞蹈《名字叫中国》、话剧《石榴树下》等文艺作品100余个，以乡村群众为主体开展"村K"大赛26期，将党的方针政策转化为接地气的乡音土话，激发农村群众热爱祖国、建设家乡的热情。融合体验讲理论，群众"悟得透"。以安州留守儿童为原型，弘扬伟大梦想精神的励志电影《破门》被列入"庆祝中华人民共和国成立70周年优秀国产影片展映"名单；以安州革命历史文化为原型创作的沉浸式体验剧本《暗战1937》《星火燎原》，吸引了3万余名青少年参与；以安州返乡创业青年和海外同胞携手创作的乡村振兴题材公益微电影《群山会回答》，歌颂川青民族旅游文化铁路建设者伟大的奋斗精神；石榴籽调解室主任铁永托参加拍摄《少数民族群众热议党的二十大报告》微视频，全网播放量达14.5万次。

绵阳市安州区坚持走好理论宣传的群众路线，持续用党的新思想新观点新论断武装干部、教育群众，推动党的创新理论走深走实、入脑入心，形成人心凝聚、团结奋进的强大精神纽带，推动各族群众以自信自强、昂扬向上的精神风貌奋进新征程、建功新时代。

经验启示

安州区创新机制，打造党的创新理论宣讲矩阵，有形有感有效凝聚各族群众共同奋斗的思想基础，汇聚共圆中国梦的磅礴力量，是党的创新理论深入民心的生动实

2023 年 1 月，绵阳市安州区开展非遗民俗宣传展示活动——以金钱板形式宣讲民族理论

践，为以党的创新理论引领构筑中华民族共有精神家园、推进中华民族共同体建设提供了借鉴。

（一）体系化是创新理论宣讲有形的强力保障。安州区高位推动，广泛汇聚整合社会优秀资源，建立高素质宣讲队伍、及时收集群众需求，形成了多方共同参与的联动机制，完善了"横向联动、纵向联络"的理论宣讲体系，为推动理论宣讲常态化、专业化、特色化开展提供了有力组织保障，确保了党的创新理论以及政府的惠民政策在基层各族群众中入脑入心。

（二）通俗化是创新理论宣讲有感的有效措施。安州区不断完善理论宣传供给侧体系，从群众需求入手，建立自下而上的需求反馈机制，通过打造意见建议收集云平台、深入基层开展调研等多方式，畅通收集各族群众需求渠道，不断创新宣传方式，寓教于乐，让各族群众听得懂、听得进，把新时代党的创新理论宣传好阐释好，让党的创新理论更加深入人心。

（三）大众化是创新理论宣讲有效的重要途径。安州区在基层理论宣讲中不断激发群众参与宣传载体创作的热情，引导群众积极提供本地影视剧素材，为本土气息浓厚的宣讲课程提出宝贵的意见建议，使理论宣讲更"接地气"，在各族群众肯定、被各族同胞欢迎中，让党的创新理论引导各族人民牢固树立"四个与共"共同体理念。

后记

　　正确民族观实践典型案例收集汇编，是国家民委 2024 年的重要工作之一。2023 年 11 月至 2024 年 4 月，在中央统战部副部长，国家民委党组书记、主任潘岳统筹领导下，在国家民委党组成员、副主任，直属机关党委书记边巴扎西具体指导下，直属机关党委刘汝鹏同志牵头负责，周云飞、李颖霞、曾文景、张创军、王福龙等同志组成工作专班，负责具体工作。

　　工作专班全面梳理形成铸牢中华民族共同体意识与"六大建设"结合参考点 203 个，通过已有公开宣传材料挖掘案例素材 410 余条，面向全国收集案例素材 660 份，经过严格筛选、多次改正、修正和完善，于 2024 年 6 月形成《正确民族观实践典型案例汇编》（内部使用版）。2024 年 9 月 27 日，习近平总书记在全国民族团结进步表彰大会上发表重要讲话后，我们根据最新精神，再次对部分案例内容作出调整，最终形成《正确民族观实践典型案例汇编》一书。

在案例收集汇编过程中，各省民族工作部门积极组织报送材料。云南省民宗委、贵州省民宗委将案例征集作为专项工作，抽调专人负责收集汇编本省的典型案例；宁夏回族自治区民委成立工作专班，结合实际提炼宗教事务治理等方面的典型案例；内蒙古自治区民委召开党组会议，专题研究并提供全区聚焦铸牢中华民族共同体意识主线开展立法修法工作情况典型案例……为我们做好此项工作给予了大力支持。

民族出版社李万瑛、王国升、惠峰等同志选调精干力量，组成编辑团队，高质量、高效率地完成了本书的出版任务。

本书案例收集汇编工作的圆满完成是国家民委党组坚强领导的结果，是国家民委机关各部门积极支持配合的结果，是各地民族工作部门共同努力的结果。我们对此表示衷心的感谢。

由于水平所限，不当之处在所难免，敬请指正。

编　者
2024 年 10 月

图书在版编目（CIP）数据

正确民族观实践典型案例汇编 / 《正确民族观实践典型案例汇编》编写组编. -- 北京：民族出版社，2024.10（2025.7 重印）.--ISBN 978-7-105-17383-9

I. D633

中国国家版本馆 CIP 数据核字第 20247NY709 号

正确民族观实践典型案例汇编

策划编辑：李万瑛　王国升　惠峰
责任编辑：罗焰　向征
版式设计：翟跃飞
出版发行：民族出版社
地　　址：北京市东城区和平里北街 14 号
邮　　编：100013
网　　址：http://www.mzpub.com
印　　刷：北京盛通印刷股份有限公司
经　　销：各地新华书店
版　　次：2024 年 11 月第 1 版　2025 年 7 月北京第 3 次印刷
开　　本：787 毫米 × 1092 毫米　1/16
字　　数：610 千字
印　　张：32.5
定　　价：98.00 元
ISBN　978-7-105-17383-9/D · 3510（汉 565）